revista de derecho público

I0050454

http://www.allalbrewercarias.com

José Ignacio **HERNÁNDEZ G**, Sub-Director
jihernandez@ghm.com.ve

Mary **RAMOS FERNÁNDEZ**, Secretaria de Redacción
maryra77@gmail.com

Revista de Derecho Público
Fundación de Derecho Público

Torre América, PH, Av. Venezuela, Bello Monte, Caracas 1050, Venezuela
Email: fundaciondederechopublico1@gmail.com.

Editada por la **Fundación Editorial Jurídica Venezolana**, Avda. Francisco Solano López, Torre Oasis, P.B., Local 4, Sabana Grande, Caracas, Venezuela. Telf. (58) 212 762–25–53/38–42/ Fax. 763–52–39 Apartado Nº 17.598 – Caracas, 1015–A, Venezuela.

Email: fejv@cantv.net

Pág. web: http://www.editorialjuridicavenezolana.com.ve

© 1980, FUNDACIÓN DE DERECHO PÚBLICO/EDITORIAL JURÍDICA VENEZOLANA

Revista de Derecho Público
N° 1 (Enero/marzo 1980)
Caracas.Venezuela

Publicación Trimestral

Hecho Depósito de Ley
Depósito Legal: pp 198002DF847
ISSN: 1317-2719
1. Derecho público–Publicaciones periódicas

Normas para el envío de originales

La Revista de Derecho Público aceptará artículos inéditos en el campo del derecho público. Los artículos deberán dirigirse a la siguiente dirección secretaria@revistadederechopublico.com

Se solicita atender a las normas siguientes:

1. Los trabajos se enviarán escritos a espacio y medio, con una extensión aproximada no mayor de 35 cuartillas tamaño carta.

2. Las citas deberán seguir el siguiente formato: nombre y apellidos del autor o compilador; título de la obra (en letra cursiva); volumen, tomo; editor; lugar y fecha de publicación; número de página citada. Para artículos de revistas u obras colectivas: nombre y apellidos del autor, título del artículo (entre comillas); nombre de la revista u obra colectiva (en letra cursiva); volumen, tomo; editor; lugar y fecha de publicación; número de página citada.

3. En su caso, la bibliografía seguirá las normas citadas y deberá estar ordenada alfabéticamente, según los apellidos de los autores.

4. Todo trabajo sometido deberá ser acompañado de dos resúmenes breves, en español e inglés, de unas 120 palabras cada uno y con una palabras clave (en los dos idiomas)

5. En una hoja aparte, el autor indicará los datos que permitan su fácil localización (N° fax, teléfono, dirección postal y correo electrónico). Además incluirá un breve resumen de sus datos académicos y profesionales.

6. Se aceptarán para su consideración y arbitraje todos los textos, pero no habrá compromiso para su devolución ni a mantener correspondencia sobre los mismos.

La adquisición de los ejemplares de la Revista de Derecho Público puede hacerse en la sede antes indicada de la Fundación Editorial Jurídica Venezolana, o a través de la librería virtual en la página web de la Editorial: http://www.editorialjuridicavenezolana.com

La adquisición de los artículos de la Revista en versión digital puede hacerse a través de la página web de la Revista de Derecho Público: http://www.revistadederechopublico.com

Las instituciones académicas interesadas en adquirir la Revista de Derecho Público mediante canje de sus propias publicaciones, pueden escribir a canje@revistadederechopublico.com

La Revista de Derecho Público se encuentra indizada en la base de datos CLASE (bibliografía de revistas de ciencias sociales y humanidades), Dirección General de Bibliotecas, Universidad Nacional Autónoma de México, LATINDEX (en catálogo, Folio N° 21041), REVENCYT (Código RVR068) y DIALNET (Universidad de la Rioja, España).

Portada: Lilly Brewer (1980)

Diagramado y montaje electrónico de artes finales: Mirna Pinto, en letra Times New Roman 9,5, Interlineado 10,5, Mancha 20x12.5

Hecho el depósito de Ley
Depósito Legal: lfi54020153401899
ISBN Obra Independiente: 978-980-365-313-2

Impreso por: Lightning Source, an INGRAM Content company para Editorial Jurídica Venezolana International Inc.
Panamá, República de Panamá.
Email: ejvinternational@gmail.com

Nº 139

Julio – Septiembre 2014

Director Fundador: Allan R. Brewer-Carías
Editorial Jurídica Venezolana
Fundación de Derecho Público

SUMARIO

ESTUDIOS

Artículos

LEGISLACIÓN

Información Legislativa

JURISPRUDENCIA

Información Jurisprudencial

Comentarios Jurisprudenciales

Jurisprudencia Interamericana

Corte Interamericana de Derechos Humanos:
Voto Conjunto Negativo

Comentario

RESEÑA BIBLIOGRÁFICA

ÍNDICE

ESTUDIOS

Artículos

Libertad de expresión y prensa vs. Monopolio comunicacional de los estados.
Leyes mordaza de Venezuela, Argentina, Bolivia y Ecuador e involución de la jurisprudencia interamericana

Prof. Dr. Asdrúbal Aguiar

Académico Correspondiente de la Real Academia de Ciencias, Artes y Letras (España)
Catedrático y Doctor en Derecho de la Universidad Católica Andrés Bello (Venezuela)
y Doctor Honoris Causa de la Universidad del Salvador (Buenos Aires)
Ex Juez de la Corte Interamericana de Derechos Humanos

Resumen: *Este estudio está destinado a analizar, bajo el ángulo del derecho comparado, la práctica política desarrollada en los últimos años en países como Venezuela, Argentina, Bolivia y Ecuador con la sanción de legislaciones restrictivas de la libertad de expresión, y el retroceso en su protección por parte de la Corte Interamericana de Derechos Humanos.*

Palabras Clave: *Libertad de expresión; Libertad de prensa; Derechos humanos. Protección Internacional; Corte Interamericana de Derechos Humanos*

Abstract: *This article analyzes, with a comparative law approach, the political practice developed in countries like Venezuela, Argentina, Bolivia and Ecuador, with the sanctioning of legislation restricting freedom of expression, and the backward movement in its protection by the Inter-American Court on Human Rights*

Key words: *Freedom of expression; Freedom of press; Human Rights. International Protection; Inter-American Court on Human Rights*

I.   PRELIMINAR

En el curso de la última década y algo más se instala en Hispanoamérica, paulatinamente, una inédita cuanto perversa experiencia de populismo dictatorial que bien podría calificarse como "demo–autocracia". Es, en la práctica, una franquicia política y jurídica que bajo el nombre de Socialismo del Siglo XXI se expande como un virus sobre toda la región, e intenta montar sobre sus vagones a la ciudadanía democrática que –aún vive y hace crisis dentro del Estado– y al mismo modelo de Estado Nación y de Derecho que se forja entre nosotros a partir de la modernidad.

Promete la redención social, una nueva historia, la fragua de un "hombre nuevo"; eso sí, bajo la férrea dirección de neo–autócratas –en tiempos de globalización– quienes llegan al ejercicio del poder a través del voto popular con el objeto de concentrarlo cabalmente y desde allí procurar reelegirse sin solución de continuidad, a cuyo efecto provocan constituyentes de corte plebiscitario o reformas constitucionales intempestivas.

Las características más relevantes de esta corriente son el uso para tal propósito de las reglas del Derecho secuestrándolas, haciéndolas sirvientes o sujetándolas en su interpretación a los fines del mismo "proyecto" o "proceso", que entienden sobrepuesto a las expresiones institucionales o jurídicas de la libertad. Para ello, sobre las señaladas constituyentes, de corte rupturista, avanzan sus propulsores hacia el control previo de la judicatura a fin de hacer valer sus despropósitos bajo las ideas de un Estado de Derecho que ha de ser asimismo Estado de Justicia, del adecentamiento judicial, o la salvaguarda de un interés social y colectivo que, paradójicamente, encarna en la persona del mismo autócrata, suerte de Mesías en tiempos de disolución de la *res publica* que se juzga, así, como la síntesis totalizante del Estado y el pueblo. Los casos de Venezuela, Ecuador, Bolivia y Argentina son paradigmáticos al respecto.

La experiencia recorrida hasta hoy muestra y supera con creces y perfecciona la tradición autoritaria que desde antes arrastran los Estados situados al sur del Río Grande y a partir de la Emancipación, sobre todo luego de la caída de las primeras repúblicas liberales a inicios del siglo XIX cuando los patriotas libertadores, para justificar sus guerras esencialmente "fratricidas" tachan a las repúblicas en emergencia de "patrias bobas" por ser civiles y dado que sus órdenes constitucionales llegan precedidos por Cartas de Derechos. En defecto de tales repúblicas –tildadas de "aéreas"– aquéllos forjan y le dan contenido a la tesis sociológica del gendarme necesario, que refuerza el positivismo a inicios del siglo XX, y no cede hasta el presente en el imaginario político popular, incluso en tiempos de plenitud democrática.

Pero el anti–modelo de libertades en curso dice, en efecto, algo más. Es aún más nocivo que la visión tutelar y paternal –"el padre fuerte y bueno"– que reside en el subconsciente de nuestros pueblos por obra de la indicada tesis histórica –la del "Cesarismo democrático", desarrollada por Laureano Vallenilla Lanz (El Cojo, Caracas, 1919)– a objeto de caracterizar a nuestros gobernantes de turno. Es, como se aprecia, incluso más dañina que las dictaduras militares conocidas y también, cabe decirlo, que los arrestos intervencionistas de la libertad –con repetidas suspensiones constitucionales de las garantías en Estados de emergencia– característicos de nuestros distintos gobiernos de extracción democrática durante el tiempo mencionado y en los intersticios de libertad que permitió la cultura de facto dominante. Su esencia –la de aquel– es el engaño, la simulación, la doble faz: el fin justifica los medios.

II.   VENEZUELA ES EL MODELO

Comprender el significado y los alcances de este novedoso e inédito fenómeno autoritario contemporáneo es indispensable para el entendimiento cabal del conjunto de leyes que hoy buscan transformar el régimen de la prensa y sus libertades en las Américas, y no solo reformarlo; para lo cual se esgrime, falazmente, la urgencia de la democratización de los medios que sirven a la libertad de expresión, el fortalecimiento el pluralismo, y la libre competencia entre los mismos sin distorsiones ni deslealtades.

El entendimiento de esta modalidad de "dictadura del siglo XXI" –como la califica el ex presidente ecuatoriano Osvaldo Hurtado– es, como lo creemos, condición previa para que la misma prensa y los periodistas alcancen conjurar y revertir con eficacia los daños irreparables que el señalado Socialismo de impostura desde ya les ocasiona a sus oficios y erosiona el sentido mismo de la libertad y la esencia de la vida democrática dentro del Estado de Derecho; pues además viene con el propósito de parcelar la libertad de expresión, separándola de la comunicación e información como si fuesen cosas distintas para así sujetar a las últimas mediante normas de intervención y censura, bajo el postulado de la información veraz.

La revisión formal, sustantiva, y comparatista, de las leyes de regulación de los medios radioeléctricos –a la prensa escrita por ahora sólo la incluye la legislación ecuatoriana– y de los contenidos de la información que estos obtienen, elaboran y transmiten, adoptadas en los países mencionados durante el curso de estos primeros años del siglo, permite identificar como odre principal sobre el que todas a una se inspiran sin mengua de sus diferencias, a la Ley RESORTE –**Ley de Responsabilidad Social de Radio y Televisión de Venezuela– sancionada en el año 2004 y reformada en 2010**, constante de 35 artículos, siete capítulos, siete disposiciones transitorias y dos disposiciones finales. Lo que no significa que se trate, en el caso de ésta de un texto legal breve o conciso, sino de uno muy complejo y farragoso donde cada artículo contiene a otros varios, usándose de tal técnica legislativa a propósito y para facilitar su rápida aprobación. Los proyectos de la última ley conocidos, en efecto, oscilan entre 138 y 150 artículos. Se trata de un verdadero código o ley reglamentaria.

Dicha ley es un desarrollo o encuentra su fundamento inmediato en la Ley Orgánica de Telecomunicaciones de 2000, aprobada a inicios del gobierno de Hugo Chávez Frías y saludada –extrañamente– por los operadores privados de radio y televisión, quienes apenas miran elementos particulares de dicha legislación que les interesan y no sus finalidades. Los artículos 208 y 209 dan cuenta precisa de la novísima visión que acerca de los contenidos de la información y su censura priva en los parlamentarios encargados de sancionarla a instancias del Gobierno:

> Artículo 208. *Hasta tanto se dicte la ley que regule el contenido de las transmisiones y comunicaciones cursadas a través de los distintos medios de telecomunicación, el Ejecutivo Nacional, mediante reglamento, podrá seguir estableciendo las regulaciones que considere necesarias.* Se mantendrán en vigencia, salvo lo que disponga la Asamblea Nacional o el Ejecutivo Nacional, según el caso, todas las disposiciones legales y reglamentarias y cualquier otra de carácter normativo que regulen, limiten o restrinjan, el contenido de dichas transmisiones o comunicaciones........(*Omissis*). (Cursivas nuestras)

> Artículo 209. Hasta tanto se dicte la ley correspondiente, el *Ejecutivo Nacional podrá, cuando lo juzgue conveniente a los intereses de la Nación, o cuando así lo exigiere el orden público o la seguridad, suspender la transmisión de comunicaciones cursadas a través de los distintos medios de telecomunicaciones*, todo ello de conformidad con la Constitución de la República Bolivariana de Venezuela". (Cursivas nuestras)

A las disposiciones generales de la Ley RESORTE (Capítulo I), que definen su objeto y aplicación, sus objetivos generales, y en lo particular señalan normas sobre idioma, lengua, identificación, intensidad de audio, himno nacional, tipos de programas, y elementos clasificados a los que han de sujetarse la radio y la televisión (artículos 1 al 6), les siguen las normas relativas a la difusión de mensajes (Capítulo II, artículos 7 a 10); sobre los servicios de radio y televisión por suscripción y de la aplicabilidad y el acceso a canales de señal abierta y bloqueo de señales (Capítulo III, artículo 11); sobre democratización y participación (Capítulo IV, artículos 12 a 18), en las que se prescribe sobre la organización y participación ciudadana, producción nacional y productores independientes, democratización de los servicios de radio y televisión, Comisión de Programación de Televisión, radio y televisión comunitarios de servicio público, servicios de difusión por suscripción, garantía para la selección y recepción responsable de los programas; sobre los órganos competentes en la materia (Capítulo V, artículos 19 a 22), a saber, la Comisión Nacional de Telecomunicaciones, el Directorio de Responsabilidad Social y las incompatibilidades de los miembros de ambas instancias, y sobre el deber de información a las mismas por los operadores de los medios; sobre el Fondo de Responsabilidad Social y las tasas (Capítulo VI, artículos 23 a 25); y en lo atinente al procedimiento administrativo sancionatorio (Capítulo VII, artículos 28 al 35) para los indicados prestadores de servicios de radio, televisión o difusión por suscripción quienes no acaten las normas de la ley.

Las disposiciones indicadas, *mutatis mutandi*, desde el punto de vista conceptual e ideológico son prójimas de las contenidas en la **Ley de Servicios de Comunicación Audiovisual de la República Argentina**, de 10 de octubre de 2009 **(Ley 26.522)**, constante de 166 artículos; en la **Ley General de Telecomunicaciones, Tecnologías de Información y Comunicaciones (Ley 164) promulgada por Bolivia** el 8 de agosto de 2011, con 113 artículos, 10 disposiciones transitorias y una disposición única abrogatoria y derogatoria; y en la **Ley Orgánica de Comunicación del Ecuador**, promulgada el 21 de junio de 2013 con 119 artículos, 24 disposiciones transitorias, 6 disposiciones reformatorias, 2 disposiciones derogatorias, y una disposición final.

III. ESTÁNDARES HISTÓRICOS DE LA PRENSA LIBRE

En orden a lo anterior, para el análisis comparativo que demandan las leyes de censura o contenidos citadas y en modo de constatar sus alcances o propósitos vertebrales, es pertinente una mirada rápida y retrospectiva de los estándares históricos a los que ha estado sujeta en su evolución moderna y contemporánea la libertad de pensamiento, expresión y prensa, en modo tal de calibrar sus intentos de modificación radicales de la actualidad.

El **ingreso al constitucionalismo moderno y democrático** llega signado, a finales del siglo XVIII y comienzos del XIX, por la afirmación de la llamada libertad de imprenta y el final de los tribunales de la Inquisición, encargados de la censura de las expresiones y los contenidos a ser publicados y su compatibilidad con las verdades de la religión, consideradas hasta entonces un dogma de Estado.

El nacimiento y multiplicación de los panfletos y periódicos de carácter político es su primera manifestación, por entenderse que la soberanía reside en la nación –ya no en el monarca o el mismo Estado– y corresponde a la opinión pública debidamente ilustrada el escrutinio del poder público constituido, es decir, el derecho de expresarse libremente y permanecer informada sin censuras sobre las actuaciones de éste, a fin de decidir si le mantiene o retira su confianza.

Lo anterior se hace posible por el cambio histórico de paradigma, a cuyo efecto el último logra afirmarse sólo una vez como la Humanidad pasa por el trago amargo del Holocausto a mediados del siglo XX. No obstante, la Ilustración civil precursora –es el caso de Iberoamérica– hace ver desde su tiempo que toda Constitución es garantía de las libertades y al encontrarse precedida por una carta o declaración de derechos del hombre y del ciudadano aquélla sirve a éstos; sobre todo encuentra como derecho vertebrador a la libertad de imprenta o prensa.

Así ocurre durante la Independencia norteamericana, en la Francia revolucionaria, y en el Cádiz de las Cortes, que ejercen una influencia determinante sobre el constitucionalismo iberoamericano:

"XII. Que la libertad de prensa es uno de los grandes baluartes de la libertad y no puede ser restringida jamás, a no ser por gobiernos despóticos" (*Declaración de derechos del buen pueblo de Virginia*, 1776)

"Artículo 11. La libre comunicación de los pensamientos y de las opiniones es uno de los derechos más preciados del hombre; todo ciudadano puede, por tanto, hablar, escribir e imprimir libremente, salvo responsabilidad que el abuso de esta libertad produzca en los casos determinados por la ley" (*Declaración de derechos del hombre y del ciudadano*, 1789)

"Artículo 1. Todos los cuerpos y personas particulares, de cualquier condición y estado que sean, tienen libertad de escribir, imprimir y publicar sus ideas políticas sin necesidad de licencia, revisión o aprobación alguna anteriores a la publicación, bajo las restricciones y responsabilidades que se expresan en el presente Decreto" (*Decreto IX sobre libertad política de imprenta*, 1810)

Hasta finales del siglo XX, por vía de efectos, se desarrolla dentro de tal contexto una amplia doctrina constitucional e interamericana sobre esta libertad de pensamiento y expresión que, como derecho humano y columna vertebral de la democracia, se forma a partir de las primeras libertades de conciencia, religión y escritura citadas.

Y se la entiende, además, como esencial a la educación como derecho –factor de ilustración– para que las personas y las sociedades en su conjunto alcancen prepararse para el ejercicio cabal de la experiencia política de la libertad y su desarrollo pleno en libertad, sin sujeciones confesionales.

Los **estándares de este derecho o libertad transversal** al complejo de todos los derechos fundamentales y ciudadanos exigen hasta ahora –de acuerdo con la jurisprudencia constante sobre derechos humanos, tanto constitucional como regional– y con mínimas complementaciones, entender: (1) Que se trata de un derecho y no es una concesión o privilegio que dispensa el Estado, cuyas acciones u omisiones sólo deben conducirle a su respeto y garantizarlo para su pleno ejercicio por todas las personas; (2) que es un derecho complejo y encadenado, cuyas manifestaciones normativas son interdependientes y de suyo inseparables: pensar, expresarse, opinar, informarse e informar a los otros, disponer de medios para ello con libertad y como libertad; (3) que tiene dos dimensiones, la individual y la social, que no pueden sobreponerse la una a la otra sin la mengua de ambas; (4) que comprende el derecho a buscar, recibir y divulgar opiniones e informaciones; (5) que la censura directa o indirecta de las mismas queda prohibida, dado lo cual no puede condicionarse la expresión, ni formal ni materialmente, menos bajo exigencias de veracidad, salvo la demanda en los comunicadores de la "debida diligencia" y la "buena fe" al informar; (5) que el abuso de dicha libertad –al afectar derechos de terceros o el orden público "democrático"– sólo puede dar lugar a responsabilidades ulteriores, que sean legales, democráticas, necesarias, proporcionales, razonables, las que menos afecten a la misma libertad y que no se transformen en una forma indirecta de censura, como las responsabilidades penales o las civiles de carácter confiscatorio, el control de papel e insumos para los periódicos, o la asignación de frecuencias radioeléctricas; (6) que sólo caben la censura clasificatoria para proteger a menores y adolescentes, y la prohibición anticipada y expresa de informaciones que hagan apología de la guerra o del odio nacional y constituyan incitaciones a la violencia o a la ilegalidad con fines discriminatorios; (7) que su regla de oro es la pluralidad, a cuyo efecto resultan inadmisibles los monopolios de los medios, sean privados o estatales, salvo las complementariedades que los aseguren para competir y ser sustentables, de suyo independientes; en fin, (8) que al producirse un eventual choque entre dicha libertad y otros derechos, sin que ello implique vaciamiento o minusvalía de los últimos, ha de preferirse aquélla cuando la expresión incida sobre el escrutinio democrático o el control de la actividad del Estado y sus funcionarios.

Apenas podrían invocarse como **excepciones o violaciones de tal doctrina autorizada y sus enunciados estándares** durante el largo período de su vigencia universal en las democracias, las impuestas a manera de ejemplo por las dictaduras militares o revolucionarias de América Latina a la prensa escrita de propiedad esencialmente familiar; por la propaganda de Estado dispuesta como esquema de control durante el fascismo y en los regímenes comunistas, quienes a la vez estigmatizan a los productores de noticias para que sus informaciones no lleguen a destino o pierdan su valor y credibilidad ante la opinión pública; o acaso las relativas a la presencia monopólica de la radio y televisión públicas en la Europa occidental en fecha posterior e inmediata a la Segunda Gran Guerra y como derivación del *status* totalitario precedente en algunas de sus naciones; no obstante lo cual, los periódicos, en su mayoría órganos informales de los partidos políticos democráticos, en este caso se beneficiaban entonces, para su sustentabilidad, de la distribución equitativa que de la publicidad estatal mandaba la ley.

Pues bien, sobre el agotamiento que hoy sufre o las demandas de reconversión propulsadas por el fenómeno de la globalización planetaria y las sociedades nacionales contemporáneas, el Estado constitucional, democrático y de Derecho, cede en cuanto a sus dimensiones espacial y normativa a finales del siglo XX e inicios del siglo XXI. Sus fueros los ocupan, según lo dicho y en el marco de la anomia social y política de transición, fuerzas inorgánicas, personalizadas y de ordinario carismáticas, afectas a la vieja cultura marxista o fascista –ambas coincidentes en su origen socialista– que si bien son purgadas durante el mismo siglo XX otra vez emergen o renacen con fuerza inédita, esta vez animadas por el tráfico de las ilusiones. Cambian, eso sí y como cabe repetirlo, los métodos y hasta el lenguaje pero sin renunciar a sus finalidades históricas a fin de no mostrarse como lo que son, un verdadero museo de paleontología. El método –liquidar a la democracia desde adentro, desde el mismo seno de la democracia y proscribir el liberalismo usando y desfigurando sus nociones– son a fin de cuentas, lo inédito. De allí la **naturaleza y el carácter ambivalente de las leyes de censura o intervención de la prensa** que hemos citado y nos preocupan, hijas de esa corriente que se afirma, además, sobre la perturbación y el vaciamiento del significado preciso de las palabras que son necesarias para el diálogo jurídico y político, transformándolo en una Torre de Babel. La democracia y la libertad de expresión pasan así a tener significados nominales ambivalentes y hasta opuestos.

No se olvide, al respecto y como prevención, que la Constitución de la República Bolivariana de Venezuela (1999), pionera en la instalación progresiva del denominado Socialismo del siglo XXI es protagónica de esa perversa "simbiosis" –nominalismo libertario y autoritarismo– que permite distraer u ocultar el verdadero propósito de censura y control totalitario de los medios por el Estado que plantean, de manera general, las "leyes mordaza" bajo consideración.

Al concluir un estudio sobre aquella, elaborado a pocos días de su sanción, afirmo que el Texto Fundamental mencionado es "una extraña suma de autoritarismo regresivo y nominalismo libertario, en otras palabras, es una síntesis audaz e imaginativa de los paradigmas del Antiguo Régimen con los de la Revolución Francesa" (*Revisión crítica de la Constitución Bolivariana,* Libros de El Nacional, Caracas, 2000). Y más tarde, observando la experiencia en curso, la propia Comisión Interamericana de Derechos Humanos, en 2002, concluye acerca de dicha Constitución otro tanto, conocida su experiencia:

"El engranaje constitucional [en vigencia desde 1999] no prevé, en supuestos importantes, mecanismos de pesos y contrapesos como forma de controlar el ejercicio del poder público y garantizar la vigencia de los derechos humanos".

Dado ello, en 2009 ajusta en tono de gravedad lo siguiente:

"La Comisión nota que en Venezuela se ha atentado contra uno de los pilares básicos de los sistemas democráticos, como es el respeto de los derechos fundamentales de los individuos bajo los principios de igualdad y no discriminación. En ese sentido, la Comisión advierte que la intolerancia política no solamente dificulta la vigencia de las instituciones democráticas sino que conduce peligrosamente a su debilitamiento".

IV. LÍNEAS MAESTRAS DE LAS LEYES MORDAZA

Las recientes leyes de prensa o "comunicación" –venezolana, argentina, boliviana y ecuatoriana– tiene y muestran similares características, y cabe encuadrarlas, de conjunto y sin mengua de sus especificidades, dentro del marco conceptual e ideológico del cambio en avance, de neta factura antidemocrática e incluso totalitaria, que busca provocar el Socialismo del siglo XXI como remozamiento de las experiencias marxistas en Iberoamérica; modelo éste cuyo documento de base, *La Nueva Etapa: El Nuevo Mapa Estratégico de la Revolución Bolivariana*, hecho público en noviembre de 2004 por el hoy fallecido presidente venezolano y luego presentado como guía a emular ante sus pares en el Foro Social Mundial de Porto Alegre, Brasil (enero de 2005), es revelador al respecto: "El poder de la comunicación debe ponerse al servicio de la revolución...el fuego comunicacional de la mayoría de los medios privados (lacayos de los intereses imperiales) silencia las voces del pueblo... Entre otras, las medidas que debieran adoptarse para (articular y optimizar la nueva estrategia comunicacional)... serían: 2. Fomento de la comunicación alternativa y comunitaria... 4. Creación de medios públicos y fortalecer los existentes; procurar espacios de TV, radio y prensa...11. Creación de grupos de formadores de opinión, comunicólogos e intelectuales para contribuir a conformar matrices de opinión favorables al proceso...19. Facilitación de la habilitación de radios comunitarias" (*El Salto Adelante, la nueva etapa de la revolución bolivariana*, Halman El Troudi, Caracas, Ediciones de la Presidencia de la República, 2005, passim).

No por azar, la aprobación y promulgación de las leyes mordaza llega precedida, así, de conflictos abiertos y deliberadamente suscitados entre las sedes de los respectivos gobiernos de tales naciones y los dueños, operadores y periodistas de distintos medios de comunicación social independientes. La "dictadura mediática" de "los cuatro jinetes del apocalipsis" –RCTV, Globovisión, Televen, Venevisión– es la queja repetida del mismo Chávez desde Venezuela (*Alo Presidente*, 12 de enero de 2003), quien a partir de 2001 reconoce tener un "muy complejo sistema de relaciones con los medios de comunicación... como parte de un choque histórico de fuerzas".

Los Kirchner, quienes no creen en el "periodismo independiente", desde antes de aprobarse la ley en Argentina reclaman de los medios su falta de información sobre las cosas positivas de sus gestiones gubernamentales, y una vez llegada Cristina al poder ésta abre fuegos contra el Grupo Clarín y Papel Prensa, desde 2008. Y se pregunta ante la opinión pública, provocándola, si "la prensa es de los ciudadanos o de las empresas que dirigen los medios". Entre tanto, Evo Morales confronta a los periodistas bolivianos públicamente, a quienes llama "pollos de granja", y se querella penalmente con La Prensa en 2009. Y el ecuatoriano Rafael Correa, quien desde la inauguración de su mandato –tanto como sus pares– acusa públicamente a los medios ser la oposición a su gobierno, persigue judicialmente al diario El Universo, lleva a la cárcel a sus directivos y se acredita, en 2011, una reparación por daños a su honor estimada en 40 millones de dólares.

Todas a una de las leyes en cuestión persiguen el monopolio, no la simple hegemonía comunicacional de Estado; la desaparición de los medios en manos del sector privado, cercándolos judicial o económicamente; y en los que logran sobrevivir, les secuestran sus espacios, uniforman sus programaciones, determinan las "informaciones relevantes" de obligatoria transmisión, transforman la información en propaganda, y reescriben así una versión parcial y sesgada de la historia y el acontecer político dentro de sus ámbitos nacionales de aplicación.

1. *Nominalismo libertario*

Las leyes bajo consideración dicen justificarse, nominalmente, como garantías de los derechos humanos y la misma libertad de expresión; como mecanismos para favorecer la participación activa y protagónica de la ciudadanía, por usuaria de los medios de comunicación social o gestora directa de los medios de comunicación alternativos; como reglas que buscan atenuar la violencia de género y favorecer los contenidos que sirvan para la protección integral de los niños, niñas y adolescentes; en fin, como exigencias que, con vistas al fortalecimiento de la pluralidad democrática, reclaman la disolución de los monopolios mediáticos, la regulación de la competencia entre los medios, y/o la protección del honor de los funcionarios.

No por azar las Relatorías para la Libertad de Expresión de la ONU y la OEA, por engañosas tales leyes de "doble frente", las critican moderadamente sin mirar el conjunto, el contexto político dentro de las que nacen y sus propósitos últimos. Saludan algunos aspectos positivos que mostrarían determinadas normas sin dejar de destacar aquellos en los que muestran su desacuerdo; lo que de suyo plantearía la cuestión, equivocadamente, como un problema de mera negociación democrática dentro de la democracia y a la luz de estándares democráticos sobre la libertad de expresión y prensa comprometidas.

La Corte Interamericana, a su vez, sin reparar en la advertencia que desde antes hace la Comisión acerca de la naturaleza del modelo emergente en Venezuela y a partir de su Constitución de 1999, al debatir sobre la privación de libertad del autor de un libro que acusa a la Justicia de la dictadura militar (Caso *Kimel vs. Argentina,* Sentencia de 2 de mayo de 2008), opta por denunciar el "poder de los medios" privados de comunicación al comentar el artículo 13 de la Convención Americana de Derechos Humanos sobre libertad de pensamiento y expresión e incluso sosteniendo al efecto –con mínimas correcciones– los estándares de la libertad de prensa enunciados con anterioridad. Fundada sobre una premisa indiscutible –invocando la prohibición de monopolios a la que se refiere su Opinión Consultiva OC–5/85– se permite un juicio de valor abierto e ideológicamente comprometido que desborda al citado anclaje doctrinal y el asunto sujeto a controversia; con lo cual, partiendo de un falso supuesto le da tela que cortar a la desviación histórica y política que significa el Socialismo del Siglo XXI:

"Dada la importancia de la libertad de expresión en una sociedad democrática y la elevada responsabilidad que ello entraña para quienes ejercen profesionalmente labores de comunicación social, el Estado no sólo debe minimizar las restricciones a la circulación de la información sino también equilibrar, en la mayor medida de lo posible, la participación de las distintas informaciones en el debate público, impulsando el pluralismo informativo. En consecuencia, la equidad debe regir el flujo informativo. **En estos términos puede explicarse la protección de los derechos humanos de quien enfrenta el poder de los medios y el intento por asegurar condiciones estructurales** que permitan la expresión equitativa de las ideas" (Negritas nuestras).

El siglo XXI y la globalización, es cierto, propulsan la llamada sociedad de la información con mecanismos planetarios y satelitales que le otorgan una *poequidad in límites ade* viejo oficio de la prensa, le dan vida al llamado "periodismo subterráneo" deslocalizado que corre a través de los portales de Internet, hacen posible el trasvase de las fronteras geográficas y jurisdiccionales de los antiguos Estados y sitúan a la opinión pública mundial y sus hacedores por encima de los poderes públicos clásicos. Pero de allí a referir el "poder de los medios" –que nunca ha sido distinto en su influencia desde inicios de la modernidad– a las realidades de la prensa nacional iberoamericana, víctima de dichas legislaciones y también declinante, por cuando no toda logra reconvertirse y asociarse estratégicamente para competir en los ámbitos exponenciales que ofrece la Aldea Humana digital, es una falacia.

Así, para sus avances sobre el control estatal pleno y absoluto de los medios de comunicación social locales y sus contenidos, la **ley venezolana**, en línea con el estilo dualista de su Constitución –predica los derechos humanos y la democracia participativa y protagónica dentro de un modelo de dominio y de concentración estatal totales– dice que tiene por objeto, entre otros, "fomentar el equilibrio democrático", "promover la justicia social", "contribuir con la formación de la ciudadanía, la democracia, la paz, los derechos humanos", "proteger los niños, niñas y adolescentes", "la libre competencia" (artículo 1), y que la interpretación de sus normas estará sujeta a los principios de "libre expresión de ideas, opiniones y pensamientos, comunicación libre y plural, prohibición de censura previa, responsabilidad ulterior" y también, entre otros principios adicionales, al citado de "libre competencia" (artículo 2).

Al efecto, junto con reconocer dicha ley que "garantiza el respeto a la libertad de expresión", según los términos indicados y admitiendo que le sirven de referencia al efecto los tratados internacionales sobre derechos humanos, declara como sus objetivos (artículo 3) preferentes, entre otros, la organización de los mecanismos jurídicos que permitan hacer socialmente responsables a los usuarios de los medios en cooperación con "los prestadores de servicios de divulgación y con el Estado"; "la protección del honor, vida privada, intimidad, propia imagen, confidencialidad, y reputación"; y el acceso a una "información oportuna, veraz e imparcial", a cuyo efecto hará valer "la participación activa y protagónica de la ciudadanía para garantizar" dichos derechos mediante el control social y popular.

La **ley ecuatoriana**, sin ambages, declara textualmente ser una respuesta al apoyo ciudadano que recibe el presidente Rafael Correa para "la erradicación de la influencia del poder económico y político sobre los medios de comunicación"; previo a lo cual declara su adhesión a los "principios y normas de la Convención Interamericana sobre Derechos Humanos". Y al efecto "establece que el sistema de comunicación social debe asegurar el ejercicio de los derechos a la comunicación, la información y la libertad de expresión y fortalecer la participación ciudadana", amén de "instituir las herramientas jurídicas que faciliten la creación y el fortalecimiento de medios de comunicación públicos, privados y comunitarios", impidiendo, eso sí, "el oligopolio y monopolio, directo e indirecto, de la propiedad de los medios de comunicación y del uso de las frecuencias del espectro radioeléctrico" (Preámbulo).

Ello, según dicha ley, procurará un régimen de libertades en el ámbito de los "derechos a la comunicación" que resume *in extensu* su Título II sobre principios y derechos. Fija en consecuencia, de forma heterónoma y como regla administrativa de orden público, "normas deontológicas" referidas a la dignidad humana, a los grupos de atención prioritaria, al ejercicio profesional del periodismo y a las prácticas de los medios de comunicación social; sobre cuya falta puede actuar el Estado. Los funcionarios competentes, por lo mismo, son los llamados a "crear las condiciones materiales, jurídicas y políticas para alcanzar y profundizar la democratización de la propiedad y acceso a los medios, a crear medios de comunicación, a generar espacios de participación,…" (artículo 12). Reconoce los derechos a la participación ciudadana "en los procesos de la comunicación" (artículo 13), a la interculturalidad y plurinacionalidad (artículo 14), a la protección de los niños, niñas y adolescentes como interés superior (artículo 15), el derecho a la libertad de expresión y opinión (artículo 17), a la rectificación y réplica (artículos 23 y 24), y separa la libertad de información dándole especificidad frente a la libre expresión (artículo 29). No obstante, fija de entrada dos límites o censuras –una positiva y otra negativa– a la libertad de expresión y prensa y a la de información, bajo la idea de dos derechos que se le oponen:

a) El derecho a recibir información por los medios de comunicación que sea de "relevancia pública" y "verificada, contrastada, precisa y contextualizada" (artículo 22).

b) El derecho a no ser víctima de "linchamiento mediático", a cuyo efecto se prohíbe la difusión de información concertada y reiterada "con el propósito de desprestigiar a una persona natural o jurídica o reducir su credibilidad pública".

La **ley argentina**, por su parte, luego de declarar como objeto "la promoción, desconcentración y fomento de la competencia con fines de abaratamiento, democratización y universalización del aprovechamiento de las nuevas tecnologías de la información y la comunicación" (artículo 1), fija como objetivo o propósito libertario central (artículo 3) "la promoción y garantía del libre ejercicio del derecho de toda persona a investigar, buscar, recibir y difundir informaciones, opiniones e ideas, sin censura, en el marco del respeto al Estado de Derecho democrático y los derechos humanos, conforme las obligaciones emergentes de la Convención Americana sobre Derechos Humanos y demás tratados incorporados o que sean incorporados en el futuro a la Constitución Nacional"; "la defensa de la persona humana y el respeto a los derechos personalísimos"; "el ejercicio del derecho de los habitantes al acceso a la información pública"; o "la protección y salvaguarda de la igualdad entre hombres y mujeres, y el tratamiento plural, igualitario y no estereotipado, evitando toda discriminación por género u orientación sexual" y "el derecho de acceso a la información y a los contenidos de las personas con discapacidad", entre otros.

De sus tantas disposiciones, al igual que la ley ecuatoriana, busca favorecer, mediante una profunda como profusa intervención estatal, la sujeción de los medios de comunicación social a normas éticas, asignándole fuerza jurídica normativa a las reglas morales; si bien no avanza, como cabe observarlo y a diferencia de ésta, hacia su codificación. En los comentarios que acompañan a la ley, antes bien se opta por remitir la materia a las referencias doctrinales europeas y americanas que señalan que los códigos al respecto no pueden ser impuestos a los medios de comunicación social, pues éstos deben asumirlos voluntariamente.

La **ley boliviana**, en fin, menos declarativa en materia de derechos como sus pares, incluso así prescribe tener por objeto "establecer el régimen general de telecomunicaciones y tecnologías de información y comunicación, del servicio postal y el sistema de regulación, en procura del *vivir bien* garantizando el derecho humano individual y colectivo a la comunicación, con respeto a la pluralidad económica, social, jurídica, política y cultural de la totalidad de las bolivianas y los bolivianos, las naciones y pueblos indígena originarios campesinos, y las comunidades interculturales y afro-bolivianas del Estado Plurinacional de Bolivia", como reza su artículo 1. Son sus objetivos libertarios, a todo evento y entre otros, como lo indica su artículo 2, "asegurar el ejercicio del derecho al acceso universal y equitativo a los servicios de telecomunicaciones, tecnologías de información y comunicación, así como del servicio postal" y "promover el uso de las tecnologías de información y comunicación para mejorar las condiciones de vida de las bolivianas y bolivianos". Y especial consideración le merece, en cuanto al uso de las comunicaciones, la protección ambiental y los llamados "derechos de la Madre Tierra" (artículo 4, numeral 9).

Sea lo que fuere, la citada ley precisa que los servicios que regula y cuya provisión y prestación garantiza el Estado, tienen como propósito procurar a los habitantes "el ejercicio del derecho al acceso universal a las telecomunicaciones y tecnologías de información y comunicación" (artículo 6, numeral 2).

Se trata, en suma, de expresiones nominales difíciles de cuestionar en su conjunto, pero que le sirven de pórtico de distracción a los mecanismos totalitarios que luego forjan dichas leyes a fin de disciplinar a las opiniones y las informaciones e impedir disidencias ante el proyecto ideológico que las motiva.

Aún más, las normas declarativas de buenas intenciones traducen, sin mayor exégesis, una perspectiva de los derechos humanos que mal puede digerir la doctrina hasta ahora vigente en la materia, que se funda en el principio *pro homine et libertatis* y no en el postulado *pro caesar ó gubernatores*. Y esa perspectiva la resume, de modo magistral y evocando la histórica figura del "déspota ilustrado" el artículo 3 de la Constitución venezolana de 1999: "El Estado tiene como fines esenciales... el desarrollo de la persona...". Es lo consistente con el ideario bolivariano fijado en 1819 y que le sirve de soporte al Socialismo del siglo XXI: "Nuestros débiles conciudadanos tendrán que *en robustecer* su espíritu mucho antes que logren digerir el saludable nutritivo de la libertad (Simón Bolívar, *Discurso de Angostura*)".

2. *Dominio público del espectro radioeléctrico y "estatización" finalista de su uso*

La libertad de expresión, como derecho fundamental, incluye el derecho a los medios. "La libertad de expresión no se agota en el reconocimiento teórico del derecho a hablar o escribir, sino que comprende además, inseparablemente, el derecho a fundar o utilizar cualquier medio apropiado para difundir el pensamiento y hacerlo llegar al mayor número de destinatarios". Aquéllos, en efecto, "sirven para materializar el ejercicio" de aquella y son asimismo "vehículos para el ejercicio" de su dimensión social. De allí que sus condiciones de funcionamiento, según la Corte Interamericana de Derechos Humanos, "deben adecuarse a los requerimientos de esa libertad" (*Opinión Consultiva* OC-5/85 y Caso *Herrera Ulloa vs. Costa Rica*, Sentencia de 2 de julio de 2004).

En el caso de los medios radioeléctricos, la normativa internacional vigente prevé la intervención estatal pero dirigida, fundamentalmente, a la administración de las frecuencias y las órbitas satelitales como recursos naturales limitados "que deben utilizarse de forma racional, eficaz y económica" para permitir "el acceso equitativo" a las mismas (artículo 44 de la *Constitución de la UIT*); pero, en tanto que estos aspectos pueden incidir sobre el ejercicio de la libertad de expresión, incluso para el manejo de la prohibición de los monopolios, la CIDH (*Informe de 2008*) ajusta que "la regulación debería cumplir con una serie de condiciones para ser legítima: estar prevista en una ley clara y precisa; tener como finalidad la libertad e independencia de los medios, así como la equidad y la igualdad en el acceso al proceso comunicativo; y establecer sólo aquellas limitaciones posteriores a la libertad de expresión que sean necesarias, idóneas y proporcionadas al fin legítimo que persigan".

Sin embargo, a partir de las leyes *in comento*, el efecto que se procura, bajo las premisas nominales sobre los derechos humanos antes enunciada es, sin lugar a dudas, la estatización –si cabe– de la libertad de expresión.

El artículo 2 de la **ley venezolana**, que bien pudo y en efecto es, en la práctica, su artículo inaugural y sustantivo, recuerda que "el espectro radioeléctrico es un bien de dominio público".

Luego de ello el legislador se permite sugerir oblicuamente, como lo hace en el artículo 1: referido al objeto y ámbito de aplicación de las normas del señalado instrumento legislativo, que "los prestadores de los servicios de radio y televisión" –ya no propietarios o dueños de estaciones de radio y de televisión– son, para los fines de ley, lo señalado, es decir, prestadores de un servicio público; usuarios de un bien dominio público, en otras palabras, realizadores en nombre y por cuenta del Estado de una función estatal y social de formación e información según los cánones constitucionales y legales ahora establecidos.

Dentro de este principio ordenador básico quedan situadas y condicionadas para su desarrollo e interpretación todas las demás normas de la ley en cuestión, por referidas a una materia de "interés público" cuya regulación se hace mediante disposiciones de "orden público" (artículo 2). Así encuentran su cabal explicación las cargas u obligaciones que, conforme a dicho texto, pesan luego sobre los otrora dueños de estaciones de radio y de televisión – en lo sucesivo prestadores, cabe repetirlo– y la relatividad de sus derechos de igualdad ante la ley, en la ley, y en la aplicación de la ley para el ejercicio de sus libertades de expresión y prensa. Los numerales del párrafo *in fine* del artículo 2 citado no dejan dudas al respecto: "se aplicará aquella [norma]" y "se acogerá la interpretación que más favorezca a los usuarios y las usuarias"; no así a los hacedores de la información: operadores, editores, programadores, directores, periodistas, etc.

Las leyes del caso, la venezolana citada, la argentina, la boliviana, y la ecuatoriana, justifican lo anterior al considerar objeto o sujeto de la soberanía, del pueblo o del Estado, el espectro radioeléctrico, como rezan el citado artículo 2 de la ley venezolana; los artículos 5– 7, 7–9 y 77–I de la ley boliviana; el artículo 105 de la ley ecuatoriana. De allí que ocurra un fenómeno de "parcelamiento" legislativo en la materia que en la práctica avanza a contravía y no como un claro desarrollo de las normas internacionales de la UIT mencionadas, creando, sí, un modelo internacionalmente regresivo y multilateralmente compartido; pero distinto del que propicia el acceso al mismo espectro de forma equitativa por todos los países y que como bien natural y recurso escaso que es –pero potencial y tecnológicamente expandible– ha sido considerado hasta el presente como "patrimonio común de la Humanidad" (*Conferencia UIT, Torremolinos*, 1973 y *Conferencia Plenipotenciaria UIT, Nairobi*, 1982). Tanto la UIT como la UNESCO entienden, por ende, que tal recurso o bien natural escaso se encuentra bajo administración técnica por los Estados, cabe repetirlo, pero dentro de unos límites compatibles, justamente, con la idea de la igualdad de oportunidades para su acceso y nada más.

La **ley argentina** llama al espectro radioeléctrico "bien público" administrado por el Estado, según la ley, aun cuando en su caso reenvía a las normas vigentes de la UIT, declarando sus disposiciones como "de orden público". En consecuencia "los actos jurídicos mediante los cuales se violaren las disposiciones de la presente ley son nulos de pleno derecho" (artículo 165). Se trata, de suyo, como lo indica la ley, de un mandato que "importa la preservación y el desarrollo de las actividades previstas en la presente como parte de las obligaciones del Estado nacional....". De modo que, como igualmente lo refiere en su artículo 2, "la comunicación audiovisual en cualquiera de sus soportes resulta una actividad social de interés público, en la que el Estado debe salvaguardar el derecho a la información, a la participación, preservación y desarrollo del Estado de Derecho, así como los valores de la libertad de expresión".

La **ley boliviana**, por su parte, dispone en cuanto al espectro que, se trata de "un recurso natural, de carácter estratégico, limitado y de interés público, del cual es parte el espectro radioeléctrico, por lo que en todo momento el pueblo boliviano mantendrá la propiedad y el dominio sobre el mismo y el Estado lo administrará en su nivel central". Todavía más, conforme al artículo 3 que dispone lo anterior "el Estado es responsable, en todos sus niveles de gobierno, de la provisión de los servicios de telecomunicaciones y tecnologías de información y comunicación, así como del servicio postal, a través de entidades públicas, mixtas, cooperativas, comunitarias y en el caso de telecomunicaciones también a través de empresas privadas, mediante autorizaciones o contratos en el marco de la Constitución Política del Estado". En consecuencia, la ley se aplica, justamente, a las "personas naturales o jurídicas, públicas o privadas, nacionales o extranjeras, cooperativas y comunitarias que realicen actividades y presten servicios de telecomunicaciones y tecnologías de información y comunicación, originadas, en tránsito o terminadas en el territorio, así como del servicio postal en el Estado Plurinacional de Bolivia".

La **ley ecuatoriana** estima al espectro radioeléctrico como "bien de dominio público del Estado" aun cuando se atribuye limitadamente su "administración" (artículo 105 citado); pero no sólo eso, sino que, por vía de consecuencias e *in extremis* declara (1) en su artículo 5, que "se consideran medios de comunicación social a las empresas, organizaciones públicas, privadas y comunitarias, así como a las personas concesionarias de frecuencias de radio y televisión, **que prestan el servicio público de comunicación masiva** que usan como herramienta medios impresos o servicios de radio, televisión y audio y vídeo por suscripción,..." y (2) que "**la información es... un bien público**; y **la comunicación social** que se realiza a través de los medios de comunicación **es un servicio público...**" (artículo 71).

En suma, las leyes en cuestión alcanzan a las emisiones que parten desde el territorio nacional o las que, procedentes desde el extranjero, lleguen hasta el mismo. Las mismas, en cualquiera de sus soportes, se consideran "bien del dominio público" o "actividad social de interés público", correspondiéndole al Estado dentro de tal perspectiva, en forma tutelar y a la luz del Socialismo del siglo XXI –salvaguardar– mediante el control de la comunicación y sus contenidos el derecho a la información y los valores de la libertad de expresión.

El Estado, en consecuencia, se hace del control pleno –directo o indirecto– del espectro radioeléctrico y dada su prescrita naturaleza asume estar autorizado para sujetar a sus operadores más allá de los elementos técnicos y administrativos involucrados, que en buena lid deberían estar única y estrictamente comprometidos con las ideas de acceso equitativo a dicho espectro y la restricción de los monopolios para el fortalecimiento del pluralismo.

Al ser la actividad de los medios que usan tal espectro de "interés público" –lo recuerdan a manera de ejemplo los artículos 1 y 2 de la ley argentina– se deduce que la regulación oficial de los contenidos viene de suyo y es pertinente y legítima, a cuyo efecto se provee mediante normas prescriptivas y prohibitivas "de orden público". Ello es así, a pesar de la salvaguarda que hace la ley ecuatoriana en su artículo 105 *in fine*, pero que contradice al resto de su normativa:

"En ningún caso, la administración del espectro radioeléctrico implica realizar actividades de control sobre los contenidos de los medios de comunicación".

Las empresas privadas operadoras de los medios de comunicación social, a fin de cuentas, pasan a ser meras prolongaciones instrumentales del sector público; de allí que no puedan hacer o decidir sobre sus gestiones propias sin quedar sujetas a estrictos controles oficiales. A los medios, como empresas particulares y lucrativas, se les opone ahora la idea del medio como servicio público estatal concesionado y cuyas licencias, como lo predican de modo especial las normas de la ley argentina (artículos 41, 45, 48 y 161), pierden para la sucesivo todo valor económico y resultan indisponibles por sus titulares; lo que afecta potencialmente, sin lugar a dudas, la sustentabilidad comercial y de suyo la independencia de los medios radioeléctricos afectados. Otro tanto indica, en exacto sentido, la ley ecuatoriana: "Las concesiones de frecuencias que sean adjudicadas a cualquier persona... no forman parte de su patrimonio,...", así como tampoco podrá ésta "transferir o ceder sus acciones sin la autorización previa y por escrito de la autoridad de telecomunicaciones", reza su artículo 117.

El **objeto de dichas leyes**, como se aprecia y lo confiesa –lo hemos dicho– de modo abierto la ley ecuatoriana, más que proveer a la repartición equitativa del espectro y a su postulada democratización, es castrar la influencia en la sociedad de unos actores incómodos –económicos y políticos– para dársela totalmente al Estado. La ley argentina es al respecto emblemática, pues al avanzar sobre la idea de evitar la concentración de medios y con ello la formación de monopolios alrededor de un recurso escaso, limita la presencia de los medios de comunicación social independientes o privados también en el ámbito de las señales que no usan el espectro radioeléctrico sino el físico, que es exponencialmente ilimitado, a la vez que reducen las señales de estos medios hasta una cobertura de audiencia que no puede llegar a más del 35% (artículo 45) de la población nacional o servida, en tanto que los medios públicos o del Estado quedan autorizados para la cobertura del 100%.

La más acabada exégesis o **síntesis de lo aquí dicho** llega de manos de la Procuradora argentina, Alejandra Gils Carbó, al defender el modelo que subyace a estas leyes mordaza en escrito que envía ante la Corte Suprema de Justicia de la Nación (2013): Es competencia del Estado "la distribución democrática del poder de la comunicación", tanto como es inadmisible la "enorme ventaja competitiva en términos políticos" de los medios independientes, pues ello les da la "posibilidad de influir activamente en el diseño de las políticas públicas".

3. *Censura y estandarización de los contenidos y cooptación estatal de los espacios de la radio y televisión*

Entendido que la libertad de expresión y prensa, según las leyes comentadas es en la práctica un objeto distribuible como derecho –"bien público" según el artículo 71 de la ley ecuatoriana– bajo intervención del Estado y que, además, los medios son en esencia servicios públicos, resulta inevitable que las mismas procuren seguidamente por etapas y de un modo progresivo la censura de los contenidos de la expresión del pensamiento y su uniformidad, reservándose el mismo Estado para sí tanto el control directo o indirecto de los espacios en los que se da el fenómeno de formación de la opinión pública como la construcción, en última instancia, de una estructura comunicacional proclive a la forja del "hombre nuevo" que imagina el Socialismo del siglo XXI.

Al respecto, la Corte Europea de Derechos Humanos previene desde antes –sobre la experiencia totalitaria del siglo XX– acerca de tal peligro. Lo hace de un modo pertinente y a propósito del planteamiento de Austria relacionado con sus injerencias en el campo de la comunicación social, animadas por la idea de la dimensión política alcanzada por los medias audiovisuales y atendiendo el mandato de la ley constitucional sobre la radiodifusión; que le obliga a "asegurar la objetividad e imparcialidad de la información, el respeto al pluralismo, el equilibrio de los programas así como la independencia de las personas y órganos responsables de la emisiones", dado lo cual sentencia lo siguiente:

"La Corte recuerda que frecuentemente ha insistido sobre el rol fundamental de la libertad de expresión dentro de una sociedad democrática, sobre todo cuando, a través de la prensa escrita, ella tiende a comunicar informaciones e ideas de interés general, a las cuales el público puede acceder. Y tal empresa no se puede lograr si no se funda sobre el pluralismo, donde el Estado es el último garante. Lo cual vale como criterio especial para los medias audiovisuales, cuyos programas se difunden a gran escala. De todos los medios para asegurar el respeto de tales valores, el intento de monopolio público es el que impone las restricciones más fuertes a la libertad de expresión. [*omissis*]. Gracias al progreso de las técnicas en los últimos decenios, las restricciones estatales no pueden sino fundarse sobre consideraciones vinculadas al número de frecuencias y de canales disponibles. [*omissis*]. En suma, la Corte considera las injerencias [pretendidas por Austria para controlar los medias audiovisuales] como conflictivas y desproporcionadas [*omissis*] y, por lo tanto, no necesarias en una sociedad democrática" (Caso *Informationsverein c. Austria, 24 de noviembre de 1993*).

El criterio anterior es, en efecto, compatible con la norma del artículo 13, numeral 3 de la Convención Americana de Derechos Humanos, a cuyo tenor "[n]o se puede restringir el derecho de expresión por vías o medios indirectos, tales como el abuso de controles [*omissis*], de frecuencias radioeléctricas, [*omissis*]".

En las leyes consideradas, a la luz de sus artículos y más allá de lo declarativo o la enunciación de sanos propósitos garantistas de la libertad de expresión y su democratización, progresivamente se le cierran las puertas al principio democrático de la pluralidad y a la diversidad, que a la vez sólo se alcanza mediante la segmentación natural de la programación que cursa por medio de las señales de radio y de la televisión según sus respectivas audiencias y de la elección libre que estas puedan realizar.

La **ley venezolana**, durante su debate público y parlamentario, al justificar el control y de suyo la uniformidad de los contenidos de la información que se propone, arguye de modo preferente entre otros de sus objetivos "la protección integral de los niños, niñas y adolescentes" (numerales 4, 5 y 7 del artículo 3); tanto como la ley ecuatoriana fija a su vez la preeminencia, como obligación que ata a los medios de comunicación, de los "contenidos de carácter informativo, educativo y cultural" sujetos a los "valores" consignados en la Constitución, según reza su artículo 8, privilegiando "el ejercicio de los derechos a la comunicación de niñas, niños y adolescentes", según el artículo 14 *ejusdem*.

En el caso de la **ley argentina** –a diferencia de la boliviana que se muestra paradójicamente neutral y elaboradamente técnica al respecto– bajo reglas muy generales y mejor estructuradas, al disponer sobre los objetivos de los contenidos y luego de señalar como uno de estos "la participación de los medios de comunicación como formadores de sujetos, de actores sociales y de diferentes modos de comprensión de la vida y del mundo, con pluralidad de puntos de vista y debate pleno de las ideas", a renglón seguido ajusta sobre "el fortalecimiento de acciones que contribuyan al desarrollo cultural, artístico y educativo de las localidades donde se insertan y la producción de estrategias formales de educación masiva y a distancia, estas últimas bajo el contralor de las jurisdicciones educativas correspondientes".

Sobre tal excusa, como soporte o justificación manida entre otras, las leyes comentadas definen **elementos uniformadores de los contenidos**, luego de lo cual se les impone a los operadores trasmitir programas educativos y culturales supervisados por el Estado o realizados por el mismo Estado junto a la disposición de espacios para los propios mensajes oficiales, permitiendo que éste alcance su propósito final: la hipoteca en su favor y el control pleno y progresivo de todo espacio y horario útil de la radio y la televisión. Y en orden sucesivo, algunas de dichas leyes fijan incluso prohibiciones de contenidos –sean opiniones o informaciones– hasta por razones políticas o alegados motivos de seguridad nacional nunca precisados.

El artículo 6 de la **ley venezolana** define los elementos sustantivos que sirven de marco para la determinación de los tipos y bloques de horarios de transmisión permitidos a la radio y Tv; en cuyo defecto el prestador de esos servicios, o de difusión por suscripción, puede ser objeto de sanciones dentro del cuadro de las ochenta y ocho (88) modalidades o hipótesis de conductas violatorias que prevé la misma ley como supuestos de responsabilidad no excluyentes de las civiles o penales que implican sanciones, suspensiones o revocatorias de las concesiones conforme a los artículos 28 y 29.

De modo que, sin mengua de las medidas que debe adoptar cada prestador de servicios: para integrar a quienes sufren discapacidad auditiva; para mantener el mismo nivel de intensidad de audio en las transmisiones; para identificar y transmitir obras musicales venezolanas; para difundir el himno nacional; para identificar las publicidades; para impedir el uso de la fe religiosa con fines comerciales; para evitar publicidades que inciten a la violación de las leyes de tránsito; para no difundir mensajes secretos mediante códigos; para no difundir mensajes que obstaculicen la acción de la policía o de los jueces; para no mostrar mensajes que muestren a la violencia como solución fácil; para no interferir los mensajes y alocuciones del Estado; para no usar técnicas audiovisuales o sonoras que dificulten la comprensión consciente del mensaje por el usuario; para difundir propaganda de producción nacional; para prevenir al usuario sobre la campañas publicitarias de intriga; para no difundir radionovelas o novelas más allá de tiempo permitido de transmisión; o, entre otras hipótesis más, para difundir los mensajes en idiomas indígenas que correspondan; lo cierto es que la ley citada dicta normas abiertas de conducta en la formulación de contenidos nada precisas, abiertas, que quedan bajo la absoluta apreciación discrecional del Estado.

Así, el ente oficial de regulación tiene competencia para dictaminar cuándo o no se da el supuesto de violación de los elementos de lenguaje (v.g. "imágenes o sonidos que, en su uso común, tienen carácter soez"), sexo (v.g. "imágenes o sonidos que pueden ser recibidos por niños, niñas y adolescentes sin que se requiera la orientación de madres, padres, representantes o responsables"), salud (v.g. "imágenes o sonidos sobre prevención del alcohol, de la droga o del juego, que requieran la orientación de madres, padres o representantes") y violencia (v.g. "imágenes o descripciones gráficas utilizadas para la prevención o erradicación de la violencia y que requieren orientación de madres, padres o representantes"), a los que se refiere el artículo 6 de la ley; determinando las medidas cautelares necesarias – prohibición de difundir mensajes u otras medidas "innominadas" (artículo 33) o las citadas sanciones al prestador de los servicios de radio y de televisión.

La **ley ecuatoriana**, al respecto, incluye todo un largo apartado (Título IV) dedicado expresamente a la "regulación de contenidos" e impone a los operadores la obligación de clasificarlos, determinándolos (informativos, de opinión, formativos, etc.) bajo pena pecuniaria (artículo 60), e indicando –lo que es razonable– si son o no aptos para todo público. Sin embargo, desbordando la prohibición que la misma Convención Americana de Derechos Humanos prevé y acepta en su artículo 13, ordinal 5, en los supuestos de apología de la guerra, la violencia o la discriminación, fija una prohibición abierta de "difusión a través de todo medio de comunicación social" de contenidos que tengan como objeto o "resultado" menoscabar o anular derechos humanos, entendiendo tal menoscabo abierto como "discriminación"; a cuyo efecto corresponde al Estado, a través de su agencia gubernamental (Consejo de Regulación y Desarrollo de la Información) hacer la respectiva valoración y fijar las sanciones del caso (artículos 61 a 64).

Siendo menos exegética en cuanto a los mencionados elementos de los contenidos que realiza la ley venezolana, aquella, en su artículo 65 a su vez confía al órgano oficial de regulación la potestad de establecer "la definición de audiencias, franjas horarias, clasificación de programación y *calificación de contenidos*"; (cursivas nuestras) y prohíbe, asimismo, no sólo los contenidos que hagan apología –lo que es convencionalmente aceptable– sino la mera "incitación" o el "estímulo" del uso ilegítimo de la violencia o de cualquier acto ilegal (artículo 67).

La **ley argentina** es precisa al confesar como su objetivo, en su artículo 3, más allá del meramente técnico o el relativo a la administración estatal del espectro radioeléctrico, incidir en "los contenidos de sus emisores". De modo que, el artículo 12 *ejusdem*, referido a las misiones y funciones de la Autoridad Federal de Servicios de Comunicación Audiovisual, dispone dentro de éstas "fiscalizar y verificar el cumplimiento de las obligaciones previstas en la ley respectiva y los compromisos asumidos por los prestadores de los servicios de comunicación audiovisual y radiodifusión en los aspectos…de contenidos", y también garantizar el respeto a las leyes y tratados internacionales "en los contenidos emitidos por los servicios de comunicación audiovisual". De igual manera la autoridad regulatoria, conforme al artículo 17, crea dentro de su esquema un Consejo Asesor con potestades para "establecer criterios y diagnósticos de contenidos recomendados o prioritarios y, asimismo, señalar los contenidos inconvenientes o dañinos para los niños, con el aval de argumentos teóricos y análisis empíricos" y "establecer [premisa fundamental] y concertar [premisa subsidiaria] con los sectores de que se trate, criterios básicos para los contenidos de los mensajes publicitarios, de modo de evitar que éstos tengan un impacto negativo en la infancia y la juventud…".

Y en sus artículos 65 a 76 provee directamente a las características de esos contenidos, si bien opta como criterios en la materia por la mera fijación de cuotas de producción nacional y la clasificación horaria de las programaciones.

Pero la cuestión no se limita a la regimentación de los contenidos a través de una previa definición de sus elementos o características, que de suyo procuran la uniformidad de los mismos, sino que, dichas leyes proveen sobre **prohibiciones de contenidos** –más allá de la referida prohibición del artículo 13 de la Convención Americana sobre apología de la violencia y la discriminación citada– y también sobre contenidos de transmisión obligatoria.

La **ley venezolana** prohíbe la difusión de mensajes que "causen zozobra en la ciudadanía", alteren el orden público o que "desconozcan a las autoridades", a cuyo efecto operan mecanismos inmediatos de restricción –en manos gubernamentales– que deben acatar los operadores (artículo 27), bajo sanciones que incluyen, entre otras medidas, obligarlos a la cesión de espacios para la difusión de mensajes "culturales y educativos" por el Estado. No solo eso, sino que también pueden ser multados o suspendidas sus transmisiones por 72 horas o ver revocadas sus habilitaciones administrativas o concesiones (artículo 29) cuando "inciten" a la intolerancia por "razones… políticas" o transmitan mensajes "contrarios a la seguridad de la Nación".

La **ley argentina**, cabe señalarlo, se limita a una prohibición abierta de contenidos discriminatorios, en línea con la previsión del artículo 13 de la Convención Americana de Derechos Humanos. Sin embargo, a **ley ecuatoriana**, según su artículo 3 se permite prohibir, en circunstancias de excepción, el derecho a la libertad de información e imponer la censura previa (artículo 77), tanto como a su vez proscribe las llamadas "prácticas de linchamiento mediático" (artículos 10 *in fine* y 26), es decir, la difusión de información concertada y reiterativa a través de los medios de comunicación social susceptible de "desprestigiar a una persona natural o jurídica o reducir su credibilidad pública". Y mediante las señaladas normas deontológicas (artículo 10), vinculantes y aseguradas mediante sanciones jurídicas, la misma ley ata de manos al periodista o comunicador o productor de contenidos obligándole a "abstenerse de realizar y difundir contenidos y comentarios discriminatorios" –según lo que entiende dicha ley, sesgadamente, como discriminación– como prohibiéndole "omitir y tergiversar intencionalmente elementos de la información u opiniones difundidas"; de tratar morbosamente la opinión o información, y como a la par lo ajusta el artículo 22, le impone verificar que lo que informa "efectivamente" haya ocurrido; contextualizar citando los antecedentes de los hechos y personas a las que se refiere; contrastar de "forma equilibraba" las versiones; y ser oportunos al transmitir "información de relevancia pública o interés general".

Lo insólito es que tal ley, además, al afirmar en su artículo 18 que prohíbe la censura previa, lo hace sobre dos presupuestos: (1) La prohibición procede si quien la hace tiene como fin "obtener de forma ilegítima un beneficio propio, favorecer a una tercera persona y/o perjudicar a un tercero", a cuyo efecto cabría la censura en defecto de tales extremos; (2) La omisión deliberada y recurrente de la difusión de temas de interés público –cuyo juicio lo hace el ente de intervención gubernamental– se considera censura previa, por ende, sancionable.

En fin, ordena la ley censurar la información que produzca la Fiscalía en el marco de una indagación previa (artículo 30.3), sin discernir si se trata o no de personas o entidades cuyo escrutinio público, incluso acre, interesa a la democracia.

Por otra parte, según lo ya dicho, las leyes así comparadas promueven la **cooptación progresiva y activa por el Estado de los contenidos** trasmitidos por la radio y por la televisión, a objeto de que puedan ser útiles –lo señalamos inicialmente– para la fragua de una personalidad distinta en las audiencias, adaptándolas al nuevo marco ideológico dominante.

Según la **ley venezolana** el Estado no solo tendrá espacios gratuitos y obligatorios (artículo 10) en todos los servicios de radio y de televisión, cuya transmisión puede ordenar el órgano rector del Ejecutivo Nacional con competencia en comunicación e información (CONATEL) y a cuyo cargo directo, unilateral, quedan la administración de tales espacios, sus horarios y en algunos supuestos hasta su temporalidad. También los dispondrá para "los mensajes previstos en [el artículo 192] de la Ley Orgánica de Telecomunicaciones", conocidos como las cadenas oficiales, sin límites de tiempo en cuanto a sus transmisiones y que, bien pueden alcanzar a los mensajes gubernamentales orientados al desarrollo de la personalidad humana, en tanto y en cuanto hace parte de los fines esenciales del Estado, conforme al *supra* citado artículo 3 constitucional.

Pero, además, el señalado órgano rector estatal dispondrá en cada radio y televisión (111 televisoras y 968 estaciones de radio venezolanas), según el artículo 10, numeral 2 de la ley, "de setenta (70) minutos semanales" para "mensajes culturales, educativos, informativos o preventivos de servicio público", que no podrán verse afectados en su calidad, imagen y sonido, ni interferidos en modo alguno por los prestadores de servicios de radio y televisión.

Los prestadores de radio y de televisión han de disponer, además, de tres (3) horas diarias del tiempo todo usuario (7 a.m. a 7 p.m.) para programas culturales y educativos, informativos o de opinión y recreativos dirigidos especialmente a niños, niñas y adolescentes, "presentados acordes con su desarrollo integral, con enfoque pedagógico y de la más alta calidad"; desarrollo integral de la personalidad que, por corresponder su tutela al Estado y siendo los prestadores, a tenor de la ley, realizadores de un servicio público, mal quedarán librados los programas del caso al arbitrio soberano del respectivo "prestador".

La obligación del caso incluye, asimismo, a los "servicios de difusión por suscripción", quienes, al efecto, "pondrán, en forma gratuita, a disposición del órgano rector del Ejecutivo Nacional competente en materia de comunicación e información, un canal para la transmisión de un servicio de producción nacional audiovisual destinado en un ciento por ciento a la producción nacional independiente y producción comunitaria, con predominio de programas culturales y educativos, informativos y de opinión" (artículo 16) y mediante programas –como lo precisa el artículo 14 *ejusdem*– acordes con el desarrollo integral de los niños, niñas y adolescentes "con enfoque pedagógico".

El círculo concéntrico de cooptación del tiempo horario en radio y en televisión por el Estado para programas educativos y culturales que le permitan cumplir con su cometido constitucional y público: "el desarrollo de la persona", cerrándole espacios a las influencias exógenas, encuentra sus manifestaciones más extremas en tres disposiciones de la ley que lo hacen posible:

a.   La obtención, por vía punitiva y alegando incumplimiento de la ley, de "espacios para difusión de espacios culturales y educativos", según los términos del artículo 28, numerales 1 y 2.

b.   La transmisión imperativa, por "los canales cuya señal se origine fuera del territorio" nacional (*v.g.* CNN, BBC, TVE, RAI, TV5, etc.) y que lleguen a los usuarios mediante "servicios de difusión por transmisión", de los mensajes culturales y educativos que administra el órgano rector del Ejecutivo Nacional con competencia en comunicación e información, conforme al artículo 10, numeral 2.

c. La imposición de las llamadas cadenas oficiales o presidenciales, "mensajes o alo-cuciones oficiales, que han de transmitirse obligatoriamente y sin límites temporales –sujetos a la discreción gubernamental– por la radio y tv abiertas y por los canales informativos de la red de suscripción, que en todo caso debe reservar como mínimo un 12 % por ciento de los canales que ofrece para "televisión comunitaria de servicio público…e iniciativas del Esta-do", como lo ordena el artículo 10.

La **ley ecuatoriana**, en su artículo 74, obliga a los medios audiovisuales, sin límites de tiempo, a "transmitir en cadena nacional o local… los mensajes de interés general que dis-ponga el Presidente de la República y/o la entidad de la Función Ejecutiva que reciba esa competencia"; uso también extendido al resto de los funcionarios del Estado "cuando sea necesario para el interés del público". Y a ello se agrega, la hora diaria "no acumulable" al tiempo que deben disponer para dichos programas los medios de comunicación social, que queda a disposición para "programas oficiales" de tele–educación, cultura, salubridad y dere-chos elaborados por cada Ministerio o Secretaría del gobierno.

A su turno, la **ley argentina**, luego de imponer las llamadas cadenas gubernamentales para mensajes con contenidos de "trascendencia institucional" sin límite de tiempo o "mensa-jes de interés público" limitados en el tiempo (artículos 75 y 76), sucesivamente y tras el incentivo de la transmisión abierta de los partidos de fútbol, introduce en sus artículos 77 y 78 la figura de la garantía de transmisión de "contenidos de interés relevante" o "de aconte-cimientos de interés general de cualquier naturaleza"; a cuyo efecto se le confía al Poder Ejecutivo Nacional adoptar las medidas reglamentarias necesarias, bajo el criterio –entre otros– de que "se trate de un acontecimiento de importancia nacional o de un acontecimiento internacional relevante con una representación de representantes argentinos".

La **ley boliviana** otra vez opta por su silencio al respecto, pero dispone, a todo evento, que serán sancionados los medios de comunicación social que violenten o impidan los dere-chos de los usuarios y su ejercicio, como impedir el "control social" por parte de éstos, el relativo a "la protección de la niñez, adolescencia y juventud" en sus programaciones (artícu-lo 54) o cuando éstas, en línea con la ley argentina, transmita contenidos discriminatorios (artículo 14, numeral 21).

Cede así, en suma y por obra de dichas leyes, el sentido de la tradicional diferenciación entre emisoras públicas y emisoras privadas.

4. *Seguridad de la Nación y medidas cautelares del gobierno*

Por último, junto con inhibirse la libertad de pensamiento y de expresión de los "presta-dores del servicio" de radio y televisión, quienes en teoría (artículo 13 de la Convención Americana) tendrían derecho de "difundir informaciones e ideas de toda índole [*omissis*] por cualquier [*omissis*] procedimiento de su elección", la ley venezolana los hace objeto de una medida cautelar que autoriza al ente gubernamental competente: la Comisión Nacional de Telecomunicaciones, para ordenarles "… abstenerse de difundir mensajes que infrinjan los supuestos establecidos" en la ley, sean cuales fueren (artículo 33).

La norma de marras se refiere, específicamente y asimismo, a la violación de las obliga-ciones previstas en el artículo 29, numeral 1 de la ley. Y, si bien es cierto que, *mutatis mu-tandi*, ella intenta enunciar las hipótesis contempladas en el Pacto de San José, permitidas como límites a la libertad de pensamiento y de expresión según el texto de su artículo 13, numerales 2.b y 5, prevé como supuestos de la medida cautelar en cuestión y ya mencionados *supra* los "mensajes [*omissis*] que inciten a alteraciones del orden público; …Inciten… la intolerancia por razones… políticas…; Fomenten la zozobra en la ciudadanía…. Sean contra-rios a la Seguridad de la Nación".

Cabe tener presente que, conforme al artículo 324 constitucional, en el caso de la **ley venezolana**, la seguridad de la nación comprende el todo y hace posible toda hipótesis conductual imaginable para la suspensión, sin mediación judicial, de cualquier programa de radio y de televisión y sea cual fuere su contenido. La seguridad de la nación hace relación abierta y sin ponderación alguna de sus alcances y límites con todo aquello que se relacione con los "principios de independencia, democracia, igualdad, paz, libertad, justicia, solidaridad, promoción y conservación ambiental y afirmación de los derechos humanos"; y atiende, de modo general, a "la satisfacción progresiva de las necesidades individuales y colectivas de los venezolanos y venezolanas, sobre las bases de un desarrollo sustentable y productivo de plena cobertura para la comunidad nacional". Se trata, pues, de una norma imprecisa y omnicomprensiva, en la que cabe todo supuesto bajo arbitrio del ente gubernamental de regulación.

La **legislación argentina** omite al respecto y se limita a un comentario por vía de nota a sus artículos 2 y 3, que de manera ortodoxa ser refiere al principio de acceso a la información, que "sólo admite limitaciones excepcionales que deben estar establecidas previamente por la ley para el caso que exista un peligro real e inminente que amenace la seguridad nacional en sociedades democráticas)".

La **ley boliviana** (artículo 32, III), de forma abierta, dispone que "la Autoridad de Regulación y Fiscalización de Telecomunicaciones y Transportes podrá modificar sin afectar los servicios que se preste al público la licencia de uso de frecuencias y el ancho de banda asignado, sin derecho a retribución o indemnización alguna, en los siguientes casos: 1. Por razones de seguridad del Estado…(*Omissis*)".

La **ley ecuatoriana**, en su artículos 19 y 21 prescribe la responsabilidad –ulterior y solidaria de los medios– por los "contenidos que lesionen… la seguridad pública del Estado", a cuyo efecto, incluso hablándose de responsabilidades ulteriores, la norma del artículo 67 fija como prohibición "la difusión a través de los medios de comunicación de todo mensaje que constituya incitación directa o estímulo expreso… a la comisión de cualquier acto ilegal…".

No huelga referir, dentro de tal contexto, lo comentado antes, acerca de la suspensión de la libertad de información que dispone el artículo 77 de la mencionada legislación, en los supuestos de estado de excepción. Y es cierto que la Convención Americana de Derechos Humanos, al referirse a la llamada suspensión de garantías en su artículo 27 y al citar los derechos que bajo ningún respecto pueden suspenderse en su ejercicio, no menciona el artículo 13 sobre la libertad de expresión. No obstante ello, la sana interpretación de la Convención, conforme a su artículo 29, que manda hacer la exégesis convencional sin "excluir otros derechos y garantías … que se derivan de la forma democrática representativa de gobierno" –la libertad de prensa es columna vertebral de la democracia, según la Corte Interamericana, y elemento fundamental del ejercicio democrático conforme al artículo 3 de la Carta Democrática Interamericana– mal puede admitir que la prensa y la libre expresión puedan quedar suspendidas durante una emergencia constitucional.

Tanto es así, a mayor abundamiento, que la propia Corte, en su jurisprudencia, ata de manera inseparable al ejercicio de los derechos políticos –que según la citada disposición convencional nunca pueden suspenderse– la libre expresión del pensamiento.

En todo caso, para lo que nos interesa, cabe señalar que el Orden Público ha de ser entendido como las "condiciones que aseguran el funcionamiento armónico y normal de las instituciones sobre la base de un sistema coherente de valores" y siendo el Bien Común un "concepto que ha de interpretarse como elemento integrante del Orden Público en un Estado Democrático, cuyo fin principal es la protección de los derechos esenciales del hombre", según la jurisprudencia interamericana el mismo hace referencia –como Bien Común– a las "condiciones de la vida social que permiten a los integrantes de la sociedad alcanzar el mayor grado de desarrollo personal y la mayor vigencia de los valores democráticos".

La consecuencia de tal interpretación, a juicio de la misma Corte es esencial, pues:

"[D]e ninguna manera podrán invocarse el Orden Público o el Bien Común como medios para suprimir un derecho garantizado por la Convención o para desnaturalizarlo o privarlo de contenido real (*Omissis*). (*Omissis*) Interpretación [la señalada] estrictamente ceñida a las <<justas exigencias>> de una <<sociedad democrática>> que tenga en cuenta el equilibrio entre los distintos intereses en juego y la necesidad de preservar el objeto y fin de la Convención [Americana]" (*Opinión Consultiva* OC–5/85, *cit.*, párr. 67).

5. *Hegemonía comunicacional de Estado o totalitarismo?*

Las consecuencias prácticas y reales del modelo legislativo en avance y para amordazar a los medios de comunicación social de Venezuela, Argentina, Bolivia y Ecuador, están a la vista.

En nombre de la libertad y para la garantía de los derechos humanos, en Venezuela se constata la progresiva transformación de los contenidos de la radio y televisión, más allá del fenómeno de autocensura que por obra de la ley ocurre en dichos medios, en propaganda de Estado y uniformidad comunicacional.

En el **caso de Venezuela**, a inicios del cambio de paradigma constitucional y legislativo que ahora significan las leyes mordaza, se emite por vez primera un programa regular de radio y Tv del Presidente de la República, Hugo Chávez Frías, a partir del 23 de mayo de 1999. Y desde entonces hasta las vísperas de su muerte (*Infobae*, 10 de septiembre de 2012), durante 14 años, dichos programas sumados a las cadenas presidenciales – sin contabilizar los mensajes oficiales informativos y "educativos" – acumulan más de 3.500 horas de transmisión. Y desde el 14 de abril pasado, su sucesor, Nicolás Maduro, apoyado en las normas de la ley comentada, aparece en cadena nacional de radio y televisión, secuestrando la diversidad y el principio de pluralidad de los medios, 65 horas y 26 minutos. A la vez ha salido en el canal del Estado (VTV) 48 horas y 4 minutos, casi 2 horas cada día, desde el 3 de junio último.

Apenas superada por Chávez y Rafael Correa, del Ecuador (*El País Internacional*, Francisco Peregil, 22 de julio de 2012), la presidenta de **Argentina**, Cristina Fernández de Kirchner, es uno de los jefes de Estado de América Latina que más mensajes emite por cadena nacional, es decir, con la interrupción obligatoria de toda la programación pública y privada para transmitir sus palabras. "Sólo en cinco días pronunció cuatro discursos televisados, de los cuales tres fueron transmitidos por todas las emisoras del país. Sumó así 11 cadenas nacionales (mensajes de retransmisión obligatoria) desde que asumió su mandato, superando en horas los 11 mensajes pronunciados en Chile por Sebastián Piñera desde marzo de 2010, la veintena de cadenas que emitió el presidente Felipe Calderón en seis años, las siete de la brasileña Dilma Rousseff desde enero de 2011 hasta hoy y las tres del uruguayo José Mujica desde marzo de 2010. Supera, para esa fecha, también, a las 16 alocuciones pronunciadas por el colombiano Juan Manuel Santos en 24 meses, desde agosto de 2010".

Pero el dato legislativo que importa, a todas estas, es el relativo al tratamiento que las leyes comentadas le dan al sistema de radio y televisión públicos, en modo tal de poder construir progresivamente una hegemonía de Estado con vocación monopólica.

En el **caso de Venezuela**, bajo las normas de la ley, fue cerrada la emisora de televisión privada y pionera, la de mayor alcance (RCTV) y en 2009 son clausurados 34 medios audiovisuales privados. Entre tanto, la señal de televisión oficial (Canal 5, luego 8) y la Radio Nacional de Venezuela, derivan en una red que actualmente integran 43 radios y televisoras públicas, a las que cabe sumar los 235 medios audiovisuales comunitarios que en número casi absoluto depende del subsidio oficial.

A manera de ejemplo, **la ley argentina**, junto con regular todo lo concerniente a la "Radio y Televisión Argentina" como sociedad del Estado Nacional, bajo control y dirección gubernativos y con propósitos de cobertura plena "en todo el territorio" (artículo 121), a cuyo efecto se le anexan – conforme al artículo 141, un número importante de frecuencias de radiodifusión sonora y televisiva en número aproximado de cincuenta (50), de modo igual autoriza a dicho ente corporativo oficial para insertarse en el mercado de la publicidad y la comercialización de contenidos, en condiciones más que preferentes y de predominio con detrimento de los operadores privados. Aún más, el 60% de su producción ha de ser propia del Estado y nunca independiente, la que solo puede alcanzar a un 20% en todos los medios estatales (artículo 123). Así mismo, excluye de concurso y sujeta a régimen de mera autorización gubernamental la gestión comunicacional audiovisual que pretendan ejercer "personas de derecho público estatal o no estatal" (artículos 21 y 22); las que obtendrán la misma mediante un procedimiento abreviado referido al plano reglamentario. Y permite que sean licenciatarias de servicios de televisión las empresas de servicios públicos (artículo 30), sin sujetarse a las limitaciones que rigen para las particulares. Finalmente, faculta al Gobierno para establecer "mecanismos de adjudicación directa" para los servicios de radiodifusión abierta de baja potencia (artículo 49).

A fin de cuentas, ocurre, por vía legal (control total de contenidos + emisoras públicas) una suerte de tendencia hacia la **concentración monopólica de medios**; esa misma que el artículo 45 de la ley argentina afirma proscribir de cara a los operadores privados, bajo el argumento de cuidar la libre competencia o, según los términos del preámbulo de la ley ecuatoriana –que cabe repetir– a fin de proveer a la "erradicación de la influencia del poder económico y político" en los ámbitos de la prensa, la radio y la televisión. A cuyo efecto, al disponer sobre la llamada distribución equitativa de frecuencias, la última ley, en su artículo 106, restringe la presencia de los medios privados hasta un 33%, reservando una cuota igual para los medios públicos, pero asignando a los medios comunitarios, sin capacidad para sus sustentabilidades económicas que no sea mediante el auxilio gubernamental, el 34% restante. Y lo que es más evidente, es que los medios públicos quedan sujetos a un régimen de adjudicación directa sin concursos (artículo 108) y tampoco rige para ellos la "prohibición de concentración" (artículo 113) que obliga a los medios privados.

V. AVANCES Y RETROCESOS EN LA JURISPRUDENCIA INTERAMERICANA

Lo preocupante, a todas estas, es que a la luz de las novísimas normas constitucionales y legales que procura como soporte y para sus fines el llamado Socialismo del siglo XXI, su control de convencionalidad, por los jueces nacionales involucrados o en su defecto por los órganos de la Convención Americana de Derechos Humanos –sea la Comisión, sea la Corte Interamericana– prefiriéndose la doctrina y jurisprudencia más conforme con dicho tratado y su principio histórico *pro homine et libertatis*, en lo adelante se dificulta. Ha lugar, en efecto, en el plano político e institucional interamericano un debate que busca sobreponer, como eje para la interpretación del alcance de los derechos humanos y su misma garantía, en lo particular, de la libertad de pensamiento y expresión contemplada en el artículo 13 convencional, al principio *pro imperium*. Y la Corte Interamericana de Derechos Humanos, sensiblemente, entre matizaciones, cediendo ante tal perspectiva de los gobiernos involucrados, retrocede en su jurisprudencia sobre la libertad de prensa. Veamos cómo.

La Declaración de Santiago de Chile, adoptada por la Quinta Reunión de Consulta de Ministros de Relaciones Exteriores de la OEA, en la misma oportunidad en que nace la Comisión Interamericana de Derechos Humanos y tiene como su primer Presidente al eximio escritor y ex mandatario venezolano Rómulo Gallegos, define una pauta sustantiva sobre la democracia que debe considerarse doctrina pionera en el Hemisferio Occidental.

Es, cambiando lo cambiable, una suerte de oportuna recreación de las enseñanzas inaugurales y de un tiempo que ya es bicentenario.

La democracia, como propósito y derecho que cabe a los gobiernos asegurarlo, se entiende, tal y como reza la Declaración, como sujeción a la ley mediante la independencia de los poderes y la fiscalización de los actos del gobierno por órganos jurisdiccionales del Estado; surgimiento de los gobiernos mediante elecciones libres; incompatibilidad con el ejercicio de la democracia de la perpetuación en el poder o el ejercicio de éste sin plazo determinado o con manifiesto propósito de perpetuación; deber de los gobiernos de sostener un régimen de libertad individual y justicia social fundado en el respeto a los derechos humanos; protección judicial eficaz de los derechos humanos; contrariedad con el orden democrático de la proscripción política y sistemática; ejercicio de la libertad de prensa, información y expresión en tanto que condición esencial para la existencia del mismo sistema democrático; en fin, desarrollo de estructuras económicas que aseguren condiciones justas y humanas de vida para los pueblos.[1]

En tal orden, progresivamente se forja en las Américas un verdadero sistema jurídico de seguridad colectiva de la democracia –primero de orden jurisdiccional y en adición de carácter político y diplomático, ajeno a la fuerza o, mejor aún, fundado en la fuerza del Derecho– que encuentra sus manifestaciones más actuales en la Convención Americana de Derechos Humanos (1969)[2] y en la Carta Democrática Interamericana (2001)[3].

Aquélla, de modo preciso, señala en su Preámbulo que los derechos humanos valen y tienen entidad más allá de los Estados partes y sus gobiernos y que su respeto y garantía sólo es posible dentro del cuadro de las instituciones democráticas. Y en sus artículos 29.c y 32.2 dispone que los derechos humanos han de interpretarse –para determinar sus núcleos pétreos y posibles límites– a la luz de lo que es inherente a la forma democrática representativa de gobierno y conforme a las justas exigencias del bien común en una democracia. De acuerdo a sus disposiciones convencionales y mediante el asentimiento soberano de los Estados partes en la Convención, éstos, al efecto, le confían a los órganos convencionales de interpretación y aplicación –la Comisión y la Corte Interamericanas de Derechos Humanos– la competencia de velar, subsidiariamente, por el derecho a la democracia –el derecho a los derechos humanos y sus garantías– una vez como es vulnerado por los propios órganos de los Estados o cuando éstos se muestran incapaces de proveer a su adecuada tutela, declarándolos al efecto internacionalmente responsables por hechos internacionalmente ilícitos.

La Carta Democrática Interamericana, por su parte, adoptada como resolución y mediante consenso por los Estados miembros de la OEA, preterida por los gobiernos quienes ahora la incumplen o desconocen pero la usan para sancionar a sus "enemigos ideológicos", es la obra de una larga maduración sobre los predicados de la misma democracia según el entendimiento que de ella tienen la doctrina política y judicial regional más autorizadas. Se trata, como lo precisan las reglas del Derecho y la jurisprudencia internacionales constantes,

---

[1]   *Vid.* numerales 1 a 8 de la declaración, en la obra del autor, Asdrúbal Aguiar, *El derecho a la democracia*, Caracas, Editorial Jurídica Venezolana/Observatorio Iberoamericano de la Democracia, 2008, pp. 537-539, o en F.V. García Amador (Compilador), *Sistema Interamericano, a través de tratados, convenciones y otros documentos*, Vol. I, Washington D.C., OEA, 1981.

[2]   Suscrita en la Conferencia Especializada Interamericana de Derechos Humanos, celebrada en San José, Costa Rica, del 7 al 22 de noviembre de 1969.

[3]   Aprobada mediante resolución de la Asamblea General de la OEA, en la primera sesión plenaria de su 28° Período de Sesiones Extraordinarias, en Lima, Perú, el 11 de septiembre de 2001.

de un instrumento jurídicamente vinculante por ser interpretación auténtica sea de la Carta de la misma OEA o Pacto de Bogotá, sea de la citada Convención Americana[4].

La Carta Democrática, no muy distante del ideal democrático que prende durante la empresa constitucional pionera y de emancipación americanas, mirándose en su precedente –la citada Declaración de Santiago– discierne entre la democracia de origen, atada a elementos esenciales, y la democracia de ejercicio, que predica la efectividad de su ejercicio y como derecho humano de las personas y los pueblos. Por lo demás, encomienda a los órganos políticos de la OEA: su Asamblea General, el Consejo Permanente, y/o el Secretario General, el despliegue de acciones de intensidad diversa y creciente –dentro de las que predominan las gestiones diplomáticas y los buenos oficios– hasta alcanzar sea el fortalecimiento y preservación de la democracia, sea su normalización institucional, o bien su restablecimiento en los Estados donde se haya visto vulnerada.

Pues bien, es un dato de la realidad que a lo largo de la última década del siglo pasado y la primera del corriente, la democracia vive otra crisis profunda, pero esta vez, según algunos, dentro de la misma democracia y, según otros, fuera de ella pero manipulando sus formas. Sea lo que fuere, a la tradicional oposición *democracia v. dictadura militar* sobreviene la oposición *democracia v. democracia teatral o de utilería*. Ella es coetánea al igual debilitamiento y agonía, casi terminal, que padece el Estado moderno por obra de la revolución global de las comunicaciones y según los desafíos e iguales peligros que aquejan a la misma, como el terrorismo desnacionalizado o el narcotráfico, entre otros. Y a la mirada de todos, en una hora de tránsito admirable e inédito entre una historia que llega a su término y otra que se abre bajo signos radicalmente distintos, que no se reducen a una simple deriva intergeneracional o política y hablan más de nuestro paso hacia una sociedad de vértigo y virtual o digital, la coyuntura es ocupada por ventrílocuos del poder contemporáneo declinante y sus reglas atentatorias de la ética democrática e incluso de la moral personal. En el instante, para éstos, el fin justifica los medios. Avanzan hacia la instalación apresurada de neo–dictaduras de carácter personal y populista. Es lo novedoso. Usan medios democráticos formales y le dan vida a una suerte de "demo–autocracias", manipulando las formas del Estado de Derecho para consolidarlas, desnudándolo de esencia y finalidades.

No por azar, el ex presidente de la Corte Interamericana de Derechos Humanos y reconocido jurista mexicano, Sergio García Ramírez, en sus aportes postreros a la doctrina del Alto Tribunal de las Américas, previene –en el Caso *Escher y otros v. Brasil* de 2009– sobre lo que observa preocupado y a la espera de que lleguen a consolidarse pronto los paradigmas constitucionales y democráticos del porvenir. Habla sobre las *nuevas formas de autoritarismo* presentes en la región y al efecto dice que "para favorecer sus excesos, las tiranías clásicas que abrumaron a muchos países de nuestro Hemisferio, invocaron motivos de seguridad nacional, soberanía, paz pública. Con ese razonamiento escribieron su capítulo en la histo-

---

[4]   Bástenos señalar, como suficiente, que en el Preámbulo de la Carta se hace constar que es su propósito "precisar las disposiciones contenidas en la Carta de la Organización de los Estados Americanos e instrumentos básicos concordantes, relativas a la preservación y defensa de las instituciones democráticas"; lo que, en línea con lo observado en su momento por el Comité Jurídico Interamericano, indica que la resolución de marras bien cabe dentro de aquellas que tienen efecto obligatorio por "interpretar disposiciones convencionales, [amén de] constituir prueba de la existencia de normas consuetudinarias" (*vid.* "Observaciones y comentarios del Comité Jurídico Interamericano sobre el proyecto de Carta Democrática Interamericana", documento CJI/doc.76/01, en la obra de Humberto La Calle –Coordinador Editorial– *La Carta Democrática Interamericana: documentos e interpretaciones*, Washington D.C., OEA, 2003, pp. 243 y ss). Apud. Aguiar, *op.cit.*, p. 138.

ria... Otras formas de autoritarismo, más de esta hora, invocan la seguridad pública, la lucha contra la delincuencia (o la pobreza, cabe añadirlo), para imponer restricciones a los derechos y justificar el menoscabo de la libertad. Con un discurso sesgado, atribuyen la inseguridad a las garantías constitucionales y, en suma, al propio Estado de Derecho, a la democracia y a la libertad"[5], concluye.

Suman 681 las enseñanzas de la Corte Interamericana de Derechos Humanos, tomadas de sus opiniones consultivas y sentencias contenciosas más relevantes, que muestran a la democracia en sus fortalezas y como lo que es, no solo un régimen político sino, por sobre todo, una forma de vida social y un estado personal del espíritu. Las mismas, así como las recoge y destaca mi libro –*El derecho a la democracia*– citado a pie de página, uno de cuyos capítulos las ordena como digesto desde 1987 hasta 2007 y en su presente actualización, hasta 2014, que consta en las páginas siguientes, en sus rasgos más detallados revelan ser consistentes plenamente con los estándares que prescribe la Carta Democrática Interamericana a título de componentes esenciales y elementos fundamentales. Por lo que cabe afirmar que ésta no es un salto al vacío o a destiempo, si no la síntesis de la cultura democrática que se cuece a fuego lento –con no pocos traspiés y amenazas de destrucción aún presentes– en las Américas.

Tan amplia e ilustrativa jurisprudencia es, además, la prueba palpable del carácter jurídico vinculante e indiscutible que acompaña a los principios y atributos que a la democracia le asignan los diversos instrumentos internacionales regionales, convencionales o declarativos actualmente en vigor; sobre todo es el testimonio de una obra de reflexión serena, ajena a lo momentáneo o la audacia irresponsable, que la propia Corte Interamericana viene desarrollando sostenidamente, con apego a los criterios de progresividad e inherencia que presiden al Derecho de los derechos humanos. Aquélla se adelanta y le otorga contenido cierto, según lo dicho, a las prescripciones que luego recoge y codifica, escanciando el vino de la tradición democrática interamericana, la mencionada Carta Democrática adoptada por los Estados americanos.

Pero así como la Carta en cuestión es un libro abierto hacia el porvenir, la jurisprudencia es el producto de un esfuerzo exegético sobre supuestos reales y no meramente académicos o aisladamente normativos, representados aquéllos en las miles de denuncias de violaciones de derechos humanos que ocurren a lo largo y ancho de todo el Continente. Lo dice el mismo magistrado García Ramírez, en voto razonado de reciente fecha, al recordar sobre el juicio informado y ponderado, el análisis lúcido cumplido con buena fe por la propia Corte al elaborar sus dictados y hacerlo con celoso apego a las justas exigencias de la democracia, tal y como se lo exige la Convención Americana de Derechos Humanos.

"Conviene redefinir el quehacer de los Estados en esta hora, que es tiempo de tensiones; redefinir para progresar, no para regresar. Cabría reflexionar sobre su estrategia en el proceso, si se conviene en que el gran propósito del Estado democrático es la protección de los derechos humanos. Asimismo es pertinente reflexionar sobre el papel de la Organización de los Estados Americanos, que ha proclamado la prioridad de la democracia y los derechos humanos y que podría cultivar aún más el arraigo de esa prioridad y mejorar los medios con que las atienden las instituciones interamericanas, modestamente dotadas", es la reflexión conclusiva del magistrado mexicano en su voto dentro de la *Opinión Consultiva* OC-20/2009 sobre el Artículo 55 de la Convención Americana de Derechos Humanos[6].

---

[5]   Serie C, N° 200, Voto del juez García Ramírez, párr. 13

[6]   Serie A, N° 20, voto juez García Ramírez, párr. 74

El desafío, pues, es exigente e impostergable, y la doctrina establecida, ordenada y clasificada adecuadamente, a la luz de los elementos esenciales de la democracia y de los componentes fundamentales de su ejercicio, es la mejor base para una consideración actual de la democracia y para que tenga lugar lejos del templo pagano de los oportunismos, morigerados y excusados bajo una premisa profundamente antidemocrática y extraña a la democracia moral, como la es la neo–medieval y muy conocida *real politik*. El carácter innovador y de los *dicta* más recientes (2008-2014) que integran a la mencionada jurisprudencia es testimonio de la sensibilidad de los jueces interamericanos por la problemática democrática de nuestro tiempo.

Qué ha ocurrido en la Corte, no obstante lo anterior, en el marco del avance profundo hacia la democracia antes reseñada y su corriente vaciamiento a manos del denominado Socialismo del siglo XXI, en lo particular en cuanto a la libertad de expresión que contempla el artículo 13 de la Convención Americana.

No profundizaré sobre la libertad de pensamiento y de expresión de la que se ocupa la Corte de un modo preferente desde su fundación y en su jurisprudencia contenciosa y consultiva, a un punto de reconocerla como "piedra angular en la existencia de una sociedad democrática"[7].

Basta señalar que la misma Carta Democrática Interamericana la dispone como elemento esencial de la existencia de la democracia, por ser derecho humano, y como componente fundamental del ejercicio democrático. Es, por así decirlo, el derecho que logra vertebrar al plexo de todos los derechos humanos justificándolos sustantivamente, pues permite que el derecho a la vida, el primero de todos, pueda entenderse como derecho a la vida humana y no solo biológica; amén de que le da textura, juntamente, al derecho de toda persona al desarrollo de su personalidad, permitiéndole avanzar desde su condición inicial como individuo – uno y único– hacia su realización, como persona, en la "otredad".

Cabe decir, sí y al respecto, que la jurisprudencia interamericana es extensa en cuanto a los temas de acceso a la información, sobre la censura previa como eliminación radical de la libertad *in comento*, sobre el derecho al silencio y a la verdad, sobre las informaciones veraces o inexactas o agraviantes, sobre la llamada libertad de expresión procesal, sobre la unidad sustantiva de la opinión y la información, sobre el derecho a la lengua, sobre la formación de la opinión pública y el honor de los funcionarios, sobre periodismo y medios de comunicación, entre otros asuntos relevantes. Son emblemáticas las *Opiniones Consultivas* OC-5/85 sobre Colegiación Obligatoria de Periodistas y OC-7/87 sobre el Derecho de Rectificación y Respuesta, como los fallos contenciosos en los Casos *La última tentación de Cristo v. Chile*, de 2001, *Ivcher Bronstein v. Perú*, del mismo año, *Herrera Ulloa v. Costa Rica* y *Ricardo Canese v. Paraguay*, ambos de 2004, *Palamara Iribarne v. Chile*, de 2005 y, en 2006, *Claude Reyes v. Chile*.

La materia reclama de una exposición particular y a profundidad, dada su influencia directa sobre la vida democrática en su conjunto, la transparencia democrática, la celebración de elecciones, la participación como el pluralismo y la tolerancia democráticas.

Valga, a todo evento, como apretada síntesis de las líneas más importantes de la jurisprudencia y dentro de los límites de este escrito, mencionar algunos aspectos puntuales pero determinantes.

---

[7] Serie A, N° 5, párr. 70

La Convención y la jurisprudencia de la Corte están atadas a la Doctrina de *Blackstone* o de responsabilidades ulteriores, dado el carácter no absoluto de dicho derecho a la libertad de expresión. Pero, dada su función configuradora de los espacios democráticos, no cabe en la materia tutela preventiva. Ella no está prevista normativamente. Es un sacrificio que la sociedad y sus miembros rinden en favor de la democracia como sistema y como derecho, pues sin aquella el resto de los derechos mengua por ausencia de su mayor garantía: el control por la opinión pública.

La jurisprudencia constitucional española, a la que adhiere en partes el criterio ilustrado del constitucionalista argentino Gregorio Badeni[8], dice bien que la protección especial de que es objeto esta libertad no está dictada en beneficio de los periodistas y comunicadores en general sino de la misma democracia; porque la formación de la opinión pública, que se alcanza con la libertad de expresión y de prensa, "es una función constitucional, que forma parte del sistema de pesos y de contrapesos de la democracia"[9], según el criterio del juzgador hispano.

No es un accidente que la antigua libertad de imprenta esté situada en los orígenes mismos de la República y del Estado moderno democrático como de su secularización y sea el centro neurálgico, como objeto de debate, de las Revoluciones Francesa, Americana y Gaditana[10].

Así las cosas, las responsabilidades ulteriores, que han de ser taxativas, estar previstas por una ley democrática de interpretación restrictiva y sujetas a los criterios de no censura ni de inducción indirecta a ella, de necesidad, de necesariedad imperiosa y de proporcionalidad, léase a las justas exigencias del Bien Común en una sociedad democrática, deben estar orientadas, ora al aseguramiento del derecho o la reputación de los demás, ora al sostenimiento de la seguridad nacional o el orden público.

En cuanto a lo último, ya he señalado lo que entiende el Tribunal de San José por seguridad y orden público: noción distinta de la seguridad del Estado y que apunta al régimen de garantías de los derechos humanos como teleología de la democracia.

Ahora bien, en cuanto a la posible colisión entre el derecho a la libre expresión y el derecho al honor o la intimidad, la Corte aclara que los motivos que inspiran las responsabilidades ulteriores nunca pueden entenderse como excepciones al derecho a la expresión libre ni como derechos sobrepuestos a éste. La preferencia por uno u otro derecho, en doctrina hecha propia por los jueces interamericanos e inspirada en la establecida por la Corte Europea, depende de las particularidades de cada caso y de la aplicación del método de balance: de apreciar si se está en presencia o no de expresiones concernientes al escrutinio democrático incluso tratándose de expresiones ofensivas e irritantes, y si se refieren o no a actores o temas de interés públicos, no solo en cuanto a los miembros del Estado o a los afectados por la prolongación de las funciones de éste.

En tal sentido, como lo aprecia la Corte en el Caso *Ricardo Canese* mencionado, no es que no cuente el derecho al honor de los funcionarios, sino que el mismo debe protegerse "de

---

[8]   Gregorio Badeni, "La despenalización de la injuria", *La Ley*, Buenos Aires, 1° de septiembre de 2005.

[9]   STC 176/95 de 11 de diciembre, FJ2, en Tomás Gui Mori, *Jurisprudencia constitucional 1981-1995*, Madrid, Civitas, 1997.

[10]   *Cf.* nuestro libro, *La libertad de expresión: de Cádiz a Chapultepec*, Caracas/Miami, UCAB/SIP, 2002.

manera acorde con los principios del pluralismo democrático"[11]. Ya que, "sin una efectiva garantía de la libertad de expresión, se debilita el sistema democrático", como lo precisa la misma Corte, a manera de ejemplo, en el Caso *Ríos y otros v. Venezuela* (2009)[12]. Por lo mismo, es lógico que "las expresiones concernientes a funcionarios públicos u otras personas que ejercen funciones de naturaleza pública gocen... de una mayor protección", incluso siendo irritantes o desconsideradas[13].

Por virtud de lo anterior, en sus pronunciamientos hasta 2008 la Corte aboga por la despenalización de los delitos de opinión y de desacato, de la difamación, de la injuria, de la calumnia. Considera que "el derecho penal es el medio más restrictivo y severo... y no cumple con el requisito de necesariedad en una sociedad democrática"[14].

La protección de la reputación de quienes hacen parte de la vida pública incluidos los particulares que se han involucrado en "asuntos de interés público"[15], por ende y en criterio de la Corte Interamericana, ha de ser canalizada por los predios de la responsabilidad civil legalmente acotada, como lo indica la Declaración de Principios sobre Libertad de Expresión[16] de la Comisión Interamericana de Derechos Humanos, y con sujeción a los límites previstos en el artículo 13 de la Convención Americana.

A partir de 2008 hasta el presente, atendiendo a *la democracia y sus instituciones*, en casos emblemáticos –*Anzualdo Castro v. Perú* de 2009, *Manuel Cepeda Vargas v. Colombia* de 2010, y *Gelman v. Uruguay* de 2011– el criterio de los jueces se expresa alrededor de los derechos propios al juego democrático, citando al efecto que ante los derechos políticos, la libertad de expresión y el derecho de asociación, se "hace necesario analizarlos en su conjunto"[17]; acerca del límite de las mayorías en la democracia arguye lo esencial, a saber que "la protección de los derechos humanos constituye un límite infranqueable a la regla de las mayorías, es decir, a la esfera de lo «susceptible de ser decidido» por parte de las mayorías en instancias democráticas"[18]; sobre las nuevas formas de autoritarismo y el sobreviniente "derecho penal del enemigo", a lo ya dicho supra por el juez García Ramírez, éste añade que el último –de espaldas a la democracia– se viene construyendo "para sancionar, con disposiciones especiales, a los adversarios"[19]; y analizando el rol de la oposición democrática, precisa la Corte que sin ella "no es posible el logro de acuerdos que atiendan a las diferentes visiones que prevalecen en una sociedad" libre y por ende "debe ser garantizada por los Estados"[20].

Dentro de los *derechos inmateriales o de la personalidad* sobresale –en el Caso *Contreras y otros v. El Salvador* de 2011– el tema del derecho a la identidad, que a pesar de no estar contemplado expresamente en la Convención Americana la Corte lo reconoce mediante un

---

[11]   Serie C, N° 111, párr. 100

[12]   Serie C, N° 194, párr. 105

[13]   Serie C, N° 135, párr. 82

[14]   *Ídem*, párr. 104

[15]   *Ibídem*, párr. 98

[16]   Numeral 10 de la Declaración, adoptada por la Comisión Interamericana de Derechos Humanos durante su 108° Período de Sesiones, en Washington D.C., octubre de 2000.

[17]   Serie C, N° 213, párr. 171

[18]   Serie C, N° 221, párr. 239

[19]   Serie C, N° 202, Voto juez García Ramírez, párr. 2

[20]   Serie C, N° 213, párr. 173

reenvío normativo que hace a la Convención de los Derechos del Niño[21]; y asimismo, en otros casos –*Ríos y otros v. Venezuela* de 2009, *Usón Ramírez v. Venezuela* de 2009, y el *Gomes Lund* mencionado–, resalta la cuestión crucial del acceso a la información en manos de los gobiernos, a propósito de la cual media un consenso entre los Estados quienes lo aceptan como "requisito indispensable para el funcionamiento mismo de la democracia"[22]. Son vertebrales, también, los dicta relativos a los límites de la crítica democrática a los funcionarios públicos y sobre la responsabilidad grave que éstos asumen en el ejercicio de sus propias libertades de expresión y opinión, cuando afectan a quienes se les oponen. De modo que, tanto como se reconoce sobre lo primero que cabe el llamado "examen de proporcionalidad"[23], en cuanto a lo segundo precisa la Corte que "en una sociedad democrática no sólo es legítimo, sino que en ocasiones constituye un deber de las autoridades estatales, pronunciarse sobre cuestiones de interés público. Sin embargo, al hacerlo están sometidas a ciertas limitaciones en cuanto deben constatar en forma razonable, aunque no necesariamente exhaustiva, los hechos en los que fundamentan sus opiniones, y deberían hacerlo con una diligencia aún mayor a la empleada por los particulares, en razón de su alta investidura, del amplio alcance y eventuales efectos que sus expresiones pueden tener en ciertos sectores de la población, y para evitar que los ciudadanos y otras personas interesadas reciban una versión manipulada de determinados hechos"[24].

Concluyendo el 2012, aplicando su doctrina constante, vuelve a referirse la Corte al abuso de la vía penal para impedir o limitar el ejercicio de la libertad de expresión, pero con un sesgo que adquiere novedad al censurar la circunstancia de incertidumbre e inseguridad de quienes son sujetos pasivos de procesos punitivos instaurados de modo personal por autoridades del Estado y al efecto hace propia la enseñanza europea, a cuyo tenor, "aún si es legítimo que las instituciones estatales, como garantes del orden público institucional, sean protegidas por las autoridades competentes, la posición dominante ocupada por tales instituciones requiere de las autoridades una mayor auto–restricción en el recurso a procedimientos penales" (Corte Europea de Derechos Humanos, Caso *Otegi Mondragon v. España*, N° 2034/07, 15 de marzo de 2011, párr. 58). La Corte, por ende, en el Caso *Uzcátegui y otros v. Venezuela* observa lo siguiente: "el señor (…) fue mantenido en una situación de incertidumbre, inseguridad e intimidación por la existencia de un proceso penal en su contra, en atención al alto cargo que ocupaba quien presentó la querella, señalado a su vez en dichas expresiones como uno de los presuntos responsables de los hechos, en el referido contexto y ante los actos de amenaza, hostigamiento y detenciones ilegales. Así, el proceso penal pudo haber generado un efecto intimidador o inhibidor en el ejercicio de su libertad de expresión, contrario a la obligación estatal de garantizar el libre y pleno ejercicio de este derecho en una sociedad democrática"[25].

Sin mengua de lo anterior, a propósito de la libertad de expresión –columna vertebral de la democracia– consagrada en el artículo 13 de la Convención Americana, cabe recordar –para mejor apreciar las innovaciones introducidas por la Corte al respecto, desde 2008 en lo adelante– que, en el Caso *Ivcher Bronstein* (2001) ya citado, la misma sitúa a los medios de comunicación social en el contexto de las dos dimensiones que acusa dicho derecho, la indi-

---

[21] Serie C, N° 232, párr. 112

[22] Serie C, N° 219, párr. 198

[23] Serie C, N° 207, párr. 83

[24] Serie C, N° 194, párr. 139, *ídem* C195/2009, párr. 151

[25] Serie C, N° 249, párr. 189

vidual y la colectiva, en tanto que ahora, con el Caso *Fontevecchia y D'Amico v. Argentina* (2011), prefiere entenderlos como "vehículos para el ejercicio de la dimensión social de la libertad de expresión en una sociedad democrática"[26]. Obvia, así, como consideración obligante y crucial para la democracia, el significado que tiene la persona moral de los medios, por exigencias de la modernidad jurídica y comunicacional, a fin de que los periodistas puedan organizarse o ampararse para el ejercicio eficaz de sus oficios y libertades: "El periodista profesional no es, ni puede ser, otra cosa que una persona que ha decidido ejercer la libertad de expresión de modo continuo, estable y remunerado", reza la sentencia del Caso *Vélez Restrepo v. Colombia* (2012)[27] y se repite en el Caso *Mémoli* citado supra[28].

En la misma línea temática, si bien la Corte rescata, otra vez, el principio a cuyo tenor las expresiones relativas a la vida pública "gozan de mayor protección" –lo que en cierta forma morigera a partir del Caso *Kimel v. Argentina* (2008), una vez como reivindica el método de balance (*fair balance*)[29] y demanda al efecto la realización de un "juicio de proporcionalidad"[30] para resolver sobre la oposición entre expresiones acerca de "temas de interés público" y el derecho al honor o la intimidad– luego insiste, a raíz del Caso *Mémoli* mencionado, por una parte, en la idea del equilibrio o armonización entre tales derechos y su resolución mediante mecanismos sancionatorios; y por otra parte, rompe, una vez más y después de *Kimel*, con su precedente avance hacia la despenalización de la libertad de expresión[31].

Lo que es más preocupante, a pesar de admitir el carácter excepcional que han atribuírsele a las sanciones relativas al ejercicio de la libertad de expresión, imponiéndose la misma Corte el deber de "analizar[las] con cautela", en el Caso *Mémoli* se limita a la mera revisión formal de los extremos convencionales establecidos para la fijación de responsabilidades por abuso de dicha libertad, arguyendo el "carácter coadyuvante" de la jurisdicción internacional con relación a los tribunales de cada Estado parte de la Convención Americana. Evita, incluso, abordar su mismo método de balance o, cuando menos, efectuar una ponderación autónoma e independiente del caso, tal y como la realizara varias veces en el pasado, *v.g.* en el Caso *Loaiza Tamayo v. Perú* (1997). Al efecto, se limita a señalar que "las autoridades judiciales internas estaban en mejor posición para valorar el mayor grado de afectación de un derecho u otro"[32].

A renglón seguido, restringiendo peligrosamente el ámbito de protección de las expresiones relativas a los "temas de interés público" –expresión también constante en el Caso *Kimel*– o en los que la sociedad tiene un legítimo interés porque "afecta derechos e intereses generales o le acarrea consecuencias importantes", a partir de *Mémoli* acepta la sanción impuesta a las víctimas denunciantes por cuanto las mismas "no involucraban a funcionarios públicos o figuras públicas ni versaban sobre el funcionamiento de las instituciones del Estado"[33]. Ello, a pesar de que el asunto bajo debate se relacionaba con el funcionamiento de un cementerio, gestionado, eso sí, por una entidad privada concesionaria de dicha actividad social.

---

[26] Serie C, N° 238, párr. 44

[27] Serie C, N° 248, párr. 140

[28] Serie C, N° 265, párr. 122

[29] Serie C, N° 179, Voto Juez Ventura, s/párr.

[30] Serie C, N° 177, párr. 51

[31] Serie C, N° 265, párr. 126

[32] *Ídem*, párrs. 139, 140 y 143

[33] *Ibídem*, párr. 146

Por último, cabe decir que en su jurisprudencia reiterada sobre libertad de expresión y en cuanto a las responsabilidades ulteriores por su abuso, la Corte ha sostenido reiteradamente que las mismas, dado su carácter excepcional y la circunstancia de ser tal libertad crucial para el sistema democrático, han de estar expresamente tipificadas por la ley[34], como lo establece el artículo 13.2 de la Convención Americana. Sin embargo, a propósito de la responsabilidad civil y en el Caso *Fontevecchia* antes señalado, obvia tal exigencia y acepta la previsión de ley "redactada en términos generales", para admitirla como ley material aplicable al supuesto de hecho[35]. Lo que es más preocupante, antes, en el mismo caso, la Corte se repite en la innovación que introduce desde el Caso *Kimel*, demonizando el "poder de los medios"[36] de comunicación social y pidiendo su regulación normativa por los Estados, no siendo aquellos los sujetos pasivos de la misma Convención. Y al paso, seguidamente, copiando la enseñanza europea estatuye, por vía jurisprudencial, sobre la actividad periodística, restringiéndola, desbordando al efecto los límites conocidos sobre la mala fe o falta de debida diligencia (doctrina Sullivan) en el ejercicio de las tareas comunicacionales y matizándolas: "Existe un deber del periodista –dice la Corte en el Caso *Mémoli*– de constatar en forma razonable, aunque no necesariamente exhaustiva, los hechos en que fundamenta sus opiniones. Es decir, resulta válido reclamar equidad y diligencia en la confrontación de las fuentes y la búsqueda de información. Esto implica el derecho de las personas a no recibir una versión manipulada de los hechos. En consecuencia, los periodistas tienen el deber de tomar alguna distancia crítica respecto a sus fuentes y contrastarlas con otros datos relevantes. En sentido similar, el Tribunal Europeo ha señalado que la libertad de expresión no garantiza una protección ilimitada a los periodistas, inclusive en asuntos de interés público.

Aun cuando están amparados bajo la protección de la libertad de expresión, los periodistas deben ejercer sus labores obedeciendo a los principios de un periodismo responsable, es decir, actuar de buena fe, brindar información precisa y confiable, reflejar de manera objetiva las opiniones de los involucrados en el debate público y abstenerse de caer en sensacionalismos"[37].

VI. EPÍLOGO

Dado lo anterior y el intento de regimentar a la libertad de expresión, sea en Venezuela o en otros países del Hemisferio, para hacerla derivar en servicio público, en privilegio monopólico del Estado que eventualmente puede concesionarse a particulares bajo condiciones que no lo desnaturalicen, es pertinente que, quienes desde la acera de la misma democracia sin adjetivos y en defensa del pluralismo luchan para ponerla a tono con los desafíos y realidades del siglo corriente, sean los primeros en alertar sobre la deriva totalitaria comunicacional en curso.

En su investigación empírica sobre la *Revolución Bolivariana y Comunicaciones Totalitarias*,[38] Paola Bautista Alemán, luego de advertir sobre las características de los totalitarismos – presencia del líder, sometimiento del orden legal, control de la moral privada, movilización continua, legitimidad basada en el apoyo masivo – destaca que la concepción comuni-

---

[34] Serie C, N° 107, párr. 120

[35] Serie C, N° 238, párr. 52

[36] Serie C, N° 238, párr. 45

[37] Serie C, N° 265, párr. 122

[38] Paola Bautista de Alemán. *Revolución Bolivariana y Comunicaciones Totalitarias*, Tesis de Maestría, Universidad Simón Bolívar, Caracas, 2012, pp. 24 ss.

cacional totalitaria desborda los regímenes de censura de las autocracias tradicionales, ya que concibe, como lo muestran las leyes reseñadas y la involución jurisprudencial advertida, a "los medios de comunicación como una herramienta vital en el proceso de adoctrinamiento y propagación" ideológica del Socialismo del siglo XXI. El fenómeno al que se refiere este ensayo, en efecto, prosterna la conciencia y la razón ilustrada y a la libertad de expresarlas como columna vertebral de la política y su jerarquía dentro de la democracia: Al respecto, "no podemos permitir que nos arrastre la inercia, que nos esterilicen nuestras impotencias o que nos amedrenten las amenazas", es el consejo y orientación final que aquí dejo, copiando al magisterio contemporáneo de monseñor Jorge M. Bergoglio, el Cardenal.[39]

---

[39]   Jorge M. Bergoglio, S.J. *La nación por construir: Utopía, pensamiento y compromiso.* Editorial Claretiana, Buenos Aires, 2005.

El derecho de autor en el Derecho Internacional de los Derechos Humanos

Gileni Gómez Muci

*Doctoranda UNED**

Resumen: *Toda la evolución del derecho de autor y su innegable impacto en lo económico, tecnológico y comercial, no debe apartarnos de su esencia y razón de ser que no es otra que su fundamentación como derecho humano, como un reconocimiento legal expreso de los derechos morales y patrimoniales de los titulares del derecho de autor, lo que se ve reflejado en la tutela otorgada a este derecho, en diversos instrumentos jurídicos internacionales que constituyen la fuente del hoy llamado Derecho Internacional de los Derechos Humanos, normativa que toma en cuenta a los creadores en el marco de grupos o comunidades, considerando su valor intrínseco como manifestación de la creatividad y de la dignidad del ser humano.*

Palabras Clave: *Derecho internacional de los derechos humanos, derecho de autor, derechos humanos, derechos fundamentales.*

Abstract: *The droit d'auteur's development and evolution as well as its undeniable impact on the economic, technology and commercial matters, should not deter us from its essence and its raison d'être, which is no other than a fundamental human right, legally recognized in today's International Human Rights Law doctrine. As a matter of fact, droit d'auteur rightholders see their moral and material rights expressly recognized in rules which consider them as creators within the framework of groups or communities, as well as their inherent value as a manifestation of their creativity and human being dignity.*

Key words: *International Human Rights Law, droit d'auteur, human rights, fundamental rights.*

SUMARIO

---

* El contenido del presente artículo forma parte de extractos del subcapítulo 2.2., El derecho de autor en el marco de los derechos humanos, de la Tesis Doctoral que la autora Gileni Gómez Muci, realiza en la UNED, Madrid, España, intitulada El derecho de autor en el marco de los derechos humanos. Su consagración constitucional en Iberoamérica

I.   EL DERECHO DE AUTOR

El reconocimiento jurídico expreso en el marco jurídico internacional como derecho humano de los derechos exclusivos, patrimoniales y morales, como resultado de la protección de las obras científicas, literarias y artísticas de sus autores, justifica por sí sola, la protección jurídica que brindan los Estados a los creadores.

Para muchos autores, el derecho de autor es considerado el producto directo e inmediato de la tecnología, lo que ha acrecentado vertiginosamente, su importancia económica al ritmo del desarrollo tecnológico, que se ve reflejado tanto en el hecho cierto de que antes de la aparición de la revolucionaria técnica de reproducción de obras como fue la imprenta de *Gutenberg* en 1450, no hubo necesidad de establecer una protección jurídica al autor, como en la evolución de los diferentes tipos de protección otorgada por los dos grandes sistemas jurídicos, el civilista con el *derecho de autor* y el del *common law* o derecho consuetudinario, con el *copyright*.

Este derecho autoral como parte integrante del concepto doctrinario de propiedad intelectual conjuntamente con la propiedad industrial, es un derecho *sui generis*, derecho subjetivo único con un contenido plural de facultades, unas de contenido espiritual, *el derecho moral* y otras de contenido material, *el derecho patrimonial*, derechos que no deben confundirse a pesar de su interrelación recíproca.

El derecho de autor constituiría el vínculo que une la materialización de una idea con su creador generando beneficios económicos y morales, por lo que tendría un *carácter esencialmente privado*, reconocido por jurisprudencia nacional e instrumentos jurídicos internacionales, lo que quedaría demostrado además, por su propio contenido ya que la creación intelectual es parte de los derechos de integridad y privacidad del individuo.

Toda la evolución del derecho de autor visto como un *hijo de la tecnología* y su innegable impacto en lo económico, tecnológico y comercial, como su consecuencia, no debe apartarnos de su esencia y razón de ser, que no es otra que su fundamentación como derecho humano, lo que se ve reflejado en diversos instrumentos jurídicos internacionales, como un reconocimiento legal expreso del derecho de autor, con su posterior consagración en los estamentos constitucionales de los diferentes países, además de constituir un incentivo a la creatividad, base del desarrollo cultural de los pueblos, en el contexto de las diferentes políticas gubernamentales y al desarrollo e intercambio de nuestra diversidad cultural.

II.   EL DERECHO INTERNACIONAL DE LOS DERECHOS HUMANOS

Resulta patente la tutela del derecho de autor a través del sistema internacional de los derechos humanos, hoy llamado *Derecho Internacional de los Derechos Humanos*, a pesar de que el enfoque económico de las creaciones artísticas y literarias que se le da en los sistemas de propiedad intelectual, difiere grandemente de lo que se entiende como un derecho humano universal ya que frente a lo individual de la propiedad intelectual en su conjunto, la óptica de los derechos humanos toma en cuenta a los creadores en el marco de grupos o comunidades considerando su valor intrínseco *"...como expresión de dignidad y la creatividad humanas..."* estando *"...condicionados a su contribución al bien común y al bienestar de la sociedad."*, ya que el espíritu del artículo 15 del *Pacto Internacional de Derechos Económicos, Sociales y Culturales* de la ONU, dista mucho del sólo objetivo de otorgar a los autores, derechos propietarios de un monopolio pleno y sin limitaciones[1] debiendo ser enfocado principalmente, a la luz de las limitaciones y excepciones al derecho de autor, justificadas en razones de interés público para la participación en la vida cultural en beneficio de la sociedad, tanto de manera individual como colectiva.

Como fuentes del *Derecho Internacional de los Derechos Humanos*, además de los principios generales de Derecho reconocidos por las *naciones civilizadas* (consideradas como aquéllas que respetan los derechos humanos) y de la costumbre jurídica internacional, la principal fuente viene dada sin duda alguna, por los tratados ratificados por los Estados. Estos instrumentos jurídicos internacionales, podemos reunirlos en cuatro grandes grupos[2].

1. En primer lugar, *la Carta de la ONU o Carta de San Francisco,* primer instrumento jurídico que reconoció al individuo como titular de derechos consagrados en el Derecho Internacional, en particular, sus artículos 55 y 56, que establecen como obligaciones de los Estados el *promover* (sin llegar a garantizar o a proteger) el respeto universal de los derechos humanos y libertades fundamentales.

2. En segundo término, la Carta Internacional de Derechos Humanos compuesta por otros instrumentos jurídicos adoptados por la ONU, a saber, la Declaración Universal de Derechos Humanos de 1948, los Pactos Internacionales de Derechos Civiles y Políticos y de Derechos Económicos, Sociales y Culturales de 1966, y los dos Protocolos Facultativos del Pacto Internacional de Derechos Civiles y Políticos de 1966 (Resolución 2200 A (XXI), en vigor desde el 23-03-1976) y 1989 (Resolución 44/128 de fecha 15-12-1989).

Tanto la *Declaración Universal* consecuencia directa de la *Declaración francesa*, como el *Pacto Internacional de Derechos Económicos, Sociales y Culturales* de 1966, consagran la asimilación del derecho de autor a los derechos humanos fundamentales y universalmente reconocidos, afirmando por tanto, la dimensión esencial de la dignidad humana. Por otra parte y a modo de recomendación, subrayamos la pertinencia de integrar las distintas prerrogativas de los creadores en una misma legislación cultural internacional dada la gran cantidad de tratados y convenciones, multilaterales y bilaterales, suscritas sobre la materia.

3. En tercer lugar tenemos otros instrumentos universales de derechos humanos relativos a la protección de derechos humanos específicos contra el genocidio y la esclavitud y trabajos forzados, el derecho de asilo, la protección contra la tortura, protección a determinadas categorías de personas, entre otros.

---

[1]   Audrey R. Chapman, "La propiedad intelectual como derecho humano: obligaciones dimanantes del apartado c) del párrafo i del artículo 15 del pacto internacional de derechos económicos, sociales y culturales". *DOCTRINA. Boletín de derecho de autor.* Volumen XXXV, N° 3, julio-septiembre 2001. Ediciones UNESCO. La propiedad intelectual como derecho humano. Versión electrónica. pp. 4-39. Fecha: 22-03-07. Hora: 10:00, p. 15.

[2]   El Derecho Internacional de los Derechos Humanos nació con los cambios experimentados por el Derecho Internacional, donde los más notables fueron los introducidos por la Carta de la Organización de Naciones Unidas, confiriendo al individuo la condición de sujeto de Derecho Internacional y generando el concepto de "derechos humanos como categoría jurídica propia del Derecho Internacional". Anteriormente, los únicos sujetos del Derecho Internacional eran los Estados y su función era regular las relaciones entre Estados y no los individuos. Faúndez Ledesma, Héctor. "El derecho internacional de los derechos humanos y su aplicación por el juez nacional". Lectura N° 5. Módulo II. pp. 149 y 152. Fecha: 25-10-07. Hora: 15:00. http://www.jueces.org.ve/manual/lecturas/faundez.pdf

4. Por último y en cuarto lugar, tenemos las fuentes regionales como la Convención Europea de Derechos Humanos, la Carta Africana de los Derechos Humanos y de los Pueblos, el Sistema Interamericano y la Convención Americana sobre los Derechos Humanos.[3]

En el marco hemisférico americano, la *Declaración Americana*, reconocida con carácter obligatorio, consagra en iguales términos, la protección de los derechos morales y patrimoniales que le correspondan al autor asimilando este derecho a los derechos humanos. Sin embargo, aunque ésta sólo dedica un artículo a los *derechos económicos, sociales y culturales,* sin mencionar explícitamente al derecho de autor, establece de manera general, el compromiso de lograr progresivamente la plena efectividad de los derechos que se derivan de las normas económicas, sociales y sobre educación, ciencia y cultura establecidas en la Carta de la OEA.

III. ANTECEDENTES Y CONSIDERACIONES

Todo el proceso que precedió a las arriba mencionadas Declaraciones y Convenciones internacionales que culminaron con la consagración del derecho de autor como derecho humano, evidencian aspectos que para la autora *Audrey Chapman* (2001, p. 11-14), pueden resumirse de la siguiente manera:

1. En un primer momento se pretendió abarcar toda la propiedad intelectual, esto es, la propiedad industrial y el derecho de autor, logrando finalmente, incluir solamente este último como un derecho humano en la *Declaración Universal de Derechos Humanos* y en el *Pacto Internacional de Derechos Económicos, Sociales y Culturales* lo que no fue tarea fácil, se obtuvo *"...después de considerables debates y polémicas".*

2. Los redactores del *Pacto Internacional de Derechos Económicos, Sociales y Culturales* consideraban los tres literales contenidos en el artículo 15 como una normativa intrínsecamente relacionada entre sí. Tres instrumentos jurídicos internacionales los compactaron en un solo artículo, a saber, la *Declaración Americana de los Derechos y Deberes del Hombre,* la *Declaración Universal de Derechos Humanos* y este Pacto. Los derechos de los creadores allí consagrados, no sólo constituyen un aporte a ellos mismos, sino que se presentaron como condiciones elementales previas de la libertad cultural y del avance científico.

3. *"Las consideraciones sobre derechos humanos imponen condiciones sobre la manera en que se protege al derecho de autor en los regímenes de propiedad intelectual".* Esto es que para poder tener coherencia con lo consagrado en el artículo 15 del Pacto Internacional de Derechos Económicos, Sociales y Culturales, los derechos de los creadores deben promover y facilitar, no limitar, tanto una participación cultural como el acceso a la ciencia.

4. Los redactores no estipularon el alcance y límites del derecho de autor, es decir, no detallaron en su contenido e impacto, concentrándose sólo en la conveniencia de incluir una disposición más amplia que como dijimos, aspiraba incluir a la propiedad intelectual en su conjunto.[4]

---

[3]	Héctor Faúndez Ledesma, *El derecho internacional de los derechos humanos y su aplicación por el juez nacional. Óp. Cit.* pp. 153-166.

[4]	El texto de la obra aquí citada, constituye una versión revisada del documento de la autora sobre "El derecho de toda persona a beneficiarse de la protección de los intereses morales y materiales que le correspondan por razón de las producciones científicas, literarias o artísticas de que sea autor (apartado c) del párrafo 1 del Artículo 15 del Pacto). E/C. 12/2000/12. Audrey R. Chapman. "La propiedad

Para *Chapman* (2001, p. 14), la comunidad de derechos humanos ha descuidado los artículos 27 de la *Declaración Universal de Derechos Humanos* y 15 del *Pacto Internacional de Derechos Económicos, Sociales y Culturales*; además de que existe poca documentación que hable y profundice sobre los alcances de este último artículo y las obligaciones solidarias de los Estados miembros. El órgano de supervisión de los tratados de la ONU que no es otro que el *Comité de Derechos Económicos, Sociales y Culturales*, muy pocas veces trata cuestiones de derecho de autor y las escasas ocasiones en que se ocupa del tema, lo enfoca más en aspectos comerciales que en cuestiones éticas y de derechos humanos inherentes al tema.

En opinión de *Chapman* (2001, p. 15-16), para otorgar protección por el derecho de autor a una obra es necesario por esta tutela jurídica, el cumplimiento de algún requisito, generalmente, el de la originalidad. Ahora bien, para que el derecho de autor sea reconocido como derecho humano universal, el sistema de propiedad intelectual y su aplicación deben ser cónsonos con el ejercicio de los otros derechos humanos enumerados en el mencionado pacto.

El enfoque del derecho de autor debe ser compatible con las disposiciones del artículo 15 del Pacto, más específicamente con los derechos de participación en la vida cultural para beneficio de la sociedad individual y colectivamente, lo que va más allá de consideraciones económicas que son las que generalmente, constituyen la égida del derecho de la propiedad intelectual.[5]

Finaliza esta autora citando el párrafo 1 del artículo 1° del Pacto contentivo del principio de derechos humanos de la libre determinación, subrayando el derecho de participación de una sociedad en las decisiones *"...sobre su buen gobierno y su desarrollo económico, social y cultural..."* que consiste precisamente en el derecho a decidir sobre prioridades relativas al desarrollo de los regímenes de propiedad intelectual para lo que son indispensables, instituciones políticas democráticas y con gran flexibilidad frente a los cambios tecnológicos.[6]

IV. DECLARACIONES INTERNACIONALES Y REGIONALES

Presentamos en orden cronológico, las *Declaraciones* de derechos humanos en el ámbito internacional[7] y regional, en su relación específica, con los contenidos referidos al derecho de autor.

---

intelectual como derecho humano: obligaciones dimanantes del apartado c) del párrafo i del artículo 15 del pacto internacional de derechos económicos, sociales y culturales". *Óp. Cit.* p. 14.

[5]   El desarrollo del derecho de la propiedad intelectual en su conjunto, y en particular el del derecho de autor, requiere del balance del derecho privado del creador, inventor o autor, con el derecho de la comunidad de disfrutar de los beneficios de tal conocimiento. Las leyes nacionales y tratados internacionales usualmente consagran la protección del derecho privado del creador como sería el caso de la legislación francesa de derecho de autor y del Convenio de Berna respectivamente, sin embargo, en años recientes, se ha cuestionado la prioridad acordada a este derecho privado en función del desarrollo económico. Brian Burdekin. Opening Address. "Intellectual Property And Human Rights". pp. 5-12. A panel discussion to commemorate the 50th anniversary of the Universal Declaration of Human Rights. Geneva, November 9, 1998, organized by WIPO/OMPI in collaboration with the Office of the United Nations High Commissioner for Human Rights. Traducción libre. p. 8.

[6]   Audrey R. Chapman. "La propiedad intelectual como derecho humano: obligaciones dimanantes del apartado C) del párrafo i del artículo 15 del pacto internacional de derechos económicos, sociales y culturales". *Óp. Cit.* p. 15-16.

[7]   Además de los más importantes instrumentos internacionales, varias Declaraciones y Convenciones de la UNESCO, incluyen protección para la propiedad intelectual en su conjunto (derecho de

1. *La Declaración de los Derechos del Hombre y el Ciudadano*

Aunque esta declaración de 1789, la *Declaración Francesa*, sin ser internacional o regional, no incluyó expresamente el derecho de autor, es importante reseñarla dada su gran relevancia histórica.

En Francia, un decreto de 1791 sancionó el derecho de ejecución y de representación y no es sino en 1793, igualmente mediante decreto, que se confiere al autor el derecho exclusivo de reproducción, consagrando "la propiedad literaria y artística" con base en el trabajo intelectual del autor *"...como derecho más legítimo y más sagrado que el de la propiedad de las cosas".*[8]

Lo que la *Declaración Francesa* sí consagró fue la libertad de expresión en su artículo XI donde, si bien reconoce a todo ciudadano el derecho de divulgar libremente la obra creada, lo hace principalmente, como una libertad política cuyo ejercicio solo se puede limitar en caso de abuso; más que nada se trata de afirmar los derechos del ciudadano frente al Estado y no de instituir derechos subjetivos que se puedan hacer valer ante terceros. Ahora bien, en la declaración se califica a estos derechos subjetivos de derechos de propiedad[9].

En el artículo II, se enumeran como *derechos naturales imprescriptibles* del hombre, la libertad y la propiedad[10], lo que puede hacer caer en la tentación de identificar al derecho de autor que se puede oponer a terceros, de derecho de propiedad, natural e imprescriptible sobre la obra, que no constituye una propiedad banal que se pueda expropiar ya que es perso-

---

autor y propiedad industrial), entre estos últimos, resaltamos la Declaración de Principios de la Cooperación Cultural Internacional proclamada el 04-11-1966, en la Conferencia General de la UNESCO que en su Artículo IV establece que: *"Las finalidades de la cooperación cultural internacional, en sus diversas formas –bilateral o multilateral, regional o universal- son :... 4. Hacer que todos los hombres tengan acceso al saber, disfruten de las artes y de las letras de todos los pueblos, se beneficien de los progresos logrados por la ciencia en todas las regiones del mundo y de los frutos que de ellos derivan, y puedan contribuir, por su parte, al enriquecimiento de la vida cultural;..."* Fecha: 11-11-2010. Hora: 18:00. http://portal.unesco.org/es/ev.php-URL_ID=13147&URLDO=DOTOPIC&URL_SECTION=201.html. (Subrayado nuestro).

8   Los autoralistas Mouchet y Rafaelli acotan que:"...Tal asimilación a la propiedad aparecía justamente para robustecer este criterio, en la inteligencia de que aquella era "la relación jurídica más completa que pueda vincular un titular al objeto de su derecho" y que ella aseguraba al autor "el goce y disposición más plena sobre los productores de su trabajo intelectual". "Los derechos del escritor y del artista". Ediciones Sudamericanas, Bs. As. 1957, p. 17. En Villalba, Carlos Alberto. "Los derechos intelectuales como parte de los derechos humanos", pp. 137-166. Jornadas "J.M. Dominguez Escovar" sobre Derechos Humanos. Colegio de Abogados del Estado Lara. Instituto de Estudios Jurídicos. Con el auspicio de la Universidad Católica Andrés Bello y la Universidad Centro Occidental Lisandro Alvarado. Barquisimeto, Venezuela, 3 al 6 de enero 1986. *Óp. Cit.* p. 144.

9   André Kéréver. "El derecho de autor como derecho humano". La opinión de un especialista. En "Cincuentenario de la declaración universal de derechos humanos". *Boletín de derecho de autor.* Volumen XXXII, N° 3. Julio-Septiembre 1998. Ediciones UNESCO. p. 21.

10   Sin hacer distinciones entre los tipos de propiedades, el artículo 2 de la Declaración francesa establece: "El objeto de toda asociación política es la conservación de los derechos naturales e imprescriptibles del hombre. Estos derechos son: la libertad, la propiedad, la seguridad y la resistencia de la opresión". Carlos Alberto Villalba. "El derecho de autor y los derechos conexos en las declaraciones y tratados sobre derechos humanos". Curso Regional para Países de América Latina sobre las Nuevas Tendencias en la Protección Internacional del Derecho de Autor y de los Derechos Conexos. Organización Mundial de la Propiedad Intelectual OMPI. 15 a 23 de julio de 1996. Santo Domingo, República Dominicana. Documento de la Organización Mundial de la Propiedad Intelectual OMPI/DA/SDO/96. p. 6.

nal, anunciando así, el legislador revolucionario, la teoría romano-continental que coloca el derecho de autor en el cruce del derecho de la personalidad y el derecho de la propiedad[11].

2. *La Declaración Americana de los Derechos y Deberes del Hombre*[12]

Esta Declaración, la *Declaración Americana*, sin crear en sus inicios, obligaciones contractuales jurídicas para los Estados miembros de la OEA ya que solo fue considerada en su momento, como una recomendación, reconoció en su artículo XIII como un derecho a los beneficios de la cultura que: "*Toda persona tiene el derecho de participar en la vida cultural de la comunidad, gozar de las artes y disfrutar de los beneficios que resulten de los progresos intelectuales y especialmente de los descubrimientos científicos. Tiene asimismo derecho a la protección de los intereses morales y materiales que le correspondan por razón de los inventos, obras literarias, científicas o artísticas de que sea autor*". (Subrayado nuestro).

Es importante señalar que en el Estatuto (Resolución N° 477 de octubre de 1979[13]) de la Comisión Interamericana de los Derechos Humanos, específicamente en los artículos 1, 2b y 20, se define la competencia de la misma respecto a los derechos humanos enunciados en esta declaración y hoy día, esta *Declaración Americana* constituye una fuente de obligaciones internacionales[14] para todos los Estados Miembros de la OEA.

3. *La Declaración Universal de Derechos Humanos*

Ese mismo año de 1948, unos meses más tarde, se consagra la Declaración Universal[15] la cual reconoce en su artículo 27 numerales 1° y 2°, que: "1. Toda persona tiene derecho a tomar parte libremente en la vida cultural de la comunidad, a gozar de las artes y a participar en el progreso científico y en los beneficios que de él resulten. 2. Toda persona tiene derecho a la protección de los intereses morales y materiales que le corresponda por razón de las producciones científicas, literarias o artísticas de que sea autora".

Este artículo, en su primer numeral, consagra el derecho a la cultura mientras que en el segundo "...*establece la propiedad de la creación para sus autores.*",[16] lo que puede resultar ambiguo ya que parecería que esto último constituiría un fragmento de un derecho más amplio a participar en la vida cultural de su literal a), lo que nos indica que el derecho a la protección de la obra que se reconoce al autor, constituye un límite y un equilibrio al derecho del público a participar en la vida cultural, lo que ha llevado a algunos tratadistas a dudar que

---

[11] *Ibídem*. p. 22.

[12] La "*Declaración Americana de los Derechos y Deberes del Hombre*" fue aprobada por la Novena Conferencia Internacional de los Estados Americanos, en Bogotá, Colombia, el 02-05-1948 por Resolución XXX, Unión Panamericana, Acta Final de la Conferencia, 38-45, Washington, D.C., 1948. Fecha: 15-04-07. Hora: 15:30. http://209.85.165.104/search?q=cache:TmkNLjb9cd4J: www.cidh.oas. org/Basicos/Basicos1.htm+%E2%80%9CDeclaraci%C3%B3n+Americana+de+los+Derechos+y+Deber es+del+Hombre%E2%80%9D&hl=es&ct=clnk&cd=1&gl=ve&lr=lang_es

[13] Fecha: 15-04-07. Hora: 17:00. http://209.85.165.104/search?q=cache:6F4HVQKDNDwJ :www1.umn.edu/humanrts/iachr/B/10-esp-5.html+Estatuto+de+la+Declaraci%C3%B3n +Americana + de+los+Derechos+y+Deberes+del+Hombre%E2%80%9D&hl=es&ct=clnk&cd=3&gl=ve&lr=lang_es

[14] Fecha: 15-04-07. Hora: 20:00. http://www.cidh.oas.org/Basicos/Basicos9.htm

[15] La "Declaración Universal de Derechos Humanos" fue adoptada por la Asamblea General de las Naciones Unidas, en fecha 10-12-1948. mediante Resolución 217A (III).

[16] Ernesto Rengifo García. *Propiedad intelectual. El moderno derecho de autor*. Universidad Externado de Colombia. Septiembre de 1997. Segunda Edición. ISBN 958-616.277-X. p. 62.

el artículo 27 de esta *Declaración Universal* consagre realmente, el derecho de autor como derecho humano aunque la mayoría de los exegetas opinan lo contrario[17][18], tal como el tratadista *René Cassin*, uno de los redactores de esta *Declaración Universal*, quien en su momento afirmó que su artículo 27 *"...incluye entre los derechos humanos fundamentales los derechos de los creadores de las obras del intelecto"*.[19]

El reconocimiento de los intereses de los autores en su segundo numeral es complementado por el artículo 17 de la misma declaración, que consagra el derecho general a la propiedad[20] de la manera siguiente: *"1. Toda persona tiene derecho a la propiedad, individual y colectivamente. 2. Nadie será privado arbitrariamente de su propiedad."*. La implicación de este artículo es que son los Estados los que regularán los derechos propietarios de los individuos, lo que harán conforme a derecho[21].

Los derechos de esta declaración son desarrollados posteriormente, en el *Pacto Internacional sobre derechos civiles y políticos* y en el *Pacto Internacional de Derechos Económicos, Sociales y Culturales*[22], ambos de 1966 y que presentamos seguidamente.

---

[17]   El Tribunal de Apelación de París consagró que la asimilación del derecho de autor a los derechos humanos comportaba derechos cuando estableció que "la renuncia al derecho moral es contraria al poder público internacional consagrado en el artículo 27 de la Declaración Universal". Francia. Sentencia del Tribunal de Apelación de París del 1° de Febrero de 1989. *RIDA*, N° 142, Octubre 1989. p. 301.

[18]   El artículo 27 fue muy discutido en su momento y la mayoría que hizo caso omiso de la oposición, con un espíritu de conciliación, aceptó las concesiones de redacción. Strowe, Alain. "Droit D'auteur Et Copyright". Bruylant. Bruselas / Paris. Librairie Générale de Droit et de Jurisprudence (LGDJ). 1993. p. 157.

[19]   René Cassin. "Melanges Palisant". Paris, Sirey. 1959. p. 225.

[20]   El derecho general de propiedad con su impecable pedigrí liberal tomado de la Declaración de los Derechos del hombre y del ciudadano, consecuencia directa de la revolución francesa, del 26 de agosto de 1789 y de la Carta de Derechos de los EEUU (USA Bill of rights) no fue incluido en los dos pactos de la ONU. El artículo 15.1 del Pacto Internacional de Derechos Económicos, Sociales y Culturales se circunscribe al reconocimiento del derecho que beneficia al creador de proteger sus intereses morales y materiales que resulten de cualquier producción científica, literaria y artística de su autoría asumiendo que los autores tienen el derecho a la protección de sus intereses. Este derecho reconocido por este artículo constituye uno de los elementos de un derecho general, los otros dos elementos vienen dados por los derechos de acceso a la vida cultural y a beneficiarse del progreso científico. Ambos pactos de la ONU, ponen un especial énfasis sobre los intereses que la humanidad entera, tiene en la difusión del conocimiento lo que revela la lectura por una parte, del Pacto Internacional de Derechos Económicos, Sociales y Culturales que en su artículo 11 promociona la diseminación del conocimiento en el contexto de la libertad; su artículo 15.2 que estatuye que el derecho del artículo 15.1., exige a los Estados tomar pasos para difundir la ciencia y la cultura; y en su artículo 15.3 donde exige respeto para la libertad de investigación científica y la libertad creadora y por otra parte, del artículo 19.2 del Pacto Internacional sobre derechos civiles y políticos, que vincula la libertad de expresión con el flujo de información. Peter Drahos. "The Universality of Intellectual Property Rights: Origins And Development". "Intellectual Property And Human Rights." A panel discussion to commemorate the 50th anniversary of the Universal Declaration of Human Rights. Geneva, November 9, 1998, organized by WIPO/OMPI in collaboration with the Office of the United Nations High Commissioner for Human Rights. pp. 13-41. Traducción libre. p. 24 (pie de página número 39). (Subrayado nuestro)

[21]   *Ídem.* p. 24.

[22]   Estos instrumentos internacionales vieron luz en pleno desarrollo de la guerra fría liderada por la extinta Unión Soviética. Nuevos Estados soberanos en África y Asia, afinaron los proyectos de estos

V. CONVENIOS INTERNACIONALES

En este aparte, presentaremos los Convenios internacionales vinculados con el derecho de autor y la cultura.

1. *Pacto Internacional de Derechos Económicos, Sociales y Culturales*

En materia de derechos humanos, no solamente se incluyó el reconocimiento del tema cultural y el derecho de autor en algunas declaraciones, sino ya en un Convenio internacional posterior de especial importancia para la humanidad entera, como fue, en 1966, el *Pacto Internacional de Derechos Económicos, Sociales y Culturales* aprobado por la Asamblea General de la ONU.

Este Pacto[23] tiene carácter obligatorio para los Estados Contratantes; su artículo 15, inciso 1, reza: *"1. Los Estados partes en el presente Pacto reconocen el derecho de toda persona a:*

A. *Participar en la vida cultural*

a) *Gozar de los beneficios del progreso científico y de sus aplicaciones*;

b) *Beneficiarse de la protección de los intereses morales y materiales que le correspondan por razón de las producciones científicas, literarias o artísticas de que sea autora"*. (subrayado nuestro)[24].

----

dos pactos internacionales con la meta de enfatizar los derechos de autodeterminación de los pueblos, soberanía nacional sobre los recursos naturales y libertad contra la discriminación racial. *Ibídem*. p. 24.

[23] El "Pacto Internacional de Derechos Económicos, Sociales y Culturales" fue aprobado el 16-12-1966, 993 U.N.T.S.3 que entró en vigor el 03-01-1976, mediante Resolución 2200 A (XXI) de la Asamblea General de las Naciones Unidas. Fecha: 10-04-07. Hora: 13:00. http:// 209.85.165. 104/search?q=cache:qYtTNAOCTnEJ:www.unhchr.ch/spanish/html/menu3/b/a_cescr_sp.htm+%E2%8 0%9CPacto+Internacional+de+Derechos+Econ%C3%B3micos,+Sociales+y+Culturales%E2%80%9D& hl=es&ct=clnk&cd=1&gl=ve&lr=lang_es

[24] El jurista cubano Rafael Roselló Manzano opina sobre el Comentario General número 17 del Comité de derechos económicos, sociales y culturales, durante su sesión número 35, en noviembre de 2005, sobre el contenido del artículo 15, párrafo 1.c) del Pacto Internacional de los derechos Económicos, Sociales y Culturales que establece: "El derecho de toda persona a beneficiarse de la protección de los intereses morales y materiales que le correspondan por razón de las producciones científicas, literarias o artísticas de que sea autora es un derecho humano, que deriva de la dignidad y el valor inherentes a cada persona". De seguidas este Comité afirma que: " Este hecho distingue el artículo 15, párrafo 1.c), y otros derechos humanos, de la mayoría de los derechos reconocidos en los sistemas de propiedad intelectual. Los derechos humanos son derechos fundamentales, inalienables y universales que pertenecen a los individuos..."(...)"...En contraste con los derechos humanos, los derechos de propiedad intelectual son generalmente de naturaleza temporal, pueden ser revocados, objeto de licencia o asignados a otra persona...". Al respecto, Roselló nos dice que a pesar de esta diferencia que en ciertos casos no es aplicable a los derechos morales y la ratificación de que "...es importante no igualar los derechos de propiedad intelectual con el derecho humano regulado en el artículo 15.1.c)..." , no pasa de ser un punto meramente formal ya que, más adelante, al explicar el contenido normativo del artículo en lo atinente a lo que debe ser entendido como derecho moral, menciona el contenido del artículo 6 bis del Convenio de Berna, con un comentario tranquilizador para los países del sistema del copyright, donde clarifica que "...la protección de los intereses morales puede ser hallada, en extensiones variables, en la mayoría de los Estados, sin importar el sistema legal vigente." En consecuencia, concretamente, a nivel de la Declaración Universal y del Pacto Internacional de los derechos Económicos, Sociales y Culturales, si existe un derecho humano del autor a beneficiarse de la protección de los intereses morales y materiales que le correspondan por la creación de una obra. Ahora bien, por el tipo de instrumento jurídico en que se

Este artículo 15[25] *"...consagra la concepción más amplia de los derechos culturales que existe en una convención de derechos humanos de carácter internacional..."*, sólo comparable en relación a la cantidad de manifestaciones, a la Carta Africana sobre Derechos Humanos y de los Pueblos (Carta de Banjul) que fuera aprobada el 27 de julio de 1981 en Nairobi, Kenia, durante la XVIII Asamblea de Jefes de Estado y Gobierno de la Organización de la Unidad Africana[26].

Los Estados miembros no sólo están obligados a respetar este derecho consagrado en el literal c) del artículo 15.1., sino que también, acorde a los parágrafos 3 y 4 del mismo artículo, *"...se comprometen a respetar la indispensable libertad para la investigación científica y para la actividad creadora"* y a reconocer *"...los beneficios que derivan del fomento y desarrollo de la cooperación y de las relaciones internacionales en cuestiones científicas y culturales."*[27] (Subrayado nuestro).

Es importante relacionar este artículo 15 con el artículo 19 del *Pacto Internacional sobre derechos civiles y políticos* adoptado por la Asamblea General de las Naciones Unidas mediante Resolución 2200 A (XXI), el 16 de diciembre de 1966, que establece en su numeral 2: *"Toda persona tiene derecho a la libertad de expresión; este derecho comprende la libertad de buscar, recibir y difundir informaciones e ideas de toda índole, sin consideración de fronteras, ya sea oralmente, por escrito o en forma impresa o artística, o por cualquier otro procedimiento de su elección."* (Subrayado nuestro)[28].

Esta vinculación se hace por el hecho de que los Estados parte de ambos pactos internacionales, están en la obligación de someter periódicamente, informes ante los Comités Inter-

---

encuentra incluido, su potencial infracción no está garantizada a los titulares para poder reclamar ni tampoco para obligar a los Estados a garantizarlos; queda entonces sólo como una regulación deontológica que reproduce lo dispuesto por el artículo 6 bis del Convenio de Berna. Texto de Comentario General número 17 del Comité de derechos económicos, sociales y culturales, en su sesión número 35, en noviembre de 2005. Fecha: 10-04-2014. Hora: 13:00. http://portal.unesco.org/culture/es/files/30545/ 11432108781Comment_sp.pdf/Comment_sp.pdf. Comentario en Rafael Roselló Manzano. "Derechos de la personalidad y derechos morales de los autores". Colección de Propiedad Intelectual. Fundación AISGE/ REUS/ ASEDA. Primera edición. ISBN: 978-84-290-1673-4. Madrid 2011. pp. 37-38. (Subrayado nuestro).

[25]   La obligación legal de respetar el derecho de autor proviene de este Pacto que retoma lo establecido en el artículo 27 de la Declaración Universal añadiendo "...una condición previa a la libertad del derecho de autor: el derecho a la libertad de la actividad cultural". Daniel Becourt. "El derecho de autor y los derechos humanos". Asociación Internacional de Abogados de Derecho de Autor (AIADA) [traducción del francés al español por Georgina Almeida]. pp. 13-15. *Boletín de derecho de autor*. Volumen XXXII, N° 3. Julio-Septiembre 1993. "Cincuentenario de la Declaración Universal de Derechos Humanos". Ediciones Unesco. p. 13.

[26]   Luis Anguita Villanueva. "Derechos fundamentales y propiedad intelectual: el acceso a la cultura". pp. 49-88. En César Iglesias Rebollo, (Coordinador). *Propiedad intelectual, derechos fundamentales y propiedad industrial*. Colección de Propiedad Intelectual. Estudios. Editorial Reus, S.A. ISBN: 84-2901429-2. Madrid 2005. p. 63.

[27]   Brian Burdekin. "The Universality of Intellectual Property Rights: Origins And Development". Intellectual Property And Human Rights. Opening Address. pp. 5-12. A panel discussion to commemorate the 50th Anniversary of the Universal Declaration of Human Rights. Geneva, November 9, 1998, organized by WIP/OMPI in collaboration with the Office of the United Nations High Commissioner for Human Rights. Traducción libre. p. 6.

[28]   *Ídem*. p. 6.

nacionales pertinentes[29], subrayando los adelantos legislativos, administrativos y de cualquier otro tipo que aseguren el ejercicio y disfrute de los derechos de propiedad intelectual (entendida a la luz del concepto doctrinario que abarca el derecho de autor y la propiedad industrial) y de la libertad de expresión. Además, otra Comisión, la de reportes especiales del derecho humano de libertad de opinión y expresión, tiene la responsabilidad de investigar y reportar sobre la implementación de la libertad de expresión en determinados países y es en el marco de trabajo de la misma, que se discuten y llevan a la atención internacional, asuntos relativos a la protección de los derechos intelectuales, entre otros, sobre el derecho de autor[30].

Los derechos consagrados en la Declaración Universal que son desarrollados y garantizados bajo estos dos Pactos de la ONU, el Pacto Internacional de Derechos Económicos, Sociales y Culturales y el Pacto Internacional sobre derechos civiles y políticos se complementan[31] y se fortalecen con el derecho de la no discriminación consagrado en el artículo 2 de ambos, que exige a los países miembros, "…respetar y a garantizar a todos los individuos que se encuentren en su territorio y estén sujetos a su jurisdicción los derechos reconocidos en el presente Pacto, sin distinción alguna de raza, color, sexo, idioma, religión, opinión política o de otra índole, origen nacional o social, posición económica, nacimiento o cualquier otra condición social." (Artículo 2.1 del Pacto Internacional sobre derechos civiles y políticos)[32].

Esta garantía aplica para nacionales y extranjeros por igual, abarcando la protección a los derechos de propiedad intelectual. Más específicamente, las diferencias o discriminaciones en el tratamiento entre extranjeros y nacionales o entre diferentes categorías de extranjeros, sólo puede ser limitada por ley y debe ser consistente con otros derechos estipulados en ambos pactos internacionales, entendiendo por *discriminación* lo estipulado por la *Convención Internacional sobre la eliminación de todas las formas de discriminación racial*[33] adoptada por la Asamblea General de la ONU, mediante Resolución 2106 A (XX), de 21 de diciembre de 1965, comprendiendo este término, cualquier tipo de distinción, exclusión, res-

---

[29]   En el caso específico del Pacto Internacional de Derechos Económicos, Sociales y Culturales, éste arbitra un sistema de control que se traduce en la preparación de informes que los Estados miembros deben presentar periódicamente sobre las medidas adoptadas para darle efectividad a los derechos reconocidos en ese instrumento y que serán examinados por el <u>Consejo Económico y Social</u> y si fuere el caso por la <u>Comisión de Derechos Humanos</u>. "Artículo 45. El Comité presentará a la Asamblea General de las Naciones Unidas, por conducto del Consejo Económico y Social, un informe anual sobre sus actividades". Fecha: 10-11-2012. Hora: 13:00. http://www2.0hchr.org/spanish/law/ccpr.htm

[30]   Brian Burdekin. "The Universality of Intellectual Property Rights: Origins And Development". Intellectual Property And Human Rights. Opening Address. *Op. Cit.* p. 6

[31]   Ambos pactos conjuntamente con la Declaración Universal de los Derechos Humanos, integran la estructura sobre la cual la legislación internacional de derechos humanos se erige, formando lo que se denomina Ley Internacional de Derechos. Peter Drahos. "The Universality of Intellectual Property Rights: Origins And Development". Intellectual Property And Human Rights. *Op. Cit.* p. 24.

[32]   Fecha: 10-11-2012. Hora: 13:00. http://www2.0hchr.org/spanish/law/ccpr.htm .

[33]   Su artículo 1 reza: "1. En la presente Convención la expresión "discriminación racial" denotará toda distinción, exclusión, restricción o preferencia basada en motivos de raza, color, linaje u origen nacional o étnico que tenga por objeto o por resultado anular o menoscabar el reconocimiento, goce o ejercicio, en condiciones de igualdad, de los derechos humanos y libertades fundamentales en las esferas política, económica, social, cultural o en cualquier otra esfera de la vida pública." Fecha: 09-05-07, Hora: 18:00. http://www.ohchr.org/spanish/law/cerd.htm

tricción o preferencia basada en orígenes étnicos o raciales en la aplicación de los derechos humanos y libertades fundamentales, incluidos los derechos culturales.[34]

Resulta de gran importancia resaltar que la Subcomisión de Promoción y Protección de los Derechos Humanos de la Oficina del Alto Comisionado de los Derechos Humanos de las Naciones Unidas, en el numeral 1 de su Resolución 2000/7, con base a lo dispuesto en el párrafo 2 del artículo 27 de la *Declaración Universal* y en el apartado c) del párrafo 1 del artículo 15 de este Pacto Internacional de Derechos Económicos, Sociales y Culturales reafirmó de manera categórica, que: "... *el derecho a la protección de los intereses morales y materiales que corresponden a una persona por razón de las producciones* científicas, *literarias o artísticas de que es autora es un derecho humano,... "..."...con sujeción a las limitaciones en el interés del público;*"[35] (Subrayado y resaltado nuestro).

2.   *La Convención Americana sobre Derechos Humanos* [36] [37]

La *Convención Americana*, es conocida también como *Pacto de San José* (en vigor desde el 18-07-1978).

En lo relativo a los derechos económicos, sociales y culturales, sólo les dedica un artículo en su Capítulo III, el número 26 *"Desarrollo Progresivo"*[38], el cual como ya mencionáramos, establece el compromiso de los Estados miembros de adoptar medidas para lograr el cumplimiento de la Carta de la OEA que consagra varios derechos en particular, los relativos a la educación, la ciencia y la cultura[39].

---

[34]   Brian Burdekin. "The Universality of Intellectual Property Rights: Origins And Development". Intellectual Property And Human Rights. Opening Address. *Op. Cit.* p. 6.

[35]   Resolución 2000/7. Fecha: 09-10-2010. Hora: 18:00. http://shr.aaas.org/article15/Reference _Materials/E-CN_4-SUB_2-RES-2000-7-2_Sp.pdf

[36]   La "Convención Americana sobre Derechos Humanos" o "Pacto de San José", fue suscrita en la Conferencia especializada interamericana sobre derechos humanos, en San José, Costa Rica, del 7 al 22 de noviembre de 1969. Fecha: 15-04-2007. Hora: 15:00. http://209.85.165.104/search?q=cache: G5da14gjlEEJ:www.oas.org/juridico/spanish/tratados/b-32.html+%E2%80%9CConvenci%C3%B3n +Americana+sobre+Derechos+Humanos%E2%80%9D&hl=es&ct=clnk&cd=1&gl=ve&lr=lang_es

[37]   En fecha 17 de noviembre de 1988, se suscribió un Protocolo Adicional a la Convención Americana sobre Derechos Humanos, adoptado en El Salvador, durante el décimo octavo periodo ordinario de sesiones de la Asamblea General de la OEA. Fecha: 17-04.2007. Hora: 18:00. http://www. oas.org/juridico/spanish/tratados/a-52.html

[38]   "CAPÍTULO III. DERECHOS ECONÓMICOS, SOCIALES Y CULTURALES. Artículo 26. Desarrollo Progresivo. Los Estados partes se comprometen a adoptar providencias, tanto a nivel interno como mediante la cooperación internacional, especialmente económica y técnica, para lograr progresivamente la plena efectividad de los derechos que se derivan de las normas económicas, sociales y sobre educación, ciencia y cultura, contenidas en la Carta de la Organización de los Estados Americanos, reformada por el Protocolo de Buenos Aires, en la medida de los recursos disponibles, por vía legislativa u otros medios apropiados." Fecha: 19-04-2007. Hora: 18:00. http://72.14.209.104/search?q=ca che:iymI3J4XJeAJ:www.cidh.oas.org/Basicos/Basicos2.htm+%E2%80%9CConvenci%C3%B3n+Amer icana+sobre+Derechos+Humanos%E2%80%9D&hl=es&ct=clnk&cd=3&gl=ve&lr=lang_es

[39]   A pesar de todos los avances alcanzados en el hemisferio americano, resulta lamentable que el Pacto de San José no haya sido ratificado por la totalidad de los países miembros signatarios. A la fecha, no ha sido ratificado por Estados Unidos, Canadá, ni por los países del Caribe como Antigua, Barbuda, Bahamas, Belice, Guyana, San Cristóbal y Nevis, San Vicente Granadinas y Santa Lucía. *Vid.* Carlos Alberto Villalba. "El derecho de autor y los derechos conexos en las declaraciones y tratados sobre

Por otra parte, como afirma el autor *Peter Drahos*, tomando en cuenta el carácter híbrido del derecho de autor, en particular su carácter de derecho propietario, es importante destacar que esta Convención en su artículo 21.1 reconoce el derecho de propiedad como aquél al que toda persona tiene derecho a pesar de que *"...La ley puede subordinar tal uso y goce al interés social.";* añadiendo que *"...2. Ninguna persona puede ser privada de sus bienes, excepto mediante el pago de indemnización justa, por razones de utilidad pública o de interés social y en los casos y según las formas establecidas por la ley."*[40]

Es relevante destacar que precisamente, basándose en los numerales 1 y 2 de este artículo 21 de la *Convención Americana*, la Corte Interamericana de Derechos Humanos, consideró que *"Tanto el ejercicio del aspecto material como del aspecto inmaterial de los derechos de autor son susceptibles de valor y se incorporan al patrimonio de una persona. En consecuencia, el uso y goce de la obra de creación intelectual también se encuentran protegidos por el artículo 21 de la Convención Americana..."* en sentencia del 22 de noviembre de 2005, sometida contra el gobierno de Chile, por la Comisión Interamericana de Derechos Humanos en fecha 13-04-2004, caso que se basó en la confiscación por parte del Estado chileno, de la obra de un autor a los fines de evitar su divulgación (Caso *Palamara Iribarne vs. Chile*)[41].

---

derechos humanos". *Óp. Cit.* p. 10. Texto del Pacto y Ratificaciones. Fecha: 15-02-2011. Hora: 16:00. http://www.oas.org/juridico/spanish/firmas/b-32.html

[40] Peter Drahos. "The Universality of Intellectual Property Rights: Origins And Development". Intellectual Property And Human Rights. *Op. Cit.* p. 24.

[41] En esta demanda se solicitó declarar al Estado chileno, "...responsable por la violación de los derechos consagrados en los artículos 13 (libertad de pensamiento y de expresión) y 21 derecho a la propiedad privada de la Convención Americana, en perjuicio del señor Humberto Antonio Palamara Iribarne..."... (...)..."La Corte basó algunas de sus consideraciones en base al artículo 21 de la Convención Americana, que consagra el derecho de propiedad."...(...)..."...Alegaron que la jurisprudencia del Tribunal ha desarrollado un concepto amplio de propiedad, el cual abarca, entre otros, el uso y goce de los "bienes", definidos como cosas materiales apropiables, así como todo derecho que pueda formar parte del patrimonio de una persona. Dicho concepto comprende todos los muebles e inmuebles, los elementos corporales e incorporales y cualquier otro objeto inmaterial susceptible de valor (*Cfr.* Caso de la Comunidad Indígena Yakye Axa, supra nota 5, párr. 137; Caso de la Comunidad Moiwana. Sentencia de 15 de junio de 2005. Serie C N° 124, párr. 129; y Caso de la Comunidad Mayagna (Sumo) Awas Tingni. Sentencia de 31 de agosto de 2001. Serie C N° 79, párr. 144). Por ello dentro del concepto amplio de "bienes" cuyo uso y goce están protegidos por la Convención, también se encuentran incluidas las obras producto de la creación intelectual de una persona, quien, por el hecho de haber realizado esa creación adquiere sobre ésta derechos de autor conexos con el uso y goce de la misma La protección del uso y goce de la obra confiere al autor derechos que abarcan aspectos materiales e inmateriales. El aspecto material de estos derechos de autor abarca, entre otros, la publicación, explotación, cesión o enajenación de la obra y, por su parte, el aspecto inmaterial de los mismos se relaciona con la salvaguarda de la autoría de la obra y la protección de su integridad. El aspecto inmaterial es el vínculo entre el creador y la obra creada, el cual se prolonga a través del tiempo. Tanto el ejercicio del aspecto material como del aspecto inmaterial de los derechos de autor son susceptibles de valor y se incorporan al patrimonio de una persona. En consecuencia, el uso y goce de la obra de creación intelectual también se encuentran protegidos por el artículo 21 de la Convención Americana. Además de la Convención, diversos instrumentos internacionales y acuerdos reconocen los derechos de autor" (citan artículos de varios tratados internacionales en la materia de la UNESCO, ONU, OMPI y OMC) "y en Chile se encuentra regulado en la Ley N° 17.336 de Propiedad Intelectual, así como en la Ley N° 19.912, en la cual se indica que se adecua la legislación chilena a los acuerdos suscritos por dicho Estado con la Organización Mundial del Comercio. La primera de las referidas leyes establece en su artículo 1, inter alia, que el derecho de autor comprende los derechos patrimonial y moral, que protegen el aprovechamiento, la

Con esta sentencia de la Corte Interamericana de Derechos Humanos, queda claro que el derecho autor como derecho humano, goza de un reconocimiento y protección no solamente desde el plano legal sino también constitucional y que se erige en el marco de los tratados multilaterales de derechos humanos, como una prerrogativa universal[42].

3. *El Convenio para la protección de los Derechos Humanos y de las Libertades Fundamentales*[43]

En lo relativo al continente europeo, es importante incluir aquí, al *Convenio Europeo* del 4 de noviembre de 1950, en vigor desde 1953, suscrito con el fin, entre otros, de dar forma internacional a la *Declaración Universal*, sin incluir los derechos relacionados con los autores[44].

Este Convenio no fue concebido para remplazar a los sistemas nacionales de protección de los derechos humanos, sino para crear una protección internacional como garantía adicional a los establecidos en cada Estado[45].

En cuanto al derecho de propiedad, el Convenio no lo estableció en un primer momento en razón de controversias al momento de su redacción pero posteriormente, en el artículo 1° de su Protocolo 1° aprobado en París el 20 de marzo de 1952, se incluyó la protección a la propiedad en general, de la siguiente manera: *"Toda persona física o moral tiene derecho al respeto de sus bienes...";* con el aditivo de que esta propiedad se consagra *"... sin perjuicio*

---

paternidad y la integridad de la obra. Además, en el Capítulo II indica que el titular original de dicho derecho es el autor de la obra y se presume como tal a la persona que figura en el ejemplar que se registra. Por estas consideraciones relativas a la violación del derecho de propiedad, la Corte concluyó que el Estado violó en perjuicio del señor Humberto Antonio Palamara Iribarne el derecho a la propiedad privada establecido en el artículo 21.1 y 21.2 de la Convención Americana, y ha incumplido la obligación general de respetar y garantizar los derechos establecida en el artículo 1.1 de dicho tratado". Fecha: 27-11-2010. Hora: 15:00. http://www.corteidh.or.cr/docs/casos/articulos/seriec_135_esp.pdf. Páginas 1, 2, 63-67 y 104. (Subrayado y resaltado nuestro).

[42]   UNESCO. CENTRO REGIONAL PARA EL FOMENTO DEL LIBRO EN AMÉRICA LATINA Y EL CARIBE. CERLALC'. Parte del Concepto Técnico identificado con el número S-2012-DIR-237 presentado por el CERLALC a la Corte Constitucional de Colombia el 2 de agosto de 2012, en el proceso que se surtía ante ese tribunal identificado con el número D-9168. p. 4/7.

[43]   Entró en vigor en 1953. Fecha: 11-12-2010. Hora: 19:00. http://www. echr.coe.int/NR/rdonl yres/1101E77A-C8E1-493F-809D-800CBD20E595/0/ESP_CONV.pdf

[44]   Carlos Alberto Villalba. "El derecho de autor y los derechos conexos en las declaraciones y tratados sobre derechos humanos". *Óp. Cit.* p. 9.

[45]   El punto más relevante de este instrumento europeo es la del recurso individual establecido en su artículo 25 mediante el cual se puede instaurar un procedimiento contra el gobierno que presuntamente sea responsable de infracciones de derechos que sean reconocidos en el Convenio, siempre que se haya aceptado la competencia de la Comisión para recibir y tramitar estas acciones. Se señala la superioridad del sistema europeo de protección de los derechos humanos frente al establecido en el Pacto de Derechos Civiles y Políticos de las Naciones Unidas, ya que las funciones del Comité de Naciones Unidas se refieren fundamentalmente a la conciliación y a la recomendación sin llegar a una decisión vinculante, en cambio, la Comisión y el Tribunal europeos tienen poderes más amplios en razón de que pueden tomar decisiones judiciales. José Castán Tobeñas. *Los derechos del hombre.* 4ª Edición 1992. REUS, S.A. ISBN 84-290-1331-8. p. 156.

*del derecho que poseen los Estados de poner en vigor las Leyes que juzguen necesarias para
la reglamentación del uso de los bienes de acuerdo con el interés general...".* [46]

Al consagrar la protección a la propiedad de manera general, no alude ni directa, ni indi-
rectamente al derecho de autor, tratándose específicamente de un texto de *habeas corpus*
ampliado, limitándose en su Preámbulo a tomar medidas para asegurar la garantía colectiva
de algunos de los derechos enunciados en la *Declaración Universal* y en una Resolución y un
Protocolo Adicional, hace un llamado a integrar en nuevos tratados o a través de las convenciones y los pactos internacionales existentes en la materia, las disposiciones del artículo 27
de la *Declaración Universal* [47].

A nivel europeo, se hace mención en este apartado, a la **Carta de los derechos fundamentales de la Unión Europea** [48] proclamada en Niza el 7 de noviembre de 2000, que en su
artículo 17 también consagra el derecho a la propiedad pero va más allá y en el numeral 2) de
este artículo 17, establece protección para la propiedad intelectual. En el documento intitula-
do *Explicaciones de la Carta de Derechos Fundamentales de la Unión Europea 2000* [49],
contentivo de aclaratorias que carecen de valor jurídico y que solo tienen por objeto explicar
las disposiciones de la Carta arriba mencionada, establece que en este artículo 17 se hace
referencia explícita a la propiedad intelectual como uno de los aspectos del derecho de propiedad, dada su creciente importancia, aclarando el término de propiedad intelectual de la
manera siguiente: *"... La propiedad intelectual abarca además de la propiedad literaria, el
derecho de patentes y marcas y los derechos conexos. Las garantías establecidas en el apartado 1 se aplican por analogía a la propiedad intelectual".* [50] (Subrayado nuestro).

4.   *La Convención sobre la protección y promoción de la diversidad de las expresio-
     nes culturales*

La *Convención sobre la protección y promoción de la diversidad de las expresiones culturales,* la *Convención de diversidad cultural,* adoptada por la 31ª Reunión de la Conferencia
General de la UNESCO en París, el 02 de noviembre de 2005 y vigente desde el 18 de marzo
de 2007, aunque no constituye *per se* un instrumento jurídico internacional sobre derechos

---

[46]   Peter Drahos. "The Universality of Intellectual Property Rights: Origins And Development".
Intellectual Property And Human Rights. *Op. Cit.* p. 24-25.

[47]   Este Convenio europeo se dedica a la protección del ciudadano contra las injerencias excesi-
vas de los poderes públicos. En su artículo 10 donde consagra el derecho a la "libertad de recibir o de
comunicar informaciones o ideas",..."se considera indispensable especificar que el reconocimiento de
este derecho no impide que los Estados estén facultados para reglamentar las actividades de radiodifusión por motivos de orden público". André Kéréver. "El derecho de autor como derecho humano". La
opinión de un especialista. En "Cincuentenario de la declaración universal de derechos humanos". *Op.
Cit.* p. 22.

[48]   Fecha: 15-01-2011. Hora: 18:30 http://www.europarl.europa.eu/charter/pdf/text_es.pdf

[49]   Fecha: 10-11-2010. Hora: 18:30. http://www.europarl.europa.eu/charter/pdf/04473_es.pdf

[50]   Hacemos la observación de que aquí no se incluyó a la propiedad artística y en cuanto a la
propiedad científica, aunque tampoco la menciona, ésta se considera incluida dentro de la propiedad
literaria. "Artículo 17. 1. Toda persona tiene derecho a disfrutar de la propiedad de sus bienes adquiridos
legalmente, a usarlos, a disponer de ellos y a legarlos. Nadie puede ser privado de su propiedad más que
por causa de utilidad pública, en los casos y condiciones previstos en la ley y a cambio, en un tiempo
razonable, de una justa indemnización por su pérdida. El uso de los bienes podrá regularse por ley en la
medida que resulte necesario para el interés general". Fecha: 15-01-2011. Hora: 18:30 http:/www. euro-
parl.europa.eu/charter/pdf/text_es.pdf.

humanos ni sobre derecho de autor, eleva la diversidad cultural a la categoría de patrimonio común de la humanidad,[51] estando íntimamente vinculada a los derechos humanos y dentro de éstos, al derecho de autor; por tanto, no podemos cerrar este subcapítulo sin hacer una breve referencia a la misma.

Esta Convención constituye junto con la de 1972, relativa a la Protección del Patrimonio Mundial, Cultural y Natural, y la de 2003 para la Salvaguardia del Patrimonio Cultural Inmaterial, ambas también de la UNESCO[52], uno de los tres pilares de la conservación y promoción de la diversidad creativa.[53]

En su Preámbulo, entre otros puntos, encomia "...la importancia de la diversidad cultural para la plena realización de los derechos humanos y libertades fundamentales proclamados en la Declaración Universal de Derechos Humanos y otros instrumentos universalmente reconocidos...", además de reconocer "...la importancia de los derechos de propiedad intelectual para sostener a quienes participan en la creatividad cultural...".[54](Subrayado nuestro).

Reconoce en su artículo 5 a los derechos culturales como parte integrante de los derechos humanos, derechos *universales, indisociables e interdependientes;* en ese mismo artículo declara que para el desarrollo de una diversidad creativa es necesaria "...*la plena realización de los derechos culturales, tal como los define el Artículo 27 de la Declaración de los Derechos Humanos y los Artículos 13 y 15 del Pacto Internacional de los Derechos Económicos, Sociales y Culturales...*" (Subrayado nuestro).

Los Estados miembros de la UNESCO se comprometieron a tomar medidas apropiadas para difundirla y fomentar su aplicación efectiva para lo que cooperarían en el cumplimiento de varios objetivos, entre otros, el de "...*16. Garantizar la protección de los derechos de autor y de los derechos conexos, con miras a fomentar el desarrollo de la creatividad contemporánea y una remuneración justa del trabajo creativo, defendiendo al mismo tiempo el derecho público de acceso a la cultura...*", en los términos estipulados en el artículo 27 de la Declaración Universal de Derechos Humanos. (Subrayado nuestro).

---

[51]   El Director General de la UNESCO, Koichiro Matsuura expresó en la presentación de este instrumento internacional que "...Esta Declaración, que a la cerrazón (*sic*) fundamentalista opone la perspectiva de un mundo más abierto, creativo y democrático, se cuenta desde ahora entre los textos fundadores de una nueva ética que la UNESCO promueva en los albores del siglos XXI. Mi deseo es que algún día adquiera tanta fuerza como la Declaración Universal de Derechos Humanos." (Subrayado nuestro). Fecha: 18-05-07. Hora: 18:00. http://portal.unesco.org/culture/es/ev.php-URL_ID=11281&URL_DO=DO_TOPIC&URL_SECTION=201.html

[52]   El mandato establecido por los fundadores de la UNESCO en 1945 consistió en "crear los baluartes de la paz en la mente de los hombres a través de la cooperación intelectual a nivel mundial en los ámbitos de la educación, la ciencia, la cultura y la comunicación". En su acta constitutiva aparece de manera explícita "el promover la libre circulación de las ideas, a través de la palabra y la imagen en el marco de la defensa de los derechos humanos". Milagros Del Corral. "Información, educación, cultura y derecho de autor: en busca del equilibrio". Seminario Internacional sobre Derecho de Autor y Acceso a la Cultura. Madrid, 28 de octubre 2005. Subdirectora General Adjunta para la Cultura. Ponencia Principal. UNESCO. Fecha: 17-03-07. Hora: 18:30. http://www.cedro.org/Files/MilagrosdelCorral.pdf

[53]   Fecha: 18-05-07. Hora: 18:00. http://portal.unesco.org/culture/es/ev.php-URLID=11281&URL_DO=DO_TOPIC&URL_SECTION=201.html

[54]   Fecha: 31-05-2011. Hora: 18:00. http://www.unesco.org/new/es/culture/themes/cultural-diversity/2005-convention/the-convention/convention-text/#I

Se concluye que el derecho de autor aunque hoy día ocupe un lugar preponderante en el comercio internacional de los bienes intangibles de propiedad intelectual, es antes que nada, en esencia y fundamento, un derecho humano, derecho consagrado en forma equilibrada con el derecho a la cultura en el artículo 27 de la Declaración Universal sin olvidar su *"...invalorable aporte al desarrollo de la cultura y su indiscutible vínculo con el respeto y la promoción de la diversidad cultural"* además y en particular, de constituir*..."...un eficaz estímulo del esfuerzo creativo, de la producción de obras y prestaciones culturales, amén de crear la seguridad jurídica necesario (sic) para una cooperación cultural fructuosa."*[55] [56] [57] (Subrayado nuestro).

5. *Consideraciones sobre el derecho de autor como derecho humano*

La asimilación del derecho de autor a los derechos humanos se justifica tanto desde el punto de vista filosófico[58], como desde el punto de vista del derecho positivo en cuanto a su consagración en el derecho internacional, regional y nacional.

En el Preámbulo de la mencionada *Declaración Universal* de 1948, se consagra un compromiso global de la humanidad para garantizar el desarrollo y protección de la efectividad y resguardo de los derechos humanos. A tal efecto, se establece expresamente que: *"...todos los pueblos y naciones deben esforzarse, a fin de que tanto los individuos como las instituciones, inspirándose constantemente en ella, promuevan, mediante la enseñanza y la educación, el respeto a estos derechos y libertades, y aseguren, por medidas progresivas de carácter nacional e internacional, su reconocimiento y aplicación universales y efectivos,*

---

[55]   Milagros Del Corral. "Información, educación, cultura y derecho de autor: en busca del equilibrio". *Op. Cit.* p. 3.

[56]   "Cada obra protegida, por ser original, es un puro ejemplo de diversidad. No hay que olvidar tampoco que la creación intelectual no se produce in vacuum, sino que, consciente o inconscientemente, el autor encuentra inspiración en su propia cultura, fertilizada por el cruce con otras, para crear hoy el patrimonio cultural del mañana. De ahí que la institución jurídica del Derecho de Autor es quizás, históricamente, el primer instrumento internacional destinado a promover la diversidad cultural…". Milagros Del Corral. "Derecho de autor y diversidad cultural". Foro de reflexión. *Boletín Informativo de CEDRO*, N° 49, p. 17-16. Julio-agosto 2005). p. 16. (Subrayado nuestro).

[57]   La UNESCO lanzó en 2002, la Alianza Global para la Diversidad Cultural, concebida "…como una plataforma mundial de partenariados públicos y privados cuyos más de 400 protagonistas comparten la voluntad de desarrollar industrias culturales locales y de fomentar la aplicación de la normativa internacional relativa al Derecho de Autor en los países en desarrollo y en transición.". *Ídem.* p. 17.

[58]   Los países del derecho romano germánico o continental conciben los derechos del autor como un derecho natural inherente a la persona, lo que lo convierte en un derecho humano, lo que se fundamenta en una concepción naturalista y humanista, por considerarlos derechos naturales que acompañan al hombre por el mero hecho de serlo. A esto se opone otra parte de la doctrina en razón de que entre otros argumentos, los derechos no son naturales, los construye una sociedad históricamente, además si acaso tuvieran un fundamento natural no sería moralmente correcto colocar los derechos de autor como derechos humanos al mismo nivel que los derechos como la vida, la libertad, la salud, que se relacionan directamente con la dignidad humana, ya que estos son derechos de otro nivel; a esto se añade entender al derecho de autor como derechos utilitaristas en lo atinente al progreso social y cultural de la colectividad, según la tradición de los EEUU "Un derecho de autor es derecho en tanto y cuanto está en relación en y con la sociedad, pero a diferencia del derecho a la vida, no es inherente al núcleo más vital de la persona, sino que es relevante cuando tiene consecuencias sociales." Alejandro Loredo Álvarez. "Derecho de autor y copyright dos caminos que se encuentran". p. 2-3. http://www.cecolda. org.co/images/publicaciones/ed11_5.pdf Fecha: 12-10-2010. Hora: 18:00.

tanto entre los pueblos de los Estados Miembros como entre los de los territorios colocados bajo su jurisdicción"[59] (Subrayado nuestro).

Como resultado de ello, en el ámbito regional americano e internacional, se ha consagrado una normativa de protección a los derechos humanos, así como procedimientos especiales de aplicación supranacional, es decir, por encima de las competencias y jurisdicciones locales.

De hecho, desde mediados del siglo XX, se ha evidenciado en la comunidad internacional, una tendencia hacia el control de las facultades del Estado con objeto de lograr la efectiva vigencia de los derechos humanos en el ámbito interno de cada entidad estatal[60].

Como hemos visto, la tendencia positivista con relación específica al derecho de autor como derecho humano se afianzó a partir del año de 1948, en un primer momento en el hemisferio americano e inmediatamente después, a nivel internacional, incrementándose desde entonces dicha tendencia hasta el punto de lograr un reconocimiento sin discriminaciones e, inclusive, una protección de relativa eficacia por parte de algunos Estados[61].

Resulta claro que existen algunos elementos comunes al derecho de autor y a los derechos humanos, estos son, el hecho de que *"…sólo el hombre es el sujeto de derecho…"* y de que *"…, todos los hombres son iguales y acreedores de este derecho…"* independientemente de su lugar de origen, residencia, nacionalidad así como de *"…su condición racial, étnica o religiosa…"*, además de que los seres humanos y las instituciones creadas para su protección, tienen *"…una capacidad procesal propia para demandarlo y la violación sistemática de estos derechos puede tipificar un crimen de estado y por tanto concerniente al ámbito interno y al internacional".*[62]

Más allá de los mencionados puntos de convergencia entre estos derechos, encontramos una relación indisoluble entre ambos, ya que si llegaran a aplicarse estrictamente, los principios que fundamentaron y tutelaron el derecho de autor en la legislación consecuencia de la Revolución Francesa, *"…toda obra, independientemente del lugar de su realización o publicación, o de la nacionalidad o domicilio del creador, debería tutelarse en cada país donde se*

---

[59]   Fecha: 13-11-2010. Hora: 18:30. http://www.un.org/es/documents/udhr/index.shtml

[60]   Es importante destacar que la maquinaria global de Naciones Unidas no tiene carácter jurisdiccional y se limita a sanciones políticas que sólo pueden tener efectos punitivos de manera indirecta y en determinadas circunstancias, principalmente cuando generan efectos desestabilizadores más allá de las fronteras del Estado violador, activando así la competencia del Consejo de Seguridad. Esta maquinaria, sin embargo, en particular la Comisión de Derechos Humanos, ha sufrido de una politización extrema que ha afectado gravemente su credibilidad. Primero por la superada confrontación este-oeste y luego por la latente confrontación Norte-Sur así como por carecer de un mecanismo jurisdiccional. La reforma de Naciones Unidas propuesta por el ex Secretario General de la ONU, Kofi Annan (Informe del Secretario General: "Un concepto más amplio de la libertad: desarrollo, seguridad y derechos humanos para todos." Decisiones propuestas a los Jefes de Estado y de Gobierno en septiembre de 2005) incluye medidas para recuperar esa credibilidad tales como la creación de un nuevo Consejo de Derechos Humanos sustitutivo de la actual Comisión y cuyos miembros serían electos por una mayoría calificada de dos tercios. Ello probablemente no le daría cabida en su seno a países que como los Estados Unidos y Cuba, han politizado los trabajos de la actual Comisión. Fecha: 26-06-2011. Hora: 18:00. http://www.un.org/spanish/largerfreedom/statement.html

[61]   Carlos Alberto Villalba. "El derecho de autor y los derechos conexos en las declaraciones y tratados sobre derechos humanos". *Op. Cit.* p. 6.

[62]   *Ídem.* p. 11.

reclamara la protección, tratándose…", "…de uno de los atributos fundamentales del hombre, consagrado así en las Declaraciones y Convenios Internacionales sobre derechos humanos"[63] (Subrayado nuestro).

VI. CONSIDERACIONES FINALES

1. A pesar de que el derecho de autor haya "abandonado" sus raíces en el derecho natural anclando ahora en terrenos comerciales, podemos afirmar que encuentra su equilibrio interno en cuanto a principios de derechos humanos, reinsertándose normativamente en éstos, representando toda esa normativa un fundamento de convivencia del derecho de autor con los derechos humanos en razón de que <u>los principios de los derechos humanos que representan reflejan sin lugar a dudas, el equilibrio del derecho exclusivo del autor con sus limitaciones y excepciones justificadas en razones de interés público lo que nos habla de un equilibrio intrínseco y de un objetivo dual de la normativa de derechos humanos y a pesar de potenciales conflictos con otros derechos humanos similares, se constata que el derecho de autor forma parte de los derechos humanos compartiendo ambos derechos tanto su carácter fundamental y universal como objetivos similares</u>[64].

2. En los instrumentos internacionales mencionados, teniendo como telón de fondo ambos derechos, el derecho de autor y el derecho a la cultura, encontramos la misión del derecho de autor que no es otra que promocionar la actividad cultural por lo que un marco de derechos humanos puede proveer un eje normativo específico en la elaboración e interpretación de la normativa de derecho de autor. Este último con el derecho a la cultura, se retroalimentan y se necesitan para que se creen nuevas obras pero por distintas razones, el derecho de autor para justificar su existencia y el derecho a la cultura para nutrirse y progresar[65].

3. El derecho de autor como <u>derecho humano positivado en calidad de fundamental,</u> contiene dos elementos inseparables que se retroalimentan, <u>en relación con el autor,</u> el reconocimiento de un atributo del ser humano como creador de una obra intelectual en la que se inscribe su impronta personal, su intelecto y su espíritu o que denota un esfuerzo personalísimo en razón de la originalidad de la obra; y <u>respecto del usuario,</u> viene a constituir una garantía social de fomento y acceso al conocimiento convirtiéndose en un derecho de todos los seres humanos.

4. Por tratarse el derecho de autor de un derecho de propiedad del tipo intangible o inmaterial, se destacan las dificultades que presenta el derecho de propiedad como tal, a la hora de considerar su naturaleza y alcance en la legislación internacional de derechos humanos, ya que este derecho, <u>primero</u> que todo, presenta una pluralidad de formas que no pueden ser incluidas en su totalidad, en la categoría de derechos humanos fundamentales; <u>segundo,</u> su no consagración en el *Pacto Internacional sobre derechos civiles y políticos* de *la ONU* le resta fuerza al reclamo de formar parte del derecho consuetudinario internacional; y <u>tercero,</u> el derecho internacional público y privado, reconocen el derecho soberano de los Estados de regular el derecho a la propiedad para ajustarlo a sus circunstancias económicas y sociales lo

---

[63] Ricardo Antequera Parilli. *El nuevo régimen del derecho de autor en Venezuela.* Ed. Buchivacoa, Autoralex. Caracas, 1993. ISBN: 980-07-1729-3. p. 551.

[64] Daniel L. Gervais "Propiedad intelectual y derechos humanos: aprendiendo a vivir juntos". En *Revista Iberoamericana de Derecho de Autor.* pp. 68-93. Año III. N° 5. Enero-Junio 2009. UNESCO-CERLALC-Universidad de los Andes. ISSN: 1909-6003. p. 92.

[65] *Ídem.* p. 92-93.

que obviamente, no puede hacerse con los derechos humanos fundamentales. Se concluye que esta situación debería por sí misma, incentivar a encontrar vías para que los mecanismos propietarios sean reformados a la luz de una lectura de la propiedad intelectual como parte de los derechos humanos para decidir asuntos prácticos de propiedad y uso de nuevas formas de propiedad intelectual lo que constituiría un gran aporte en la armonización de toda la propiedad intelectual en una doble consideración de derecho propietario y derecho humano.

VII. BIBLIOGRAFÍA

Anguita Villanueva, Luis. "Derechos fundamentales y propiedad intelectual: el acceso a la cultura", pp. 49-88. En Iglesias Rebollo, César (Coordinador). *Propiedad intelectual, derechos fundamentales y propiedad industrial*. Colección de Propiedad Intelectual. Estudios. Editorial Reus, S.A. ISBN: 84-2901429-2 Madrid 2005.

Antequera Parilli, Ricardo. *El nuevo régimen del derecho de autor en Venezuela*. Editorial Buchivacoa, Autoralex. ISBN: 980-07-1729-3. Caracas, 1993.

Becourt, Daniel. "El derecho de autor y los derechos humanos". Asociación Internacional de Abogados de Derecho de Autor (AIADA) [traducción del francés al español por Georgina Almeida], pp. 13-15. *Boletín de Derecho de Autor*. Volumen XXXII, N° 3. Julio-Septiembre 1993. *Cincuentenario de la Declaración Universal de Derechos Humanos*. Ediciones Unesco.

Burdekin, Brian. Opening Address. "Intellectual Property And Human Rights". A panel discussion to commemorate the 50th anniversary of the Universal Declaration of Human Rights. Geneva, November 9, 1998, organized by WIPO/OMPI in collaboration with the Office of the United Nations High Commissioner for Human Rights, pp. 5-12.

Cassin, René. "*Melanges Palisant*". *Etudes sur la propriété industrielle, littéraire et artistique*. Paris, Sirey. 1959.

Castán Tobeñas, José. *Los derechos del hombre*. 4ª Edición. REUS, S.A. ISBN 84-290-1331-8. 1992.

Chapman, Audrey R. "La propiedad intelectual como derecho humano: Obligaciones dimanantes del apartado C) del párrafo i del artículo 15 del pacto internacional de derechos económicos, sociales y culturales". *Doctrina. Boletín de derecho de autor*. Volumen XXXV, N° 3, Ediciones UNESCO. julio-septiembre 2001. "La propiedad intelectual como derecho humano". Versión electrónica. pp. 4-39. Fecha: 22-03-07. Hora: 20:00. http://unesdoc.unesco.org/images/0012/001255/125505s.pdf

Del Corral, Milagros. "Derecho de autor y diversidad cultural". *Boletín Informativo de CEDRO*, N° 49, p.17-16. Julio-agosto 2005). Fecha: 19-03-07. Hora: 9:00. http://www.cedro.org/Files/bolefor049.pdf

————————— "Información, educación, cultura y derecho de autor: En busca del equilibrio". *Seminario Internacional sobre Derecho de Autor y Acceso a la Cultura*. Madrid, 28 de octubre 2005. Subdirectora General Adjunta para la Cultura. Ponencia Principal. UNESCO Fecha: 17-03-07. Hora: 18:30. http://www.cedro.org/Files/MilagrosdelCorral.pdf

Faúndez Ledesma, Héctor. "El derecho internacional de los derechos humanos y su aplicación por el juez nacional". Lectura N° 5. Módulo II. Fecha: 25-10-07. Hora: 15:00. http://www.jueces.org.ve/manual/lecturas/faundez.pdf

Francia. Sentencia del Tribunal de Apelación de París del 1° de febrero de 1989. En *RI-DA*, N° 142, Octubre 1989. p. 301.

Gervais, Daniel L. "Propiedad intelectual y derechos humanos: Aprendiendo a vivir juntos". En *Revista Iberoamericana de derecho de autor*. Año III. N° 5. Enero-Junio 2009. UNESCO- CERLALC-Universidad de los Andes. ISSN: 1909-6003. pp. 68-93.

Iglesias Rebollo, César (Coordinador). *Propiedad intelectual, derechos fundamentales y propiedad industrial*. Colección de Propiedad Intelectual. Estudios. Editorial Reus, S.A. ISBN: 84-2901429-2. Madrid 2005.

Kéréver, André. "El derecho de autor como derecho humano". La opinión de un especialista. En *Cincuentenario de la declaración universal de derechos humanos. Boletín de derecho de autor*. Volumen XXXII, N° 3. Julio-Septiembre 1998. Ediciones UNESCO.

Loredo Álvarez, Alejandro. "Derecho de autor y copyright dos caminos que se encuentran". Fecha: 12-10-2010. Hora: 18:00. http://www.cecolda.org.co/images/publicaciones/ed11_5.pdf

Rengifo García, Ernesto. *Propiedad intelectual. El moderno derecho de autor*. Universidad Externado de Colombia. Septiembre de 1997. Segunda Edición. ISBN 958-616.277-X.

Roselló Manzano, Rafael. *Derechos de la personalidad y derechos morales de los autores*. Colección de Propiedad Intelectual. Fundación AISGE/REUS/ASEDA. Primera edición. ISBN: 978-84-290-1673-4. Madrid 2011.

Strowe, Alain. *Droit D'Auteur et copyright*. Bruylant. Bruselas/ Paris. Librairie Générale de Droit et de Jurisprudence (LGDJ). 1993.

UNESCO. Boletín de Derecho de Autor. Volumen XXXII, N° 3. Julio-Septiembre 1993. "CINCUENTENARIO DE LA DECLARACIÓN UNIVERSAL DE DERECHOS HUMANOS". EDICIONES UNESCO.

UNESCO. CENTRO REGIONAL PARA EL FOMENTO DEL LIBRO EN AMÉRICA LATINA Y EL CARIBE. CERLALC. Parte del Concepto Técnico identificado con el número S-2012-DIR-237 presentado por el CERLALC a la Corte Constitucional de Colombia el 2 de agosto de 2012, en el proceso que se surtía ante ese tribunal identificado con el número D-9168.

Villalba, Carlos Alberto. "El derecho de autor y los derechos conexos en las declaraciones y tratados sobre derechos humanos". Curso Regional para Países de América Latina sobre las Nuevas Tendencias en la Protección Internacional del Derecho de Autor y de los Derechos Conexos. Organización Mundial de la Propiedad Intelectual OMPI. 15 a 23 de julio de 1996. Santo Domingo, República Dominicana. Documento de la Organización Mundial de la Propiedad Intelectual OMPI/DA/SDO/96.

——————————"Los derechos intelectuales como parte de los derechos humanos". pp. 137-166. *Jornadas "J.M. Domínguez Escovar" sobre Derechos Humanos.* Colegio de Abogados del Estado Lara. Instituto de Estudios Jurídicos. Con el auspicio de la Universidad Católica Andrés Bello y la Universidad Centro Occidental Lisandro Alvarado. Barquisimeto, Venezuela, 3 al 6 de enero 1986.

PÁGINAS WEB CONSULTADAS

http://portal.unesco.org/es/ev.php-URL_ID=13147&URL_DO=DO_TOPIC&URL_
SECTION=201.html. Fecha: 11-11-2010. Hora: 18:00.

http://209.85.165.104/search?q=cache:TmkNLjb9cd4J:www.cidh.oas.org/Basicos/Basicos
1.htm+%E2%80%9CDeclaraci%C3%B3n+Americana+de+los+Derechos+y+Deberes+del+Ho
mbre%E2%80%9D&hl=es&ct=clnk&cd=1&gl=ve&lr=lang_es Fecha: 15-04-07. Hora: 15:30.

http://209.85.165.104/search?q=cache:6F4HVQKDNDwJ:www1.umn.edu/humanrts/iac
hr/B/10-esp-5.html+Estatuto+de+la+Declaraci%C3%B3n+Americana+de+los+Derechos+ y
+Deberes+del+Hombre%E2%80%9D&hl=es&ct=clnk&cd=3&gl=ve&lr=lang_es Fecha: 15-
04-07. Hora: 17:00.

http://www.cidh.oas.org/Basicos/Basicos9.htm Fecha: 15-04-07. Hora: 20:00

http://209.85.165.104/search?q=cache:qYtTNAOCTnEJ:www.unhchr.ch/spanish/html/me
nu3/b/a_cescr_sp.htm+%E2%80%9CPacto+Internacional+de+Derechos+Econ%C3%B3   mi-
cos,+Sociales+y+Culturales%E2%80%9D&hl=es&ct=clnk&cd=1&gl=ve&lr=lang_es   Fecha:
10-04-07. Hora: 13:00.

http://portal.unesco.org/culture/es/files/30545/11432108781Comment_sp.pdf/Comment_s
p.pdf Fecha: 10-04-2014. Hora: 13:00.

http://www2.0hchr.org/spanish/law/ccpr.htm Fecha: 10-11-2012. Hora: 13:00.

http://www.ohchr.org/spanish/law/cerd.htm Fecha: 09-05-07. Hora: 18:00.

http://shr.aaas.org/article15/Reference_Materials/E-CN_4-SUB_2-RES-2000-7-2_Sp
.pdf Fecha: 09-10-2010. Hora: 18:00.

http://209.85.165.104/search?q=cache:G5da14gjlEEJ:www.oas.org/juridico/spanish/trat
ados/b-32.html+%E2%80%9CConvenci%C3%B3n+Americana+sobre+Derechos+Humanos
%E2%80%9D&hl=es&ct=clnk&cd=1&gl=ve&lr=lang_es Fecha: 15-04-2007. Hora: 15:00.

http://www.oas.org/juridico/spanish/tratados/a-52.html Fecha: 17-04.2007. Hora: 18:00.

http://72.14.209.104/search?q=cache:iymI3J4XJeAJ:www.cidh.oas.org/Basicos/Basicos
2.htm+%E2%80%9CConvenci%C3%B3n+Americana+sobre+Derechos+Humanos%E2%80
%9D&hl=es&ct=clnk&cd=3&gl=ve&lr=lang_es Fecha: 19-04-2007. Hora: 18:00

http://www.oas.org/juridico/spanish/firmas/b-32.html Fecha: 15-02-2011. Hora: 16:00.

http://www.corteidh.or.cr/docs/casos/articulos/seriec_135_esp.pdf. Fecha: 27-11-2010.
Hora: 15:00.

http://www.echr.coe.int/NR/rdonlyres/1101E77A-C8E1-493F-809D-800CBD20E595
/0/ESP_CONV.pdf Fecha: 11-12-2010. Hora: 19:00.

http://www.europarl.europa.eu/charter/pdf/text_es.pdf Fecha: 15-01-2011. Hora: 18:30

http://www.europarl.europa.eu/charter/pdf/04473_es.pdf Fecha: 10-11-2010. Hora: 18:30.

http://www.europarl.europa.eu/charter/pdf/text_es.pdf Fecha: 15-01-2011. Hora: 18:30

http://portal.unesco.org/culture/es/ev.php-URL_ID=11281&URL_DO=DO_TOPIC&
URL_SECTION=201.html Fecha: 18-05-07. Hora: 18:00.

http://www.cedro.org/Files/MilagrosdelCorral.pdf Fecha: 17-03-07. Hora: 18:30

http://portal.unesco.org/culture/es/ev.php-URL_ID=11281&URL_DO=DO_TOPIC&
URL_SECTION=201.html Fecha: 18-05-07. Hora: 18:00.

http://www.unesco.org/new/es/culture/themes/cultural-diversity/2005-convention/the-
convention/convention-text/#I Fecha: 31-05-2011. Hora: 18:00.

http://www.un.org/es/documents/udhr/index.shtml Fecha: 13-11-2010. Hora: 18:30.

http://www.un.org/spanish/largerfreedom/statement.html Fecha: 26-06-2011. Hora: 18:00.

LEGISLACIÓN

Información Legislativa

LEYES, DECRETOS NORMATIVOS, REGLAMENTOS Y RESOLUCIONES DE EFECTOS GENERALES DICTADOS DURANTE EL TERCER TRIMESTRE DE 2014

Recopilación y selección
por Flavia Pesci Feltri
Abogada

SUMARIO

I. ORDENAMIENTO ORGÁNICO DEL ESTADO

1. *Régimen del Poder Público Nacional.* A. Poder Ejecutivo: Administración Pública. B. Poder Judicial. a. Tribunales de Municipios. b. Defensa Pública. D. Poder Ciudadano. a. Contraloría General de la República. b. Consejo Moral Republicano. c. Ministerio Público.

II. RÉGIMEN DE LA ADMINISTRACIÓN GENERAL DEL ESTADO

1. *Sistema Financiero.* 2. *Sistema de Personal.* A. Régimen de protección trabajadores de la Asamblea Nacional. B. Remuneraciones de los funcionarios de la Administración Pública Nacional, estadal y municipal. C. Régimen del Estatuto de la Función Policial del Cuerpo de Policía Nacional Bolivariana. D. Régimen de Personal de la Procuraduría General de la República. E. Régimen de Personal del Cuerpo de Investigaciones Científicas, Penales y Criminalísticas (CICPC). 3. *Régimen de Contrataciones Públicas.*

III. RÉGIMEN DE POLÍTICA, SEGURIDAD Y DEFENSA

1. *Política de Relaciones Exteriores.* A. Leyes Aprobatorias. B. Acuerdos. C. Convenios. D. Memorándum de Entendimiento. 2. *Seguridad y defensa.*

IV. RÉGIMEN DE LA ECONOMÍA

1. *Régimen cambiario.* 2. *Régimen bancario y otras Instituciones Financieras.* A. Depósitos en moneda extranjera. B. Régimen Auditores Externos de las Instituciones Bancarias. C. Tasas de Interés. D. Tributos. 3. *Régimen Agrícola.* 4. *Régimen del comercio exterior.* 5. *Régimen del Turismo.*

V. RÉGIMEN DE DESARROLLO SOCIAL

1. *Protección laboral.* 2. *Régimen de Educación.* A. Educación Universitaria. B. Educación Básica. 3. *Régimen de Cultura.* 4. *Régimen de Ciencia y Tecnología.*

V. RÉGIMEN DEL DESARROLLO FÍSICO Y ORDENACIÓN DEL TERRITORIO

1. *Régimen de Protección del Medio Ambiente y de los Recursos Naturales.* 2. *Régimen de transporte y tránsito.* 3. *Régimen de las telecomunicaciones.* 4. *Régimen de energía eléctrica.*

I. ORDENAMIENTO ORGÁNICO DEL ESTADO

1. Régimen del Poder Público Nacional

A. Poder Ejecutivo: Administración Pública

Resolución N° 084-14 del Ministerio del Poder Popular del Despacho de la Presidencia, mediante la cual se dicta el Reglamento Interno de la Unidad de Auditoría Interna del Ministerio del Poder Popular del Despacho de la Presidencia y seguimiento de gestión de Gobierno. *G.O.* N° 40.448 del 7-07-2014.

Decreto N° 1.081 de la Presidencia de la República, mediante el cual se declara de Urgente la ejecución de las obras de Infraestructura de apoyo al sistema de Defensa; dicha declaratoria tendrá una vigencia de noventa (90) días, prorrogables por idéntico plazo si persistieran las circunstancias que motivan la emergencia. *G.O.* N° 40.450 del 9-7-2014.

Decreto N° 1.149 de la Presidencia de la República, mediante el cual se crea la Gran Misión Hogares de la Patria, como Instancia de la Presidencia de la República Bolivariana de Venezuela. *G.O.* N° 40.465 del 31-07-2014.

Decreto N° 1.091 de la Presidencia de la República, mediante el cual se aprueba el Plan Excepcional para desarrollar la segunda etapa de construcción del «Complejo Bicentenario La Victoria» que comprende el «Monumento a José Félix Ribas y el Paseo a la Juventud», en el Municipio José Félix Ribas del Estado Bolivariano de Aragua. *G.O.* N° 40.449 del 8-07-2014.

Decreto N° 1.191 de la Presidencia de la República, mediante el cual se adscribe a la Vicepresidencia de la República el Centro Nacional de Comercio Exterior. *G.O.* N° 40.482 del 25-8-2014.

Decreto N° 1.193 de la Presidencia de la República, mediante el cual se establece que la Corporación Venezolana de Comercio Exterior, S.A. (CORPOVEX) asumirá las actividades materiales y técnicas de las empresas del Estado que forman parte del conglomerado socialista bajo su coordinación, relacionadas con la importación y adquisición en el mercado internacional de bienes y servicios para el sector público nacional. *G.O.* N° 40.482 del 25-8-2014.

B. Poder Judicial

a. Tribunales de Municipios

Resolución N° 2014-0009 del Tribunal Supremo de Justicia, mediante la cual se modifica lo relativo a la estructura, organización y funcionamiento de la distribución de causas o comisiones en los Tribunales de Municipios Ordinarios y Ejecutores de Medidas, ampliando o limitando la competencia en el conocimiento de las causas o comisiones por municipio, según los factores de ubicación de acuerdo a la distancia existente entre los Tribunales. *G.O.* N° 40.454 del 15-7-2014.

b. Defensa Pública

Resolución N° DDPG-2014-293 de la Defensa Pública, mediante la cual se crea la Defensoría Pública Tercera (3^{era}) con competencia en materia Agraria, adscrita a la Unidad Regional de la Defensa Pública del estado Zulia, Extensión Santa Bárbara. *G.O.* 40.449 del 8-7-2014

Resolución N° DDPG-2014-321 de la Defensa Pública, mediante la cual se Reorganiza la Coordinación de Planificación y Desarrollo Organizacional, bajo la Estructura que en ella se menciona. *G.O.* N° 40.453 del 14-7-2014.

Resolución N° DDPG-2014-517-1 de la Defensa Pública, mediante el cual se dicta el Reglamento Interno de la Defensa Pública. *G.O.* 40.505 del 25-9-2014.

C. *Poder Ciudadano*

a. *Contraloría General de la República*

Resolución N° JD-2014-020 del Instituto de Altos Estudios de Control Fiscal y Auditoría de Estado Fundación «Gumersindo Torres», mediante la cual se dicta el Reglamento Interno del referido Instituto (COFAE). *G.O.* N° 40.472 del 11-8-2014.

Resolución N° 01-00-000167 de la Contraloría General de la República, mediante la cual se dictan las Normas para la Formación, Participación, Rendición, Examen y Calificación de las Cuentas de los Órganos del Poder Público Nacional, Estadal, Distrital, Municipal y sus Entes Descentralizados. *G.O.* N° 40492 del 8-9-2014.

b. *Consejo Moral Republicano*

Resolución N° CMR-008-2014 del Poder Ciudadano Consejo Moral Republicano, mediante la cual se dictan las «Normas Relativas para la convocatoria y conformación del Comité de Evaluación de Postulaciones del Poder Ciudadano». *G.O.* 40.505 del 25-9-2014.

c. *Ministerio Público*

Resolución N° 1446 del Ministerio Público, mediante la cual se reforma el Reglamento General de la Escuela Nacional de Fiscales del Ministerio Público. *G.O.* 40.495 del 11-9-2014.

Reforma del Reglamento General de la Escuela Nacional de Fiscales del Ministerio Público publicada en la *Gaceta Oficial* N° 40.433 del 13-6-2014. *G.O.* N° 40.508 del 30-9-2014.

II. RÉGIMEN DE LA ADMINISTRACIÓN GENERAL DEL ESTADO

1. *Sistema Financiero*

Resolución N° 029/2014 de la Vicepresidencia de la República, mediante la cual se modifica la «Estructura para la Ejecución Financiera del Presupuesto de Gastos de la Vicepresidencia de la República para el Ejercicio Fiscal 2014», la cual estará constituida por las Unidades Administradoras y las Unidades Ejecutoras Locales que en ella se señalan. (Dirección General de Administración, Secretaría de la Comisión Central de Planificación, SEBIN, entre otros). *G.O.* N° 40.446 del 3-7-2014.

Resolución N° 034/2014 de la Vicepresidencia de la República, mediante la cual se modifica la «Estructura para Ejecución Financiera del Presupuesto de Gastos de la Vicepresidencia de la República para el Ejercicio Fiscal 2014», la cual estará constituida por la Unidad Administradora Central, la Unidad Administradora Desconcentrada y las Unidades Ejecutoras Locales que en ella se señalan. *G.O.* N° 40.458 del 21-7-2014.

Resolución Conjunta N° 053 del Ministerio del Poder Popular de Economía, Finanzas y Banca Pública, mediante la cual se fija el porcentaje de cumplimiento de la cartera de créditos dirigida al sector manufacturero, por parte de la Banca Universal, así como la Banca Comercial que se encuentre en proceso de transformación, tanto pública como privada, para el ejercicio fiscal 2014, así como los parámetros de financiamiento. *G.O.* N° 40.457 del 18-07-2014.

Resolución N° 064.14 del Ministerio del Poder Popular de Economía, Finanzas y Banca Pública SUDEBAN, mediante la cual se dicta las «Normas Generales Relativas a la Unidad de Auditoría Interna de las Instituciones del Sector Bancario». *G.O.* N° 40.484 del 27-8-2014.

Resolución N° 067.14 del Ministerio del Poder Popular de Economía, Finanzas y Banca Pública SUDEBAN, mediante la cual se dicta las «Normas Generales Relativas a las Funciones y Responsabilidades del Auditor Externo, de las Auditorías y de los Informes Auditados de las Instituciones del Sector Bancario». *G.O.* N° 40.485 del 28-8-2014

Resolución N° 086 del Ministerio del Poder Popular de Economía, Finanzas y Banca Pública, mediante la cual se modifica parcialmente el Anexo II «Régimen Legal aplicable a mercancías objeto de exportación», del Decreto N° 236 de fecha 15 de julio de 2013, en el cual se reformó parcialmente el Arancel de Aduanas promulgado a través del Decreto N° 9.430, de fecha 19 de marzo de 2013. *G.O.E* N° 6.143 del 1-9-2014.

Providencia N° 066 del Ministerio del Poder Popular de Economía, Finanzas y Banca Pública ONAPRE, mediante la cual se dicta el Clasificador Presupuestario de Recursos y Egresos aplicable a los Órganos y Entes del Sector Público. *G.O.* Ext. N° 6.144 del 29-9-2014.

2.   *Sistema de Personal*

A.   *Régimen de protección trabajadores de la Asamblea Nacional*

Ley de Protección Social al Trabajador y la Trabajadora Cultural de la Asamblea Nacional. *G.O.* N° 40.491 del 5-9-2014.

B.   *Remuneraciones de los funcionarios de la Administración Pública Nacional, estadal y municipal*

Decreto N° 1.083 de la Presidencia de la República, mediante el cual se establece el Ajuste al Sistema de Remuneraciones de las Obreras y Obreros de la Administración Pública Nacional. *G.O.* N° 40.446 del 3-7-2014.

Decreto N° 1.084 de la Presidencia de la República, mediante el cual se establece el Sistema de Remuneraciones de las Funcionarias y Funcionarios de la Administración Pública Nacional. *G.O.* N° 40.446 del 3-7-2014.

Decreto N° 1.151 de la Presidencia de la República, mediante el cual se regulan y establecen los sueldos básicos aplicables a los funcionarios y funcionarias policiales de los Cuerpos de Policía Estadales y Municipales. *G.O.* N° 40.468 del 5-8-2014.

C.   *Régimen del Estatuto de la Función Policial del Cuerpo de Policía Nacional Bolivariana*

Resolución N° 215 del Ministerio del Poder Popular para Relaciones Interiores, Justicia y Paz, mediante la cual se dictan las Normas para acortar los Requisitos Académicos y Tiempo de Servicio exigidos en el Artículo 37 de la Ley del Estatuto de la Función Policial a los Funcionarios y Funcionarías Policiales de las Nuevas Cohortes del Cuerpo de Policía Nacional Bolivariana. *G.O.* N° 40.452 del 11-7-2014.

Resolución N° 350, del Ministerio del Poder Popular para Relaciones Interiores, Justicia y Paz, mediante la cual se dicta las Normas Relativas al Proceso de Integración del Personal Activo, Jubilado y Pensionado del Cuerpo Técnico de Vigilancia del Transporte Terrestre al Cuerpo de Policía Nacional Bolivariana. *G.O.* N° 40.487 del 1-9-2014.

D. *Régimen de Personal de la Procuraduría General de la República*

Resolución N° 049/14 de la Procuraduría General de la República, mediante la cual se establece que el día primero (1°) de agosto de cada año, se celebrará el Día del Jubilado y la Jubilada de la Procuraduría General de la República. *G.O.* N° 40.491 del 1-9-2014.

E. *Régimen de Personal del Cuerpo de Investigaciones Científicas, Penales y Criminalísticas (CICPC)*

Resolución N° 310 del Ministerio del Poder Popular para Relaciones Interiores, Justicia y Paz, mediante la cual se establece la Región Estratégica de Investigación Penal (REDIP) los Andes, dentro de la Estructura Organizativa y Funcional Transitoria a Nivel Regional del Cuerpo de Investigaciones Científicas, Penales y Criminalísticas (CICPC). *G.O.* N° 40.487 del 1-9-2014.

3. *Régimen de Contrataciones Públicas*

Providencia N° DG/2014/A-0094 de la Comisión Central de Planificación Servicio Nacional de Contrataciones, mediante la cual se dictan los Términos y Condiciones Generales del Servicio «Sistema RNC en Línea», en los términos que en ella se indican. *G.O.* 40.503 del 23-9-2014.

III. RÉGIMEN DE POLÍTICA, SEGURIDAD Y DEFENSA

1. *Política de Relaciones Exteriores*

A. *Leyes Aprobatorias*

Ley Aprobatoria del Programa Ejecutivo entre la República Bolivariana de Venezuela y la Organización de las Naciones Unidas para la Alimentación y la Agricultura, para Implementar Iniciativas de Cooperación Técnica Triangular en los Campos de la Seguridad, Soberanía Alimentaria y Nutricional y de la Reducción de la Pobreza, en Beneficio de los Países de la Región en el Marco de la Iniciativa América Latina y el Caribe Sin Hambre. *G.O.* N° 40.480 del 21-8-2014.

Ley Aprobatoria del Convenio entre el Gobierno de la República Bolivariana de Venezuela y el Gobierno del Estado de Palestina para Evitar la Doble Tributación y Prevenir la Evasión y el Fraude Fiscal en Materia de Impuestos Sobre la Renta y Sobre el Patrimonio. *G.O.* N° 40.480 del 21-8-2014.

B. *Acuerdos*

Resolución N° DM/113 del Ministerio del Poder Popular para Relaciones Exteriores, mediante la cual entra en vigor el «Acuerdo entre el Gobierno de la república Bolivariana de Venezuela y la Organización de las Naciones Unidas para la Alimentación y la Agricultura (FAO), GCP/RAF/489A/VEN «Alianzas para el Desarrollo del Sistema Sostenible de Producción de Arroz en África Sub Sahariana» *G.O.* N° 40.472 del 11-8-2014.

Resolución N° DM/114 del Ministerio del Poder Popular para Relaciones Exteriores, mediante la cual entra en vigor el «Acuerdo Específico entre el Gobierno de la República Bolivariana de Venezuela y la Organización de Sanidad Animal (OIE) sobre Acciones de Vigilancia, Prevención, Control y Erradicación de la Fiebre Aftosa». *G.O.* N° 40.472 del 11-8-2014.

Resolución N° DM/117 del Ministerio del Poder Popular para Relaciones Exteriores, mediante la cual se suscribe el «Acuerdo Complementario al Acuerdo de Cooperación Técnico-Militar, entre el Gobierno de la República Bolivariana de Venezuela y la República del Ecuador, en materia de Educación». *G.O.* N° 40.472 del 11-8-2014.

Resolución N° DM/114 del Ministerio del Poder Popular para Relaciones Exteriores, mediante la cual entra en vigor el «Acuerdo Especifico entre el Gobierno de la República Bolivariana de Venezuela y la Organización de Sanidad Animal (OIE) sobre Acciones de Vigilancia, Prevención, Control y Erradicación de la Fiebre Aftosa» *G.O.* 11-8-2014.

Resolución N° DMN 153, del Ministerio del Poder Popular para Relaciones Exteriores, mediante la cual se publica las Notas Reversales que constituye al Acuerdo por Intercambio de Notas entre el Gobierno de la República Bolivariana de Venezuela y el Gobierno de la República Popular China, para celebrar el Seminario de Capacitación para los Funcionarios Públicos de Medio y Alto Nivel del Gobierno Venezolano en el año 2015. *G.O.* N° 40.508 del 30-9-2014

Resolución N° DMN 154, del Ministerio del Poder Popular para Relaciones Exteriores, mediante la cual se publica las Notas Reversales que constituye al Acuerdo por intercambio de Notas entre el Gobierno de la República Bolivariana de Venezuela y el Gobierno de la República Popular China, para la Donación de diez millones (10.000.000) de Yuanes de Renminbi. *G.O.* N° 40.508 del 30-9-2014.

Resolución N° DM 129 del Ministerio del Poder Popular para las Relaciones Exteriores, mediante el cual se intercambiaron las Notas Reversales que constituyen el Acuerdo para el Establecimiento de Relaciones Diplomáticas entre el Gobierno de la República de Venezuela y el Gobierno de la República de San Marino. *G.O.* 40.508 del 30-9-2014.

C. *Convenios*

Resolución N° DM 107 del Ministerio del Poder Popular para Relaciones Exteriores, mediante la cual se informa la entrada en vigor del «Convenio de Cooperación Específico para la Ejecución de la Misión Milagro entre el Gobierno de la República Bolivariana de Venezuela y el Gobierno de la República de Guatemala». *G.O.* N° 40.444 del 1-7-2014.

D. *Memorándum de Entendimiento*

Resolución N° DM/115, del Ministerio del Poder Popular para Relaciones Exteriores, mediante la cual se suscribe el «Memorándum de Entendimiento entre el Gobierno de la República Bolivariana de Venezuela y el Gobierno de la República Federativa del Brasil para el Fortalecimiento e Integración de las Acciones para lograr la Eliminación de la Oncocercosis en el Área Yanomami». *G.O.* N° 40.472 del 11-8-2014.

Resolución N° DM/116 del Ministerio del Poder Popular para Relaciones Exteriores, mediante la cual se suscribe el «Memorándum de Entendimiento para la Renegociación del Acuerdo de Alcance Parcial entre el Gobierno de la República Bolivariana de Venezuela y el Gobierno de la República de El Salvador». *G.O.* N° 40.472 del 11-8-2014.

2. *Seguridad y defensa*

Resolución N° 005708 del Ministerio del Poder Popular para la Defensa, mediante la cual se crea y activa la «Brigada de Defensa Aérea los Andes», del Comando de Defensa Aeroespacial Integral, adscrita al Comando Estratégico Operacional. *G.O.* N° 40.465 del 31-07-2014.

Resoluciones Nros. 005703, 005704, 005705, 005706 y 005707 del Ministerio del Poder Popular para la Defensa, mediante las cuales se transforman y adscriben las Brigadas de Defensa Aéreas que en ellas se señalan, de las Regiones Estratégicas que en ellas se indican, en las Brigadas de Defensa que en ellas se especifican, del Comando de la Defensa Aeroespacial Integral, adscritas al Comando Estratégico Operacional, manteniendo su misma Estructura Organizacional. N° 40.465 del 31-07-2014.

Decreto N° 1.152, de la Presidencia de la República, Reforma parcial del Decreto N° 7.041, de fecha 10 de Noviembre de 2009, publicado en *G.O.* N° 39.303 de la misma fecha, mediante el cual se dicta el Reglamento Orgánico del Cuerpo de Policía Nacional. *G.O.* N° 40.468 del 5-8-2014

Resolución N° 378, del Ministerio del Poder Popular para Relaciones Interiores, Justicia y Paz, mediante la cual se prorroga por un lapso de un (1) año, donde se conformó y se designaron los integrantes de la Comisión Técnica-Legal y la Sub-Comisión de Coordinadores para la Regularización de los Estacionamientos de Guarda y Custodia, así como de las Depositarias Judiciales, en coordinación con los órganos y entes involucrados. *G.O.* N° 40.487 del 1-9-2014.

Resolución N° DDPG-2014-367, emanada de la Defensa Pública, mediante la cual se reorganiza la Coordinación de Apoyo Técnico Pericial, bajo la Estructura que en ella se especifica. (Despacho de la Coordinación de Apoyo Técnico Policial; División de Análisis de Actuaciones Judiciales y Administrativas; División de Evaluación Médico Forense y División de Laboratorio de Identificación de Genética Humana). *G.O.* N° 40.476 del 15-08-2014

IV. RÉGIMEN DE LA ECONOMÍA

1. *Régimen cambiario*

Providencia N° 001-2014 del Centro Nacional Comercio Exterior (CENCOEX), mediante la cual se dicta el Reglamento Interno de Funcionamiento de la Junta Supresora de la Comisión de Administración de Divisas. *G.O.* N° 40.444 del 1-7-2104.

Aviso Oficial del Banco Central de Venezuela, mediante el cual se establece el tipo de cambio aplicable a los fines de determinar la base imponible de las obligaciones tributarias por los sujetos que en ella se mencionan, es el previsto en el Artículo 1° del Convenio Cambiario N° 14 de fecha 08 de febrero de 2013. *G.O.* N° 40.450 del 09-7-14.

Resolución N° 14-07-01 del Ministerio del Poder Popular de Economía, Finanzas y Banca Pública, mediante la cual se regula la actuación de las casas de cambio regidas por el Decreto con Rango, Valor y Fuerza de Ley de Instituciones del Sector Cambiario, a los fines de poder realizar operaciones en el mercado Cambiario al menudeo, las cuales deberán estar debidamente autorizadas por el Banco Central de Venezuela y por este Ministerio. *G.O.* N° 40.461 del 25-07-2014.

Aviso Oficial del Ministerio del Poder Popular de Economía, Finanzas y Banca Pública, mediante el cual se informa el cumplimiento de las obligaciones de reintegro y multas dispuestas en el Decreto con Rango, Valor y Fuerza de Ley del Régimen Cambiario y sus Ilícitos. *G.O.* N° 40.461 del 25-07-2014.

Convenio Cambiario N° 29 del Banco Central de Venezuela. *G.O.* N° 40.471 del 8-08-2014.

Aviso Oficial del Banco Central de Venezuela, mediante el cual se corrige por error material al Convenio Cambiario N° 29, del 05 de agosto de 2014, en los términos que ahí se indican. *G.O.* 40.478 de fecha 19-8-2014.

Decreto N° 1.192 de la Presidencia de la República, mediante el cual se establece que la emisión, modificación, otorgamiento y revocación de Licencias de Importación, Certificados de No Producción Nacional (CNP) y Certificados de Insuficiencia de Producción (CIP), serán centralizados por el Centro Nacional de Comercio Exterior (CENCOEX), y su autorización sólo podrá efectuarse previa aprobación del Vicepresidente Ejecutivo. *G.O.* N° 40.482 del 25-8-2014.

Convenio Cambiario N° 30, del Banco Central de Venezuela. *G.O.* 40.504 del 24-9-2014.

2. *Régimen bancario y otras Instituciones Financieras*

A. *Depósitos en moneda extranjera*

Resolución N° 14-08-01 del Banco Central de Venezuela, mediante la cual se establece que los Bancos Universales autorizados a recibir depósitos en moneda extranjera de acuerdo a lo previsto en el convenio cambiario que en ella se menciona, deberán mantener éstos en cuentas en moneda extranjera en el Banco Central de Venezuela, las cuales están disponibles para su movilización por parte de dichas instituciones bancarias. (Convenio Cambiario N° 20). *G.O.* 40.480 de fecha 21-08-2014.

B. *Régimen Auditores Externos de las Instituciones Bancarias*

Resolución N° 067.14, del Ministerio del Poder Popular de Economía, Finanzas y Banca Pública SUDEBAN, mediante la cual se dicta las «Normas Generales Relativas a las Funciones y Responsabilidades del Auditor Externo, de las Auditorías y de los Informes Auditados de las Instituciones del Sector Bancario».- (Se reimprime por error de Imprenta).– (*G.O.* N° 40.484). *G.O.* N° 40485 del 28-8-2014.

C. *Tasas de Interés*

Aviso Oficial del Ministerio del Poder Popular de Economía, Finanzas y Banca Pública BCV mediante el cual se informa al público en general las tasas de interés aplicables a las obligaciones derivadas de la relación de trabajo, adquisición de vehículos modalidad cuota balón, operaciones crediticias destinadas al sector turismo. *G.O.* N° 40.450 del 09-7-2014.

Providencia N° SNAT/2014/0025 del SENIAT, mediante la cual se establece la tasa aplicable para el cálculo de los intereses moratorios correspondiente al mes de mayo de 2014. *G.O.* N° 40.464 del 30-7-2014.

Providencia N° SNAT/2014/0029 del SENIAT, mediante la cual se establece la tasa aplicable para el cálculo de los intereses moratorios correspondiente al mes de junio de 2014. *G.O.* N° 40.464 del 30-7-2014.

Aviso Oficial del Ministerio del Poder Popular de Economía, Finanzas y Banca Pública BCV mediante el cual se le informa al público en general las tasas de interés aplicables a las relaciones derivadas de la relación de trabajo, tarjetas de crédito y operaciones crediticias destinadas al sector turismo. *G.O.* N° 40.470 del 7-8-2014.

Aviso Oficial del Ministerio del Poder Popular de Economía, Finanzas y Banca Pública BCV mediante el cual se informa al público en general de las tasas de interés aplicables a las obligaciones derivadas de la relación de trabajo, tasas de interés para operaciones con tarjetas de crédito y tasas de interés para operaciones crediticias destinadas al Sector Turismo. *G.O.* N° 40.495 del 11-9-2014.

D. *Tributos*

Providencia N° SNAT/2014/0027 del SENIAT, mediante la cual se modifica la Estructura Organizativa del Sector de Tributos Internos La Guaira, adscrito a la Gerencia Regional de Tributos Internos de la Región Capital. *G.O.* N° 40.453 del 14-07-2014.

Providencia N° SNAT/2014/0026 del SENIAT, mediante la cual se dicta la Reforma de la Providencia donde se crea el Sector de Tributos Internos Libertador, adscrito a la Gerencia Regional de Tributos Internos de la Región Capital. *G.O.* N° 40.454 del 15-7-2014.

Providencia Nº SNAT/2014-0024 del SENIAT, mediante la cual se reorganiza la Dirección del Despacho de la Superintendencia del Servicio Nacional Integrado de Administración Aduanera y Tributaria. *G.O.* Nº 40.464 del 30-07-2014.

Providencia Nº SNAT/2014/0032 del SENIAT, mediante la cual se Regula la utilización de Medios Distintos para la Emisión de Facturas y otros Documentos por los Prestadores de Servicios Masivos. *G.O.* 4088 del 2-9-2014.

3. *Régimen Agrícola*

Providencia Nº 2354 del Ministerio del Poder Popular para la Agricultura y Tierras, Instituto Nacional de Tierras (INTI), mediante el cual se dicta el Reglamento Interno de la Oficina de Auditoría Interna de este Instituto. *G.O.* Nº 40.452 del 11-7-2014.

Resolución Nº DM/037/2014 del Ministerio del Poder Popular para Agricultura y Tierras, mediante la cual se crea el Registro Único Obligatorio Permanente de Productores y Productoras Agrícolas (RUNOPPA). *G.O.* Nº 40.477 del 18-8-2014.

PROVIDENCIA Nº 2354 del Ministerio del Poder Popular para la Agricultura y Tierras, INTI, mediante el cual se dicta el Reglamento Interno de la Oficina de Auditoría Interna del Instituto Nacional de Tierras. *G.O.* 40.452 del 11-7-2014.

4. *Régimen del comercio exterior*

Decreto 1.175, de fecha 12 de agosto de 2014, en el que se crea la Comisión Nacional de Lucha Contra el Contrabando. Corrección por error material. *G.O.* N° 40.474 del 13-08-2014.

5. *Régimen del Turismo*

Resolución N° 031 Ministerio del Poder Popular para el Turismo, mediante la cual se dictan las Normas para Controlar el Uso y Aprovechamiento de las Unidades de Protección de Playa y la Unidad Marino Costera, vigente en el Plan de Ordenamiento y Reglamento de uso de la Zona de Interés Turístico sector El Yaque, ubicado en la Isla de Margarita, estado Nueva Esparta. *G.O.* N° 40.495 del 11-9-2014.

V. RÉGIMEN DE DESARROLLO SOCIAL

1. *Régimen laboral*

Resolución N° 8784 del Ministerio del Poder Popular para el Proceso Social del Trabajo, mediante la cual se Homologa la Convención Colectiva de Trabajo suscrita bajo el Marco de Reunión Normativa Laboral para la rama de actividad Económica de la Industria de Artes Gráficas, que operan a escala Regional para el Distrito Capital y Estado Miranda. *G.O.* N° 40.452 del 11-7-2014.

Providencia N° P–2014–06–132 del Ministerio del Poder Popular para el Proceso Social del Trabajo INCES, mediante la cual se establece un glosario de términos, a los fines del mejor entendimiento de los aspectos abordados, siendo los mismos que en ella se señalan. *G.O.* N° 40.460 del 23-7-2014.

Providencia N° P–2014–07–154 del Ministerio del Poder Popular para el Proceso Social de Trabajo, Instituto Nacional de Capacitación y Educación Socialista INCES, mediante la cual se acuerda la implementación del Certificado de Solvencia Electrónica. *G.O.* N° 40.466 del 1-8-2014.

Providencia del Ministerio del Poder Popular para el Proceso Social de Trabajo, mediante la cual se corrige por error material la Providencia Administrativa N° P–2014–07–154, de fecha 30 de julio de 2014, en los términos que en ella se señalan. (Reimpresión *G.O.* N° 40.466, mediante el cual se estableció Glosario de Términos relacionado al Certificado Electrónico de Solvencia Tributaria). *G.O.* N° 40.487 del 1-9-2014.

2.   *Régimen de Educación*

A.   *Educación Universitaria*

Resolución N° SP–001 del Ministerio del Poder Popular para la Educación Universitaria, mediante la cual se fija como días hábiles de trabajo para el año 2014, todos los días del calendario en el horario comprendido de 8 a.m a 10:00 m y de 1:00 p.m a 4:30 p.m, con excepción de los feriados, y los señalados en la Ley que en ella se mencionan. *G.O.* 40.448 del 8-7-2014.

Resolución N° 021 del Ministerio del Poder Popular para la Educación Universitaria, mediante la cual se dicta los Lineamientos a las instituciones de Educación Universitaria del Estado para garantizar la gratuidad de la educación universitaria durante los cursos intensivos 2014. *G.O.* N° 40.453 del 14-7-2014.

Resoluciones Nros. 008, 009, 018, 019, 020, 021, 022, 023, 024, 025, 026, 027, 028, 029, 030, 031, 032, 033, 045, 049, 050, 051, 052, 053, 054 y 055 del Ministerio del Poder Popular para la Educación Universitaria, mediante las cuales se autoriza la creación y el funcionamiento del Programa de Postgrado en las Maestrías que en ellas se especifican, modalidad presencial y semi-presencial en las Universidades que en ellas se señalan, con sede en los estados que en ellas se indican. (Maestría en Educación Inicial, Gerencia Educacional, Matemáticas Aplicadas, entre otros.) *G.O.* N° 40.453 del 14-7-2014.

Resoluciones N° 010, 011, 012, 013, 014, 015, 016, 017 y 048 del Ministerio del Poder Popular para la Educación Universitaria, mediante las cuales se autoriza la creación y el funcionamiento del Programa de Postgrado en las especializaciones que en ellas se mencionan, en la modalidad presencial, en las Universidades que en ellas se indican, ubicadas en las direcciones que en ellas se especifican. (Especialización en Urología, Enfermería en Puericultura y Pediatría, Creación y Programación de Videojuegos, entre otros.) *G.O.* N° 40.453 del 14-7-2014.

Acuerdo N° 058 del Ministerio del Poder Popular para la Educación Universitaria, mediante el cual se considera equivalente curricularmente el Programa de Especialización en Gerencia Integral de Control Fiscal y Auditoría (PEGICFA) y el Programa de Especialización en Control de Gestión Pública (PECGP). *G.O.* N° 40.453 del 14-7-2014.

Acuerdo N° 044 del Ministerio del Poder Popular para la Educación Universitaria, mediante el cual se acredita por un lapso de dos (02) años el Programa de Postgrado conducente al grado académico de Especialización en Otorrinolaringología, modalidad Presencial de la Universidad del Zulia, con sede en la dirección que en ella se indica. *G.O.* N° 40.453 del 14-7-2014.

Resoluciones Nros. 007, 034, 035, 036, 037, 038, 039, 040, 041, 042, 043, 056 y 057 del Ministerio del Poder Popular para la Educación Universitaria, mediante las cuales se autoriza la creación y el funcionamiento del Programa de Postgrado en los Doctorados que en ellas se señalan, modalidad presencial y semi-presencial en las Universidades que en ellas se señalan, con sede en los estados que en ellas se indican. (Doctorado en Química Tecnológica, Innovaciones Educativas, Ciencias Gerenciales, entre otros. *G.O.* N° 40.453 del 14-7-2014.

Resolución N° 061 del Ministerio del Poder Popular para la Educación Universitaria, mediante la cual se crea el Programa Nacional de Formación de Profesores de Educación Media en las áreas que en ella se señalan, como un programa especial, dirigido a profesores universitarios. *G.O.* N° 40.468 del 5-8-2014).

Acuerdo N° 059 del Ministerio del Poder Popular para la Educación Universitaria, mediante el cual se emite opinión favorable para la aprobación del Estudio de Factibilidad del Programa de Formación Docente, Especialidad Informática, de la Universidad Pedagógica Experimental Libertador, Núcleo Maturín, sede: Maturín, estado Monagas. *G.O.* N° 40.469 del 6-8-2014.

Resolución N° 037 del Ministerio del Poder Popular para la Educación Universitaria, mediante la cual se dicta el Reglamento General de la Universidad Nacional Experimental Marítima del Caribe (UMC). *G.O.* N° 40.487 del 14-8-2014.

B. *Educación Básica*

Resolución N° DM/114, mediante la cual se establece el procedimiento que determinará el monto de la matrícula y mensualidades, por cada Institución Educativa de gestión privada, inscrita o registrada, del subsistema de Educación Básica, en los términos que en ella se señalan. *G.O.* N° 40.452 del 11-7-2014.

3. *Régimen de Cultura*

Providencia N° 001 del Ministerio del Poder Popular para la Cultura, Fundación Teresa Carreño, en la que se dicta el Reglamento Interno de Funcionamiento de la Junta Interventora de la Fundación Teatro Teresa Carreño. *G.O.* N° 40.474 del 13-8-2014.

Providencia N° 026/14 del Ministerio del Poder Popular para la Cultura Instituto del Patrimonio Cultural, mediante la cual se declara Bien de Interés Cultural de la República Bolivariana de Venezuela la creación artística Alma Llanera, por tratarse de una de las piezas más emblemáticas de la historia de la música de Venezuela. *G.O.* N° 40495 del 18-9-2014.

4. *Régimen de Ciencia y Tecnología*

Reforma del Reglamento Interno del Fondo Nacional de Ciencia, Tecnología e Innovación (FONACIT) del Ministerio del Poder Popular para Ciencia, Tecnología e Innovación, Fondo Nacional de Ciencia Tecnología e Innovación (FONACIT). *G.O.* N° 40.467 del 4-08-2014.

V. RÉGIMEN DEL DESARROLLO FÍSICO Y ORDENACIÓN DEL TERRITORIO

1. *Régimen de Protección del Medio Ambiente y de los Recursos Naturales*

Resolución N° 000067 del Ministerio del Poder Popular para el Ambiente, mediante la cual se delimita las atribuciones de los funcionarios y funcionarias y órganos desconcentrados de este Ministerio en materia de actos administrativos de control previo que en ella se indican, para las actividades que impliquen la afectación de árboles fuera del bosque y de la vegetación con fines diversos, así como el uso y aprovechamiento de productos forestales. *G.O.* N° 40.478 del 19-8-2014.

2. *Régimen de transporte y tránsito*

Providencia N° 014–2014 del Ministerio del Poder Popular para Relaciones Interiores, Justicia y Paz, Instituto Nacional de Transporte Terrestre, mediante la cual se establece el Procedimiento Especial para la Inscripción ante el registro del Sistema Nacional de Transporte Terrestre de los vehículos a motor, tipo motocicletas hasta un máximo de doscientos cincuenta centímetros cúbicos (250 cc). *G.O.* N° 40.456 del 17-7-2014.

Resolución N ° 282 del Ministerio del Poder Popular para Relaciones Interiores, Justicia y Paz mediante la cual se constituye la Comisión Interinstitucional para el Control, Supervisión y Verificación de los Conductores y de las Unidades de Transporte Terrestre de Uso Público y Uso Privado de Personas, en los Terminales de pasajeros con motivo del Dispositivo Vacaciones Escolares Seguras 2014, en el marco de la Gran Misión A Toda Vida Venezuela. *G.O.* N° 40.457 del 18-7-2014.

Providencia Conjunta N° SNAT/2014–0031 y N° PRE/CJU–340–14 del Ministerio del Poder Popular de Economía, Finanzas y Banca Pública y Servicio Nacional Integrado de Administración Tributaria (SENIAT), mediante la cual se prorroga hasta el 01 de junio de 2015, la entrada en vigencia de la Providencia Conjunta N° SNAT/2013–0078 y PRE/CJU–479–13, de fecha 18 de diciembre de 2013, mediante la cual se establecen las Normas para la Emisión de Facturas, Boletos Aéreos y Otros Documentos por la Prestación de Servicios de Transporte Aéreo de Pasajeros. *G.O.* N° 40.469 del 6-08-2014.

Encomiendas Convenidas entre el Ministerio del Poder Popular para Transporte Terrestre y las Gobernaciones de los estados que en ellas se especifican. *G.O.* N° 40.471 del 8-8 2014.

Resolución Conjunta N° DM/036 y DM/360 de los Ministerios del Poder Popular para el Turismo y para Relaciones Interiores, Justicia y Paz, mediante la cual se permite el arribo diario de las embarcaciones de uso particular y de los prestadores de servicios de Transporte Turístico Acuático en las áreas y espacios acuáticos permitidas, hasta el 15 de septiembre de 2014, durante todos los días de la semana, en la Zona de Utilidad Pública y de Interés Turístico de las Dependencias Federales Isla La Tortuga, Isla Las Tortuguillas, Cayo Herradura y Palanquines. *G.O.* 40490 del 4-9-2014.

Resolución conjunta N° 238 y 056.14 de los Ministerios del Poder Popular para Relaciones Interiores, Justicia y Paz y para Industrias mediante la cual se complementa las disposiciones contenidas en el Reglamento Parcial de la Ley de Transporte Terrestre sobre el Uso y Circulación de Motocicletas en la Red Vial Nacional y el Transporte Público de Personas en la Modalidad individual Moto Taxis. *G.O.* N° 40.504 del 24-9-2014.

3.   *Régimen de las telecomunicaciones*

Resolución N° 039 del Ministerio del Poder Popular para la Comunicación y la Información, mediante la cual se fija los topes tarifarios máximos para el Servicio de Telefonía de Larga Distancia Internacional Residencial y no Residencial prestado por la Compañía Anónima Nacional Teléfonos de Venezuela (CANTV) de la manera que en ella se menciona. *G.O.* N° 40.445 del 2-7-2014.

Normas del Ministerio del Poder Popular para la Comunicación y la Información para la Prestación del Servicio de Telefonía de Larga Distancia Internacional y Cargos de Tránsito Aplicables para la Entrega de Llamadas hacia Redes de Telefonía Fijas y Móviles en Venezuela. *G.O.* N° 40.469 del 6-8-2014.

4.   *Régimen de energía eléctrica*

Resolución N° 098 del Ministerio del Poder Popular para la Energía Eléctrica, mediante la cual se establece un régimen excepcional al suministro de energía y potencia eléctrica que el operado y prestador del servicio entregue a aquellos usuarios de alta demanda, cuyos requerimientos eléctricos exijan una planificación específica de sus sistemas de transmisión y distribución. *G.O.* 40.479 del 19-8-2014.

JURISPRUDENCIA

Información Jurisprudencial

Jurisprudencia Administrativa y Constitucional (Tribunal Supremo de Justicia y Cortes de lo Contencioso Administrativo): Tercer Trimestre de 2014

Selección, recopilación y notas
por Mary Ramos Fernández
Abogada
Secretaria de Redacción de la Revista

SUMARIO

según el órgano agraviante (Órganos de la Administración Pública). b. Competencia en caso de amparo ejercido en protección de altos funcionarios contra estados extranjeros. B. Admisibilidad. a. Legitimación activa. B. Legitimación activa (*Hábeas Corpus*). C. Partes. a. Parte agraviante: Estado extranjero.

I.   ORDENAMIENTO CONSTITUCIONAL Y FUNCIONAL DEL ESTADO

1.   *El Ordenamiento Jurídico*

A.   *Inmunidad de jurisdicción de los Estados. Inmunidad diplomática y consular*

TSJ-SC (937)   **25-7-2014**

Magistrado Ponente: Ponencia Conjunta

Caso: Hugo Armando Carvajal Segovia

Es un hecho público y notorio, tanto nacional como internacional, acreditado en autos con ejemplares de prensa por la parte solicitante, que el ciudadano Hugo Armando Carvajal Barrios, fue privado de su libertad el día 23 de julio de 2014, por autoridades del Gobierno de Aruba, a su llegada a ese país y luego de haberse agotado el trámite de ingreso al mismo con el pasaporte diplomático asignado, tal y como lo había efectuado en otras oportunidades, luego de producida su designación como Cónsul General de la República Bolivariana de Venezuela en Aruba, el 16 de enero de 2014.

Así pues, dicha detención se produjo en la persona de un funcionario consular venezolano activo, no solo con posterioridad a su designación, sino incluso estando el Gobierno de Aruba en conocimiento de que el Cónsul General, jefe titular de la misión, Hugo Armando Carvajal Barrios, inició sus funciones consulares en fecha 07 de febrero de 2014, en virtud de la notificación que le efectuó el 10 de febrero de 2014, el Consulado General de Venezuela en Aruba al departamento de relaciones exteriores de Aruba. De allí que su privación de libertad se produjo estando en dicha condición, la cual está plenamente vigente y determina los privilegios e inmunidades previstas en la Convención de Viena sobre Relaciones Consulares y en las demás fuentes del derecho internacional público.

Al respecto, es preciso señalar que esta Sala ha reconocido que la inmunidad de jurisdicción de los Estados constituye un principio universal de Derecho Internacional Público, vinculado a la máxima según la cual los funcionarios diplomáticos y consulares no deben ser interferidos por las autoridades locales, a fin de que puedan desempeñar sus deberes con la libertad propia de las funciones que le han sido encomendadas por su Estado (véase, sobre las funciones consulares, Ley Orgánica del Servicio Exterior de la República Bolivariana de Venezuela). En efecto, en la evolución del cuerpo normativo que compone el Derecho Internacional Público, destaca que dicha máxima se encuentra definitivamente consagrada en el preámbulo de la Convención de Viena sobre Relaciones Consulares, en el que los Estados se expresaron "[c]onscientes de que la finalidad de dichos privilegios e inmunidades no es beneficiar a particulares, sino garantizar a las oficinas consulares el eficaz desempeño de sus funciones en nombre de sus Estados respectivos" (Sentencia N° 954 del 24 de mayo de 2004. Caso: *"William Alberto Simanca Rojas y otro"*).

De allí que el Derecho Internacional Público contempla un régimen de protecciones orientadas a garantizar que las funciones consulares y/o diplomáticas sean ejercidas del modo más adecuado y coherente con las funciones que están llamados a desempeñar sin presiones de los Estados receptores, o de terceros Estados. Es así como la Convención de Viena sobre Relaciones Consulares estatuye a favor de todos los miembros de la oficina consular, la libertad de tránsito y de circulación en el territorio del Estado receptor (artículo 34), al igual que le impone a éste el deber de tratar a los funcionarios consulares con la debida deferencia y adoptar todas las medidas adecuadas para evitar cualquier atentado contra su persona, su libertad o su dignidad (artículo 40)

2. *Configuración constitucional del Estado*

   A. *El Estado Social*

   TSJ-SC (1158)   **18-8-2014**

   Magistrada Ponente: Gladys María Gutiérrez Alvarado

   Caso: Rómulo Plata vs. (Dante Rafael Rivas Quijada) Ministro del Poder Popular para el Comercio y Superintendente Nacional para la Defensa de los Derechos Socio Económicos.

   Para la Sala resulta incuestionable sostener que la consagración constitucional de la cláusula del Estado Social, contenida en el caso de nuestro país en el artículo 2 de la Constitución de la República Bolivariana de Venezuela, comporta verdaderos efectos normativos y por ende, de necesaria y vinculante observación, con la significación y trascendencia que las normas constitucionales implican para el Estado, en todos y cada uno de sus componentes.

......En tal orden, resulta necesario hacer mención al modelo de Estado consagrado en la Constitución de la República Bolivariana de Venezuela, el cual de manera clara e indubitable instituye a nuestro Estado como un *"Estado democrático y social de Derecho y de Justicia, que propugna como valores superiores de su ordenamiento jurídico y de su actuación, la vida, la libertad, la justicia, la igualdad, la solidaridad, la democracia, la responsabilidad social y en general, la preeminencia de los derechos humanos, la ética y el pluralismo político"*, como de manera expresa es indicado en el artículo 2 constitucional.

En consecuencia de ello, el propio Texto Constitucional en su artículo 3, se encarga de señalar expresamente los propósitos últimos a los que debe estar orientada la actuación integral del Estado, estatuyendo que *"El Estado tiene como fines esenciales la defensa y el desarrollo de la persona y el respeto a su dignidad, el ejercicio democrático de la voluntad popular, la construcción de una sociedad justa y amante de la paz, la promoción de la prosperidad y bienestar del pueblo y la garantía del cumplimiento de los principios, derechos y deberes reconocidos y consagrados en esta Constitución.... (omissis)"*

Partiendo de dicho marco conceptual y ontológico, la concepción del Estado Social Constitucional, comporta una verdadera reconfiguración y redimensionamiento del mismo, implicando una vinculación concreta y específica de todos y cada uno de los componentes y factores que en él existen, conllevando una relación normativa de alto nivel por parte de la integralidad de sus componentes, al contenido y dimensiones de dicho modelo, lo que traerá como consecuencia, que la cláusula consagratoria de este modelo de Estado despliegue sus efectos jurídicos plenos, como parámetro hermenéutico tanto en la serie de postulados constitucionales y legales, es decir, en la exégesis del orden jurídico de nuestro país, y desde luego, en la configuración de políticas y acciones de los poderes públicos.

Por ello, resulta incuestionable para esta Sala sostener que la consagración constitucional de la cláusula del Estado Social, contenida en el caso de nuestro país en el artículo 2 de la Constitución de la República Bolivariana de Venezuela, comporta verdaderos efectos normativos y por ende, de necesaria y vinculante observación, con la significación y trascendencia que las normas constitucionales implican para el Estado, en todos y cada uno de sus componentes.

De esta manera, el precepto constitucional en el que se consagra la forma de Estado Social determina el despliegue de sus efectos en el valor de la hermenéutica del ordenamiento jurídico, tal y como acertadamente lo postula el autor español Enrique Álvarez Conde, al enseñar que para que *"los poderes públicos puedan desarrollar e interpretar adecuadamente aquellos preceptos constitucionales y de legislación ordinaria que son su desarrollo...* –la cláusula del Estado Social– *...viene a constituir el último criterio interpretativo, aparte de su propia eficacia jurídica, pues no hay que olvidar que, como norma jurídica, se convierte en un auténtico parámetro de constitucionalidad."* (Álvarez Conde, Enrique: *Curso de Derecho Constitucional.* Volumen I, Editorial Tecnos, Madrid 2003, p. 116).

En razón de ello, el paradigma de Estado Social comporta un cambio en la manera en la que el Estado debe actuar y desenvolverse, tanto en su fuero interno como en el externo, lo cual desde luego, acarrea repercusiones de diversa índole en las relaciones del mismo con sus ciudadanos, estableciendo deberes de actuación estatal en los distintos órdenes de la vida social, para asegurar la procura existencial de los ciudadanos, en función de lo que el Estado asume la responsabilidad de intervenir de manera activa, precisamente para consolidar dicho objetivo, asumiendo para sí la gestión de determinadas prestaciones, actividades y servicios, así como también, haciéndose responsable y garante de las necesidades vitales requeridas por los ciudadanos para su existencia digna y armónica, lo cual, vale destacar, ha sido puesto de manifiesto por esta Sala Constitucional, expresado en decisiones trascendentales para la vida social de nuestro país, dentro de la que destaca la sentencia 85 /2014, (caso *ASOCIACIÓN CIVIL DEUDORES HIPOTECARIOS DE VIVIENDA PRINCIPAL (ASODEVIPRILARA)*, en la que se tuvo la oportunidad de indicar:

> *".... la columna vertebral conceptual de lo que es un Estado Social, el cual la Sala ya lo expresó, del Preámbulo se colige que el Estado Social está destinado a fomentar la consolidación de la solidaridad social, la paz, el bien común, la convivencia, el aseguramiento de la igualdad, sin discriminación ni subordinación. Luego, la Constitución antepone el bien común (el interés general) al particular, y reconoce que ese bien común se logra manteniendo la solidaridad social, la paz y la convivencia. En consecuencia, las leyes deben tener por norte esos valores, y las que no lo tengan, así como las conductas que fundadas en alguna norma, atenten contra esos fines, se convierten en inconstitucionales.*
>
> *La Constitución de 1999 en su artículo 2 no define que debe entenderse por Estado Social de Derecho, ni cuál es su contenido jurídico. Sin embargo, la Carta Fundamental permite ir delineando el alcance del concepto de Estado Social de Derecho desde el punto de vista normativo, en base a diferentes artículos, por lo que el mismo tiene un contenido jurídico, el cual se ve complementado por el Preámbulo de la Constitución y los conceptos de la doctrina, y permiten entender que es el Estado Social de Derecho, que así deviene en un valor general del derecho constitucional venezolano.*
>
> *Además del artículo 2 de la vigente Constitución, los artículos 3 (que señala los fines del Estado), 20 (que hace referencia al orden social), 21.1 y 2, 70, 79, 80, 81, 82, 83, 86, 90, 102, 112, 113, 115, 127, 128, 132 y 307, y los relativos a los Derechos Sociales establecidos en el Capítulo V del Título III, se encuentran ligados a lo social, y sirven de referencia para establecer el concepto del Estado Social de Derecho y sus alcances.*
>
> *Inherente al Estado Social de Derecho es el concepto antes expresado de interés social, el cual es un valor que persigue equilibrar en sus relaciones a personas o grupos que son, en alguna forma, reconocidos por la propia ley como débiles jurídicos, o que se encuentran en una situación de inferioridad con otros grupos o personas, que por la naturaleza de sus relaciones, están en una posición dominante con relación a ellas, por lo que si en esas relaciones se les permitiera contratar en condiciones de igualdad formal, los poderosos obligarían*

a los débiles a asumir convenios o cláusulas que los perjudicarían o que obrarían en demasía en beneficio de los primeros, empobreciendo a los segundos.

Para evitar tal desequilibrio, la Constitución y las Leyes determinan cuáles materias son de interés social (artículos 120 y 307 constitucionales, por ejemplo), o definen o utilizan expresiones que permiten reconocer que en específicas áreas de las relaciones humanas, existen personas en posiciones de desigualdad donde unas pueden obtener desmesurados beneficios a costa de otros, rompiendo la armonía social necesaria para el bien colectivo.

Dentro de las protecciones a estos "débiles", la Constitución de 1999, establece Derechos Sociales, los cuales por su naturaleza son de interés social; mientras que otras leyes señalan expresamente materias como de interés social; o se refieren a la protección de personas que califican de débiles jurídicos (artículos 6.3 de la Ley al Protección de Consumidor y al Usuario, por ejemplo). De esta manera se va formando un mapa de quiénes son los sujetos protegidos por el Estado Social.

También son elementos inherentes al Estado Social de Derecho, la solidaridad social (artículos 2, 132 y 135 constitucionales) y la responsabilidad social (artículos 2, 132, 135 y 299 constitucionales). De las normas citadas se colige que el Estado Social no sólo crea obligaciones y deberes al Estado, sino que a los particulares también.

*La solidaridad social nace del deber de toda persona de contribuir a la paz social (artículo 132 constitucional), de ayudar al Estado, según su capacidad, en las obligaciones que a él corresponden en cumplimiento de los fines del bienestar social general (artículo 135 **eiusdem**); y en el ámbito familiar, de participar en los procesos señalados en los artículos 79, 80 y 81 constitucionales. Luego, existe en la población una obligación solidaria por el bienestar social general.*

*La responsabilidad social de los particulares viene señalada por la Constitución y las leyes, y comprende la contribución con el Estado para que cumpla con los fines de bienestar social general (artículo 135 constitucional), las responsabilidades establecidas puntualmente en la Constitución (artículo 94 **eiusdem**); la obligación compartida con el Estado de coadyuvar con la satisfacción del derecho de las personas a una vivienda adecuada, segura, cómoda, higiénica, con servicios básicos esenciales (artículo 82 constitucional); obligación que es mayor para los particulares que se dedican o están autorizados para actuar en el área de la política habitacional.*

La responsabilidad social de los particulares que actúan dentro del régimen socio–económico, está plasmado en el artículo 299 constitucional que reza: "...el Estado, conjuntamente con la iniciativa privada, promoverá el desarrollo armónico de la economía nacional con el fin de generar fuentes de trabajo, alto valor agregado nacional, elevar el nivel de vida de la población y fortalecer la soberanía económica del país, garantizando la seguridad jurídica, solidez, dinamismo, sustentabilidad, permanencia y equidad del crecimiento de la economía, para lograr una justa distribución de la riqueza mediante una planificación estratégica democrática, participativa y de consulta abierta".

En áreas socio–económicas nace una responsabilidad social para los particulares que el Estado autoriza para obrar en ellas, y éstos, además, deben respetar los principios de justicia social, democracia, eficiencia, libre competencia, protección del ambiente, productividad y solidaridad a los fines de asegurar el desarrollo humano integral y una existencia digna y provechosa para la colectividad (artículo 299 ya citado).

La corresponsabilidad también se ejerce sobre los ámbitos económico, social, político, cultural, geográfico, ambiental y militar (artículo 326 constitucional).

Luego, el Estado Social de Derecho no sólo crea deberes y obligaciones para el Estado, sino también en los particulares, los cuales –conforme a las normas transcritas– serán de mayor exigencia cuando el sector privado incide en áreas socio–económicas.

La protección que brinda el Estado Social de Derecho, varía desde la defensa de intereses económicos de las clases o grupos que la ley considera se encuentran en una situación de desequilibrio que los perjudica, hasta la defensa de valores espirituales de esas personas o grupos, tales como la educación (que es deber social fundamental conforme al artículo 102 constitucional), o la salud (derecho social fundamental según el artículo 83 constitucional), o la protección del trabajo, la seguridad social y el derecho a la vivienda (artículos 82, 86 y 87 constitucionales), por lo que el interés social gravita sobre actividades tanto del Estado como de los particulares, porque con él se trata de evitar un desequilibrio que atente contra el orden público, la dignidad humana y la justicia social".

Es precisamente en ese orden, en el que este Tribunal Supremo de Justicia, actuando en Sala Constitucional, observa que una de las consecuencias fundamentales que la cláusula del Estado Social implica, en el desarrollo y ejercicio de las funciones del Poder Público, se encuentra en la necesaria armonía que debe existir entre la concepción del Estado y la actividad llevada a cabo por la función legislativa y de desarrollo normativo.

En efecto, según se ha tenido la oportunidad de señalar *supra*, la concepción de determinado Estado como social, implica un redimensionamiento de la conducta que el mismo debe asumir frente a las dinámicas sociales, a los efectos de sopesar las desigualdades presentes en toda sociedad, y garantizar de esta manera la satisfacción de las necesidades esenciales de los ciudadanos para alcanzar condiciones o estándares de vida digna. Por tales motivos, el Estado tendrá como una de sus principales herramientas, para materializar y asumir el rol que le impone su configuración, al conjunto de normas y textos legales que conforman su ordenamiento jurídico, los cuales se estructuran como implementos indispensables para acometer los fines de su esencia de contenido social.

B.   *Sistema económico en la Constitución. Condicionamiento por el Estado Social*

TSJ-SC (1158)   **18-8-2014**

Magistrada Ponente: Gladys María Gutiérrez Alvarado

Caso: Rómulo Plata vs. (Dante Rafael Rivas Quijada*)* Ministro del Poder Popular para el Comercio y Superintendente Nacional para la Defensa de los Derechos Socio Económicos.

En este orden, la conformación de un Estado bajo una noción social, requiere necesariamente que el entramado normativo que define su ordenamiento jurídico, lleve a cabo una regulación que comporte un desarrollo sistemático y progresivo de las diversas actividades que implican el rol que el mismo se encuentra llamado a desarrollar en el ámbito de las relaciones sociales, es decir, la actividad legislativa entra a desempeñar un papel de fundamental importancia, en cuanto se presenta como herramienta vital para que el Estado pueda satisfacer la misión social que constituye su esencia, por mandato constitucional.

Lo anterior comporta tanto para la concepción de los derechos de rango constitucional como los de rango legal, un auténtico cambio en la formulación de los mismos, que impone que no puedan estar circunscritos a simples e irrestrictos parámetros de libertad para los ciudadanos, o representar normas permisivas, bajo una postura en sentido negativo o abstencionista del Estado, en los términos verificados bajo una concepción liberal de aquél; sino que las normas y la actividad de producción normativa, pasan a ser materializadas en términos de imposición de derechos imprescindibles y vitales para la vida de los ciudadanos, con el correspondiente correlativo de los deberes impuestos al Estado en la tutela y en el alcance de los mismos.

De esta manera, se configura una nueva manera de concebir la interpretación normativa, partiendo de la conciencia de la dimensión dentro de la cual el elemento normativo pasará a desempeñarse, esto es, dentro de un Estado de naturaleza social; y a su vez, de que el Estado detenta una serie de deberes ineludibles, que no quedan a su mero arbitrio o capacidad discrecional, sino que por el contrario, comportan un imperativo del más alto nivel, que debe encontrar reflejo y sustento en preceptos normativos en los que el Estado, se encuentre igualmente obligado al cumplimiento de la dimensión de su fin social.

No obstante ello, debe necesariamente dejar claro esta Sala, que la reformulación en la concepción de los derechos y de la concepción normativa a la que aquí se alude, no supone en modo alguno, un desconocimiento o menoscabo de los derechos de libertad de los ciudadanos, ya que el Estado Social *"sigue siendo un Estado de derecho, esto es, un Estado garantista del individuo frente al poder y en el intercambio con los demás ciudadanos, pero es también un Estado Social, esto es un Estado comprometido con la promoción del bienestar de la sociedad y de manera muy especial con la de aquellos sectores más desfavorecidos de la misma."* (Pérez Royo, Javier: *Curso de Derecho Constitucional*. Editorial Marcial Pons. Madrid 2003, p. 202.)

Por tal motivo, la concepción de los derechos y del orden jurídico en general, que se impone en razón de la concepción social del Estado, implica una articulación entre los derechos sociales, y por tanto de prestación positiva para el Estado, con los denominados derechos de libertad, para lograr una coexistencia armónica entre los mismos, en la cual los derechos de libertad pasan a ser regulados y canalizados por las normas, con la finalidad de armonizarlos y adecuarlos a la concepción de Estado, evitando la degeneración o distorsión de estos, para tornarse en instrumentos para el atropello, el abuso, y para la generación de asimetrías sociales, que en forma última comportan el desconocimiento y cercenamiento de otros derechos y libertades de la población, así como de los principios y valores estatuidos en el texto constitucional.

En este contexto, los derechos relativos a las libertades económicas, se encuentran sujetos a una regulación que determina y canaliza su ejercicio en sociedad, en aras de garantizar una adecuada convivencia social y su articulación dentro del todo armónico que debe representar el Estado; encontrándose por ende sometidos a una serie de limitaciones para su adecuado ejercicio; limitaciones éstas que vienen impuestas y determinadas en la Constitución y las Leyes, y por razones de desarrollo humano y de interés social, lo que permite que el Estado posea un régimen de intervención en la economía, resultando ello del todo comprensible, bajo el entendido de que precisamente el conjunto de actividades de tal naturaleza, implican una de las principales formas a través de las cuáles éste alcanza su desarrollo y la consecución de sus fines.

Ese régimen de intervención que posee el Estado, comprende lógicamente el desarrollo económico establecido en el artículo 299 de la Constitución de la República Bolivariana de Venezuela, la promoción de la iniciativa privada mediante la cual se obliga al Estado en el artículo 112 *eiusdem,* garantizando la creación y justa distribución de la riqueza, así como la producción de bienes y servicios que satisfagan las necesidades de la población, la libertad de trabajo, la libertad de empresa, la libertad de comercio, la libertad de industria, sin perjuicio de su facultad para dictar medidas para planificar, racionalizar y regular la economía e impulsar el desarrollo integral del país, bajo el entendido de que en definitiva el Estado, en su condición de principal garante del orden público, del interés general, de la paz y de la justicia, detenta una serie de deberes respecto de sus habitantes, concebidos como cuerpo social, con miras hacia la consecución de los altos fines que rigen y condicionan su existir, en función de la consolidación de una sociedad justa, próspera y digna.

De esta manera, en el contexto del sistema económico bajo la concepción del Estado Social, el Estado debe no tan sólo intervenir en la dinámica económica para regular y fiscalizar las relaciones que tengan lugar en el seno de la misma, así como los derechos de los ciudadanos; sino también, se encuentra obligado a la creación de las condiciones y a la adopción de medidas de acción, que sean necesarias para establecer la vigencia de sus postulados, y configurar un nuevo orden en las relaciones económicas, que responda a los valores de igualdad, justicia, responsabilidad social, humanismo y dignidad, entre otros, que es en definitiva la finalidad de las normas contempladas en los artículos 2, 3, 112, 113, 114, 115, 117, 299, 300 y 301 de la Constitución de la República Bolivariana de Venezuela.

Precisamente en razón de ello, esta Sala observa que el propio artículo 112 constitucional, establece los parámetros sobre los cuáles el Estado desempeña su actuación en relación con el derecho de la libertad económica, cuando de manera expresa señala que *"El Estado promoverá la iniciativa privada, garantizando la creación y justa distribución de la riqueza, así como la producción de bienes y servicios que satisfagan las necesidades de la población, la libertad de trabajo, de empresa, de comercio, industria..."*. Esto además comporta, como también lo expresa el artículo en referencia, el que en base a la serie de factores recién mencionados, el Estado se encuentre en la capacidad de *"...dictar medidas para planificar, racionalizar y regular la economía e impulsar el desarrollo integral del país"*.

De igual manera, también bajo esta óptica, el texto constitucional consagra la severa pena frente a la verificación de ilícitos económicos, de especulación, acaparamiento, usura, cartelización y otros delitos conexos, como expresamente lo indica el artículo 114 constitucional; así como también se indica de manera diáfana en la Ley Fundamental que *"Todas las personas tendrán derecho a disponer de bienes y servicios de calidad, así como a una información adecuada y no engañosa sobre el contenido y características de los productos y servicios que consumen, a la libertad de elección y a un trato equitativo y digno. La ley establecerá los mecanismos necesarios para garantizar esos derechos, las normas de control de calidad y cantidad de bienes y servicios, los procedimientos de defensa del público consumidor, el resarcimiento de los daños ocasionados y las sanciones correspondientes por la violación de estos derechos"* (Artículo 117).

II.   DERECHOS Y GARANTÍAS CONSTITUCIONALES

1.   *Garantías Constitucionales*

A.   *La garantía de acceso a la justicia. Principio pro actione*

TSJ-SC (1063)   **5-8-2014**

Magistrado Ponente: Juan José Mendoza Jover

Caso: Alcaldía Del Municipio Autónomo Acevedo Del Estado Miranda

> **Dentro del alcance del principio *pro actione*, las condiciones y requisitos de acceso a la justicia no deben imposibilitar o frustrar injustificadamente el ejercicio de la acción a través de la cual se deduce la pretensión.**

…Asimismo, esta Sala como máxima intérprete y garante del texto constitucional señala que el derecho de acceso a la justicia debe ser respetado por todos los tribunales de la República, los cuales deben siempre aplicar las normas a favor de la acción, tal como se estableció [Véase en *Revista de Derecho Público* N° 101 de 2005 en p. 88 y sig.] en la sentencia donde dispuso:

Ahora bien, la decisión objeto de revisión se apartó de la interpretación que ha hecho esta Sala Constitucional sobre el derecho constitucional a la obtención de una tutela judicial efectiva, acceso a la justicia y principio *pro actione*, según los cuales todo ciudadano tiene derecho a acceder a la justicia, al juzgamiento con las garantías debidas, a la obtención de una sentencia cuya ejecución no sea ilusoria y a que los requisitos procesales se interpreten en el sentido más favorable a la admisión de las pretensiones procesales.

Por tanto, debe destacarse que dentro del alcance del principio *pro actione*, las condiciones y requisitos de acceso a la justicia no deben imposibilitar o frustrar injustificadamente el ejercicio de la acción a través de la cual se deduce la pretensión, toda vez que "(…) *el propio derecho a la tutela judicial efectiva garantiza la posibilidad de ejercicio eficiente de los medios de defensa, así como una interpretación de los mecanismos procesales relativos a la admisibilidad que favorezca el acceso a los ciudadanos a los órganos de justicia*" (*Vid.* sentencia de la Sala Constitucional N° 1.064/2000, del 19 de septiembre).

En ese sentido, esta Sala debe señalar que el objetivo del legislador al señalar que "*en caso de reenganche, los tribunales del trabajo competentes no le darán curso alguno a los recursos contenciosos administrativos de nulidad, hasta tanto la autoridad administrativa del trabajo no certifique el cumplimiento efectivo de la orden de reenganche y la restitución de la situación jurídica infringida*", es el de salvaguardar el derecho al trabajo, al salario y a la estabilidad del trabajador que cuenten con una orden de reenganche a su favor, como factor esencial del derecho social, durante la tramitación del procedimiento de nulidad de la providencia administrativa impugnada por el patrono, hasta tanto se produzca una sentencia definitivamente firme; sin embargo, no puede considerarse que la referida disposición establezca una causal de inadmisibilidad para la interposición de la demanda, por cuanto la certificación del cumplimiento efectivo de la orden de reenganche no depende del patrono sino de la autoridad administrativa, a la cual no se le ha impuesto un tiempo para otorgarla o como sucede en el presente caso, en el cual el incumplimiento del reenganche es atribuible al trabajador y no al patrono.

En ese sentido, debe destacar esta Sala en un Estado Social de Derecho y de Justicia como el previsto en la Constitución de la República Bolivariana de Venezuela, no pueden salvaguardarse derechos de unos y condicionar otros, en virtud de supeditar la admisibilidad de la demanda de nulidad de una providencia administrativa por una causa no establecida en la Ley, ya que se vulnera el derecho de acceso a la justicia, y de tutela judicial efectiva, más aun cuando la interposición de la pretensión ya se encuentra limitada por un lapso de caducidad, razón por lo que esta Sala encuentra que lo ajustado a derecho es que la condición consagrada en el numeral 9, del artículo 425 de la Ley Orgánica del Trabajo, los Trabajadores y las Trabajadoras, debe ser aplicada para el trámite de la demanda de nulidad y no para su admisión, para de esta manera garantizar la tutela judicial efectiva y el principio *pro actione*, sin trastocar el espíritu de la norma, el cual, como anteriormente se señaló, no es otro que la protección de los derechos a la estabilidad del trabajador, toda vez que, si bien es el débil jurídico en este proceso, dicha protección no puede convertirse en la limitación del derecho a la justicia del patrono.

Dicha suspensión se mantendrá hasta que el Tribunal Laboral que esté conociendo de la causa, una vez admitida, requiera la certificación con la Inspectoría del Trabajo respecto al cumplimiento efectivo de la orden de reenganche y la restitución de la situación jurídica infringida por parte del patrono, de conformidad con el artículo 39 de la Ley de la Jurisdicción Contencioso Administrativa y teniendo en consideración que dicha suspensión no debe exceder del lapso de caducidad establecido en el artículo 41 de la Ley de la Jurisdicción Contencioso Administrativa.

En tal sentido, en resguardo de los derechos constitucionales al debido proceso, a la defensa, a la igualdad, a la tutela judicial efectiva y al acceso a la justicia, consagrados en la Constitución de la República Bolivariana de Venezuela, esta Sala, en aras de garantizar la supremacía y efectividad de normas y principios constitucionales, así como su uniforme interpretación y aplicación, y en ejercicio de la facultad conferida por el artículo 335 Constitucional, declara como criterio vinculante para todos los Tribunales de la República a partir de la publicación del presente fallo, que el numeral 9, del artículo 425 de la Ley Orgánica del Trabajo, los Trabajadores y las Trabajadoras, establece una condición para el trámite de los recursos contenciosos administrativos de nulidad y no para su admisión, con el fin de garantizar la tutela judicial efectiva, el principio *pro actione*, consagrados en el artículo 26 y 257 de la Constitución, en virtud de la vulneración del orden público constitucional que produce una limitación indebida del acceso a la justicia. Igualmente, esta Sala ordena la publicación de la presente decisión en la *Gaceta Oficial de la República*, y en la página web del Tribunal Supremo de Justicia.

        B.   *El derecho a la tutela judicial efectiva*

        TSJ-SC (1009)   **4-8-2914**

        Magistrado Ponente: Gladys María Gutiérrez Alvarado

        Caso: Douglas Domínguez (Revisión Sentencia)

En efecto, en cuanto al derecho a la tutela judicial eficaz, esta Sala Constitucional dispuso:

"El derecho a la tutela judicial efectiva, de amplísimo contenido, comprende el derecho a ser oído por los órganos de administración de justicia establecidos por el Estado, es decir, no sólo el derecho de acceso sino también el derecho a que, cumplidos los requisitos establecidos en las leyes adjetivas, los órganos judiciales conozcan el fondo de las pretensiones de los particulares y, mediante una decisión dictada en derecho, determinen el contenido y la extensión del derecho deducido, de allí que la vigente Constitución señale que no se sacrificará la justicia por la omisión de formalidades no esenciales y que el proceso constituye un instrumento fundamental para la realización de la justicia (artículo 257).

*En un Estado social de derecho y de justicia (artículo 2 de la vigente Constitución), donde se garantiza una justicia expedita, sin dilaciones indebidas y sin formalismos o reposiciones inútiles (artículo 26 **eiusdem**), la interpretación de las instituciones procesales debe ser amplia, tratando que si bien el proceso sea una garantía para que las partes puedan ejercer su derecho de defensa, no por ello se convierta en una traba que impida lograr las garantías que el artículo 26 constitucional instaura.*

La conjugación de artículos como el 2, 26 o 257 de la Constitución de 1999, obliga al juez a interpretar las instituciones procesales al servicio de un proceso cuya meta es la resolución del conflicto de fondo, de manera imparcial, idónea, transparente, independiente, expedita y sin formalismos o reposiciones inútiles.

En este orden de ideas, considera esta Sala, que la decisión de un tribunal de última instancia mediante la cual se declare inadmisible una acción, basada en un criterio erróneo del juzgador, concretaría una infracción, en la situación jurídica de quien interpone la acción, del derecho a la tutela judicial efectiva, lo cual si bien no ha sido alegado por los accionantes, puede ser analizado de oficio por el juez constitucional, tal como ya lo ha dicho esta Sala en numerosos fallos.

Ha dicho esta Sala, reiteradamente, que los errores de juzgamiento en que pueda incurrir el juez en el cumplimiento de su función, en la escogencia de la ley aplicable o en su interpretación, o en la apreciación de los hechos que se les someten y las infracciones legales, sólo será materia a conocer por el juez constitucional cuando constituyan, a su vez, infracción directa de un derecho constitucionalmente garantizado." (sSC N° 708, del 10 de mayo de 2001).

2.   *Derechos individuales*

   A.   *Derecho de acceso a la Información Administrativa*

   TSJ-SPA (1177)   **6-8-2014**

   Magistrado Ponente: Emiro García Rosas

   Caso: Carlos José Correa Barros y otros vs. Ministra del Poder Popular para la salud.

En cuanto al ejercicio del derecho a la información, contenido en el artículo 143 de la Constitución de la República Bolivariana de Venezuela, la Sala Constitucional de este Máximo Tribunal [Véase: en *Revista de Derecho Público* N° 123 de 2010 en pp. 104 y ss.] estableció, con carácter vinculante, en sentencia lo que sigue:

> *"(...) el derecho a la información está legitimado en función del principio de transparencia en la gestión pública, que es uno de los valores expresamente establecidos en el artículo 141 de la Constitución de la República Bolivariana de Venezuela. Sin embargo, el artículo 143 eiusdem expresamente regula tal derecho, en los términos siguientes:*

>> *Los ciudadanos y ciudadanas tienen derecho a ser informados e informadas oportuna y verazmente por la Administración Pública, sobre el estado de las actuaciones en que estén directamente interesados e interesadas, y a conocer las resoluciones definitivas que se adopten sobre el particular. **Asimismo, tienen acceso a los archivos y registros administrativos, sin perjuicio de los límites aceptables dentro de una sociedad democrática en materias relativas** a seguridad interior y exterior, a investigación criminal y **a la intimidad de la vida privada**, de conformidad con la ley que regule la materia de clasificación de documentos de contenido confidencial o secreto. No se permitirá censura alguna a los funcionarios públicos o funcionarias públicas que informen sobre asuntos bajo su responsabilidad* (resaltado añadido).

>> *De dicha lectura se infiere que aun cuando el texto constitucional reconoce el derecho ciudadano a ser informado, determina límites externos al ejercicio de tal derecho, en el entendido de que no existen derechos absolutos, salvo en nuestro derecho constitucional el derecho a la vida. Así, la invocación del derecho constitucional a la información no actúa como causa excluyente de la antijuricidad.*

>> *De modo que, esta Sala determina con carácter vinculante, a partir de la publicación de esta decisión, que en ausencia de ley expresa, y para salvaguardar los límites del ejercicio del derecho fundamental a la información, se hace necesario: i) que el o la solicitante de la información manifieste expresamente las razones o los propósitos por los cuales requiere la información; y ii) que la magnitud de la información que se solicita sea proporcional con la utilización y uso que se pretenda dar a la información solicitada".*

La transcrita sentencia, de carácter vinculante, determina límites al ejercicio del derecho del ciudadano a ser informado, en el entendido de que no existen derechos absolutos, salvo el derecho a la vida, por lo que el derecho a la información no puede ser invocado como un elemento que contribuya a la antijuricidad. Que a partir de la citada sentencia, y para salvaguardar los límites del ejercicio del derecho a la información, el solicitante deberá manifestar expresamente las razones por las cuales requiere la información, así como justificar que lo requerido sea proporcional con el uso que se le pretende dar.

Atendiendo al transcrito criterio de la Sala Constitucional de este Alto Tribunal se observa que la parte actora adujo como razón de su requerimiento la presunta existencia de irregularidades que –a su decir– fueron reflejadas por la Contraloría General de la República "en su informe anual de gestión de 2010 y 2011", sin embargo no consta en actas los respectivos soportes que avalan esa aseveración de irregularidad en que fundamentan la petición de autos. Asimismo se aprecia que la parte actora no aclaró cómo la incorporación de la información requerida en sus "informes anuales" o su "difusión a través de sus páginas web" puedan serle de utilidad, o de qué manera pudiera influir en la mejora de los procesos de adquisición de medicamentos, lo que denota que no hay correspondencia entre la magnitud de lo peticionado con el uso que pueda dársele, motivos por los que no se considera satisfecho lo establecido por la Sala Constitucional de este Supremo Tribunal.

En criterio de esta Sala, peticiones como las de autos, donde se pretende recabar información sobre la actividad que ejecuta o va a ejecutar el Estado para el logro de uno de sus fines, esto es, la obtención de medicinas en pro de garantizar la salud de la población, atenta contra la eficacia y eficiencia que debe imperar en el ejercicio de la Administración Pública, y del Poder Público en general, debido a que si bien toda persona tiene derecho a dirigir peticiones a cualquier organismo público y a recibir respuesta en tiempo oportuno, no obstante el ejercicio de ese derecho no puede ser abusivo de tal manera que entorpezca el normal funcionamiento de la actividad administrativa la cual, en atención a ese tipo de solicitudes genéricas, tendría que dedicar tiempo y recurso humano a los fines de dar explicación acerca de la amplia gama de actividades que debe realizar en beneficio del colectivo, situación que obstaculizaría y recargaría además innecesariamente el sistema de administración de justicia ante los planteamientos de esas abstenciones.

A tal evento, resulta oportuno advertir que información como la requerida al Ministerio del Poder Popular para la Salud puede encontrarse en los informes anuales que son rendidos por los titulares de los ministerios ante la Asamblea Nacional, dada su obligación constitucional (artículo 244) de presentar una memoria razonada y suficiente sobre su gestión del año inmediatamente anterior, la cual es de carácter público.

De modo que atendiendo a las consideraciones expresadas, este Alto Tribunal concluye en la inadmisibilidad de la pretensión de abstención formulada. Así se declara.

3.   *Derechos políticos*

   A.   *Derecho al sufragio. Principio de representación proporcional*

TSJ-SC (988)   **1-10-2014**

Magistrada Ponente: Gladys María Gutiérrez Alvarado

Caso: Oscar Enrique Arnal García

La sala reitera que al establecer la Disposición Transitoria Octava de la Constitución de la República Bolivariana de Venezuela, que los procesos electorales serán convocados, organizados, dirigidos y supervisados por el Consejo Nacional Electoral en forma concreta y efectiva, ya está contemplando el régimen relativo a la garantía del principio de representación proporcional, regulación atribuida a ese órgano, por ser el ente rector en la materia, y el que actúa en ejecución directa de la Constitución.

Al efecto, se aprecia que la parte actora fundamentó la presente acción en el pretendido desarrollo incompleto de formas más concretas y efectivas que garanticen la aplicación del principio de representación proporcional previsto en los artículos 63 y 186 de la Constitución de la República Bolivariana de Venezuela, relacionado con las elecciones correspondientes a los cargos de elección popular para integrar los cuerpos deliberantes nacionales, estadales y municipales, sin restringirlo o disminuirlo solo al caso del voto lista.

Ahora bien, dentro de la gama de derechos y garantías desarrollados por el Constituyente, en el artículo 63 de la Carta Magna quedó establecido el derecho al sufragio, el cual expone: *"El sufragio es un derecho. Se ejercerá mediante votaciones libres, universales, directas y secretas. La ley garantizará el principio de la personalización del sufragio y la representación proporcional";* asimismo, la Disposición Transitoria Octava, *eiusdem*, en su primer párrafo dispone: *"Mientras no se promulguen las nuevas leyes electorales previstas en esta Constitución los procesos electorales serán convocados, organizados, dirigidos y supervisados por el Consejo Nacional Electoral".*

De la normativa citada se desprende el principio de la personalización del sufragio y la representación proporcional, así como, que los procesos electorales serán organizados, dirigidos y supervisados por el Consejo Nacional Electoral, los cuales no solo implican estos principios y controles, sino que ello envuelve la igualdad, confiabilidad, imparcialidad, transparencia y eficiencia de los procesos electorales, los cuales constituyen atributos o cualidades que conforman los nuevos sistemas electorales y, en tal sentido, se asumen como elementos diferenciadores de lo que constituye la base de integración de los distintos cargos de elección popular, la que referida fundamentalmente a la Asamblea Nacional está integrada por tres condicionantes, a saber: la base poblacional, la representación federativa de cada entidad y la representación de las minorías (en nuestro caso los pueblos indígenas), adoptándose de esta manera un criterio de integración cerrado, conformado por un número fijo de representantes cuya modificación sólo vendría dada por el incremento de la base poblacional; tal es la interpretación que se deriva de la disposición contenida en el artículo 186, *eiusdem*, propia de la concepción unicameral que para el Poder Legislativo Nacional preceptúa el texto constitucional, convertido en virtud de tal disposición en un claustro legislativo.

Expuesto lo anterior, es necesario mencionar que la Disposición Transitoria Octava de la Constitución de la República Bolivariana de Venezuela, al establecer que los procesos electorales serán convocados, organizados, dirigidos y supervisados por el Consejo Nacional Electoral en forma concreta y efectiva, ya está contemplando el régimen relativo a la garantía del principio de representación proporcional, regulación atribuida a ese órgano, por ser el ente rector en la materia, y el que actúa en ejecución directa de la Constitución.

Aunado a esto, debe indicarse que la Ley Orgánica de Procesos Electorales, publicada en la *G.O.* N° 5.928, Extraordinario, del 12 de agosto de 2009, contempla en su artículo 1 la regulación y desarrollo de los principios constitucionales y los derechos de participación política de los ciudadanos y ciudadanas en los procesos electorales. De igual forma, la mencionada ley, en su artículo 8 dispone la modalidad del sistema electoral paralelo: de personalización del sufragio para los cargos nominales y de representación proporcional para los cargos de la lista, en los casos de elección de los integrantes de la Asamblea Nacional, de los consejos legislativos de los Estados, de los concejos municipales y demás cuerpos colegiados de elección popular, y así mismo, menciona que en ningún caso la elección nominal incidirá en la elección proporcional mediante lista.

[omissis]

En atención a lo expuesto, considera esta Sala que en el presente caso no se aprecia una vulneración al orden constitucional y, por ende una violación constitucional por omisión total o parcial, tal como lo alega el accionante, por parte de la Asamblea Nacional, ni se verifica una mora por parte de ese cuerpo legislativo, ya que no está establecida en disposición alguna, que se ordene desarrollar o crear una Ley distinta a la Ley Orgánica de Procesos Electorales, que de forma específica amplíe otros mecanismos electorales distintos a los ya establecidos, regulatorios de las elecciones correspondientes a los cargos de elección popular para integrar los cuerpos deliberantes nacionales, estadales y municipales, por lo que la población venezolana cuenta con instrumentos normativos que velen por la protección y aplicación del referido principio, que debe ser aplicado y respetado.

Por tanto, aprecia esta Sala Constitucional que la Asamblea Nacional ha legislado de manera suficiente para implementar los mecanismos necesarios para garantizar la aplicación del principio de representación proporcional en virtud de lo previsto en los artículos 63 y 186 de la Constitución de la República Bolivariana de Venezuela, en relación a las elecciones correspondientes a los cargos de elección popular para integrar los cuerpos deliberantes nacionales, estadales y municipales, por lo que se considera que no existe en el presente caso la alegada omisión legislativa.

En definitiva, a juicio de esta Sala, lo que pretende el accionante de autos es plantear argumentos de una supuesta falta de desarrollo de formas más concretas y efectivas de los instrumentos mediante los cuales se garantiza la aplicación del principio de representación proporcional, procurando de esta manera, convertir a este Tribunal Constitucional en una suerte de instancia para debatir un inexistente problema de orden legal, lo que evidentemente colisiona con la naturaleza de la acción de inconstitucionalidad por la omisión legislativa.

Por lo antes expuesto y en aras de garantizar el cumplimiento del artículo 257 de la Constitución de la República Bolivariana de Venezuela, del cual no sólo se deduce que el proceso constituye un instrumento fundamental para la realización de la justicia, sino también que el mismo debe ser simple, uniforme, breve y eficaz, además de proscribir el sacrificio de la justicia por el imperio de formalidades no esenciales, esta Máxima Garante de la Constitucionalidad declara improcedente *in limine litis* la presente acción de inconstitucionalidad por omisión. Así se decide

4.   *Derechos sociales y de la familia*

   A.   *Protección social*

       a.   *Derecho a la identidad. Inquisición de paternidad o maternidad*

TSJ-SC (806)   **8-7-2014**

Magistrada Ponente: Gladys María Gutiérrez Alvarado

La Sala anula la última parte del artículo 288 del Código Civil por considerar que en contradicción con la consagración, en su primera parte, del principio de imprescriptibilidad de la acción de inquisición de la paternidad y la maternidad cuando ésta es ejercida contra el pretendido padre o madre vivos, dicha parte final somete la acción a un lapso de caducidad para el caso de interponerla contra los herederos cuando los padres estén fallecidos, lo que la Sala considera contrario a lo establecido en el artículo 56 de la Constitución.

Mediante sentencia N° 1074 del 1 de julio de 2011, esta Sala Constitucional ordenó a la Secretaría de esta misma Sala, la apertura del expediente, a los fines de que esta instancia jurisdiccional, conozca de oficio la nulidad por razones de inconstitucionalidad del artículo 228 del Código Civil, publicado en la *G.O.* N° 2.990 Extraordinario del 26 de julio de 1982, que a la letra dispone:

> *"Artículo 228: Las acciones de inquisición de la paternidad y la maternidad son imprescriptibles frente al padre y a la madre, pero la acción contra los herederos del padre o de la madre, no podrá intentarse sino dentro de los cinco (5) años siguientes a su muerte".*

[*omissis*]

Al efecto, como se expuso al inicio de la presente motivación, la apoderada judicial de la Procuraduría General de la República, alega en su escrito de defensa que a partir de la entrada en vigencia del artículo 228 del Código Civil de 1982 hasta la fecha, se ha ampliado el alcance de la citada norma, con motivo de la modificación del Texto Fundamental en 1999 y la promulgación de una serie de normas posteriores como desarrollo de la Carta Magna, tales como, la Ley Orgánica para la Protección de Niños, Niñas y Adolescentes, y la Ley para Protección de las Familias, la Maternidad y la Paternidad, resultando este artículo 228 del Código Civil, uno de los medios existentes de inquisición de paternidad, por cuanto se han desarrollado leyes que permiten establecer la inquisición de la paternidad de diversos modos, tales como la Ley para Protección de las Familias, la Maternidad y la Paternidad, la cual establece un procedimiento de reconocimiento de la paternidad previsto en los artículos 21 al 31 *eiusdem*, siendo que nuestro ordenamiento jurídico contempla acciones de inquisición o desconocimiento de paternidad, sin que ello implique el menoscabo del derecho de identidad que debe asegurarse a los hijos.

Por su parte, los representantes legales de la Asamblea Nacional, alegaron en su escrito de opinión jurídica que siendo una norma pre–constitucional, esto es, una norma preexistente y anterior en el tiempo a la Constitución de 1999, la acción de inquisición de la paternidad y la maternidad contenida en el artículo 228 del Código Civil, es un medio para demandar judicialmente la filiación, sin embargo, a los efectos del mandato constitucional, en la actualidad, a través de la creación de nuevas leyes especiales que rigen la materia, se ha ampliado su ámbito de aplicación y por consiguiente, existen y se han desarrollado otros procedimientos más expeditos para reclamar o demandar el reconocimiento de la filiación materna o paterna, como los establecidos en la Ley Orgánica para la Protección de Niños, Niñas y Adolescentes, y en la Ley Para Protección de las Familias, la Maternidad y la Paternidad, cuyos fines buscan establecer los mecanismos de desarrollo de políticas para la protección integral de las familias, la maternidad y la paternidad, al niño, niña y adolescente, así como promover prácticas responsables ante las mismas, pero consideran que el lapso de 5 años para intentar la acción de inquisición de la paternidad y la maternidad contra los herederos del padre o de la madre, limita el derecho constitucional de cualquier persona, vale decir niño, niña o adolescente, a conocer su identidad y/o la determinación judicial de su filiación, en resguardo del interés superior y en procura de la protección integral de dichos sujetos de derechos.

En igual sentido, los representantes legales de la Defensoría del Pueblo, alegaron en su escrito de opinión jurídica que se observa una contradicción intrínseca que anula el artículo 228 del Código Civil, pues por una parte se consagra el principio de imprescriptibilidad de la acción de inquisición de paternidad cuando ésta es ejercida contra el pretendido padre o madre vivos, pero a su vez, en la parte final del mismo artículo, somete dicha acción a un lapso de caducidad para el caso de interponerla cuando los padres estén fallecidos. Asimismo, sostuvieron que se vulnera el artículo 75 de la Constitución de la República Bolivariana de Venezuela que dispone el derecho de todo niño, niña y adolescente a conocer a su familia de origen, acotando que el derecho a la identidad no es exclusivo de los niños, niñas y adolescentes, sino que abraza a los adultos, pues ellos también tienen derecho a conocer a su familia de origen, por lo tanto el lapso de caducidad referido en el artículo 228 del Código Civil, violenta su derecho constitucional a la identidad familiar.

En este orden de ideas, tenemos que la Constitución de la República Bolivariana de Venezuela, en sus artículos 56, 75, 76 y 78, establecen que:

"*Artículo 56.* *Toda persona tiene derecho a un nombre propio, al apellido del padre y al de la madre, y a conocer la identidad de los mismos. El Estado garantizará el derecho a investigar la maternidad y la paternidad.*

Toda persona tiene derecho a ser inscrita gratuitamente en el registro civil después de su nacimiento y a obtener documentos públicos que comprueben su identidad biológica, de conformidad con la ley. Éstos no contendrán mención alguna que califique la filiación".

"*Artículo 75.* *El Estado protegerá a las familias como asociación natural de la sociedad y como el espacio fundamental para el desarrollo integral de las personas. Las relaciones familiares se basan en la igualdad de derechos y deberes, la solidaridad, el esfuerzo común, la comprensión mutua y el respeto recíproco entre sus integrantes. El Estado garantizará protección a la madre, al padre o a quienes ejerzan la jefatura de la familia.*

Los niños, niñas y adolescentes tienen derecho a vivir, ser criados o criadas y a desarrollarse en el seno de su familia de origen. Cuando ello sea imposible o contrario a su interés superior, tendrán derecho a una familia sustituta, de conformidad con la ley. La adopción tiene efectos similares a la filiación y se establece siempre en beneficio del adoptado o la adoptada, de conformidad con la ley. La adopción internacional es subsidiaria de la nacional".

"*Artículo 76.* *La maternidad y la paternidad son protegidas integralmente, sea cual fuere el estado civil de la madre o del padre. Las parejas tienen derecho a decidir libre y responsablemente el número de hijos o hijas que deseen concebir y a disponer de la información y de los medios que les aseguren el ejercicio de este derecho. El Estado garantizará asistencia y protección integral a la maternidad, en general a partir del momento de la concepción, durante el embarazo, el parto y el puerperio, y asegurará servicios de planificación familiar integral basados en valores éticos y científicos.*

El padre y la madre tienen el deber compartido e irrenunciable de criar, formar, educar, mantener y asistir a sus hijos o hijas, y éstos o éstas tienen el deber de asistirlos o asistirlas cuando aquel o aquella no puedan hacerlo por sí mismos o por sí mismas. La ley establecerá las medidas necesarias y adecuadas para garantizar la efectividad de la obligación alimentaria*".

"*Artículo 78.* *Los niños, niñas y adolescentes son sujetos plenos de derecho y estarán protegidos por la legislación, órganos y tribunales especializados, los cuales respetarán, garantizarán y desarrollarán los contenidos de esta Constitución, la Convención sobre los Derechos del Niño y demás tratados internacionales que en esta materia haya suscrito y ratificado la República. El Estado, las familias y la sociedad asegurarán, con prioridad absoluta, protección integral, para lo cual se tomará en cuenta su interés superior en las decisiones y acciones que les conciernan. El Estado promoverá su incorporación progresiva a la ciudadanía activa, y creará un sistema rector nacional para la protección integral de los niños, niñas y adolescentes*".

Dispone el artículo 210 del Código Civil, lo siguiente:

"*Artículo 210.* *A falta de reconocimiento voluntario, la filiación del hijo concebido y nacido fuera del matrimonio puede ser establecida judicialmente con todo género de pruebas, incluidos los exámenes o las experticias hematológicas y heredo–biológicas que hayan sido consentidos por el demandado. La negativa de éste a someterse a dichas pruebas se considerará como una presunción en su contra.*

Queda establecida la paternidad cuando se prueba la posesión de estado de hijo o se demuestre la cohabitación del padre y de la madre durante el período de la concepción y la identidad del hijo con el concebido en dicho período, salvo que la madre haya tenido relaciones sexuales con otros hombres, durante el período de la concepción del hijo o haya practicado la prostitución durante el mismo período; pero esto no impide al hijo la prueba, por otros medios, de la paternidad que demanda".

Establecen los artículos 21, 22, 27, 28 y 31, de la Ley para Protección de las Familias, la Maternidad y la Paternidad:

*"**Artículo 21.** Cuando la madre y el padre del niño o niña no estén unidos por vínculo matrimonial o unión estable de hecho, que cumpla con los requisitos establecidos en la ley, y la madre acuda a realizar la presentación ante el Registro Civil, deberá indicar el nombre y apellido del padre, así como su domicilio y cualquier otro dato que contribuya a la identificación del mismo. El funcionario o funcionaria deberá informar a la madre que en caso de declaración dolosa sobre la identidad del presunto padre, incurrirá en uno de los delitos contra la fe pública previsto en el Código Penal.*

En los casos en que el embarazo haya sido producto de violación o incesto, debidamente denunciado ante la autoridad competente, la madre podrá negarse a identificar al progenitor, quedando inscrito el niño o niña ante el Registro Civil con los apellidos de la madre. Con base al derecho a la igualdad y no discriminación y al principio del interés superior de niños, niñas y adolescentes, tal circunstancia en ningún caso será incluida en el texto del acta correspondiente".

*"**Artículo 22.** Realizada la presentación del niño o niña; el funcionario o funcionaria competente elaborará inmediatamente el Acta de Nacimiento respectiva.*

Dicho funcionario o funcionaria deberá notificar a la persona señalada como padre del niño o niña, dentro de los cinco días hábiles siguientes al acto de presentación, a los fines de que comparezca ante el Registro Civil a reconocer o no su paternidad, dentro de los diez días hábiles a su notificación.

Los adolescentes de dieciséis años de edad o más tienen plena capacidad para reconocer a sus hijos e hijas. También podrán hacerlo antes de cumplir dicha edad con autorización de su representante legal o, en su defecto, con la del Consejo de Protección de Niños, Niñas y Adolescentes. Cuando el señalado padre tenga menos de dieciséis años de edad, deberá intervenir en el presente procedimiento a través de su representante legal".

*"**Artículo 27.** Si la persona señalada como padre comparece ante el Registro Civil y acepta la paternidad se considerará como un reconocimiento voluntario con todos sus efectos legales, dejando constancia del reconocimiento en el expediente y en el Libro de Actas de Nacimiento respectivo. En este caso, la autoridad civil expedirá nueva Acta de Nacimiento que sustituirá la que fue levantada con la presentación de la madre, la cual quedará sin efecto. La nueva acta no contendrá mención alguna del procedimiento administrativo aquí establecido.*

En los casos en que un hombre deseare el reconocimiento voluntario de una niña o un niño sin que conste su relación parental en el certificado médico de nacimiento, podrá solicitar ante el Registro Civil la experticia de Ácido Desoxirribonucleico (ADN), cumpliendo con el procedimiento establecido en el presente capítulo, de resultar positiva la experticia, se procederá a redactar el acta de nacimiento dejando Constancio de la identidad del padre".

*"**Artículo 28.** Si la persona señalada como presunto padre negare la paternidad, se podrá solicitar que se le practique la prueba de filiación biológica de Ácido Desoxirribonucleico (ADN) u otra experticia afín. En este supuesto, la autoridad civil ordenará lo conducente a los fines que el organismo especializado realice dicha experticia, cuya gratuidad será garantizada por el Estado.*

En los casos que la persona identificada como presunto padre se negare a realzarse dicha prueba, se considerará como un indicio en su contra".

*"**Artículo 31.** Transcurrido el lapso de comparecencia sin que la persona señalada como padre acuda a aceptar o negar la paternidad, se remitirán las actuaciones al Ministerio Público con competencia en materia de protección de niños, niñas y adolescentes, a los fines de iniciar el procedimiento de filiación correspondiente.*

En los procedimientos de filiación el juez o jueza competente podrá ordenar con carácter obligatorio pruebas de filiación, biológica Ácido Desoxirribonucleico (ADN) y otras experticias pertinentes, las cuales deberán ser garantizadas gratuitamente por el Estado".

Los artículos 4, 16, y 17 de la Ley Orgánica para la Protección de Niños, Niñas y Adolescentes, disponen:

*"**Artículo 4.** El Estado tiene la obligación indeclinable de tomar todas las medidas administrativas, legislativas, judiciales, y de cualquier otra índole que sean necesarias y apropiadas para asegurar que todos los niños y adolescentes disfruten plena y efectivamente de sus derechos y garantías".*

*"**Artículo 16.** Todos los niños, niñas y adolescentes tienen derecho a un nombre y a una nacionalidad".*

*"**Artículo 17.** Todos los niños y niñas tienen el derecho a ser identificados o identificadas, inmediatamente después de su nacimiento. A tal efecto, el Estado debe garantizar que los recién nacidos y las recién nacidas sean identificados o identificadas obligatoria y oportunamente, estableciendo el vínculo filial con la madre".*

Al respecto, resulta pertinente traer a colación la sentencia de la Sala Constitucional N° 953 del 16 de julio de 2013, caso: *"Defensora del Pueblo de la República Bolivariana de Venezuela"*, en la cual se refirió a la protección constitucional del derecho a la igualdad y a la protección de la identidad del niño, la cual se encuentra garantizada al establecerse la presunción de paternidad, en los términos siguientes:

"...En este orden de ideas, cabe reiterar que la condición morfológica del género en este caso se ubica en un plano valorativo y formativo en los elementos comparativos entre el hombre y la mujer, al desplazar los elementos de igualdad y corresponsabilidad entre ambos contrayentes, al establecer exigencias y requisitos adicionales sobre el otro, fundados éstos en elementos que no se corresponden con la protección constitucional del derecho a la igualdad y a la protección de la identidad del niño, la cual se encuentra plenamente garantizada al encontrarse establecida la presunción de paternidad en el artículo 201 del Código Civil, al reconocimiento voluntario del niño o niña, conforme a las disposiciones consagradas en la Ley para la Protección de las Familias, la Maternidad y la Paternidad (G.O. N° 38.773 del 20 de septiembre de 2007) o en la interposición de las acciones judiciales relevantes a la filiación, en caso de que exista contradicción entre la identidad biológica y la legal...".

Sobre este particular resulta igualmente necesario traer a colación lo establecido en la sentencia de la Sala Constitucional N° 1443 del 14 de agosto de 2008, caso: *"Consejo Nacional de Derechos del Niño y del Adolescente (CNDNA)"*, con respecto a la interpretación del artículo 56 de la Constitución de la República Bolivariana de Venezuela, el cual establece:

"(Omissis)

...artículos –56– consagra el derecho a la identidad de los ciudadanos, derecho el cual se considera inherente a la persona humana y del cual no se puede prescindir, lo cual genera paralelamente una obligación al Estado, consistente en el deber de asegurar una identidad legal, la cual debería coincidir con la identidad biológica, todo ello con la finalidad de otorgar a todo ciudadano un elemento diferenciador con respecto a los integrantes de una sociedad, el cual se interrelaciona y se desarrolla con el derecho al libre desenvolvimiento de la personalidad.

Derecho éste, el cual no se agota en su relación con los demás ciudadanos, sino que aun se internaliza más en el desarrollo y conocimiento de cada hombre, constituyéndose en un presupuesto indispensable del aseguramiento del derecho a la vida, sin el cual no puede concebirse al hombre. Así pues, la identidad personal es ser uno mismo, representado con sus propios caracteres y sus propias acciones, constituyendo la misma verdad de la persona.

Conviene destacar en tal sentido, que el hombre es el eje y centro de todo el sistema jurídico y en tanto fin en sí mismo, su persona y la consagración de sus derechos intrínsecos y personalísimos son inviolables.

Ello así los derechos de la personalidad, dentro de los cuales debe incluirse el derecho a la identidad, son esenciales para ese respeto de la condición humana.

(Omissis)"

Ahora bien, el derecho a la identidad se encuentra establecido en diversas Convenciones Internacionales, tal como se muestra a continuación:

Convención Americana sobre Derechos Humanos (Pacto de San José):

"Artículo 18. Derecho al Nombre

Toda persona tiene derecho a un nombre propio y a los apellidos de sus padres o al de uno de ellos. La ley reglamentará la forma de asegurar este derecho para todos mediante nombres supuestos, si fuere necesario".

Convención sobre los Derechos del Niño:

"Artículo 7.

1. El niño será inscrito inmediatamente después de su nacimiento y tendrá derecho desde que nace a un nombre, a adquirir una nacionalidad y, en la medida de lo posible, a conocer a sus padres y a ser cuidado por ellos (...).

Artículo 8.

1. Los Estados Partes se comprometen a respetar el derecho del niño a preservar su identidad, incluidos la nacionalidad, el nombre y las relaciones familiares, de conformidad con la ley sin injerencias ilícitas.

2. Cuando un niño sea privado ilegalmente de algunos de los elementos de su identidad o de todos ellos, los Estado partes deberán prestar la asistencia y protección apropiadas con miras a restablecer rápidamente su identidad".

En aplicación de esta Convención y con anterioridad a la vigencia de la Constitución de la República Bolivariana de Venezuela, e incluso, a la promulgación de la Ley Orgánica para la Protección del Niño y del Adolescente, la Sala Político-Administrativa de la antigua Corte Suprema de Justicia, mediante decisión del 12 de agosto de 1998 (caso: *María del Rosario Gómez Portilla y otro*, expediente N° 11.135), señaló lo siguiente respecto al derecho a la identidad:

"El Congreso de la República de Venezuela promulgó en fecha 20 de julio de 1990, la Ley Aprobatoria de la Convención sobre los Derechos del Niño, que fuera suscrita en la sede de la Organización de las Naciones Unidas, el 26 de enero del mismo año. Dicho texto es parte del Ordenamiento Jurídico Venezolano. / (...)

Ahora bien, entre los derechos enumerados en dicha Convención, que en definitiva complementan los que de modo enunciativo prevé nuestra Constitución, se encuentra el derecho a la identidad, consagrado en los artículos 7 y 8 de ese Tratado, (...) / (...)

De allí que se consagra entonces, como derecho inherente a la persona humana desde el momento en que nace, el derecho a la identidad, como cualidad o condición intrínseca de la persona, y que se manifiesta, principalmente, en su estado civil, lo cual incluye, en los términos –enunciativos– del transcrito artículo 8, todo lo relativo a la nacionalidad, el nombre y las relaciones familiares.

Así, se trata en definitiva del derecho al respeto y reconocimiento del estado civil del menor como persona que es, entendiendo al estado civil como: 'el conjunto de condiciones o cuali-

dades de una persona que producen consecuencias jurídicas y que se refieren a su posición dentro de una comunidad política, a su condición frente a una familia y a la persona en sí misma, o sea, independientemente de sus relaciones con los demás' (AGUILAR GORRON-DONA, José Luis, 'Derecho Civil. Personas', Universidad Católica Andrés Bello, 1991). De allí que se incluya a la nacionalidad –como atributo del status político–; a las relaciones familiares y parentesco –status familiar– y todos los atributos de la personalidad, incluyendo nombre, domicilio, etc., –status personal o individual–".

Así pues, esta Sala Constitucional considera que ciertamente el contenido de la parte *in fine* del artículo 228 del Código Civil, presenta una contradicción; por cuanto, en la primera parte del artículo se consagra el principio de imprescriptibilidad de la acción de inquisición de la paternidad y la maternidad cuando ésta es ejercida contra el pretendido padre o madre vivos, pero a su vez, en la parte final del mismo, somete la acción a un lapso de caducidad para el caso de interponerla contra los herederos cuando los padres estén fallecidos, sin precisar si se trata de la acción de inquisición de la paternidad y de la maternidad o de la acción para hacer valer los derechos patrimoniales que podrían derivarse de ésta, sin embargo, la limitación temporal para el caso de la acción por inquisición de la paternidad y de la maternidad resulta contraria a lo establecido en el artículo 56 de la Constitución de la República Bolivariana de Venezuela, el cual contempla el derecho de toda persona a un nombre propio, al apellido del padre y de la madre, a conocer la identidad de los mismos y el deber del Estado de garantizar el derecho de investigar la maternidad y la paternidad, por lo que, esta Sala observa que éste artículo constitucional se encuentra orientado a garantizar el reconocimiento filiatorio del padre o la madre, sin distinguir, si se encuentran vivos o fallecidos, y que tal reconocimiento puede ser solicitado tanto por los niños, niñas y adolescente, así como por los adultos en cualquier momento.

En consecuencia, esta Sala considera que no debe existir limitación en cuanto a la acción para hacer valer los derechos que comprenden el reconocimiento de la filiación, a tenor de lo previsto en el artículo 56 Constitucional.

En este sentido, a tenor de los argumentos expuestos en el presente fallo, resulta imperioso para esta Sala declarar la nulidad de la parte *in fine* del artículo 228 del Código Civil, publicado en la *G.O.* N° 2.990 Extraordinario del 26 de julio de 1982, por ser contraria a la disposición del artículo 56 de la Constitución de la República. Así se decide.

En virtud de las consideraciones expuestas, se declara con lugar la nulidad de la parte *in fine* del artículo 228 del Código Civil, publicado en la *G.O.* N° 2.990 Extraordinario del 26 de julio de 1982, leyéndose en consecuencia la norma integra de la siguiente manera:

*"Artículo 228: Las acciones de inquisición de la paternidad y la maternidad son imprescriptibles frente al padre, a la madre y **a los herederos**".*

De conformidad con lo dispuesto en los artículos 32 y 126 de la Ley Orgánica del Tribunal Supremo de Justicia, se fijan los efectos de esta decisión con carácter *ex nunc*, a partir de la publicación del texto íntegro de esta sentencia en la *Gaceta Oficial de la República Bolivariana de Venezuela*, en la *Gaceta Judicial de la República Bolivariana de Venezuela*, con la siguiente mención en su sumario: *"Sentencia de la Sala Constitucional del Tribunal Supremo de Justicia, que declara la nulidad de la parte in fine del artículo 228 del Código Civil"*, y en el portal web de este máximo Tribunal, bajo el mismo título.

III. EL ORDENAMIENTO ECONÓMICO

1. *Sistema económico del Estado*

   A. *Derecho a la calidad de bienes y servicios*

      TSJ-SC (1158)   **18-8-2014**

      Magistrada Ponente: Gladys María Gutiérrez Alvarado

      Caso: Rómulo Plata vs. (Dante Rafael Rivas Quijada) Ministro del Poder Popular para el Comercio y Superintendente Nacional para la Defensa de los Derechos Socio Económicos.

En términos similares, esta Sala ha tenido la oportunidad de hacer referencia al contenido del artículo 117 de la Constitución de la República Bolivariana de Venezuela, en su concepción de derecho fundamental, indicando al respecto mediante sentencia N° 1049/2009, lo siguiente:

> *"Es decir, el ejercicio de una labor concretizadora o delimitadora del derecho fundamental del artículo 112 de la Constitución debe atender a los elementos normativos que puedan atribuírsele a la redacción del artículo 112 o a los elementos normativos que puedan reconocerse en la redacción de los derechos fundamentales relacionados con aquél (esto en la medida en que sus supuestos de hecho se refieran a las mismas relaciones de vida que aquél contemple, o que se relacionen con los intereses que entren en conflicto con los bienes que aquél pretende asegurar o garantizar). Ejemplo de un derecho fundamental relacionado con el de libertad económica o de libre empresa es el contenido en el artículo 117 de la Constitución, relativo al derecho a disponer de bienes y servicios de calidad.*
>
> *Y aún en el caso que se conciba la existencia de un contenido prima facie de los derechos fundamentales, es decir, un contenido que surja de la sola interpretación del precepto que lo contenga y que no se formule a la luz de ningún conflicto o situación concreta, la doctrina que sostiene tal hipótesis termina reconociendo un contenido definitivo del derecho fundamental como resultado de una labor creadora de los poderes públicos, especialmente relacionada por la potestad legislativa (que ejerce el parlamento) y con la potestad de garantía de la Constitución (que despliega el tribunal constitucional), para lo cual se deberán tomar en cuenta la situación que se desea ordenar, los resultados perseguidos, los derechos aplicables y los elementos de hecho relevantes."*

Es precisamente en este contexto, que esta Sala reconoce que el **Decreto con Rango, Valor y Fuerza de Ley Orgánica de Precios Justos, en lo que respecta a su ámbito de aplicación, finalidad, objetivos y postulados principistas, se adecúa y desarrolla los axiomas constitucionales en los que respecta al contenido de los derechos económicos, en armonía con la fuerza normativa del modelo de Estado social constitucionalmente estatuido, así como con los valores y principios también constitucionalmente establecidos, lo cual de hecho fue incluso previamente avanzado por esta Sala**, mediante decisión de fecha 23 de enero de 2014, Exp. 2014-0052, en la que se declaró de conformidad con el artículo 203 de la Constitución de la República Bolivariana de Venezuela en concordancia con el artículo 2 de la Ley que autoriza al Presidente de la República para dictar Decretos con Rango, Valor y Fuerza de Ley en las materias que se delegan, y con el artículo 25, numeral 14, de la Ley Orgánica del Tribunal Supremo de Justicia, la **CONSTITUCIONALIDAD DEL CARÁCTER ORGÁNICO DEL DECRETO CON RANGO, VALOR Y FUERZA DE LEY ORGÁNICA DE PRECIOS JUSTOS**, que fue luego publicado en *Gaceta Oficial* N° 40.340 de esa misma fecha 23 de enero de 2014, como resultado del análisis del contenido de dicho Decreto y su correspondencia con los postulados constitucionales.

Ahora bien, en lo que atañe a las particularidades relacionadas con las denuncias formuladas por la parte accionante, se tiene que la misma delata la supuesta infracción de los derechos constitucionales contenidos en los artículos 117 y 112 de la Constitución de la República Bolivariana de Venezuela, por considerar que *"el Ministro del Poder Popular para el Comercio y Superintendente Nacional para la Defensa de los Derechos Socio Económicos ha ejercido una serie de actuaciones contra personas jurídicas y personas naturales, así como ha adoptado una serie de medidas, que en lo económico y, más importante, en lo social, afecta los derechos que tenemos los ahora accionantes como todos los habitantes de la República, como usuarios y consumidores de bienes y servicios".*

Al respecto, observa esta Sala que la parte accionante solicitó a este órgano jurisdiccional que a través del presente pronunciamiento *"declare CON LUGAR la presente demanda de amparo constitucional y, en consecuencia, se le ordene al ciudadano Dante Rafael Rivas Quijada, Ministro del Poder Popular para el Comercio y Superintendente Nacional para la Defensa de los Derechos Socio Económicos, que se abstengan (sic) de realizar cualquier actuación o conducta en ejecución del Decreto con Rango, Valor y Fuerza de Ley Orgánica de Precios Justos, por cuanto ello viola, en nuestra condición de consumidores y usuarios, los derechos y garantías constitucionales consagrados en el artículo 112 y 117 de la Constitución de la República Bolivariana de Venezuela"*

De lo anterior se evidencia que, se interpuso una vía procesal como lo es una acción de amparo contra los indicados funcionarios (Ministro del Poder Popular para el Comercio y Superintendente Nacional para la Defensa de los Derechos Económicos), pretendiendo en el fondo, que tal mecanismo subvierta y desnaturalice su carácter restablecedor respecto a los supuestos agraviantes, en tanto y cuanto lo que el quejoso pretende es que se ordene la inaplicación de un instrumento que ostenta naturaleza legal, como lo es el Decreto con Rango, Valor y Fuerza de Ley Orgánica de Precios Justos, por considerar que el mismo supuestamente vulnera los derechos y garantías constitucionales consagradas en los artículos 112 y 117 de la Constitución de la República Bolivariana de Venezuela. No obstante lo anterior, sobre la base de las consideraciones expuestas y vistas las delaciones genéricas señaladas por el quejoso de autos, en criterio de esta Sala, las supuestas actuaciones de los pretendidos agraviantes en aplicación de la Ley Orgánica de Precios Justos, no implican vulneración de los derechos constitucionales alegados, y la referida ley, tal como se expresó *ut supra*, responde al desarrollo legal del Estado Social y demás valores, principios, garantías y normas en general que propugna la Constitución de la República Bolivariana de Venezuela.

B.   *Bienes sujetos al régimen sobre Defensa de las personas para el acceso a bienes y servicios: bienes y servicios dirigidos a la satisfacción de necesidades colectivas*

TSJ-SPA (1269)   **18-9-2014**

Magistrada Ponente: Mónica Misticchio Tortorella

Caso: INDUSTRIAS VENOCO, C.A., vs. Decreto N° 7.712, dictado por el PRESIDENTE DE LA REPÚBLICA BOLIVARIANA DE VENEZUELA (el 10-10-2010, *G. O.* N° 39.528 del 11-10-2010, *mediante el cual se ordenó "la adquisición forzosa de los bienes muebles e inmuebles" propiedad de las identificadas sociedades de comercio "o de cualesquiera otras empresas o personas relacionadas, y que sean necesarios para la ejecución de la obra 'Soberanía en la Elaboración y Suministro de Bases Lubricantes, Lubricantes Terminados, Aceites Dieléctricos, Grasas y Liga para Frenos'").*

> **La Ley de defensa de las personas en el acceso a los bienes y servicios no sólo se refiere a los bienes declarados como de primera necesidad, sino a todos los bienes y servicios dirigidos a la satisfacción de necesidades colectivas.**

También debe ponerse de relieve que la norma contenida en el artículo 6 de la Ley para la Defensa de las Personas en el Acceso a los Bienes y Servicios, como se indicó *supra*, declaró de antemano la utilidad pública o interés social de todos los bienes necesarios para desarrollar las actividades de producción, fabricación, importación, acopio transporte, distribución y comercialización de bienes y servicios, lo que en forma alguna limita a una categoría de bienes y servicios sino que, en general, comprende aquéllos dirigidos a la satisfacción de necesidades del colectivo, motivo por el cual se considera que la adquisición forzosa resulta aplicable –en general y no excepcional– sobre todos los bienes indicados.

En efecto, en la controversia sub examine se decretó la adquisición forzosa de *"los bienes muebles e inmuebles, incluyendo bienhechurías, instalaciones, plantas, equipos industriales, de oficina y demás activos, requeridos o necesarios para la actividad de producción, procesamiento, transporte y almacenamiento, que pertenezcan o se encuentren en posesión de las sociedades mercantiles [recurrentes] o de cualesquiera otras empresas o personas relacionadas"* con el objeto de ejecutar la obra *"Soberanía en la Elaboración y Suministro de Bases Lubricantes, Lubricantes Terminados, Aceites Dieléctricos, Grasas y Liga para Frenos"*.

Siendo así, esta Sala Político-Administrativa insiste en que en la controversia sometida a su conocimiento es una adquisición forzosa y no una expropiación.

Sin embargo, cuando la sociedad mercantil Petróleos de Venezuela S.A. (PDVSA) inicie el correspondiente procedimiento de expropiación previsto en la Ley de Expropiación por Causa de Utilidad Pública, como expresamente lo ordena el propio Decreto recurrido, no será necesaria la declaratoria de utilidad pública o interés social de los bienes afectados por el acto impugnado, toda vez que tal exigencia está cumplida de antemano, en el primer párrafo del artículo 6 de la Ley para la Defensa de las Personas en el Acceso a los Bienes y Servicios, es decir, no será necesaria una declaratoria de utilidad pública e interés social posterior, dado que el requisito invocado como fundamento del Decreto impugnado se encuentra satisfecho con la declaratoria general y previa contenida en el artículo 6 de la Ley para la Defensa de las Personas en el Acceso a los Bienes y Servicios, como lo sostuvo la sustituta del Procurador General de la República, en la oportunidad de la audiencia de juicio, toda vez que el mencionado instrumento normativo constituye una Ley formal –se insiste– al haber sido emanada de la Asamblea Nacional, órgano con competencia constitucional para legislar a nivel nacional.

Esta norma (artículo 6) que –a juicio de este Máximo Tribunal– comprende todo tipo de bienes y no sólo los bienes de primera necesidad, como lo sostienen los apoderados judiciales accionantes tanto en el recurso de nulidad incoado, como en la oportunidad de la audiencia de juicio y en el escrito de informes, al invocar la exposición de motivos de la mencionada Ley para la Defensa de las Personas en el Acceso a los Bienes y Servicios.

Conclusión a la que arriba este órgano jurisdiccional, tomando en consideración que en el artículo 1 del referido instrumento legal se establece que *"La presente Ley tiene por objeto la defensa, protección y salvaguarda de los derechos e intereses individuales y colectivos en el acceso de las personas a los bienes y servicios para la satisfacción de las necesidades"*, de manera que su regulación no se restringe o limita a bienes de primera necesidad, sino que su ámbito de regulación es mucho más amplio, en aras de garantizar la *"satisfacción de las necesidades"* en general.

Lo anterior no sólo se desprende del artículo 1° aludido sino que se advierte del contenido de la exposición de motivos de la Ley para la Defensa de las Personas en el Acceso a los Bienes y Servicios, invocada precisamente por los apoderados judiciales de la parte recurrente, y que señala:

> *"La presente reforma surge respondiendo a las necesidades de mayor efectividad en la atención a la protección de los derechos de las personas en el acceso a los bienes y servicios.*
>
> *El Estado está en la obligación de brindar a la sociedad instituciones que garanticen a los ciudadanos el goce de todas las esferas que contribuyan a su desarrollo integral y no sólo a las necesidades básicas. En este sentido y en apego a los principios constitucionales deben implementarse normativas que desarrollen y hagan posible la 'Suprema Felicidad Social' y protejan la paz social, el derecho a la vida, a la salud del pueblo, la vivienda como derecho humano y los servicios públicos esenciales"*. (Destacados de la cita).

Deriva también del texto citado, que la Ley *in commento* persigue la protección de los derechos de las personas en el acceso a los bienes y servicios, en general, destacándose de manera expresa que el Estado debe garantizar *"el goce de todas las esferas que contribuyan a su desarrollo integral y no sólo a las necesidades básicas"*.

De forma que Industrias Venoco, C.A., Lubricantes Venoco Internacional, C.A., Aditivos Orinoco de Venezuela Adinoven, C.A., Servicios Técnico Administrativos Venoco, C.A., C.A. Nacional de Grasas Lubricantes (CANGL) y Venosolquim, C.A. –contrario a lo afirmado por sus apoderados judiciales– sí estaban sujetas a lo previsto en el artículo 6 de la Ley para la Defensa de las Personas en el Acceso a los Bienes y Servicios, norma vigente para la fecha en que se dictó el Decreto impugnado, al ser los bienes objeto de adquisición forzosa necesarios para desarrollar actividades de producción, fabricación, importación, acopio, transporte, distribución y comercialización de bienes y servicios, como acertadamente opinó la representación del Ministerio Público en el escrito de informes presentado. Así se determina.

A mayor abundamiento, y ante el argumento de la parte recurrente de que el indicado artículo 6 hace inaplicable el artículo 115 de la Constitución de la República Bolivariana de Venezuela y las normas especiales previstas en la Ley de Expropiación por Causa de Utilidad Pública y Social, al señalar que invade y lesiona la competencia constitucional en materia de expropiación, esta Sala Político–Administrativa observa que la manera de interpretar las normas de rango legal es partiendo del precepto constitucional que –como ya se indicó *supra*– es una norma que dispone que **la propiedad estará sometida a las** contribuciones, **restricciones y obligaciones que establezca la Ley con fines de utilidad pública o de interés general**, sin que tales limitaciones o restricciones deban ser previstas o desarrolladas por una Ley en específico, sino que es posible a través de cualquier instrumento con rango de Ley.

Por su parte, la Ley de Expropiación por Causa de Utilidad Pública o Social no excluye, en cuanto a la institución que ella regula, ningún otro instrumento de rango legal –especial o general–, pues el Constituyente sólo se refiere a *"la Ley"*, siendo totalmente posible que el desarrollo de determinados aspectos de la adquisición forzosa de bienes por parte del Estado sea realizada por una Ley –en este caso– *"especial en materia de protección de consumidores y usuarios"*, esto es, la Ley para la Defensa de las Personas en el Acceso a los Bienes y Servicios, aplicable *ratione temporis*, hoy Decreto con Rango, Valor y Fuerza de Ley Orgánica de Precios Justos, más aun cuando ambos instrumentos ostentan el mismo rango (legal) y se complementan, sin que esta interpretación subvierta los principios y garantías fundacionales del Estado Social de Derecho, como lo sostuvo el apoderado judicial de las sociedades mercantiles recurrentes.

Por último, en cuanto a la denuncia bajo examen, no pasa inadvertido para esta Sala que los apoderados judiciales de las compañías recurrentes, en el escrito de informes, expresaron que les resultaba incomprensible que la representación de la República hubiere destacado que existían excepciones a la declaratoria de utilidad pública tanto en la Ley de Expropiación por Causa de Utilidad Pública o Social como en otras Leyes, sin indicar a cuáles se refería.

Frente a dicha afirmación, esta Sala Político-Administrativa considera que carece de relevancia jurídica la falta de indicación de tal información por parte de la sustituta del Procurador General de la República, tomando en consideración que –como ya quedó establecido *supra*– en el caso de autos la declaratoria de utilidad pública sí existió de manera previa por parte del órgano competente para ello. Así se declara.

En consecuencia, visto que la disposición que sirvió de fundamento para dictar el Decreto recurrido (artículo 6 de la Ley para la Defensa de las Personas en el Acceso a los Bienes y Servicios) no contraviene el precepto constitucional consagrado en el artículo 115 de la Constitución de la República Bolivariana de Venezuela, esta Sala niega su desaplicación, solicitada con fundamento en los artículos 334 de la Constitución de la República Bolivariana de Venezuela y 20 del Código de Procedimiento Civil. Así se declara.

De igual modo, se desecha el alegato fundamentado en la inconstitucionalidad invocada, referido a que el Decreto impugnado no cumple con los requisitos básicos para su validez y, por tanto, para la afectación de los bienes de las sociedades mercantiles recurrentes, por presuntamente contradecir los artículos 115 de la Constitución de la República Bolivariana de Venezuela, 5 y 13 de la Ley de Expropiación por Causa de Utilidad Pública o Social y 19, numerales 3 y 4, de la Ley Orgánica de Procedimientos Administrativos. Así se determina.

C.   *Bienes protegidos en el régimen de defensa de las personas en el acceso a bienes y servicios: lubricantes, aceites de motor, grasas y ligas de freno*

TSJ-SPA (1269)   **18-9-2014**

Magistrada Ponente: Mónica Misticchio Tortorella

Caso: INDUSTRIAS VENOCO, C.A., vs. Decreto N° 7.712, dictado por el Presidente de la República Bolivariana de Venezuela (el 10-10-2010, *G.O.* N° 39.528 del 11-10-2010, *mediante el cual se ordenó "la adquisición forzosa de los bienes muebles e inmuebles" propiedad de las identificadas sociedades de comercio "o de cualesquiera otras empresas o personas relacionadas, y que sean necesarios para la ejecución de la obra 'Soberanía en la Elaboración y Suministro de Bases Lubricantes, Lubricantes Terminados, Aceites Dieléctricos, Grasas y Liga para Frenos'").*

La Sala consideró que los lubricantes, aceites de motor, grasas y ligas de freno se consideran bienes protegidos por la Ley de defensa en el acceso de las personas a bienes y servicios, y por tanto declarados de utilidad pública en la misma, porque son bienes destinados a la satisfacción de necesidades colectivas porque son los que permiten que funciones el sistema de transporte terrestre para asegurar la disposición de bienes esenciales para la colectividad.

La representación judicial de la parte recurrente considera que el ejercicio de la potestad expropiatoria exige una justificación clara, inobjetable y coherente del interés social o general y los bienes afectados, por lo que la Administración debe demostrar que no tuvo más remedio que acudir a la expropiación, al mismo tiempo que indica que la justificación contenida en el Decreto impugnado adolece de *"insuficiente sustentación lógica"*.

Considera que la realización de la actividad desarrollada por sus mandantes no comporta, de manera inmediata y directa, una utilidad pública sino de interés social, de allí que se requiera mayor exhaustividad en la causa *expropiandi*, para determinar el costo/beneficio (si a todos los venezolanos les conviene expropiar y pagar la justa indemnización), así como los intereses contrapuestos.

Con respecto a este alegato, esta Sala Político-Administrativa estima menester precisar que la justificación de los actos administrativos se corresponde con la motivación de éstos, como exigencia contenida en los artículos 9 y 18, numeral 5, de la Ley Orgánica de Procedimientos Administrativos, por lo cual la Administración Pública al dictar un acto administrativo debe expresar en su texto tanto los fundamentos de hecho como de derecho, suficientes para que el administrado conozca las razones que ella tuvo para su emisión.

En la controversia bajo análisis, se advierte que el Decreto N° 7.712 dictado por el Presidente de la República en fecha 10 de octubre de 2010, fue fundamentado en los artículos 115, 226 y 236, numeral 2, de la Constitución de la República Bolivariana de Venezuela; artículo 6 de la Ley para la Defensa de las Personas en el Acceso a los Bienes y Servicios; y 5 de la Ley de Expropiación por Causa de Utilidad Pública o Social, normas que constituyen su motivación jurídica.

Con relación a los fundamentos de hecho, tenemos que el aludido acto indicó que: *1) "la disposición oportuna y eficiente de bases lubricantes, lubricantes terminados, aceites dieléctricos, grasas y liga para frenos, es de importancia medular en el mercado interno, en tanto que dicha disposición impacta directamente sobre actividades de distribución de insumos básicos, para la población, transporte público y funcionamiento de buena parte del sector industrial, por lo que es fundamental para el Estado, garantizar en todo momento, una disposición adecuada y con precios justos de estos productos"; 2) "trascendentales procesos industriales se encuentran bajo el control operacional de empresas privadas y transnacionales, cuyo insumo principal es el suministrado por la empresa Petróleos de Venezuela, S.A. (PDVSA)", y 3) que " la adquisición forzosa por parte del Estado, de los bienes que pertenezcan o que en la actualidad se encuentren en posesión de las [recurrentes] o de cualesquiera otras empresas o personas relacionadas, resultan indispensables para la ejecución de la obra 'Soberanía en la Elaboración y Suministro de Bases Lubricantes, Lubricantes Terminados, Aceites Dieléctricos, Grasas y Liga para Frenos' "*.

En efecto, el Presidente de la República apreció que para la ejecución de la obra *"Soberanía en la Elaboración y Suministro de Bases Lubricantes, Lubricantes Terminados, Aceites Dieléctricos, Grasas y Liga para Frenos"*, se requería la adquisición forzosa de los bienes indicados en el Decreto impugnado, al estimar que la disposición oportuna y eficiente de bases lubricantes, lubricantes terminados, aceites dieléctricos, grasas y ligas para frenos es de importancia esencial en el mercado interno, por cuanto impacta directamente sobre las actividades de distribución de insumos básicos, para la población, transporte público y funcionamiento de buena parte del sector industrial, redundando ello en la garantía por parte del Estado para brindar de forma adecuada y con precios justos los aludidos productos.

Decisión que adoptó el Presidente de la República fundamentándose para ello en lo previsto en el artículo 5 de la Ley de Expropiación por Causa de Utilidad Pública o Social, norma que prevé una facultad discrecional –en el ámbito nacional–, es decir, es el aludido funcionario quien puede determinar, atendiendo a la conveniencia y a la oportunidad, que la ejecución de una obra determinada requiere la adquisición forzosa de la totalidad de un bien, varios bienes o de parte de ellos.

Asimismo, como fundamento fáctico apreció el Presidente de la República el Punto de Cuenta N° 128-10, fechado 10 de octubre de 2010, suscrito por el Ministro del Poder Popular para la Energía y Petróleo, contentivo de la propuesta de adquisición forzosa de los bienes referidos en el Decreto impugnado, cursante en copia simple a los folios 275 al 278 del expediente, y en el que se expresó lo siguiente:

[*omissis*]

Del Punto de Cuenta citado, que sirvió de fundamento al Decreto de adquisición forzosa, se desprende que su justificación se basa en que: *i)* la determinación de varios procesos vinculados con las mercancías correspondientes a la elaboración de lubricantes terminados, aceites dieléctricos, grasas, liga para frenos y la materia prima para detergentes, emulsificantes y solventes, están bajo el control de empresas privadas que no tienen profundidad técnica, ni interés en el desarrollo tecnológico y cuyo insumo principal es proveído por la sociedad mercantil Petróleos de Venezuela, S.A. y que, *ii)* en la cadena de valor de productos que son esenciales para la buena marcha de actividades y servicio como el transporte de pasajeros y de productos básicos, así como para el funcionamiento de industrias básicas del Estado, queda en manos de la empresa privada el manejo de los precios, y la realización de prácticas de acaparamiento y especulación, a expensas del suministro de materia prima por parte del Estado a través de la compañía anónima Petróleos de Venezuela, S.A.

En este contexto, el Presidente de la República estimó conveniente que la elaboración de lubricantes terminados, aceites dieléctricos, grasas, liga para frenos y la materia prima para detergentes, emulsificantes y solventes están bajo el control de empresas privadas que no tienen profundidad técnica, ni interés en el desarrollo tecnológico, cuyo insumo principal es proveído por la estatal petrolera PDVSA, y a los fines de evitar el acaparamiento y especulación de tales productos, los cuales inciden en la distribución de insumos básicos para la población, transporte público y funcionamiento de parte importante del sector industrial, decretó la adquisición forzosa objeto de la presente controversia, en aras de garantizar la soberanía económica que pregona la Constitución ....[...]

2.   *Libertad Económica*

A.   *Fijación de precios justos*

TSJ-SC (1158)   **18-8-2014**

Magistrada Ponente: Gladys María Gutiérrez Alvarado

Caso: Rómulo Plata vs. (Dante Rafael Rivas Quijada*)* Ministro del Poder Popular para el Comercio y Superintendente Nacional para la Defensa de los Derechos Socio Económicos.

La Sala Constitucional confirma la doctrina jurisprudencial, sobre el ejercicio de los derechos económicos.

..En aplicación de los razonamientos precedentes, observa esta Sala que tiene cabida la vigencia del Decreto con Rango, Valor y Fuerza de Ley Orgánica de Precios Justos publicado en *Gaceta Oficial de la República Bolivariana de Venezuela* bajo el número 40.340 de fecha 23 de enero de 2014, el cual en función del contenido de sus normas, detenta de manera clara (en cuanto a su ámbito, finalidad y objeto regulatorio), el desarrollo armónico, justo, equitativo, productivo y soberano de la economía nacional, a través de la determinación de precios justos de bienes y servicios, precisamente para lograr la armonización de los derechos económicos contemplados en los artículos 112 y 117 de la Constitución de la República Bolivariana de Venezuela, con la finalidad a la que atiende la noción de Estado Social, en salvaguarda de los ingresos de todos las ciudadanas y ciudadanos, y de manera particular, con el acceso de las personas a los bienes y servicios en condiciones justas, para la satisfacción de sus necesidades en forma digna, evitándose por contrapartida, la verificación de distorsiones económicas proscritas por el ordenamiento constitucional en el ejercicio de una actividad económica, y encontrándose en dicho Decreto Ley, la aplicación de los correctivos necesarios, a través de los distintos sistemas de control, supervisión y fiscalización allí establecidos, así como por el régimen sancionatorio y punitivo que en ese texto normativo está previsto.

Así, el Decreto con Rango, Valor y Fuerza de Ley Orgánica de Precios Justos contiene disposiciones, normativas y nominaciones principistas en el ámbito del control de los costos y precios justos, devenidos de los principios y derechos sociales y económicos y garantías que consagra la Constitución de la República Bolivariana de Venezuela, en razón de lo cual el texto legal *in commento* resulta trascendental para lograr el cabal cumplimiento de los fines y cometidos del Estado.

De igual manera, no puede pasar inadvertido para esta Sala, que el ámbito y finalidad a la que atiende el contenido del Decreto con Rango, Valor y Fuerza de Ley de Precios Justos, se encuentra en consonancia y materializa el desarrollo de los postulados de acción estatal establecidos en el Plan de la Patria, Proyecto Nacional Simón Bolívar, Segundo Plan Socialista de Desarrollo Económico y Social de la Nación 2013-2019, publicado en *Gaceta Oficial de la República Bolivariana de Venezuela N° 6.118* extraordinario, de fecha 04 de diciembre de 2013, en cuyo gran objetivo histórico N° 2, específicamente en su aparte 2.1.2 plantea como línea de dirección del Estado en el ámbito económico, "*2.1.2. Desarrollar un sistema de fijación de precios justos para los bienes y servicios, combatiendo las prácticas de ataque a la moneda, acaparamiento, especulación, usura y otros falsos mecanismos de fijación de precios, mediante el fortalecimiento de las leyes e instituciones responsables y la participación protagónica del Poder Popular, para el desarrollo de un nuevo modelo productivo diversificado, sustentado en la cultura del trabajo*".

En atención a todo ello, como ha expuesto esta Sala Constitucional en su doctrina jurisprudencial, el ejercicio de los derechos económicos resulta necesariamente susceptible de detentar limitaciones establecidas sobre la base del desarrollo de los postulados constitucionales, según ha sido indicado en sentencia N° 2254 /2001, Caso: "*Inversiones Camirra S.A.*", n la que se expuso:

"Sobre este particular, esta Sala debe destacar que el principio de la libertad económica, no debe ser entendida como un derecho que esté consagrado en términos absolutos, sino que el mismo puede ser susceptible de ciertas limitaciones, las cuales pueden venir dadas por ley o por manifestaciones provenientes de la administración, las cuales, previa atención al principio de legalidad, pueden regular, limitar y controlar las actividades económicas que desempeñen los particulares.

A diferencia de la consagración correlativa del texto fundamental de 1961, la previsión antes transcrita contiene una mayor precisión tanto en lo referido a las limitaciones de índole legal al ejercicio de las actividades económicas como a la definición del rol del Estado promotor. Es así como puede inferirse de la relación seguida en la norma, que la restricción a la actividad económica, además de estar contemplada en una Ley, es necesario que obedezca a razones de desarrollo humano, seguridad, sanidad, protección del ambiente u otras de interés social.

Al respecto, resulta necesario traer a colación el fallo dictado por el Tribunal Constitucional Español, respecto a la inexistencia de los derechos absolutos, específicamente, en lo que se refiere a la libertad de empresa:

"(...) En el derecho constitucional contemporáneo no existen derechos absolutos y prevalentes frente a otros derechos fundamentales o de rango constitucional. Y en un Estado social y democrático de Derecho, como el que proclama el art. 1 CE, es lícitamente posible para el legislador la introducción de límites y restricciones al ejercicio de derechos de contenido patrimonial, como los de propiedad y libertad de empresa, por razones derivadas de su función social. La libertad de empresa, junto a su dimensión subjetiva, tiene otra objetiva o institucional, como elemento de un determinado sistema económico, y se ejerce dentro de un marco general configurado por las reglas estatales y autonómicas que ordenan la economía de mercado y, entre ellas, las que tutelan los derechos de los consumidores, preservan el medio ambiente u organizan el urbanismo y una adecuada utilización del territorio por todos. La libertad de empresa no ampara un derecho incondicionado a la instalación de cualesquiera establecimientos comerciales en cualquier espacio y sin sometimiento alguno al cumplimiento de requisitos y condiciones." (Sentencia 227/ 93, de 9 de julio).

La libertad económica no debe ser interpretada como un derecho absoluto e ilimitado. En efecto, las actividades económicas de los particulares deben ser reglamentadas en la medida en que las mismas puedan alterar al orden público e incidan sobre la vida y desenvolvimiento que desempeñe el resto de la colectividad, por lo que en la mayoría de los casos, debe necesariamente condicionarse su ejercicio al control y expedición de autorizaciones por parte de la Administración, imponiéndose un régimen estrecho sobre ciertas actividades de empresa, siendo en razón de ello permisible, la intervención económica de las entidades públicas." (Sentencia de Sala Constitucional del 13 de noviembre de 2001, Exp. 001602, Caso: *Pedro Alid Zoppi y Otros*)

Asimismo, esta Sala Constitucional, en Sentencia [Véase en *Revista de Derecho Público* N° 93-94/95-96 de 2003 en p. 333 y ss.]

"La libertad económica es manifestación específica de la libertad general del ciudadano, la cual se proyecta sobre su vertiente económica. De allí que, fuera de las limitaciones expresas que estén establecidas en la Ley, los particulares podrán libremente entrar, permanecer y salir del mercado de su preferencia, lo cual supone, también, el derecho a la explotación, según su autonomía privada, de la actividad que han emprendido. Ahora bien, en relación con la expresa que contiene el artículo 112 de la Constitución, los Poderes Públicos están habilitados para la regulación –mediante Ley– del ejercicio de la libertad económica, con la finalidad del logro de algunos de los objetivos de "interés social" que menciona el propio artículo. De esa manera, el reconocimiento de la libertad económica debe conciliarse con otras normas fundamentales que justifican la intervención del Estado en la economía, por cuanto la Constitución venezolana reconoce un sistema de economía social de mercado. Así lo ha precisado esta Sala Constitucional en anteriores oportunidades:

'...A la luz de todos los principios de ordenación económica contenidos en la Constitución de la República Bolivariana de Venezuela, se patentiza el carácter mixto de la economía venezolana, esto es, un sistema socioeconómico intermedio entre la economía de libre mercado (en el que el Estado funge como simple programador de la economía, dependiendo ésta de la oferta y la demanda de bienes y servicios) y la economía interventora (en la que el Estado interviene activamente como el empresario mayor).

Efectivamente, la anterior afirmación se desprende del propio texto de la Constitución, promoviendo, expresamente, la actividad económica conjunta del Estado y de la iniciativa privada en la persecución y concreción de los valores supremos consagrados en la Constitución.

Lo dicho en el párrafo que antecede encuentra su fundamento en la norma contenida en el artículo 299 de la Constitución de la República Bolivariana de Venezuela...' (sentencia de 6-2-01, caso: Pedro Antonio Pérez Alzurut).

*<u>**Los Poderes Públicos pueden regular el ejercicio de la libertad económica para la atención de cualquiera de las causas de interés social que nombra la Constitución, entre las cuales se encuentra la protección del consumidor y el usuario. En efecto, en concordancia con el**</u>*

sistema de economía social que asumió el Texto Fundamental, el constituyente admitió que la libertad económica podía ser limitada para la protección de los derechos de los consumidores y usuarios, que reconoce el artículo 117 de la Constitución, según el cual:

'...*Todas las personas tendrán derecho a disponer de bienes y servicios de calidad, así como a una información adecuada y no engañosa sobre el contenido y características de los productos y servicios que consumen, a la libertad de elección y a un trato equitativo y digno. La ley establecerá los mecanismos necesarios para garantizar esos derechos, las normas de control de calidad y cantidad de bienes y servicios, los procedimientos de defensa del público consumidor, el resarcimiento de los daños ocasionados y las sanciones correspondientes por la violación de estos derechos...*'.

Una de las causas que, según la Constitución de 1999, justifica la imposición de limitaciones a la libertad económica, es precisamente lo que se relaciona con el precio de ciertos bienes y servicios que califican esenciales para los consumidores y usuarios. Se considera así que la indebida elevación del precio de ciertos bienes y servicios fundamentales puede restringir el acceso a éstos por parte de los consumidores, en detrimento del derecho que reconoce el artículo 117 constitucional, con relación a la disposición "de bienes y servicios de calidad". Frente a tal eventualidad, la regulación de precios –junto a otras medidas económicas– encuentra plena justificación dentro del marco de la Constitución económica." (Subrayado de esta Sala)

3.   *Propiedad y expropiación*

    A.   *Propiedad privada. Expropiación, estatización, nacionalización*

TSJ-SPA (1269)   **18-9-2014**

Magistrada Ponente: Mónica Misticchio Tortorella

Caso: INDUSTRIAS VENOCO, C.A., vs. Decreto N° 7.712, dictado por el PRESIDENTE DE LA REPÚBLICA BOLIVARIANA DE VENEZUELA (el 10-10-2010, *G.O.* N° 39.528 del 11-10-2010, *mediante el cual se ordenó "la adquisición forzosa de los bienes muebles e inmuebles" propiedad de las identificadas sociedades de comercio "o de cualesquiera otras empresas o personas relacionadas, y que sean necesarios para la ejecución de la obra 'Soberanía en la Elaboración y Suministro de Bases Lubricantes, Lubricantes Terminados, Aceites Dieléctricos, Grasas y Liga para Frenos".)*

      La Sala analiza la diferencia entre expropiación, estatización y nacionalización.

    Los apoderados judiciales de las sociedades de comercio recurrentes expresan que en Venezuela la referida figura no está dirigida a *"la expropiación de sociedades mercantiles"*, sobre las cuales aplican otras figuras como la Nacionalización o la Estatización de empresas.

    Al respecto, advierte este Máximo Tribunal que lo anterior no constituye una denuncia concreta sino una simple afirmación.

    Sin embargo, es necesario poner de relieve que la expropiación o adquisición forzosa tiene su fundamento en el artículo 115 de la Constitución de la República Bolivariana de Venezuela, como se precisó *supra*, norma que dispone que la propiedad estará sometida a las contribuciones, restricciones y obligaciones que establezca la Ley, destacando la utilidad pública y el interés social como causa primordial para la transferencia de la propiedad al Estado, propiedad que recae, exclusivamente, sobre derechos y bienes pertenecientes a los particulares, a tenor de lo previsto en el artículo 1 de la Ley de Expropiación por Causa de Utilidad Pública o Social, es decir, no incluye *per se* a la persona jurídica.

Por su parte, la nacionalización o estatización, a diferencia de otras figuras como la expropiación o como la adquisición forzosa, está basada en la conveniencia nacional y el carácter estratégico de la actividad desarrollada o a realizar, de acuerdo con lo previsto en el artículo 302 de la Constitución de la República Bolivariana de Venezuela, figura que sí permite la transferencia de determinada sociedad mercantil o personería jurídica, conjuntamente con sus bienes, al Estado en virtud de la defensa y soberanía de la Nación.

Por último, no pasa inadvertido para esta Sala Político-Administrativa que la representación judicial de la parte recurrente, aseveró que una vez emitido el Decreto de afectación de bienes, éste en sí mismo no produce el traslado del derecho de propiedad, siendo que sólo implica la puesta en marcha de la actividad administrativa para evaluar la viabilidad de la expropiación de los bienes.

Al respecto, aprecia este Máximo Tribunal que –ciertamente– el Decreto de afectación de bienes, de conformidad con lo previsto en el artículo 5 de la Ley de Expropiación por Causa de Utilidad Pública o Social, en sí no se traduce en el traslado inmediato del derecho de propiedad, sino que es el inicio de un procedimiento complejo regulado por el aludido instrumento legal y –en todo caso– no constituye el objeto de la controversia sometida a conocimiento de esta Sala, pues lo que se pretende es la declaratoria de nulidad del acto que ordenó la adquisición forzosa de los bienes propiedad o en posesión de las sociedades de comercio recurrentes y de otras empresas o personas relacionadas.

B. *Expropiación. Declaratoria de utilidad pública en leyes especiales*

TSJ-SPA (1269)   **18-9-2014**

Magistrada Ponente: Mónica Misticchio Tortorella

Caso: INDUSTRIAS VENOCO, C.A., vs. Decreto N° 7.712, dictado por el Presidente de la República Bolivariana de Venezuela (el 10-10-2010, *G.O. N° 39.528 del 11-10-2010, mediante el cual se ordenó "la adquisición forzosa de los bienes muebles e inmuebles" propiedad de las identificadas sociedades de comercio "o de cualesquiera otras empresas o personas relacionadas, y que sean necesarios para la ejecución de la obra 'Soberanía en la Elaboración y Suministro de Bases Lubricantes, Lubricantes Terminados, Aceites Dieléctricos, Grasas y Liga para Frenos".*)

......Ahora bien, en la controversia sometida a conocimiento de este órgano jurisdiccional, ciertamente, el Decreto Presidencial impugnado fue fundamentado, entre otras normas, en el artículo 6 de la Ley para la Defensa de las Personas en el Acceso a los Bienes y Servicios, publicada en la *Gaceta Oficial de la República Bolivariana de Venezuela* N° 39.358 del 1° de febrero de 2010, aplicable *ratione temporis*, y cuyo contenido se reproduce casi en idénticos términos en el artículo 7 del Decreto con Rango, Valor y Fuerza de Ley Orgánica de Precios Justos, publicada en la *Gaceta Oficial de la República Bolivariana de Venezuela* N° 40.340 del 23 de enero de 2014, actualmente vigente. Así, el aludido artículo 6 prevé:

"Declaratoria de Utilidad Pública

Artículo 6: Se declaran, y por lo tanto son de utilidad pública e interés social, todos los bienes necesarios para desarrollar las actividades de producción, fabricación, importación, acopio, transporte, distribución y comercialización de bienes y servicios.

El Ejecutivo Nacional podrá iniciar la expropiación, de los bienes pertenecientes a los sujetos sometidos a la aplicación de la presente Ley, sin que medie para ello declaratoria de utilidad pública o interés social por parte de la Asamblea Nacional.

Igualmente el Ejecutivo Nacional puede iniciar el procedimiento expropiatorio cuando se hayan cometido ilícitos económicos y administrativos de acuerdo a lo establecido en el artículo 114 de la Constitución de la República Bolivariana de Venezuela y los artículos 16, 53 y cualquiera de los supuestos ilícitos administrativos previstos en los artículos 46, 47, 65, 66, 67, 68 y 69 de la presente Ley.

En todo caso, el Estado podrá adoptar la medida de ocupación, operatividad temporal e incautación mientras dure el procedimiento expropiatorio, la cual se materializará mediante la posesión inmediata, puesta en operatividad, administración y el aprovechamiento del establecimiento, local, bienes, instalaciones, transporte, distribución y servicios por parte del órgano o ente competente del Ejecutivo Nacional, a objeto de garantizar la disposición de dichos bienes y servicios por parte de la colectividad. El órgano o ente ocupante procederá a realizar el inventario del activo, y ejecutará las acciones necesarias a objeto de procurar la continuidad de la prestación del servicio o de las fases de la cadena de producción y distribución del consumo que corresponda.

Parágrafo único: *En los casos de expropiación, de acuerdo a lo previsto en este artículo, se podrá compensar y disminuir del monto de la indemnización lo correspondiente a multas, sanciones y daños causados, sin perjuicio de lo que establezcan otras leyes.*" (Destacados de la Sala).

El texto de la Ley para la Defensa de las Personas en el Acceso a los Bienes y Servicios, que consagra la norma citada, surge atendiendo a la escasez de productos para la satisfacción de necesidades del colectivo, así como al aumento indebido de los precios, lo cual se aprecia de su exposición de motivos, en la que se expresa:

[*omissis*]

En ese sentido, observa esta Sala Político-Administrativa, como se destacó, al pronunciarse sobre las medidas cautelares requeridas en el presente juicio (sentencias Nos. 00554 y 00081 dictadas en fechas 23 de mayo de 2012 y 5 de febrero de 2013, respectivamente), que la norma antes transcrita establece de antemano la declaratoria de utilidad pública e interés social general, para el ámbito nacional, de los bienes necesarios para el desarrollo de las actividades de producción, fabricación, importación, acopio, transporte, distribución y comercialización de bienes y servicios.

Lo que, en modo alguno, contradice lo previsto en el artículo 5 de la Ley de Expropiación por Causa de Utilidad Pública o Social que, como se indicó *supra*, reproduce la exigencia constitucional (artículo 115) de la declaratoria en referencia y la competencia del órgano ejecutivo para afectar los bienes que serán destinados a la ejecución de la obra pública, así como tampoco se opone a lo dispuesto en el artículo 13 *eiusdem*, conforme lo entienden las recurrentes, pues esta última norma, como también se señaló, dispone la competencia del órgano legislativo para la aludida declaratoria (a nivel nacional: la Asamblea Nacional; a nivel estadal: los Consejos Legislativos; y a nivel municipal: los Concejos Municipales).

De forma que se trata de instrumentos del mismo rango (legal) que se complementan, como –atinadamente– lo consideró la representación judicial del Ministerio Público, resultando coherente y compatible el desarrollo legislativo del artículo 115 de la Constitución de la República Bolivariana de Venezuela por las normas contenidas tanto en el artículo 6 de la Ley para la Defensa de las Personas en el Acceso a los Bienes y Servicios como en los artículos 5 y 13 de la Ley de Expropiación por Causa de Utilidad Pública o Social.

En ese contexto, este órgano jurisdiccional advierte que el artículo 6 en referencia, en su segundo párrafo, establecía que el Ejecutivo Nacional podía iniciar la expropiación de los bienes pertenecientes a los sujetos sometidos a la aplicación de la Ley para la Defensa de las

Personas en el Acceso a los Bienes y Servicios, sin que mediara para ello declaratoria de utilidad pública o interés social por parte de la Asamblea Nacional.

No obstante, con la disposición *en comento* lo que pretendió el Legislador fue prever que no era necesaria una declaratoria de utilidad pública e interés social posterior a la ya –general y previa– por él instaurada, cuestión que evidencia, una vez más, la coherencia de nuestro ordenamiento jurídico como sistema, en el cual sus normas resultan insertas de manera clara en el conjunto ordenado.

Resulta desacertado el argumento de la parte recurrente, al asegurar que el artículo 6 cuestionado no contempla la necesidad de declaratoria de utilidad pública o interés social, por parte del Poder Legislativo, para la expropiación, al establecerse una delimitación *"amplísima"* de bienes y servicios, que puede abarcar cualquier bien ubicado en la República Bolivariana de Venezuela, pues, insiste la Sala que la declaratoria de utilidad pública e interés social está prevista en una norma de rango legal, pudiendo recaer la adquisición forzosa sobre cualquiera de los bienes necesarios para el desarrollo de las actividades de producción, fabricación, importación, acopio, transporte, distribución y comercialización de bienes y servicios, como expresamente lo disponía el artículo 6 de la Ley para la Defensa de las Personas en el Acceso a los Bienes y Servicios –aplicable *ratione temporis*– y como lo establece actualmente el artículo 7 del Decreto con Rango, Valor y Fuerza de Ley Orgánica de Precios Justos, toda vez que la norma constitucional (artículo 115) no impone la limitación de que tal declaratoria deba ser realizada, de manera específica, para determinada categoría de bienes a ser objeto de adquisición forzosa por parte del Estado.

Como puede apreciarse, el Presidente de la República consideró –en pro del interés general– que la disposición oportuna y eficiente de bases lubricantes, lubricantes terminados, aceites dieléctricos, grasas y liga para frenos era de suma importancia en el mercado interno debido a que impacta directamente sobre la distribución de insumos básicos para la población, transporte público y funcionamiento de parte importante del sector industrial, resultando esencial para el Estado la garantía de una disponibilidad adecuada y con precios justos de los referidos productos, los cuales –a criterio de la Sala– permiten que la población vea satisfecha sus necesidades básicas.

De igual modo, es necesario destacar que los apoderados judiciales de la parte recurrente señalan que el procedimiento expropiatorio, sin que medie la declaratoria de utilidad pública o interés general por parte de la Asamblea Nacional, de conformidad con lo dispuesto en el artículo 6 *"opera por vía excepcional a los bienes sometidos a la aplicación de la Ley para la Defensa de las Personas en el Acceso a los Bienes y Servicios"*, alegato frente al cual debe referir este órgano jurisdiccional que en el caso de autos no se está en presencia de una expropiación sino frente a una adquisición forzosa y una orden de ocupación de los bienes afectados.

IV. LA ACTIVIDAD ADMINISTRATIVA

1. *Actos administrativos. Vicios nulidad absoluta*

TSJ-SC (1009)   **4-8-2014**

Magistrado Ponente: Gladys María Gutiérrez Alvarado

Caso: Douglas Domínguez (Revisión Sentencia).

....En el caso sometido a consideración, se desprende del escrito continente de la solicitud de revisión constitucional, que el legitimado activo pretende la justificación de la utilización de este extraordinario medio de protección del texto constitucional, en la supuesta violación a sus derechos constitucionales a la defensa, al debido proceso, a la tutela judicial efectiva y a la confianza legítima o expectativa plausible, así como a los principios de la regla más favorable o principio de favor, *in dubio pro operario*, conservación de la condición laboral más favorable, primacía de la realidad o de los hechos sobre la forma o apariencia y de la conservación de la relación laboral, por cuanto el Juzgado Superior Primero del Trabajo de la Circunscripción Judicial del estado Lara desestimó su apelación y, por ende, confirmó la decisión del *a quo* que declaró la nulidad de la providencia administrativa que había ordenado su reenganche y pago de salarios caídos, con fundamento en la subsunción de la supuesta incompetencia por el territorio de la Inspectoría del Trabajo Pedro Pascual Abarca en la causal de nulidad absoluta que preceptúa el artículo 19.4 de la Ley Orgánica de Procedimientos Administrativos.

Ahora bien, observa esta Sala Constitucional que, en efecto, el Juzgado Superior Primero del Trabajo de la Circunscripción Judicial del estado Lara desestimó el recurso de apelación que formuló el requirente de revisión con la consecuente confirmación de la decisión de primera instancia y, por ende, el mantenimiento de la declaración nulidad de la providencia administrativa que dictó la Inspectoría del Trabajo Pedro Pascual Abarca el 18 de agosto de 2010, donde se había ordenado su reenganche y pago de salarios caídos, con fundamento, únicamente, en la subsunción de la supuesta incompetencia territorial de la referida Inspectoría del Trabajo en la causal de nulidad absoluta que preceptúa el artículo 19.4 de la Ley Orgánica de Procedimientos Administrativos.

Por su parte el referido artículo dispone:

"Artículo 19. Los actos de la administración serán absolutamente nulos en los siguientes casos:

4.– Cuando hubieren sido dictados por autoridades manifiestamente incompetentes, o con prescindencia total y absoluta del procedimiento legalmente establecido."

Así la Sala Político Administrativa de este Tribunal Supremo de Justicia, en cuanto a lo que debe entenderse como competencia para el desarrollo de la actividad administrativa, ha establecido:

"La competencia administrativa ha sido definida tanto por la doctrina como por la jurisprudencia, como la esfera de atribuciones de los entes y órganos, determinada por el derecho objetivo o el ordenamiento jurídico positivo; es decir, el conjunto de facultades y obligaciones que un órgano puede y debe ejercer legítimamente. De allí que la competencia esté caracterizada por ser: a) Expresa: porque ella debe estar explícitamente prevista en la Constitución o las leyes y demás actos normativos, por lo que, la competencia no se presume; e b) Improrrogable o indelegable: lo que quiere decir que el órgano que tiene atribuida la competencia no puede disponer de ella, sino que debe limitarse a su ejercicio, en los términos establecidos en la norma, y debe ser realizada directa y exclusivamente por el órgano que la tiene atribuida como propia, salvo los casos de delegación, sustitución o avocación, previstos en la Ley.

Así, la incompetencia como vicio de nulidad absoluta del acto administrativo, de conformidad con lo dispuesto en el numeral 4 del artículo 19 de la Ley Orgánica de Procedimientos Administrativos, se producirá cuando el funcionario actúe sin el respaldo de una disposición expresa que lo autorice para ello, o bien, cuando aún teniendo el órgano la competencia expresa para actuar, el funcionario encargado de ejercer esa competencia es un funcionario de hecho o un usurpador." (Sentencia N.° 00161 del 3 de marzo de 2004, caso: Eliécer Alexander Salas Olmos. Resaltado añadido).

En cuanto a lo manifiesto que debe ser el vicio de incompetencia para que conlleve a la nulidad absoluta del acto administrativo en conformidad con lo estipulado por el referido artículo 19.4 de la Ley Orgánica de Procedimientos Administrativos, dicha Sala estableció:

"Entre las condiciones necesarias para la validez y eficacia de los actos administrativos se encuentra la competencia, entendida como el ámbito de actuación otorgado por la Ley a un órgano o ente de la Administración Pública para llevar a cabo su actividad administrativa y cumplir sus funciones, materializándose generalmente en actos administrativos.

Es criterio de esta Sala que para que el acto administrativo sea nulo por la incompetencia del funcionario, ésta debe ser manifiesta de conformidad con lo dispuesto por el numeral 4° del artículo 19 de la Ley Orgánica de Procedimientos Administrativos (ver sentencia N° 02079 del 10 de agosto de 2006, caso: Panalpina, C.A.). Al efecto, cuando es manifiesta y ostensible la incompetencia, y por tanto, equivalente a situaciones de gravedad en el actuar administrativo al expresar su voluntad, se puede entonces denunciar tal infracción en cualquier estado y grado del proceso judicial y aun ser declarada de oficio por el Tribunal de la causa.

De acuerdo con lo expuesto, del examen de los autos deberá el Juez constatar, en primer lugar, la existencia de un poder jurídico previo que legitime la actuación del funcionario que emitió el acto impugnado (capacidad legal), y en segundo lugar, aun siendo legítima la autoridad que dictó el acto, verificar que no esté invadiendo la esfera de competencia de un órgano perteneciente a otra rama del Poder Público (usurpación de funciones)." (s. SPA N° 00792, del 28 de julio de 2010).

En atención a lo anterior, tenemos que la competencia en materia administrativa consiste en la esfera de atribuciones y facultades que la constitución o la ley le otorga al órgano o ente de la Administración Pública dentro de las cuales el funcionario público respectivo debe manifestar su voluntad y desarrollar su actividad administrativa. Por su parte, la Ley Orgánica de Procedimientos Administrativos sanciona con nulidad absoluta el acto administrativo viciado de incompetencia, precisando ésta como la producida por autoridades manifiestamente incompetentes, es decir, por aquellas personas (investidos con autoridad o no) a quienes el ordenamiento jurídico no les hubiese otorgado la facultad o atribución en que fundamenten su actividad.

En el caso de autos, tal y como se señaló *ut supra*, el Juzgado Superior Primero del Trabajo de la Circunscripción Judicial del estado Lara declaró sin lugar la apelación contra la decisión del *a quo* de ese proceso contencioso y, por ende, confirmó la declaración de nulidad del acto administrativo ordenante del reenganche y pagos de salarios caídos de requirente que había dictado la Inspectoría del Trabajo del estado Lara Pedro Pascual Abarca del 18 de agosto de 2010, con fundamento en el referido artículo 19.4 de la Ley Orgánica de Procedimientos Administrativos, por cuanto, a su decir, existía una incompetencia territorial por parte de dicho órgano administrativo, derivada de la resolución n.° 3833 que emitió el Ministerio del Poder Popular Para el Trabajo y la Seguridad Social el 2 de julio de 2005, donde fijó la competencia territorial de las Inspectorías del Trabajo ubicadas en el estado Lara, es decir, que circunscribió el ejercicio de las atribuciones y facultades de dichos órganos a un determinado ámbito espacial.

Ahora bien, la actividad administrativa que desarrollan las Inspectorías del Trabajo en los casos como el de autos, se producen en el marco de una relación jurídica triangular, donde el ente administrativo persigue la resolución de conflictos intersubjetivos de intereses en desarrollo de la atribución otorgada mediante la Ley Orgánica del Trabajo, Los Trabajadores y Las Trabajadoras, es decir, como si desarrollasen una actividad jurisdiccional, por lo tanto la atribución, facultad o poder jurídico le proviene por ley, de allí que no puede deducirse que exista una incompetencia manifiesta por el sólo hecho de que, por vía de resolución, se hubiese fijado un marco territorial dentro del cual debía realizar tal función, máxime cuando ni siquiera en el desarrollo de un proceso donde sí se realiza una verdadera actividad jurisdiccional, la competencia por el territorio no es considerada de orden público (a excepción de lo dispuesto en el artículo 47 del CPC), lo que quiere decir que tal irregularidad, de existir, no puede viciar de nulidad absoluta el acto administrativo por no ser manifiesta en el sentido y alcance que se le confiere el referido artículo 19.4 de la Ley Orgánica de Procedimientos Administrativos.

En contribución a lo anterior debe considerarse además que el acto administrativo cumplió con el fin al cual estaba destinado (resolución de conflicto), en claro respeto a los derechos constitucionales de los intervinientes, por cuanto la sociedad mercantil involucrada fue notificada del procedimiento seguido en su contra y ejerció plenamente su derecho a la defensa, la cual dirigió a la sola alegación y comprobación de la supuesta incompetencia del órgano administrativo, lo cual fue debidamente respondido por la autoridad administrativa, por lo tanto no cabía desde ningún sentido racional y jurídico la subsunción de dicha incompetencia en la causal de nulidad absoluta que contiene el artículo 19.4 de la Ley Orgánica de Procedimientos Administrativos.

2.   *Principio de la confianza legítima*

TSJ-SC (1009)   **4-8-2914**

Magistrado Ponente: Gladys María Gutiérrez Alvarado

Caso: Douglas Domínguez (Revisión Sentencia)

En cuanto a la violación de los principios jurídicos fundamentales de seguridad jurídica y confianza legítima, esta Sala Constitucional expresó:

"Juzga esta Sala, entonces, que el thema decidendum se circunscribe a la determinación de si el fallo objeto de la solicitud vulneró o no los derechos constitucionales a la igualdad y a la defensa de la peticionaria así como los principios jurídicos fundamentales de seguridad jurídica y confianza legítima, como consecuencia del supuesto cambio repentino de criterio jurisprudencial de la Sala de Casación Civil, para lo cual es indispensable: i) el esclarecimiento de lo que debe entenderse por criterio jurisprudencial; ii) en qué casos se está en presencia de un cambio de criterio jurisprudencial; y iii) bajo qué condiciones puede esta Sala juzgar respecto de la constitucionalidad de tales cambios.

Dichas disquisiciones son relevantes tanto para la decisión del caso sub examine como para la generalidad de aquellos (análogos o similares futuros), ya que constituyen el punto de partida para su solución, por cuanto la determinación de la violación de normas y principios jurídicos fundamentales como el de igualdad, confianza legítima y seguridad jurídica, por un abrupto o irracional cambio de criterio jurisprudencial requiere que se compruebe, con antelación, que en realidad hubo tal cambio, lo cual amerita un cuidadoso examen de los alegatos y probanzas del solicitante.

Según el Diccionario Esencial de la Lengua Española Editorial Larousse, S.A. 1999, criterio es un 'principio o norma de discernimiento o decisión', una 'opinión, parecer', mientras que jurisprudencia es el 'conjunto de sentencias de los Tribunales'. 'Norma de juicio que suple omisiones de la ley y que se funda en las prácticas seguidas en los casos análogos'.

De la conjunción de las definiciones que anteceden se desprende que se está en presencia de un criterio jurisprudencial cuando existen dos o más sentencias con idéntica o análoga ratio decidendi, entendiendo por tal la regla sin la cual la causa se hubiera resuelto de un modo distinto o aquella proposición jurídica que el órgano jurisdiccional estima como determinante en la elaboración del fallo, en contraposición con los obiter dicta o enunciados jurídicos que van más allá de las pretensiones y las excepciones, ya de las partes, ya recogidas de oficio, que no forman parte de la ratio (Cfr. Francisco de P. Blasco Gascó, La norma jurisprudencial, nacimiento, eficacia y cambio de criterio, Tirant Lo Blanch, Valencia, España, 2000, p. 53).

Para esta Sala la reiteración y la uniformidad constituyen exigencias cardinales para la determinación de la existencia de un criterio jurisprudencial; no obstante, las mismas no son absolutas ya que, algunas veces, la jurisprudencia es vacilante y no se consolida. Por otra parte, en algunos supuestos (excepcionales) podría ser suficiente una sola sentencia como por ejemplo, cuando se produce un cambio de criterio mediante un razonamiento expreso y categórico, o cuando se dilucida por vez primera un asunto o cuando la falta de frecuencia de casos análogos no permitan la reiteración de la doctrina legal.

En anteriores oportunidades esta Sala ha hecho referencia a los criterios jurisprudenciales, sus cambios y la relación que existe entre los mismos y los principios de confianza legítima y seguridad jurídica en el ámbito jurisdiccional en los siguientes términos:

'En sentencia N° 956/2001 del 1° de junio, caso: Fran Valero González y Milena Portillo Manosalva de Valero, que aquí se reitera, esta Sala señaló:

'La expectativa legítima es relevante para el proceso. Ella nace de los usos procesales a los cuales las partes se adaptan y tomándolos en cuenta, ejercitan sus derechos y amoldan a ellos su proceder, cuando se trata de usos que no son contrarios a derecho'.

Con la anterior afirmación, la Sala le dio valor al principio de expectativa plausible, el cual sienta sus bases sobre la confianza que tienen los particulares en que los órganos jurisdiccionales actúen de la misma manera como lo ha venido haciendo, frente a circunstancias similares.

Así, es claro que en nuestro ordenamiento jurídico, con excepción de la doctrina de interpretación constitucional establecida por esta Sala, la jurisprudencia no es fuente directa del Derecho.

Sin embargo, la motivación de los fallos proferidos por las Salas de Casación que trasciendan los límites particulares del caso sub iúdice, para ser generalizada mediante su aplicación uniforme y constante a casos similares, tiene una importancia relevante para las partes en litigio dada la función de corrección de la actividad jurisdiccional de los tribunales de instancia que ejercen las Salas de Casación de este Alto Tribunal, cuando desacaten o difieran de su doctrina, la cual, de acuerdo con el artículo 321 del Código de Procedimiento Civil y con el artículo 177 de la Ley Orgánica Procesal de Trabajo, deben procurar acoger para defender la integridad de la legislación y la uniformidad de la jurisprudencia.

Por ello, la doctrina de casación, sin ser fuente formal del Derecho, en virtud de que sienta principios susceptibles de generalización, cuya desaplicación puede acarrear que la decisión proferida en contrario sea casada, se constituye en factor fundamental para resolver la litis y, en los casos en que dicha doctrina establezca algún tipo de regulación del proceso judicial, sus efectos se asimilan a los producidos por verdaderas normas generales.

De tal forma, que en la actividad jurisdiccional el principio de expectativa plausible, en cuanto a la aplicación de los precedentes en la conformación de reglas del proceso, obliga a la interdicción de la aplicación retroactiva de los virajes de la jurisprudencia. En tal sentido, el nuevo criterio no debe ser aplicado a situaciones que se originaron o que produjeron sus efectos en el pasado, sino a las situaciones que se originen tras su establecimiento, con la finalidad de preservar la seguridad jurídica y evitar una grave alteración del conjunto de situaciones, derechos y expectativas nacidas del régimen en vigor para el momento en que se produjeron los hechos.

No se trata de que los criterios jurisprudenciales previamente adoptados no sean revisados, ya que tal posibilidad constituye una exigencia ineludible de la propia función jurisdiccional, por cuanto ello forma parte de la libertad hermenéutica propia de la actividad de juzgamiento, sino que esa revisión no sea aplicada de manera indiscriminada, ni con efectos retroactivos, vale decir, que los requerimientos que nazcan del nuevo criterio, sean exigidos para los casos futuros y que se respeten, en consecuencia, las circunstancias fácticas e incluso de derecho, que existan para el momento en el cual se haya presentado el debate que se decida en el presente.

*Conforme a lo expuesto, esta Sala ha reiterado en múltiples fallos (Vid. sentencia n° 3702/2003 del 19 de diciembre, caso: Salvador de Jesús González Hernández, entre otras), que **la aplicación retroactiva de un criterio jurisprudencial, iría en contra de la seguridad jurídica que debe procurarse en todo Estado de Derecho'**.* (Subrayado añadido)

Del fallo que antecede cuya doctrina aquí se ratifica se deduce que los cambios de criterios jurisprudenciales se producen cuando el Tribunal altera o modifica explícita o implícitamente la doctrina que había asentado con anterioridad; sin embargo, es preciso el señalamiento de que no todo abandono de un criterio anterior supone indefectiblemente un cambio de criterio jurisprudencial, ya que puede que el mismo sea aparente, fenómeno éste que "tiene su origen en la inercia de entresacar frases generales de las sentencias sin preocuparse del caso debatido o de limitarse al fallo sin conocer las verdaderas circunstancias del caso' o 'cuando se invocan sentencias anteriores como contrarias a la actual y las citas extraídas son obiter o bien la invocación es errónea porque la sentencia invocada o no tiene que ver con la cuestión debatida o dice lo mismo que la sentencia actual'. (Cfr. Puig Brutau, J. Cómo ha de ser invocada la doctrina civil del Tribunal Supremo, Medio Siglo de Estudios jurídicos, Valencia, España 1997, p. 189).

Tampoco existe cambio de criterio jurisprudencial cuando la nueva doctrina se deriva de un cambio en la legislación o si el Tribunal se pronuncia, por primera vez, respecto del caso en litigio o este es diferente al que invoca la parte como jurisprudencia aplicable.

Asimismo, se desprende de la doctrina que fue transcrita, que la Sala Constitucional tiene potestad para la revisión del cambio de criterio jurisprudencial de las demás Salas de este Tribunal, en tanto y en cuanto dicho cambio vulnere derechos o principios jurídicos fundamentales, bien sea porque carezca de una motivación suficiente y razonable, es decir, aparezca como arbitrario o irreflexivo; o cuando la nueva interpretación de la Ley no sea válida para la resolución de una generalidad de casos, sino tan sólo del caso concreto, o cuando se le dé eficacia retroactiva, es decir a situaciones jurídicas o fácticas que surgieron con anterioridad al cambio pero cuyo litigio se resuelve con base en dicha mutación de criterio jurisprudencial, máxime si la norma incorpora algún obstáculo o requisito procesal o sustantivo que no se exigía para el momento en que se produjo la relación jurídico material o que el mismo entrañe una limitación, desmejora o restricción significativa de un derecho o facultad o comporte una evidente situación de injusticia.

En el caso sub examine, advierte esta Sala que en la sentencia N° RC-00457/2004, la Sala de Casación Civil de este Tribunal Supremo de Justicia cambió el criterio jurisprudencial que había asentado en decisión N° 58 de 21 de marzo de 2000, caso: Hildegardis Mata de González y otros vs Pedro Rafael Palacios Barrios y Tucker Energy Services de Venezuela S.A. respecto de la aplicación supletoria del artículo 223 del Código de Procedimiento Civil al emplazamiento por carteles que establecía el artículo 77 de la derogada Ley de Tránsito Terrestre de 1996, tal y como lo afirmó la solicitante, lo cual comprobó esta Sala por notoriedad judicial mediante la lectura de ambos fallos en el sitio web de este Tribunal, en el que, además, encontró que, con posterioridad al cambio de criterio en cuestión, se produjo una decisión en un caso análogo en la que se acogió esa nueva doctrina. (Vid. s.S.C.C. RC-00616/2004 de 15 de julio, caso: Sebastiano Mangiafico Latina).

Observa esta Sala que, en la sentencia cuya revisión se pretende, la Sala de Casación Civil no precisó el por qué abandonó o se apartó del criterio que imperaba para ese entonces, es decir, el por qué adoptó la nueva orientación, por lo que dicho cambio jurisprudencial careció de motivación.

Comprueba, además, esta Sala que en dicho veredicto se le dio eficacia retroactiva al cambio de criterio jurisprudencial por cuanto se aplicó para la resolución del caso que lo originó, lo cual vulneró los principios jurídicos fundamentales de seguridad jurídica y confianza legítima, así como el derecho constitucional a la igualdad de la recurrente en casación (aquí solicitante), quien tenía la expectativa plausible de que su asunto se decidiera de acuerdo con la jurisprudencia que imperaba, para ese entonces, en casos análogos." (s. S.C. N° 305/2004; caso: Seguros Altamira C.A. (Resaltado añadido).

V. LA JURISDICCIÓN CONTENCIOSO ADMINISTRATIVA

1. *Contencioso administrativo de anulación*

   A. *Motivos de inconstitucionalidad (improcedencia de alegar violaciones a la Convención Americana de Derechos Humanos)*

TSJ-SPA (1269)   **18-9-2014**

Magistrada Ponente: Mónica Misticchio Tortorella

Caso: INDUSTRIAS VENOCO, C.A., vs. Decreto N° 7.712, dictado por El Presidente de la República Bolivariana de Venezuela (el 10-10-2010, *G.O.* N° 39.528 del 11-10-2010, *mediante el cual se ordenó "la adquisición forzosa de los bienes muebles e inmuebles" propiedad de las identificadas sociedades de comercio "o de cualesquiera otras empresas o personas relacionadas, y que sean necesarios para la ejecución de la obra 'Soberanía en la Elaboración y Suministro de Bases Lubricantes, Lubricantes Terminados, Aceites Dieléctricos, Grasas y Liga para Frenos'".)*

Los apoderados judiciales de las sociedades mercantiles recurrentes, al argumentar sobre la presunta violación del derecho de propiedad de sus mandantes, tanto en su escrito libelar como en la oportunidad de la audiencia oral y en el escrito de informes, invocaron lo previsto en el artículo 21, numerales 1 y 2, de la Convención Americana sobre Derechos Humanos, referido a la garantía del comentado derecho de propiedad, Acuerdo que fue denunciado por la República Bolivariana de Venezuela, mediante Nota Oficial, el 10 de septiembre de 2012, según Comunicado de Prensa N° C–3072/12 de igual fecha, difundido por el Secretario General de la Organización de Estados Americanos (http://www.oas.org/es) manteniéndose su vigencia hasta el 10 de septiembre de 2013.

La Convención en cuestión fue adoptada en San José de Costa Rica el 22 de noviembre de 1969, en vigor desde el 18 de junio de 1977, suscrita y ratificada por Venezuela según consta en la Ley Aprobatoria de la Convención Americana Sobre Derechos Humanos *"Pacto de San José de Costa Rica"* (*G.O.* N° 31.256 de fecha 14 de junio de 1977), cuyo primer párrafo de su Preámbulo, tiene como propósito *"consolidar en este Continente, dentro del cuadro de las instituciones democráticas, un régimen de libertad personal y de justicia social, fundado en el respeto de los derechos esenciales del hombre"*, con fundamento en los atributos de la persona humana; entendida ésta a los efectos de la aludida Convención como *"todo ser humano"*, conforme lo dispone el numeral 2 de su artículo 1.

Bajo estas premisas, los Estados signatarios del Pacto de San José otorgaron especial consideración y asumieron con carácter obligatorio, las garantías del debido proceso legal, a cuyo efecto sentaron en el contexto de los derechos protegidos las llamadas *"Garantías Judiciales"* (artículo 8), previstas para toda persona inculpada de delito en plena igualdad.

No obstante, en el caso de autos, las recurrentes, quienes invocan el mencionado artículo 21 constituyen sociedades mercantiles, vale decir, personas jurídicas, circunstancia que las excluía del ámbito de protección de la Convención Americana sobre Derechos Humanos, a tenor de lo dispuesto en el numeral 2 del artículo 1, que dice *"Para los efectos de esta Convención, persona es todo ser humano"* y, en todo caso, como ya se indicó, el aludido Acuerdo estuvo en vigencia hasta el 10 de septiembre de 2013, por lo que resulta improcedente su aplicación. Así se decide.

B.   *Medidas cautelares suspensión de efectos actos administrativos*

TSJ-SPA (1060)   **10-7-2014**

Magistrado Ponente: Emiro García Rosas

Caso: Observatorio Venezolano de la Discapacidad vs. los Decretos 498 y 506 emanados de la Presidencia de la república en fecha 15 de octubre de 2013, publicados en la *Gaceta Oficial* N° 40.280 de fecha 25 de octubre de 2013 referidos a la creación de la "Fundación Misión José Gregorio Hernández".

La suspensión de efectos de los actos administrativos, como medida típica para los recursos de nulidad que se proponen en contra de dichos actos, constituye una medida cautelar mediante la cual –haciendo excepción al principio de ejecutoriedad del acto administrativo, consecuencia de la presunción de legalidad– se procura evitar lesiones irreparables o de difícil reparación al ejecutarse un acto que eventualmente resultare anulado, porque ello podría constituir un atentado a la garantía del derecho fundamental de acceso a la justicia y al debido proceso.

...La medida de suspensión de efectos –como la solicitada– no está prevista en la Ley Orgánica del Tribunal Supremo de Justicia (publicada en la *Gaceta Oficial de la República Bolivariana de Venezuela* N° 5.991 de fecha 29 de julio de 2010), ni en la Ley Orgánica de la Jurisdicción Contencioso Administrativa; sin embargo, ello no obsta para el decreto de tal medida, al ser una de las cautelares típicas del contencioso administrativo, siendo además que, en todo caso, debe analizarse en atención al artículo 26 de la Constitución de la República Bolivariana de Venezuela, el cual prevé que "*Toda persona tiene derecho de acceso a los órganos de administración de justicia para hacer valer sus derechos e intereses, incluso los colectivos o difusos, a la tutela efectiva de los mismos y a obtener con prontitud la decisión correspondiente*".

La suspensión de efectos de los actos administrativos, como medida típica para los recursos de nulidad que se proponen en contra de dichos actos, constituye una medida cautelar mediante la cual –haciendo excepción al principio de ejecutoriedad del acto administrativo, consecuencia de la presunción de legalidad– se procura evitar lesiones irreparables o de difícil reparación al ejecutarse un acto que eventualmente resultare anulado, porque ello podría constituir un atentado a la garantía del derecho fundamental de acceso a la justicia y al debido proceso.

En estos casos, el Juez debe velar porque su decisión se fundamente no solo en un alegato de gravamen, sino en la argumentación y acreditación de hechos concretos de los cuales nazca la convicción de un posible perjuicio real.

A juicio de esta Sala resulta procedente la suspensión de efectos del acto administrativo impugnado cuando se verifiquen concurrentemente los supuestos que la justifican, los cuales consisten en que sea presumible la procedencia de la pretensión procesal principal y que la medida sea necesaria a los fines de evitar perjuicios irreparables o de difícil reparación, ponderando los intereses públicos generales y colectivos concretizados y eventuales gravedades en juego, siempre que no se prejuzgue sobre la decisión definitiva, tal como lo prevé el citado artículo 104 de la Ley Orgánica de la Jurisdicción Contencioso Administrativa. Por ello resulta necesario comprobar los requisitos de procedencia de toda medida cautelar: la presunción grave del derecho que se reclama y el riesgo manifiesto de que quede ilusoria la ejecución del fallo.

En este sentido, tal como también lo ha reiterado pacíficamente este órgano jurisdiccional, el correcto análisis acerca de la procedencia de la medida cautelar requiere, además de la verificación del *periculum in mora*, la determinación del *fumus boni iuris*, pues mientras aquel es exigido generalmente como mero supuesto de procedencia por el paso del tiempo que pudiese resultar dañoso; en el caso concreto, esta, la presunción grave de buen derecho es el fundamento mismo de la protección cautelar, dado que en definitiva solo a la parte que tiene la razón en juicio puede causársele perjuicios irreparables que deben ser evitados, bien que emanen de la contraparte o sean efecto de la tardanza del proceso.

Consecuentemente, el referido principio se encuentra necesariamente inmerso en las exigencias requeridas actualmente en el artículo 104 antes citado, para acordar, en este caso, la medida cautelar de suspensión de efectos, cuando alude la norma en referencia a la ponderación de los intereses públicos generales y colectivos concretizados y ciertas gravedades en juego, siempre que no se prejuzgue sobre la decisión definitiva (ver sentencia N° 995 del 20 de octubre de 2010 y 955 del 18 de junio de 2014).

Con base en las anteriores precisiones, pasa la Sala a constatar si en este caso se verifican los mencionados requisitos.

El recurrente peticionó como medida cautelar la suspensión de efectos de los actos administrativos impugnados manifestando que *"...solicit*[a] *medida cautelar de aplicación de los efectos de los mismos, por ser contrarios a los párrafos penúltimos y últimos artículo 16 del Decreto con Valor y Fuerza de Ley Orgánica de la Administración Pública de 2008, del artículo 19, numeral 1 de la Ley Orgánica de Procedimientos Administrativos, de los artículos 1, 2, 8 y 52 de la Ley Para Personas con Discapacidad Orgánica, por vulnerar expresamente los artículos 2, 19, 21 (numeral 2), 22, 23, 81 de la Constitución de la República Bolivariana de Venezuela"* (sic).

De lo expuesto se observa que el recurrente en su escrito no cumplió con lo requerido para otorgar la medida solicitada, específicamente en lo que respecta al *periculum in mora*, pues nada alegó ni probó en el expediente en relación con los daños irreparables que eventualmente se le causarían de no acordarse la medida cautelar de suspensión de efectos de los actos administrativos impugnados.

En relación con lo anterior resulta pertinente reiterar el criterio de esta Sala en cuanto a que la amenaza de daño irreparable que se alegue debe estar sustentada en un hecho cierto y comprobable que deje en el ánimo del sentenciador la certeza de que, de no suspenderse los efectos del acto, se le estaría ocasionando al interesado un daño irreparable o de difícil reparación por la definitiva.

De allí que al no encontrarse satisfecho el requisito del *periculum in mora* en el caso de autos, resulta inoficioso el análisis del otro supuesto de procedencia de las medidas cautelares (*fumus boni iuris*), dada la necesaria concurrencia de ambos requisitos, razón por la que esta Sala declara improcedente la medida cautelar de suspensión de efectos. Así se decide.

2. *Contencioso Administrativo de Abstención o la negativa de la Administración*

TSJ-SPA (1177)   **6-8-2014**

Magistrado Ponente: Emiro García Rosas

Caso: Carlos José Correa Barros y otros vs. Ministra del Poder Popular para la Salud.

En relación con lo anterior, cabe destacar que esta Sala mediante decisión N° 1.177 /2010, estableció la forma en que debe desarrollarse en los Tribunales Colegiados el procedimiento breve descrito en las normas transcritas (Artículos 67 a 72 de la Ley Orgánica de la Jurisdicción Contencioso Administrativa). En este sentido este Alto Tribunal precisó lo siguiente:

> *"(...) Persigue así el legislador arbitrar un procedimiento expedito que resulte cónsono con la naturaleza y finalidad de la pretensión deducida, en tanto la materia se relaciona con principios cardinales de derecho público y rango constitucional, tales como el derecho a ser notificado de la apertura de cualquier procedimiento que afecte intereses de los particulares, de alegar y disponer del tiempo y los medios adecuados para su defensa; el derecho a servicios básicos de calidad; así como el derecho a dirigir peticiones a cualquier autoridad y obtener oportuna y adecuada respuesta.*
>
> *De ahí que se haya pensado en evitar demoras inconvenientes mediante la aplicación de un procedimiento que constituya garantía del efectivo y rápido restablecimiento de la situación jurídica infringida.*
>
> *Considera la Sala, dada la naturaleza breve del procedimiento en cuestión, que su tramitación (admisión, notificación, audiencia oral y decisión), en los tribunales colegiados, debe realizarse directamente ante el juez de mérito, en este caso, la Sala Político-Administrativa, ello en virtud del carácter breve del referido procedimiento por el cual corresponde a dicho juez instruir directamente el expediente.*
>
> *Por tanto, sólo procederá la remisión de la solicitud al Juzgado de Sustanciación en aquellos casos en que los asistentes a la audiencia, si así lo consideran pertinente, presentan sus pruebas y las mismas por su naturaleza, necesiten ser evacuadas.*
>
> *Conforme a lo expuesto, **concluye la Sala, que los recursos por abstención o carencia deben tramitarse directamente por ante esta Sala Político-Administrativa y sólo se remitirá el expediente al Juzgado de Sustanciación en caso de ser necesaria la evacuación de alguna prueba, asegurándose así la celeridad que quiso el legislador incorporar a ese especial procedimiento.** Así se declara.*
>
> *De otra parte, cabe precisar que el cómputo del lapso de cinco (5) días hábiles a que se refiere el artículo 67 de la Ley Orgánica de la Jurisdicción Contencioso-Administrativa, contados a partir de que conste en autos la citación del demandado para que la autoridad respectiva informe sobre la denunciada demora, omisión o deficiencia del servicio público, de la abstención o vías de hecho, debe hacerse por días de despacho del tribunal, pues si bien se persigue celeridad en el procedimiento debe también procurarse un lapso razonable y suficiente para que el responsable pueda elaborar y presentar el informe sobre la denuncia formulada, previa la consulta que deba realizar con el órgano asesor correspondiente, máxime si se considera la grave consecuencia que prevé la norma frente a la omisión de tal exigencia.*
>
> *En suma, **armonizando la necesaria prontitud en la sustanciación del caso con el también indispensable tiempo para que pueda sustanciarse debidamente la denuncia, concluye la Sala que el lapso fijado en el artículo 67 de la referida ley, debe computarse por días de despacho.** Así también se declara"* (negrillas de la Sala).

Conforme al fallo parcialmente transcrito cuando se trate de demandas relacionadas con reclamos por abstención, que no tengan contenido patrimonial o indemnizatorio, incoadas ante órganos colegiados, su tramitación (admisión, notificación, audiencia oral y decisión) deberá realizarse directamente ante el juez de mérito, en este caso, ante esta Sala Político-Administrativa, y solo procederá la remisión del expediente al Juzgado de Sustanciación cuando los asistentes a la audiencia oral promuevan pruebas que por su naturaleza requieran ser evacuadas.

De igual manera, cabe acotar que cuando la demanda sea presentada conjuntamente con alguna medida cautelar –como ocurre en el caso bajo análisis–, el órgano jurisdiccional encargado de su tramitación dispondrá de forma inmediata lo necesario para evitar la irreparabilidad de la lesión alegada; pudiendo incluso, decretar de oficio las providencias cautelares que estime pertinentes para salvaguardar la presunción del buen derecho invocado, así como para proteger los intereses generales.

En tales supuestos, si bien el análisis sobre el otorgamiento de la medida deberá efectuarse en atención a la verificación de los requisitos de procedencia de toda providencia cautelar –*fumus boni iuris* y *periculum in mora*–, sin embargo, el fundamento de tal atribución en el procedimiento breve no dimana directamente del poder cautelar general del juez contencioso administrativo que contempla el artículo 104 de la Ley Orgánica de la Jurisdicción Contencioso Administrativa, sino de una disposición de carácter especial, como lo es el artículo 69 *eiusdem*, el cual preceptúa, además, que en caso de haber oposición al decreto cautelar, la misma deberá resolverse "*a la mayor brevedad*", esto es, sin la necesidad de instrucción de un procedimiento previo; ello en contraposición a lo que sucede cuando la medida es dictada en el marco de los otros procedimientos contemplados en la Ley Orgánica de la Jurisdicción Contencioso Administrativa, en cuyo caso el artículo 106 de la referida Ley preceptúa que "*La oposición se regirá por lo dispuesto en el Código de Procedimiento Civil*", es decir, mediante la sustanciación de la articulación probatoria prevista en los artículos 602 y siguientes de dicho Código (ver sentencia de esta Sala N° 708 del 26 /2011).

En el presente caso estamos frente a un recurso por abstención contra la supuesta falta de pronunciamiento de la Ministra del Poder Popular para la Salud, motivo por el cual la Sala decide que la acción debe ser tramitada por el procedimiento breve en los términos descritos en la sentencia parcialmente transcrita (ver, entre otras, sentencia de esta Sala N° 516 del 28 /2013) Así se determina.

VI. LA JUSTICIA CONSTITUCIONAL

1. *Demandas de protección de intereses difusos*

A. *Competencia*

TSJ-SC (860)   **17-7-2014**

Magistrado Ponente: Arcadio Delgado Rosales

Caso: José Simón Calzadilla Peraza y otros vs. (CADIVI)

La Sala señala los elementos establecidos por el Legislador para el conociendo de esta Sala constitucional de las demandas en las que se ventilen asuntos de difusividad y colectividad.

De manera preliminar debe delimitarse la competencia para conocer de la demanda incoada y, a tal efecto, la Ley Orgánica del Tribunal Supremo de Justicia establece, en los artículos 25, cardinal 21 y 146, que corresponde a esta Sala Constitucional el conocimiento de las demandas cuyo objeto tengan la protección de intereses difusos y colectivos cuando la controversia tenga trascendencia nacional, "*(...) en caso contrario, corresponderá a los tribunales de primera instancia en lo civil de la localidad donde aquellos se hayan generado (...) salvo lo que disponen leyes especiales y las pretensiones que, por su naturaleza, correspondan al contencioso de los servicios públicos o al contencioso electoral*".

De esta forma, el legislador estableció que el fuero de esta Sala para conocer de las demandas en las que se ventilen asuntos de difusividad y colectividad se encuentra determinado por los siguientes elementos: en primer lugar, un criterio objetivo, como es la naturaleza de la demanda, esto es, que verse sobre la tutela de intereses *supra* individuales; en segundo lugar, el ámbito territorial o geográfico de la afectación que produce la situación que se denuncia como lesiva, en cuanto a que ésta tenga repercusión nacional; en tercer lugar, que una regulación especial no determine lo contrario, salvaguardando la libertad de configuración normativa del legislador respecto de materias cuya naturaleza exija un fuero especial; y, en cuarto lugar, que el asunto no verse sobre cuestiones sometidas al contencioso de los servicios públicos o electoral.

Ello así, en el presente caso, se alegó la lesión del derecho a la calidad de vida, producto de una supuesta *"sobrefacturación que existe en las importaciones realizadas por un número importante de empresas que reciben divisas por la Comisión de administración de divisas (CADIVI)"*. Tal situación, se ajusta a lo que esta Sala ha identificado como una situación de difusividad (*Vid*. sentencia dictada por esta Sala N° 3.648 /2003, en el caso: *"Fernando Asenjo y otros"*), esto es, una controversia que afecta a *"...Los derechos o intereses difusos se fundan en hechos genéricos, contingentes, accidentales o mutantes que afectan a un número indeterminado de personas y que emanan de sujetos que deben una prestación genérica o indeterminada, en cuanto a los posibles beneficiarios de la actividad de la cual deriva tal asistencia, como ocurre en el caso de los derechos positivos como el derecho a la salud, a la educación o a la obtención de una vivienda digna, protegidos por la Constitución y por el Pacto Internacional de Derechos Económicos, Sociales y Culturales..."*, de modo que dentro del conjunto de personas exista o pueda existir un vínculo jurídico que los una entre ellos. Verbigracia, grupos de trabajadores, profesionales o de vecinos, los gremios, los habitantes de un área determinada, etc.

2. *Resolución de controversias constitucionales entre órganos del poder público*

TSJ-SC (786)   **4-7-2014**

Magistrado Ponente: Francisco Antonio Carrasquero López

Caso: Iván Stalin Gonzales, y otros

La Sala fija las características del proceso constitucional de resolución de controversias constitucionales.

El 29 de abril de 2014, los ciudadanos IVÁN STALIN GONZALES, JOSÉ MANUEL GONZALES TOVAR, BIAGIO PILIERI, ÁNGEL MEDINA, ENRIQUE MÁRQUEZ, LEOMAGNO FLORES, LUIS BARRAGÁN y CARLOS RAMOS, titulares de las cédulas de identidad número 14.775.070, 5.217.224, 7.586.928, 13.759.271, 7.761.751, 3.623.607, 5.596.947 y 8.004.067, respectivamente, actuando en su condición de Diputados de la Asamblea Nacional, asistidos por los abogados Tomás Arias Castillo y Rosnell Carrasco, inscritos en el Instituto de Previsión Social del Abogado bajo el núm. 97.686 y núm. 171.568, en el mismo orden, ejercieron *"Recurso de Controversia Constitucional entre órganos del Poder Público surgido como consecuencia de la sentencia N° 276/2014 dictada en fecha 24 de abril por esta Sala Constitucional del Tribunal Supremo de Justicia"*, *"de conformidad con el artículo 26 de la Constitución de la República Bolivariana de Venezuela, en concordancia con sus artículos 138, 333, 335 y 336, numeral 9, y el artículo 25, numeral 9, de la Ley Orgánica del Tribunal Supremo de Justicia"*.

El 2 de mayo de 2014, se dio cuenta en Sala del presente expediente y se designó ponente al Magistrado doctor **FRANCISCO ANTONIO CARRASQUERO LÓPEZ**, quien, con tal carácter, suscribe el presente fallo.

Efectuado el análisis del caso, esta Sala pasa a decidir sobre la base de las siguientes consideraciones:

ÚNICO

1.– En concreto, los solicitantes plantean una controversia constitucional entre la Sala Constitucional del Tribunal Supremo de Justicia y el Poder Legislativo Nacional, en virtud del contenido de la sentencia [Véase en *Revista de Derecho Público* N° 138 de 2014 en p. 99] núm. 276, del 24 de abril de 2014, mediante la cual declaró "***RESUELTA*** *la interpretación del artículo 68 de la Constitución de la República Bolivariana de Venezuela y de los artículos 41, 43, 44, 46 y 50 de la Ley de Partidos Políticos, Reuniones Públicas y Manifestaciones, publicada en la Gaceta Oficial de la República Bolivariana de Venezuela N° 6.013 Extraordinario del 23 de diciembre de 2010*".

Al respecto, sostuvieron que esta Sala, "*al resolver ese recurso de interpretación, se excedió de manera evidente en el ejercicio de sus funciones jurisdiccionales, al punto que modificó, de hecho, la Ley de Partidos Políticos, Reuniones Públicas y Manifestaciones, usurpando de esa manera el ejercicio de la función legislativa y creando, por vía de 'interpretación', restricciones ilegítimas al ejercicio del derecho a la manifestación, previsto en el citado artículo 68 de la Constitución*".

Asimismo, afirman que dicha decisión habría modificado "*el régimen y naturaleza de las competencias que en materia de manifestaciones y control de orden público tienen los alcaldes, generando responsabilidades y cambios sustanciales en el tratamiento que le deben otorgar al ejercicio del derecho político a manifestar pacíficamente que consagra la Constitución de la República y que gozan los ciudadanos*".

2.– Ahora bien, en cuanto a la solicitud de controversia constitucional propiamente dicha, debe recordarse que la posibilidad de que se plantee este tipo de solicitudes está prevista en el artículo 336, cardinal 9, de la Constitución de la República de Venezuela, según el cual:

"Son atribuciones de la Sala Constitucional del Tribunal Supremo de Justicia:

(…)

9. Dirimir las controversias constitucionales que se susciten entre cualesquiera de los órganos del Poder Público".

Dicha potestad fue recogida en el artículo 25, cardinal 9, de la Ley Orgánica del Tribunal Supremo de Justicia, y tanto el procedimiento como las demás particularidades concernientes a dichas solicitudes han sido establecidos en los artículos 129 y siguientes de la misma ley orgánica.

La jurisprudencia de esta Sala Constitucional, por su parte, se ha adentrado en diversos aspectos relativos a la misma a través de las decisiones que se reseñan a continuación:

a) En cuanto al procedimiento que serviría de medio para el tratamiento de dichas demandas, se pronunció la sentencia núm. 2296, de 2001, caso: *Mónica Fernández Sánchez*; b) Lo que debe entenderse por "*órganos del Poder Público*" en los términos del artículo 336, cardinal 9, de la Constitución, que fue transcrito anteriormente, en la sentencia núm. 3191, del 11 de diciembre de 2002, caso: *Alcalde Metropolitano de Caracas*, se dice que los mismos serían "*órganos investidos legítimamente de potestades públicas*", y que dichas entidades "*se encuentran en la cima de sus respectivos niveles de influencia*" [Véase en *Revista de Derecho Público* N° 89-90/91-92 de 2002 en p. 403 y ss.]; en la sentencia núm. 226/2003, caso: *Alcalde Metropolitano de Caracas*, se estableció que dicha controversia "*debe suscitarse entre órganos del Poder Público, entendiendo por éstos los distintos entes de consagración constitucional que conforman el Poder Municipal, el Poder Estadal y el Poder Nacional (que, a su vez, se encuentra integrado por los poderes Ejecutivo, Legislativo,*

Judicial, Ciudadano y Electoral) ex artículo 136 de la Constitución" (dicha decisión fue ratificada por la sentencia núm. 782/2003, caso: *Poder Legislativo del Estado Anzoátegui).*

c) En lo relativo a quiénes están legitimados para interponer dichas solicitudes, [Véase en *Revista de Derecho Público* N° 99-100 de 2004 en p. 317 y ss.] la sentencia núm. 2401, del 8 de octubre de 2004, caso: *Gobernador del Estado Carabobo* apuntó, al respecto, que *"la facultad para participar en tal juicio, es sumamente restringida y sólo es dable a los titulares de los órganos constitucionales en pugna y –por supuesto– a quienes ejerzan su representación",* lo cual fue ratificado y aplicado en la sentencia núm. 980, del 16 de julio de 2013, caso: *Playtex, C.A*

d) En relación con las causales de inadmisibilidad de dichas solicitudes, las mismas fueron fijadas particularmente por la sentencia núm. 3191/2002 [Véase en *Revista de Derecho Público* N° 89-90/91-92 de 2002 en p. 403 y ss.] (mencionada anteriormente) y por la núm. 1421, del 27 de julio de 2004, caso: *Fiscal Sexta del Ministerio Público.*

e) En lo tocante a la naturaleza de la controversia que ha de plantearse, se pronunció, también, la decisión núm. 3191/2002, precisando que *"el conflicto gira en torno al contenido y a los límites en que debe ser cumplida una competencia constitucional que es común a ambos, esto es, que les ha sido atribuida por la propia Constitución a los distintos niveles en que se estructuran los órganos del Poder Público (Nacional, Estadal y Municipal)";* asimismo, en la sentencia núm. 226/2003, se aclaró que la controversia *"debe suscitarse con ocasión del ejercicio de facultades, competencias o atribuciones previstas por la Constitución, como máximo cuerpo normativo que diseña y ordena la estructura orgánica del Estado".*

f) Acerca de la entidad propia de la solicitud, la Sala, en su sentencia núm. 226/2003, la denominó *"especialísima acción",* y determinó que la misma servía a *"la normal prestación de la actividad pública que despliega cada uno de los órganos del Poder Público que, en un determinado momento, pudiera verse afectada cuando dos o más de ellos estiman atribuida a su favor una facultad, competencia o atribución constitucionalmente prescrita, dando lugar al ejercicio paralelo de la función disputada (conflicto positivo); o, por el contrario, cuando ninguno de estos entes reconoce ostentar la titularidad de esa facultad, competencia, o atribución constitucional, provocando la omisión de acometer una función encomendada a alguno de ellos por la Carta Magna (conflicto negativo)".*

3.– De todo cuanto se ha referido, y, particularmente, de lo que estableció la última de las decisiones mencionadas, puede concluirse que mediante la potestad de la Sala de resolver una controversia constitucional se persigue establecer, entre otros asuntos, a cuál de los órganos de rango constitucional en controversia le corresponde una determinada competencia, o a cuál le es propio hacer uso de una específica potestad y en qué medida habría de hacerlo.

Es decir, la Sala Constitucional tiene la tarea de determinar, frente a una *"discusión de opiniones contrapuestas entre dos o más personas* [públicas]" (tal como define la expresión "controversia" el Diccionario de la Lengua Española de la Real Academia), cuál de los órganos involucrados tendría la razón y el contenido de la potestad que se afirma le es propia.

Asimismo, debe acentuarse que la manifestación que se haga ante la Sala, según la cual resulta necesario resolver una controversia de orden constitucional, le corresponde realizarla, tal como lo establece la decisión de la Sala núm. 2401/2004 anteriormente reseñada, a *"los titulares de los órganos constitucionales en pugna y –por supuesto– a quienes ejerzan su representación".*

Sobre la base de esta premisa, y de conformidad con el artículo 27, cardinal 1, del Reglamento Interior y de Debates de la Asamblea Nacional, según el cual una de las atribuciones del Presidente o Presidenta de la Asamblea Nacional es la de *"Ejercer la representación de la Asamblea Nacional"*, se concluye que quien tiene la legitimidad para interponer una solicitud ante esta Sala Constitucional en nombre de la Asamblea Nacional es su Presidente o Presidenta.

Por su parte, el artículo 133, cardinal 3, de la Ley Orgánica del Tribunal Supremo de Justicia establece que será inadmisible una demanda presentada ante la Sala Constitucional del Tribunal Supremo de Justicia,

"3. Cuando sea manifiesta la falta de legitimidad o representación que se atribuya el o la demandante, o de quien actúe en su nombre, respectivamente".

Siendo, pues, que la presente solicitud no fue interpuesta por el Presidente de la Asamblea Nacional, es la razón por la cual, en aplicación de la doctrina de esta Sala ya mencionada y de lo que establece el artículo 133, cardinal 3, de la Ley Orgánica del Tribunal Supremo de Justicia, la misma se declara Inadmisible por la manifiesta falta de representación de quienes pretenden actuar en nombre de la Asamblea Nacional. Así se decide.

3. *Acción de Inconstitucionalidad. Pérdida de interés procesal*

TSJ-SC (818)   **16-7-2014**

Magistrada Ponente: Gladys María Gutiérrez Alvarado

Caso: Rocío San Miguel

La Sala confirma una vez más la Doctrina existente referente a la pérdida del interés procesal.

Siendo la oportunidad para que esta Sala Constitucional emita pronunciamiento respecto de la admisión de la pretensión y su trámite, observa:

Desde el 27 de junio de 2013, oportunidad en la cual fue interpuesta la presente acción de inconstitucionalidad por omisión legislativa contra la Asamblea Nacional, no se ha realizado ninguna actuación procesal tendente a dar continuidad a la tramitación del presente juicio.

A tal efecto, visto que el único acto de impulso procesal efectuado por la accionante es la propia interposición de la demanda, conforme a la doctrina de la Sala se evidencia que la actora no demostró *"...que existe interés en que se produzca decisión sobre lo que fue solicitado, interés el cual debió mantenerse a lo largo del proceso que inició, porque constituye un requisito del derecho de acción y su ausencia acarrea el decaimiento de la misma..."* (*Vid.* Sentencias N° 1270/2010), lo que permite afirmar que desde el momento de la interposición de la demanda hasta la presente fecha ha transcurrido más de un (1) año de inactividad procesal, presumiéndose, entonces, que decayó el interés de la accionante en obtener decisión sobre su pretensión.

Al respecto, la Sala ha señalado que el interés procesal surge de la necesidad que tiene un particular, por una circunstancia o situación real en que se encuentra, de que a través de la Administración de Justicia el Estado le reconozca un derecho o se le evite un daño injusto, personal o colectivo (*vid.* Sentencia de esta Sala N° 686/2002).

Por ello, el interés procesal ha de manifestarse en la demanda o solicitud y ha de mantenerse a lo largo del proceso, ya que la pérdida del interés procesal se traduce en el decaimiento y extinción de la acción. Así que, ante la constatación de esa falta de interés, la extinción de la acción puede declararse de oficio, ya que no hay razón para que se movilice el órgano jurisdiccional (*vid.* Sentencia de esta Sala N° 256/2001).

En tal sentido, la Sala ha establecido que la presunción de pérdida del interés procesal puede darse en dos casos de inactividad: antes de la admisión de la demanda o después de que la causa ha entrado en estado de sentencia. En el resto de los casos, es decir, entre la admisión y la conclusión de la audiencia –oportunidad en la cual comienza el lapso de decisión de la causa–, la inactividad produce la perención de la instancia.

Este criterio se estableció en el fallo de esta Sala [Véase en *Revista de Derecho Público* N° 85-86/87-88 de 2001 en p. 312 y ss.]

...en los siguientes términos:

"...En tal sentido, tomando en cuenta la circunstancia de que el interés procesal subyace en la pretensión inicial del actor y debe subsistir en el curso del proceso, la Sala consideró que la inactividad que denota desinterés procesal, el cual se manifiesta por la falta de aspiración en que se le sentencie, surgía en dos oportunidades procesales:

a) Cuando habiéndose interpuesto la acción, sin que el juez haya admitido o negado la demanda, se deja inactivo el juicio, por un tiempo suficiente que hace presumir al juez que el actor realmente no tiene interés procesal, que no tiene interés en que se le administre justicia, debido a que deja de instar al tribunal a tal fin.

b) Cuando la causa se paraliza en estado de sentencia, lo cual no produce la perención, pero si ella rebasa los términos de prescripción del derecho objeto de la pretensión, sin que el actor pida o busque que se sentencie, lo que clara y objetivamente surge es una pérdida del interés en la sentencia, en que se componga el proceso, en que se declare el derecho deducido...".

4.   *Recurso de Revisión Constitucional: Carácter discrecional y excepcional*

TSJ-SC (989)   **1-8-2014**

Magistrada Ponente: Gladys María Gutiérrez Alvarado

Caso: Expresos Jáuregui C.A. Administración Obrera.

Ahora bien, la revisión contenida en el artículo 336.10 constitucional, constituye una facultad extraordinaria, excepcional, restringida y discrecional que posee esta Sala Constitucional con la finalidad objetiva de resguardar la integridad del texto constitucional a través de la vigilancia o control del acatamiento por parte del resto de los tribunales del país con inclusión de las demás Salas de este Tribunal Supremo de Justicia de las interpretaciones vinculantes que hubiese hecho, para el mantenimiento de una interpretación uniforme de sus normas y principios jurídicos fundamentales, lo cual conlleva a la seguridad jurídica; de allí que se cuestione y deba impedirse que la misma se emplee como sucedáneo de los medios o recurso de impugnación o gravamen, como si con ella fuese posible el replanteamiento y juzgamiento sobre el mérito de lo debatido, al que debió ponérsele fin con el acto de juzgamiento cuestionado, es decir, con un claro interés jurídico subjetivo que abiertamente colide con la finalidad objetiva de dicho instrumento o medio de protección del texto constitucional (revisión objetiva), a menos que se intente contra actos jurisdiccionales dictados por las otras Salas que integran este Tribunal Supremo de Justicia por causa de violaciones a derechos constitucionales, con fundamento en la decisión N° 325/ 2005 (caso: *Alcido Pedro Ferreira y otros*), donde se amplió el objeto de la revisión al restablecimiento de situaciones jurídicas subjetivas por afectación a derechos constitucionales por causa de una decisión del resto de las Salas (revisión subjetiva).

Dada la referida naturaleza extraordinaria y excepcional de la revisión, esta Sala fijó claros supuestos de procedencia (s.S.C. N° 93 del 6 de febrero de 2001; caso: *"Corpoturismo"*), [Véase en *Revista de Derecho Público* N° 85-86-/87-88 de 2001 en p. 46] lo cuales fueron recogidos en la vigente Ley Orgánica del Tribunal Supremo de Justicia (artículo 25, numerales 10 y 11), con el propósito de evitar su empleo indiscriminado y exagerado con fundamento en el sólo interés en el restablecimiento de la situación jurídica subjetiva supuestamente lesionada, en clara colisión con su verdadera finalidad.

Por otro lado, es pertinente aclarar que esta Sala, al momento de la ejecución de su potestad de revisión de sentencias definitivamente firmes, está obligada, de acuerdo con una interpretación uniforme de la Constitución y con el fin de garantizar la cosa juzgada, a guardar la máxima prudencia en cuanto a la admisión y procedencia de peticiones que pretendan la revisión de actos de juzgamiento que han adquirido el carácter de cosa juzgada judicial; de allí que esta Sala esté facultada para desestimar cualquier requerimiento como el de autos, sin ningún tipo de motivación, cuando, en su criterio, se verifique que lo que se pretende en nada contribuye con la uniformidad de la interpretación de normas y principios constitucionales, en virtud, pues, del carácter excepcional y limitado que ostenta la revisión

5.   *Acción de amparo constitucional*

A.   *Competencia de la Sala Constitucional*

a.   *Competencia según el órgano agraviante (órganos de la Administración Pública)*

TSJ-SC (1158)   **18-8-2014**

Magistrada Ponente: Gladys María Gutiérrez Alvarado

Caso: Rómulo Plata vs. (Dante Rafael Rivas Quijada) Ministro del Poder Popular para el Comercio y Superintendente Nacional para la Defensa de los Derechos Socio Económicos.

El régimen atributivo de competencias en materia de amparo constitucional, en el caso de accionarse contra Autoridades o entes Administrativos o Funcionarios Públicos, atiende a un régimen atributivo de competencias delimitado tanto en la Ley Orgánica del Tribunal Supremo de Justicia, así como en la Ley Orgánica de Amparo sobre Derechos y Garantías Constitucionales, y en la jurisprudencia vinculante emanada de esta Sala Constitucional, que podría llevar frente a impugnaciones que se refieran a distintas Autoridades (como sucede en el presente caso), a la determinación de fijar la competencia en distintos tribunales, atendiendo a la particularidad de cada Autoridad, Ente o Funcionario que se repute como presuntamente agraviante.

Debe esta Sala determinar su competencia para conocer de la presente acción de amparo, y a tal efecto observa que el accionante interpusieron la indicada acción, contra el ciudadano Dante Rafael Rivas Quijada, en su doble vocación como Ministro del Poder Popular Para el Comercio y como Superintendente Nacional para la Defensa de los Derechos Socio Económicos, con ocasión de las actuaciones realizadas con fundamento al Decreto con Rango, Valor y Fuerza de Ley Orgánica de Precios Justos, publicado en *Gaceta Oficial de la República Bolivariana de Venezuela* bajo el número 40.340 de fecha 23 de enero de 2014.

Al respecto, cabe acotar de manera informativa que, a la fecha de emisión de la presente decisión, el ciudadano Dante Rafael Rivas Quijada no puede ser señalado como Titular del Despacho de la Superintendencia Nacional para la Defensa de los Derechos Socio Económicos, en tanto y cuanto, sobrevenidamente al ejercicio de la acción de amparo propuesta, dicho cargo ha pasado a ser asumido por el ciudadano Andrés Eloy Méndez González, en virtud de designación efectuada por el ciudadano Presidente de la República mediante Decreto distinguido con el N° 1.174, el cual se encuentra publicado en *Gaceta Oficial de la República Bolivariana de Venezuela* N° 40.473 de fecha 13 de agosto de 2014

En este sentido, si bien es cierto que en la naturaleza de la Acción de Amparo Constitucional, aún persiste el carácter personalísimo de dicha acción (desde el punto de vista de la legitimación activa como pasiva); también lo es, que en este tipo de actuaciones prevalece el criterio orgánico o de supervivencia de las funciones del ente o de quien en su nombre ejerza en su representación, las competencias y atribuciones inherentes al respectivo cargo; razón por la que, deba entenderse que, a los fines casuísticos del presente proceso, subsista el ejercicio de la acción de amparo contra los dos (2) órganos reputados como presuntos agraviantes (el ciudadano Ministro del Poder Popular para el Comercio y el ciudadano Superintendente Nacional para la Defensa de los Derechos Socio Económicos), con independencia de las personas naturales que temporalmente han sido investidas mediante designación, elección o concurso, de las funciones inherentes a los cargos que pueden ser señalados como supuestos agraviantes, en el marco de una acción de amparo constitucional.

De tal manera que, expuesto lo anterior, cabe seguidamente precisar que, el régimen atributivo de competencias en materia de amparo constitucional, en el caso de accionarse contra Autoridades o entes Administrativos o Funcionarios Públicos, atiende a un régimen atributivo de competencias delimitado tanto en la Ley Orgánica del Tribunal Supremo de Justicia, así como en la Ley Orgánica de Amparo sobre Derechos y Garantías Constitucionales, y en la jurisprudencia vinculante emanada de esta Sala Constitucional, que podría llevar frente a impugnaciones que se refieran a distintas Autoridades (como sucede en el presente caso), a la determinación de fijar la competencia en distintos tribunales, atendiendo a la particularidad de cada Autoridad, Ente o Funcionario que se repute como presuntamente agraviante.

La anterior aclaratoria se efectúa, al precisar que las impugnaciones individualmente consideradas a cada uno de los Funcionarios que en el presente caso se señalan como agraviantes, conduciría en principio, a establecer parámetros de competencia jurisdiccional distintos entre sí, en tanto, se advierte que la competencia para el conocimiento de una acción de amparo contra un Ministro del Ejecutivo Nacional (el cual se configura como una Alta Autoridad o Alto Funcionario del Poder Público), devendría sin lugar a dudas en conocimiento de este órgano jurisdiccional; mientras que, la competencia en el presente caso, para conocer de una acción de amparo contra el Superintendente Nacional para la Defensa de los Derechos Socio Económicos, naturalmente le correspondería es a las Cortes de lo Contencioso Administrativo, según el régimen competencial, actualmente existente.

A todo evento, en el presente caso, el accionantes ha optado por interponer la acción de amparo señalando conjuntamente como supuestos agraviantes, a los titulares del Ministerio del Poder Público para el Comercio y de la Superintendencia Nacional para la Defensa de los Derechos Socio– Económicos, lo cual impone necesariamente, que en el presente caso la competencia para el conocimiento de la presente acción, sea establecida en función del fuero atrayente a favor del órgano de mayor jerarquía

Considera esta Sala que en el presente caso es necesario establecer un fuero atrayente a favor del órgano de mayor jerarquía, ello con el fin de evitar decisiones que pudieran ser contradictorias por ser tramitadas en distintas oportunidades, y ante órganos jurisdiccionales diferentes, salvaguardando así los principios de economía procesal y seguridad jurídica, tal como pacíficamente así lo ha reiterado esta Sala, en decisiones similares a la recaída en el caso *"Wilmer Alberto Mora Rojas"*, Sentencia 2240/2007, cuyo contenido al analizarse un caso similar al reseñado en la presente causa, reza entre otras consideraciones, lo siguiente:

"El quejoso señaló como uno de los presuntos agraviantes al Ministro del Poder Popular para la Vivienda y Hábitat.

Así, se debe tomar en consideración que ha sido criterio pacífico y reiterado de esta Sala, que el fuero atrayente contenido en el artículo 8 de la Ley Orgánica de Amparo sobre Derechos y Garantías Constitucionales, para conocer de las acciones de amparo constitucional que se interpongan en contra de altos funcionarios del Poder Público, tiene su fundamento en razón de la importancia y trascendencia política que pueda derivarse de las acciones de amparo constitucionales que se interpongan en contra de los actos u omisiones de estos funcionarios, explanados en forma enunciativa en el referido artículo.

Igualmente, el artículo 5 numeral 18 de la Ley Orgánica del Tribunal Supremo de Justicia, establece que es competencia de la Sala Constitucional del Tribunal Supremo de Justicia, conocer en primera y última instancia las acciones de amparo constitucional interpuestas contra los altos funcionarios públicos nacionales.

A su vez, el artículo 8 de la Ley Orgánica de Amparo sobre Derechos y Garantías Constitucionales, dispone que '(...) La Corte Suprema de Justicia conocerá en única instancia y mediante aplicación de los lapsos y formalidades previstos en la Ley, en la Sala de competencia afín con el derecho constitucional violados o amenazados de violación, de la acción de amparo contra el hecho, acto u omisión emanados del Presidente de la República, de los Ministros, del Consejo Supremo Electoral y demás organismos electorales del país, del Fiscal General de la República, del Procurador General de la República o del Contralor General de la República (...)'.

El contenido del artículo citado, en concordancia con el criterio establecido en las sentencias adoptadas por esta Sala Constitucional a partir de la sentencia N° 1 del 20 de enero de 2000 (caso: 'Emery Mata Millán'), establece un fuero especial a favor de los titulares de los órganos de mayor jerarquía del Poder Público Nacional, que faculta a esta Sala para conocer de las acciones de amparo intentadas en contra de ellos.

En tal virtud, esta Sala '(...) ha considerado que la enumeración realizada en el artículo transcrito es enunciativa y no taxativa, en tanto que existen órganos con rango similar –dada su naturaleza y atribuciones– a los cuales debe extenderse, necesariamente, la aplicación del fuero especial consagrado en el mismo.

Tal es el caso de la Asamblea Nacional, la cual posee un rango similar al de los órganos y funcionarios mencionados en el artículo 8 de la Ley Orgánica de Amparo sobre Derechos y Garantías Constitucionales, en razón de que la misma goza de rango constitucional y tiene competencia nacional. Por ello, esta Sala Constitucional reitera su criterio de incluir a la Asamblea Nacional dentro de la clasificación de altas autoridades que refiere el artículo 8 de la Ley Orgánica de Amparo sobre Derechos y Garantías Constitucionales (...)' –Vid. Sentencia de esta Sala N° 1.161/07–.

En el caso de autos, dado que la acción de amparo fue interpuesta contra el Ministro del Poder Popular para la Vivienda y Hábitat, así como al Presidente del Fondo Nacional de Desarrollo Urbano (FONDUR), el cual si bien no se encuentra incluido dentro de la enumeración de órganos a que se refiere el artículo ut supra trascrito, y que por su naturaleza y atribuciones no puede asemejarse a ellas; considera esta Sala que en el presente caso es necesario establecer un fuero atrayente a favor del órgano de mayor jerarquía, ello con el fin de evitar decisiones que pudieran ser contradictorias por ser tramitadas en distintas oportunidades, y ante órganos jurisdiccionales diferentes, salvaguardando así los principios de economía procesal y seguridad jurídica; *en virtud de lo cual esta Sala es a su vez competente para conocer las presuntas violaciones constitucionales imputadas al Fondo Nacional de Desarrollo Urbano (FONDUR) –Vid. Sentencia de esta Sala N° 2.577/02–, razón por la cual esta Sala Constitucional del Tribunal Supremo de Justicia se declara competente para conocer de la acción de amparo constitucional interpuesta. Así se declara".* (Negrillas y subrayado de la Sala).

Complementando en este orden lo hasta ahora expuesto, es criterio de esta Sala precisar que el conocimiento que se delimita a un órgano jurisdiccional para el conocimiento de la presente acción de amparo, queda supeditado –siguiendo el criterio *supra* transcrito–, al fuero atrayente del órgano jurisdiccional que ostenta la competencia para conocer de la reclamación contra el ciudadano **Ministro del Poder Popular para el Comercio (órgano que ostenta mayor jerarquía que el cargo de Superintendente Nacional para la Defensa de los Derechos Socio Económicos**), atendiendo al criterio atributivo de competencia del amparo contra Altos Funcionarios Públicos, que emana tanto de lo dispuesto en el **artículo 8** de la **Ley Orgánica de Amparo sobre Derechos y Garantías Constitucionales,** como también del alcance de lo previsto en el **artículo 25 numeral 18** de la **Ley Orgánica del Tribunal Supremo de Justicia,** que al efecto dispone que es competencia de esta Sala Constitucional, *"Conocer en primera y última instancia las acciones de amparo constitucional interpuestas contra los altos funcionarios públicos".*

En conclusión, visto que en el caso de autos, fue interpuesta acción de amparo constitucional contra el Ministro del Poder Popular para el Comercio, así como contra el ciudadano Superintendente Nacional para la Defensa de los Derechos Socioeconómicos, funcionario este que si bien no se encuentra incluido dentro de la enumeración de órganos a que se refiere el artículo 25, numeral 18 de la Ley Orgánica del Tribunal Supremo de Justicia y el artículo 8 de la Ley Orgánica de Amparo sobre Derechos y Garantías Constitucionales, y que por su naturaleza y atribuciones no puede asemejarse a ellas; considera esta Sala en ratificación a su criterio reiterado, establecer un fuero atrayente a favor del primer órgano mencionado, evitando con ello la posibilidad de emisión de decisiones que pudieran ser contradictorias por ser tramitadas en distintas oportunidades, y ante órganos jurisdiccionales diferentes, con lo cual asegura la correcta verificación de los principios de economía procesal y seguridad jurídica; en virtud de lo cual esta Sala debe declararse competente para el conocimiento de la acción de amparo constitucional interpuesta contra el ciudadano Ministro del Poder Popular para el Comercio, así como también, para conocer las presuntas violaciones constitucionales imputadas al ciudadano Superintendente Nacional para la Defensa de los Derechos Socioeconómicos. Así se declara.

b. *Competencia en caso de amparo ejercido en protección de altos funcionarios contra Estados extranjeros*

TSJ-SC (937)   **25-7-2014**

Magistrado Ponente: Ponencia Conjunta

Caso: Hugo Armando Carvajal Barrios vs. Aruba

La Sala se declaró competente para conocer de amparos constitucionales incoados para la protección de altos funcionarios de Estado, contra la violación de sus derechos fundamentales, por parte de un Estado extranjeros integrante de la Comunidad Internacional.

El 25 de julio de 2014, el ciudadano Hugo Armando Carvajal Segovia, venezolano, mayor de edad, de este domicilio y titular de la cédula de identidad V-18.749.154, debidamente asistido en este acto por el abogado Nelson Goodrich Pino, venezolano, mayor de edad, titular de la cédula de identidad V-17.115.893 e inscrito en el Instituto de Previsión Social bajo el N° 129.862, interpuso ante esta Sala *"acción de amparo constitucional contra la detención ilegal y arbitraria por parte de Aruba (país autónomo insular del Reino de los Países Bajos), del ciudadano Hugo Armando Carvajal Barrios, quien arribó a dicho país como funcionario diplomático del Estado Venezolano".*

[*omissis*]

Conforme a los principios antes previstos expresamente en la Constitución de la República Bolivariana de Venezuela, así como a lo establecido en los artículos 335, 336 numeral 11, y en especial a lo dispuesto en el artículo 27 *eiusdem*, esta Sala resulta competente para conocer de los amparos constitucionales incoados a favor de un alto funcionario de la República, por violación de sus derechos fundamentales, por parte de un Estado integrante de la Comunidad Internacional, dada la alta investidura y función que ostenta el sujeto agraviado que requiere la tutela constitucional por parte de esta máxima instancia judicial, y atendiendo al sujeto señalado como agraviante, por lo que esta Sala se declara competente para conocer de la presente acción de amparo; y así se decide

B. *Admisibilidad*

a. *Legitimación activa*

TSJ-SC (1158)   **18-8-2014**

Magistrada Ponente: Gladys María Gutiérrez Alvarado

Caso: Rómulo Plata vs. (Dante Rafael Rivas Quijada) Ministro del Poder Popular para el Comercio y Superintendente Nacional para la Defensa de los Derechos Socio Económicos.

En primer lugar, esta Sala debe advertir que aunque el actor sostiene que actúa en protección de los intereses difusos de la población venezolana, lo cierto es que el solo hecho de ser venezolano, no le otorga al mismo legitimidad para actuar en nombre de toda la población, toda vez que, en el contexto planteado, puede haber personas que no tengan interés en esta acción o bien que no estimen la existencia de las supuestas violaciones denunciadas. Por ello, atendiendo al carácter personalísimo de la acción de amparo, y visto que también actúa en su condición de "usuario y consumidor", es bajo dicha condición que se analizarán las delaciones expuestas.

TSJ-SC (934)   **25-7-2014**

Magistrado Ponente: Arcadio Delgado Rosales

Caso: Raúl Emilio Baduel Cafarelli y otros vs. Decisión Juzgado Primero de Control del Circuito Judicial Penal del Estado Aragua.

La legitimación activa en materia de amparo constitucional corresponde a quien se afirme agraviado en sus derechos constitucionales y, en el caso *sub júdice*, se aprecia que los supuestos representantes no presentaron acta de juramentación, mandato o poder, ni ningún otro medio en el cual conste la representación que pretende asumir.

Así, esta Sala observa que la acción de amparo fue interpuesta por la presunta violación de los derechos al debido proceso, a la defensa y a la tutela judicial efectiva, previstos en los artículos 49 y 26 de la Constitución de la República Bolivariana de Venezuela, por parte del Juzgado Primero de Control del Circuito Judicial Penal del Estado Lara, al ordenar el traslado de los ciudadanos Raúl Emilio Baduel Caffarelli y Alexander Tirado Lara al Centro Penitenciario de Centroccidente, mejor conocido como Uribana y, por otro lado, por la supuesta "...*situación irregular, consistente en que nuestros defendidos hoy agraviados, en una oportunidad, fueron sacados a la fuerza, hacia las instalaciones del SAIME, el día jueves 27-03-2014, donde los funcionarios policiales le expresaron que se lo iban a llevar, para sacarle su documento de identidad, como lo es la cédula de identidad, como se conoce, y a esta hora en que estamos interponiendo la acción de amparo, se encuentran en el organismo antes mencionado donde supuestamente los funcionarios policiales para sacarle ese documento de identidad, la defensa desconoce si esta (sic) procedimiento es orden del Tribunal o simplemente es un acto arbitrario de alguien...".*

Por su parte, la decisión objeto de la presente apelación, dictada por la Sala Única de la Corte de Apelaciones del Circuito Judicial Penal del Estado Aragua declaró inadmisible por falta de legitimidad la acción de amparo propuesta; para ello aludió a lo previsto en el artículo 18 de la Ley Orgánica de Amparo sobre Derechos y Garantías Constitucionales y el criterio establecido por esta Sala en las sentencias citadas; en este sentido, indicó:

"...los accionantes interponen la acción de amparo constitucional alegando actuar en su condición de defensores privados de los ciudadanos RAÚL EMILIO BADUEL CAFFARELLI Y ALEXANDER TIRADO LARA presuntos agraviados, sin que acredite su legitimidad a través de la consignación al menos en copia simple del acta de designación y juramentación, ni existir algún otro tipo de documento que demuestre sin lugar a duda su carácter de defensores privados, por lo que en consideración a las normas citadas y a la jurisprudencia vigente, y constatada la falta de legitimidad para actuar en la presente acción de amparo intentada por los abogados LEONARDO ENRIQUE LUCES RODRÍGUEZ Y PASTORA MILEXA MENDOZA RAMONES, quienes manifiestas (sic) en su escrito actuar en representación de los ciudadanos RAÚL EMILIO BADUEL CAFFARELLI Y ALEXANDER TIRADO LARA, esta Sala concluye que la presente acción de amparo constitucional debe declararse inadmisible...".

Precisado lo anterior, considera oportuno esta Sala reiterar la jurisprudencia dictada en esta materia, la cual ha quedado expresada en sentencia N° 1364 del 27 de junio de 2005 (caso: *Ramón Emilio Guerra Betancourt*), ratificada entre otras, en sentencias N° 2.603 del 12 de agosto de 2005 (caso: *Gina Cuenca Batet*), N° 152 del 2 de febrero de 2006 (caso: *Sonia Mercedes Look Oropeza*) y N° 1.316 del 3 de junio de 2006 (caso: *Inversiones Inmobiliarias S.A.*), en las que se señaló que:

"Para la interposición de un amparo constitucional, cualquier persona que considere haber sido víctima de lesiones constitucionales, que reúna las condiciones necesarias para actuar en juicio, puede ser parte actora en un proceso de ese tipo. Sin embargo, al igual que para cualquier otro proceso, si ese justiciable, por más capacidad procesal que posea, no puede o no quiere por su propia cuenta postular pretensiones en un proceso, el ius postulandi o derecho de hacer peticiones en juicio, deberá ser ejercido por un abogado que detente el derecho de representación, en virtud de un mandato o poder auténtico y suficiente.

Así las cosas, para lograr el 'andamiento' de la acción de amparo constitucional, será necesario por parte del abogado que no se encuentre asistiendo al supuesto agraviado, demostrar su representación de manera suficiente; de lo contrario, la ausencia de tan indispensable presupuesto procesal deberá ser controlada de oficio por el juez de la causa mediante la declaratoria de inadmisibilidad de la acción...".

Dentro de este orden de ideas, la legitimación activa en materia de amparo constitucional corresponde a quien se afirme agraviado en sus derechos constitucionales y, en el caso *sub júdice*, se aprecia que los supuestos representantes no presentaron acta de juramentación, mandato o poder, ni ningún otro medio en el cual conste la representación que pretende asumir (*vid.* sentencia N° 710 del 9 de julio de 2010).

En este orden de ideas, cabe señalar que la Ley Orgánica del Tribunal Supremo de Justicia, en su artículo 133, aplicable al procedimiento de amparo constitucional tal como lo dispone el artículo 48 de la Ley Orgánica de Amparo sobre Derechos y Garantías Constitucionales prevé lo siguiente:

"Artículo 133: Se declarará la inadmisión de la demanda:

1. Cuando se acumulen demandas o recursos que se excluyan mutuamente o cuyos procedimientos sean incompatibles.

2. Cuando no se acompañen los documentos indispensables para verificar si la demandada es admisible.

3. Cuando sea manifiesta la falta de legitimidad o representación que se atribuya el o la demandante, o de quien actúe en su nombre respectivamente.

4. Cuando haya cosa juzgada o litispendencia.

5. Cuando contenga conceptos ofensivos o irrespetuosos.

6. Cuando haya falta de legitimación pasiva".

Es pertinente referir que las causales de inadmisibilidad contenidas en el artículo transcrito son plenamente aplicables a cualquier tipo de recurso, demanda o solicitud que se intente ante esta Sala Constitucional. En efecto, los artículos 128 y 145 distinguen entre causas que requieren de una tramitación y las que no están sujetas a sustanciación, respectivamente; sin embargo, el artículo 133 es una disposición general y se aplica a cualquier tipo de recurso, demanda o solicitud que requiera trámite procedimental o no esté sujeta a sustanciación.

En este sentido, se pronunció la Sala en sentencia N° 952 del 20 de agosto de 2010, caso *"Festejos Mar C.A."*, al señalar lo siguiente:

"De ese modo, por interpretación en contrario, las normas a que se refieren los artículos 129 (requisitos de la demanda), artículo 130 (solicitud de medidas cautelares); artículo 131 (oposición a la medida cautelar); artículo 132 (designación de ponente); artículo 133 (causales de inadmisión) y el artículo 134 (despacho saneador) son reglas comunes no sólo a ambos tipos de procedimiento (los que requieren sustanciación y los que no), sino además a cualquiera que se siga ante esta Sala Constitucional, pese a que no sea objeto de regulación de la Ley Orgánica del Tribunal Supremo de Justicia, como sería el caso, por ejemplo, de los amparos constitucionales, como bien lo precisa el título del Capítulo en referencia al disponer 'De los procesos ante la Sala Constitucional'. Así se declara".

En consecuencia, con fundamento en lo anteriormente expuesto, debe esta Sala declarar forzosamente sin lugar la apelación interpuesta y ratificar la sentencia dictada el 4 de abril de 2014 por la Corte de Apelaciones del Circuito Judicial Penal del Estado Aragua que declaró inadmisible la acción de amparo interpuesta contra el Juzgado de Primero de Control del Circuito Judicial Penal del Estado Aragua. Así se decide.

b.   *Legitimación activa (Hábeas Corpus)*

TSJ-SC (937)   **25-7-2014**

Magistrado Ponente: Ponencia Conjunta

Caso: Hugo Armando Carvajal Barrios vs. Aruba

En primer lugar, con relación a la legitimación para ejercer la presente acción de amparo, en sentencia N° 2426 del 8 de marzo de 2002 (Caso: *Luis Reinoso*) esta Sala sostuvo que si bien la legitimación activa en una acción de amparo la tienen, en principio, quienes hayan sido directamente afectados en sus derechos constitucionales, cuando se trata de un amparo a la libertad personal, la legitimación activa se extiende a cualquier persona en nombre del privado de libertad, conforme a lo establecido en los artículos 27 de la Constitución de la República Bolivariana de Venezuela y 41 de la Ley Orgánica de Amparo sobre Derechos y Garantías Constitucionales [...].

C.   *Partes*

    a.   *Parte agraviante: Estado extranjero*

       TSJ-SC (937)   **25-7-2014**

       Magistrado Ponente: Ponencia Conjunta

       Caso: Hugo Armando Carvajal Barrios vs. Aruba

En el presente caso constituye un hecho público, notorio y comunicacional que la detención del Cónsul General de Venezuela se produjo a su llegada a Aruba, por parte de las autoridades de ese país, coartando el ejercicio de las funciones inherentes a su cargo y contrariando abiertamente el mandato del artículo 40 de la Convención de Viena Sobre Relaciones Consulares (contenido en la Sección II, referida a las *"facilidades, privilegios e inmunidades relativos a los funcionarios consulares de carrera y a los demás miembros de la oficina consular"*), según el cual los Estados deberán *"tratar a los funcionarios consulares con la debida deferencia y adoptará todas las medidas adecuadas para evitar cualquier atentado contra su persona, su libertad o su dignidad"* (resaltado de este fallo).

Como puede observarse, las autoridades de Aruba están obligadas a garantizar todas las facilidades, privilegios e inmunidades que ostenta el Cónsul General de esta República en ese país, circunstancia que no ocurrió en esta oportunidad, por cuanto la principal autoridad consular de Venezuela en ese país, ciudadano Hugo Carvajal, se encuentra privado de su libertad, no sólo en flagrante violación a la referida Convención, a otras fuentes del derecho internacional, a la Constitución de la República Bolivariana de Venezuela y a los derechos humanos del mismo, sino también a la soberanía de la República Bolivariana de Venezuela, pues el hecho lesivo recae sobre un legítimo representante de la misma ante esa Nación.

De allí que esta Sala debe condenar del modo más enérgico la restricción de la libertad de la cual ha sido víctima el funcionario del servicio exterior de más alto rango que cumple funciones en Aruba. Ello amerita tal moción de esta Sala, pues las agresiones a las que puedan ser sometidos los funcionarios consulares y diplomáticos de la República Bolivariana de Venezuela, suponen una afrenta al propio orden institucional patrio, en cuyo caso el Estado está en la obligación de ejercer sus competencias para la justa reivindicación de su soberanía, máxime cuando pueden estar vinculados elementos en materia de seguridad y defensa, cometido esencial del Estado en procura de la soberanía nacional, la cual ha sido el fundamento de decisiones como las contenidas en las sentencias Nros. 1942/2003 y 1939/2008.

Apreciando las circunstancias presentadas en el presente caso, observa esta Sala que en el sistema de fuentes del Derecho Internacional Público, no resultaría admisible que las supuestas ejecutorias amparadas en un presunto tratado o convenio bilateral suscrito por un Estado con otro en determinada materia, puedan ser de aplicación preferente frente a un convenio multilateral que reúne la voluntad de un auténtico concierto de naciones, como lo es la Convención de Viena sobre Relaciones Consulares. De allí que asumir lo contrario, brindando preferencia a un convenio, tratado o instrumento internacional bilateral antes que a uno multilateral, constituye una inobservancia al Derecho Internacional Público; máxime cuando debe aplicarse la reciprocidad en cuanto al tratamiento de los funcionarios del servicio exterior.

[*omissis*]

De allí que las anteriores normas constituyen el cuerpo jurídico que regula el ejercicio de las funciones consulares con las adecuadas garantías intrínsecas a las mismas, destacándose un sistema de privilegios e inmunidades, que rige desde el momento en que los funcionarios del servicio exterior entren en el territorio del Estado receptor, para tomar posesión de su cargo, o si se encuentran ya en ese territorio, desde el momento en que asuman sus funciones en la oficina consular, tal como ocurrió con el Cónsul General de la República Bolivariana de Venezuela en Aruba.

El sistema antes referido debe ser observado para preservar la paz y la armonía, en el desenvolvimiento de las relaciones internacionales. En tal sentido, y bajo este contexto cobran especial relevancia los principios de buena fe y confianza que han de regir entre los Estados, al designar a sus representaciones diplomáticas y consulares, para que se brinde a ellas la protección y garantías que acuerda el Derecho Internacional Público.

Al respecto, la doctrina en cuanto a los derechos de los agentes diplomáticos ha apuntado que "(l)a teoría de la necesidad de la función [consular y/o diplomática] es la más aceptada modernamente. Puede enunciarse en los siguientes términos, que equivalen al viejo principio *ne impediatur legatio*:

El agente diplomático sólo puede desempeñar su representación eficazmente si el Estado que lo recibe le otorga garantías para su función, es decir, privilegios que aseguren su libre ejercicio. Ahora bien, como el interés de la función sólo puede justificar dichos privilegios, las otras prerrogativas de que gozan los agentes, se fundan en los principios de cortesía y reciprocidad, tradicionales en las relaciones diplomáticas" (Pérez de Cuéllar, Javier. *Manual de Derecho Diplomático*. México 1997).

Por su parte, la Constitución de la República Bolivariana de Venezuela en su artículo 152, regula lo concerniente a las relaciones internacionales, en los siguientes términos:

"Las relaciones internacionales de la República responden a los fines del Estado en función del ejercicio de la soberanía y de los intereses del pueblo; ellas se rigen por los principios de independencia, igualdad entre los Estados, libre determinación y no intervención en sus asuntos internos, solución pacífica de los conflictos internacionales, cooperación, respeto de los derechos humanos y solidaridad entre los pueblos en la lucha por su emancipación y el bienestar de la humanidad. La República mantendrá la más firme y decidida defensa de estos principios y de la práctica democrática en todos los organismos e instituciones internacionales".

Como puede apreciarse, el Texto Fundamental vincula las relaciones internacionales de la República a los fines del Estado, en función del ejercicio de la soberanía y de los intereses del pueblo. Aunado a ello, enuncia que esas relaciones deben regirse por los principios de independencia, igualdad entre los Estados, libre determinación y no intervención en sus asuntos internos, solución pacífica de los conflictos internacionales, cooperación, respeto de los derechos humanos y solidaridad entre los pueblos en la lucha por su emancipación y el bienestar de la humanidad.

En ese orden de ideas, el principio de independencia de las naciones determina, entre otros aspectos, la libre designación y protección de sus representantes ante otros Estados, así como también las políticas diplomáticas que estime necesarias para la protección de sus intereses, conforme a las normas aplicables.

Por su parte, el principio de no intervención en los asuntos internos proscribe cualquier interferencia en las cuestiones propias de cada Estado, circunstancias como la libre elección y actuación de los funcionarios del servicio exterior de la República, razón por la que es evidente la violación de tales valores y principios, entre otros, al haberse practicado la detención del Cónsul General de Venezuela en Aruba, contrariando de forma palmaria la Convención de Viena Sobre Relaciones Consulares y otros instrumentos internacionales.

Particularmente, la Convención de Viena sobre el Derecho de los Tratados, determina la importancia de los principios del libre consentimiento y de la buena fe y la norma *"pacta sunt servanda"*, universalmente reconocidos, estableciendo lo siguiente:

"…Observancia de los tratados.

26. *"Pacta sunt servanda"*. Todo tratado en vigor obliga a las partes y debe ser cumplido por ellas de buena fe.

Interpretación de los tratados.

31. Regla general de interpretación. I. Un tratado deberá interpretarse de buena fe conforme al sentido corriente que haya de atribuirse a los términos del tratado en el contexto de estos y teniendo en cuenta su objeto y fin (…)".

Partiendo de lo antes expuesto, esta Sala observa además que en el caso de autos, se ha planteado que el aludido Cónsul General se encuentra siendo tratado por parte de las autoridades de Aruba, como un ciudadano común, desconociéndole el carácter conferido por el Estado Venezolano, debidamente designado como parte del cuerpo del servicio exterior de la República, desde cuyo momento se encuentra amparado bajo las protecciones que acuerda el Derecho Internacional Público para los funcionarios del servicio exterior, garantizando con ello el normal desenvolvimiento de las funciones consulares en el Estado receptor.

Por último, desde la perspectiva del derecho internacional, debe indicarse que el Estado venezolano, tendría la potestad de evaluar acciones de índole diplomático respecto a Aruba, conforme al principio de reciprocidad que implica el derecho de igualdad y mutuo respeto entre los Estados y la posibilidad de brindarse y asegurarse un trato idéntico, y demás principios que informan el Derecho Internacional.

En razón de lo antes expuesto, esta Sala declara procedente *in limine litis* la solicitud de amparo; en consecuencia, exhorta al Ejecutivo Nacional, a través del Ministerio del Poder Popular para Relaciones Exteriores de la República Bolivariana de Venezuela, de conformidad con el artículo 236, numeral 4 Constitucional, a continuar las acciones tendentes a exigir a las autoridades de Aruba que procedan a la inmediata observancia y aplicación de la Convención de Viena sobre Relaciones Consulares, demás Tratados e Instrumentos Internacionales aplicables al servicio exterior. Así se decide.

IV
DECISIÓN

Por las razones expuestas, este Tribunal Supremo de Justicia, en Sala Constitucional, administrando justicia en nombre de la República por autoridad de la Ley, declara **PROCEDENTE *IN LIMINE LITIS*** la presente solicitud; en consecuencia, exhorta al Ejecutivo Nacional, a través del Ministerio del Poder Popular para Relaciones Exteriores de la República Bolivariana de Venezuela, de conformidad con el artículo 236, numeral 4 Constitucional, a continuar las acciones tendentes a exigir a las autoridades de Aruba que procedan a la inmediata observancia y aplicación de la Convención de Viena sobre Relaciones Consulares, demás Tratados e Instrumentos Internacionales aplicables al servicio exterior, en relación al ciudadano Hugo Carvajal.

Comentarios Jurisprudenciales

NOTAS SOBRE LAS IMPLICACIONES DE LA APLICACIÓN EN PARALELO DEL PROCEDIMIENTO SANCIONATORIO REGULADO EN LA LEY DE DEFENSA PARA EL ACCESO DE LAS PERSONAS A BIENES Y SERVICIOS, Y DEL PROCEDIMIENTO EXPROPIATORIO REGULADO EN LA LEY DE EXPROPIACIÓN: EL CASO *INDUSTRIAS VENOCO*

Allan R. Brewer-Carías
Profesor Emérito, Universidad Central de Venezuela

Resumen: *El comentario se refiere a una sentencia dictada en un procedimiento contencioso administrativo con motivo de la demanda de nulidad de un decreto de expropiación, el cual en sí mismo no es un procedimiento expropiatorio, ni resuelvo cuestiones del mismo.*

Abstract: *This comment refers to a judicial decision issued in a judicial review procedure regarding the nullity of an expropriation decree, which is not an expropriation procedure, and in which no expropriation matters were decided by the court.*

Palabras Clave: *Ilícitos económicos. Protección acceso bienes. Expropiación. Procedimiento sancionatorio.*

Key words: *Economic crimes. Expropriation procedure. Administrative sanctions.*

De acuerdo con la Constitución y con la Ley de Expropiación por causa de utilidad pública o social, cuya última reforma es de 2002, el procedimiento expropiatorio se puede desarrollar respecto de toda clase de bienes, independientemente de los procedimientos sancionatorios que puede iniciar el Estado, respecto de los bienes de determinados sujetos, por violaciones a las disposiciones establecidas en leyes especiales. Ambos procedimientos pueden desarrollarse en paralelo, en el sentido de que además de sancionar la conducta ilícita de determinados sujetos, el Estado puede decidir expropiar sus bienes, pero cuidando de que cada procedimiento se desarrolle sujeto a su propio marco legal, no pudiendo confundirse ni mezclarse impropiamente los mismos, ni aplicar los instrumentos jurídicos establecidos en las diferentes leyes, para fines distintos.

Un campo en el cual ambos procedimientos –el sancionatorio y el expropiatorio– pueden desarrollarse en paralelo, es el establecido en la legislación dictada para la asegurar protección del derecho de las personas al acceso de bienes y servicios de calidad, contenida en la Ley de Defensa para el acceso de personas a bienes y servicios de 2010.[1] Dicha Ley fue ini-

---

[1]   Véase en *Gaceta Oficial* N° 39.358 de 1 de febrero de 2010

cialmente sancionada en mayo de 2008, sustituyendo y derogando dos leyes precedentes que fueron, primero: la Ley de Protección al Consumidor y al Usuario, cuya última reforma había sido de 2004, y segundo: la Ley Especial para la Defensa Popular contra el Acaparamiento, la Especulación, el Boicot y cualquier otra conducta que afecte el Consumo de los Alimentos o Productos sometidos a control de precios de 2007.

Conforme a dicha Ley de Defensa para el acceso, en el ámbito de su regulación y en relación con las actividades que protege se podían desarrollar dos procedimientos paralelos: uno de carácter administrativo, de fiscalización y sanción de ilícitos económicos conforme a la propia Ley, y otro judicial para la expropiación de bienes, conforme a la Ley de Expropiación por causa de utilidad pública social de 2002[2], a la cual remite la Ley sin establecer normas especiales sobre la materia. Ello mismo se reguló en la Ley Orgánica de Precios Justos[3], cuyas disposiciones sustituyeron las de la Ley de Costos y Precios Justos de 2011[4], la cual, a su vez, sustituyó las normas de la mencionada Ley de Defensa para el acceso de personas a bienes y servicios de 2010.

Esos dos procedimientos que pueden desarrollarse en paralelo, ahora en el marco de la Ley Orgánica de Precios Justos, en efecto, son los siguientes:

En primer lugar, el procedimiento administrativo de fiscalización previsto en dichas leyes, para velar por el cumplimiento de las mismas, en el cual se autoriza al ente respectivo del Estado encargado de la ejecución de dichas leyes, es decir, el anterior Instituto para la defensa de las personas en el acceso de los bienes y servicios" (Indepabis) y actualmente, la Superintendencia Nacional para la Defensa de los Derechos Socio Económicos (Sundose), para en el marco de un procedimiento sancionatorio respecto de ilícitos económicos, poder adoptar medidas preventivas, entre las cuales está la de ocupación y operatividad temporal de los bienes "para garantizar la disposición de los bienes y servicios por parte de la colectividad,"(Ley 2010), y "destinadas a impedir que se continúen quebrantando" las disposiciones legales (Ley 2014).

En segundo lugar, un procedimiento de expropiación previsto en la Ley de Expropiación, que puede iniciarse por el Ejecutivo Nacional para la adquisición por el Estado de los bienes de los sujetos sometidos a los procedimientos sancionatorios en aplicación de las Leyes, cuya ejecución está a cargo, no del Indepabis o del Sundose, sino del ente expropiante que se determine en el Decreto de expropiación, que es el órgano u ente que puede solicitar al juez de expropiación por ejemplo la ocupación previa de los bienes expropiados conforme a las previsiones del artículo 56 de la Ley de Expropiación.

Es decir, en estos casos el ente expropiante es una autoridad ejecutiva distinta al anterior Instituto para la defensa de las personas en el acceso de los bienes y servicios" (Indepabis) o al actual la Superintendencia Nacional para la Defensa de los Derechos Socio Económicos (Sundde), los cuales nunca podrían tener la condición de ente expropiante.

Como se dijo, en este último caso, en paralelo al desarrollo del procedimiento expropiatorio, en el procedimiento administrativo sancionatorio previsto en la anterior Ley de Defensa

---

[2]   Ley de Expropiación por Causa de Utilidad Pública o Social, de 2002, en *Gaceta Oficial* N° 37.475 de 1 de Julio de 2002.

[3]   Decreto Ley N° 600 de 21 de noviembre de 2013, publicada en *Gaceta Oficial* N° 40.340 de 23 de enero de 2014.

[4]   Véase en *Gaceta Oficial* N° 39.715 del 18 de julio de 2011.

y Acceso y en la actual Ley Orgánica de Precios Justos, pueden dictarse medidas preventivas siempre que se hayan cometido ilícitos económicos y administrativos, que pueden durar mientras concluye el primero.

Ahora bien, en contra de las regulaciones de dichos dos procedimientos que deben desarrollarse paralelamente, y que están a cargo de autoridades administrativas diferentes, en la práctica gubernamental de los últimos años, especialmente a partir de la sanción de la Ley de Defensa y Acceso 2010, el Poder Ejecutivo mezclado ilegítimamente dichos procedimientos, y en una evidente desviación de poder en el procedimiento (desviación del procedimiento), ha pretendido sustituir la ineludible necesidad de que la ocupación previa de los bienes expropiados en un juicio de expropiación solo pueda realizarse conforme al artículo 56 de la Ley de Expropiación, previo justiprecio y pago del monto de la indemnización ante el juez competente; por una ocupación temporal pero indefinida regulada para otros fines sancionatorios, en la anterior Ley de Defensa y Acceso, y actualmente la Ley Orgánica de Precios Justos.

Ello ocurrido en múltiples casos, entre ellos, en el caso *Venoco* que dio origen a la sentencia de la Sala Político Administrativo del Tribunal Supremo de Justicia, N° 1269 de 17 de septiembre de 2014[5], dictada con ocasión de la impugnación del decreto de expropiación que se dictó afectando a las instalaciones de las industrias Venoco productora de lubricantes, aceites y liga de frenos, entre otros productos, que es la que motiva estos comentarios.

I. EL DECRETO DE AFECTACIÓN O EXPROPIACIÓN Y SUS VICIOS

En efecto, pocos meses después de sancionarse la reforma de la Ley de Defensa y Acceso de 2010, el Ejecutivo Nacional dictó el Decreto N° 7712 de 10 de octubre de 2010[6], mediante el cual decidió proceder a la expropiación de los bienes de diversas empresas del grupo Venoco para lo que calificó la realización de la obra como de: "Soberanía en la elaboración y suministro de bases lubricanes, lubricantes terminado, aceites dieléctricos, rasas y liga para frenos" (art. 1)

Dicho Decreto tuvo como base legal en cuanto a la declaratoria legislativa de utilidad pública o interés social, el artículo 5 de la Ley de Expropiación y el artículo 6 de la Ley de Defensa y Acceso, que declara la utilidad pública e interés social respecto de los bienes y actividades que regula. En el Decreto de Expropiación, sin embargo, nada se indicó como justificación de la misma, como procedimiento paralelo a los procedimientos sancionatorios, que exigía para proceder a la expropiación la identificación de posibles ilícitos económicos o administrativos que pudieran haber sido cometidos por parte de las empresas afectadas. Ello, de entrada, vició de inmotivación el mencionado decreto de expropiación al invocar el artículo 6 de la Ley de defensa y Acceso, que solo podía aplicarse "cuando se hayan cometido ilícitos económicos y administrativos "(art. 6), sin indicar nada sobre los ilícitos en los que hubiera podido haber incurrido la parte expropiada.

En el Decreto se designó a la empresa Petróleos de Venezuela S.A. como ente expropiante (art. 2) para realizar el procedimiento expropiatorio (arts. 4 y 5); y finalmente, en su propio texto del Decreto, el Ejecutivo Nacional, sin competencia legal alguna para ello (pues ello solo corresponde al antiguo Indepabis o al Sundde), supuestamente de conformidad con

---

[5] Véase en http://historico.tsj.gob.ve/decisiones/spa/septiembre/168815-01269-18914-2014-2011-0328.HTML.

[6] Véase en *Gaceta Oficial* N° 39528 de 11 de octubre de 2010.

el artículo 6 de la Ley de Defensa y Acceso ordenó "la ocupación de los bienes" afectados de expropiación por parte de PDVSA "a los fines de su puesta en operatividad administrativa y aprovechamiento" (art. 6).

Esta decisión contenida en el artículo 6 del Decreto 7712 de octubre de 2010, puede considerarse que estaba viciada de ilegalidad, por varias razones:

En primer lugar, por incompetencia manifiesta en la que incurrió el Presidente de la República al ejercer una competencia como es la de declarar medidas preventivas conforme a la Ley de Defensa y Acceso, que dicha Ley expresamente atribuía a las autoridades del Instituto para la defensa de las personas en el acceso de los bienes y servicios" (Indepabis).

Correspondiendo expresamente por ley a esta institución, dictar dichos actos administrativos, no podía el Presidente de la República dictarlos, por más superior jerárquico que era en la Administración Pública. La competencia, de acuerdo con la Ley Orgánica de la Administración Pública es de texto expreso, y solo puede ser ejercida por los órganos de la Administración Pública "bajo las condiciones, límites y procedimientos establecidos" de manera que conforme al artículo 26 de dicha Ley, "toda actividad realizada por un órgano o ente manifiestamente incompetente, o usurpada por quien carece de autoridad pública, es nula y sus efectos se tendrán por inexistentes

El Presidente de la República hubiera podido haber decidido el asunto por avocamiento, pero el artículo 41 de la Ley Orgánica de la Administración dispone que en todo caso de avocamiento por parte del Presidente de la República, respecto del "conocimiento, sustanciación o decisión de un asunto cuya atribución corresponda ordinariamente o por delegación a sus órganos jerárquicamente subordinados," solo puede hacerse "cuando razones técnicas, económicas, sociales, jurídicas o de interés público lo hagan necesario" debiendo realizarse ineludiblemente "mediante acto motivado que debe ser notificado a los interesados."

Nada de esto ocurrió al dictarse el decreto N° 7712 de octubre de 2014 de afectación de los bienes de las industrias Venoco, estando por tanto viciado de incompetencia manifiesta.

Además, en segundo lugar, el acto dictado por el Presidente de la República también estaba viciado de nulidad, por vicio en el procedimiento, pues un acto administrativo estableciendo una medida preventiva como la ocupación temporal conforme al artículo 6 de la Ley de Defensa y Acceso, solo podía dictarse una vez abierto un procedimiento administrativo de investigación y sancionatorio por la autoridad competente que era el Instituto para la defensa de las personas en el acceso de los bienes y servicios" (Indepabis), cuando se hubieran cometido alguno de los ilícitos económicos o administrativos sancionados en la Ley de Defensa y Acceso. En ninguno de los considerandos del mencionado decreto N° 7712 de octubre de 2010, se hizo referencia alguna a la supuesta comisión de algunos de dichos ilícitos, ni a la apertura de algún procedimiento sancionatorio, aun cuando en el "punto de cuenta" que originó el Decreto, como se reseñó en la sentencia, se hubiera hecho mención incidental a posibles irregularidades.

En tercer lugar, la medida preventiva de ocupación temporal y operatividad prevista en la Ley de Defensa y Acceso, sólo podía tener por objeto como lo disponían los artículos 6 y 112,1 de dicha Ley, para "garantizar la disposición de dichos bienes y servicios por parte de la colectividad."

En el caso del decreto N° 7712 de octubre de 2010, sin embargo, la medida fue dictada sólo para la "puesta en operatividad, administración y aprovechamiento" por parte de PDVSA, sin 'más motivación, lo que no se ajustaba a lo dispuesto en la ley.

II. LA IMPUGNACIÓN POR ILEGALIDAD E INCONSTITUCIONALIDAD DEL DE-
CRETO DE AFECTACIÓN O EXPROPIACIÓN, Y EL RECHAZO DE LA MEDIDA
CAUTELAR SOLICITADA PARA PROHIBIR AL ESTADO OCUPAR LOS BIENES
SIN CUMPLIR CON LO DISPUESTO EN LA LEY DE EXPROPIACIÓN

La parte expropiada en ese caso, ejerció un recurso contencioso administrativo de nulidad contra el decreto de afectación por ante la Sala Político Administrativa del Tribunal
Supremo de Justicia, alegando otras ilegalidades, específicamente por considerar que los
bienes afectados destinados a la elaboración de bases lubricantes, lubricantes, terminados
aceites dieléctricos, grasas y ligas para freno, no estaban sujetos a la Ley de Defensa y Acceso y, por tanto, no estaban dentro de los declarados como de utilidad pública o interés social
en dicha Ley, y que además, tal declaratoria solo se refería a los bienes declarados de primera
necesidad.

Junto con la acción de nulidad, los recurrentes solicitaron al Tribunal Supremo, conforme al artículo 104 de la Ley Orgánica de la Jurisdicción Contencioso Administrativa, que
dictase una medida cautelar de prohibición al Estado de entrar en posesión de los bienes de
las empresas afectadas, hasta tanto se articulase el mecanismo legal de la ocupación previa
previsto en el artículo 56 de la Ley de Expropiación; solicitando además, mediante el ejercicio del control difuso de la constitucionalidad de las leyes, la desaplicación del artículo 6 de
la Ley de Defensa y Acceso.

La Sala Político Administrativa del Tribunal Supremo se pronunció en relación con la medida cautelar solicitada, mediante sentencia N° 81 de 6 de febrero de 2013[7], declarándola sin
lugar, basándose, preliminarmente, en la consideración de que la declaratoria de utilidad pública
en el caso se "presumía" satisfecha conforme a la declaración contenida en el artículo 6 de la
Ley de Defensa y Acceso, pues el mismo se refería a "todo tipo de bienes y no solo los de primera necesidad" considerando la Sala que la regulación de dicha Ley "pareciera que no restrin-
girse a los bienes de primera necesidad." De todo ello concluyó la Sala que en el caso "preliminarmente no se advierte la violación del derecho a la propiedad consagrado en el artículo 115 de
la Carta Magna", declarando entonces sin lugar de la medida cautelar solicitada.

Esta sentencia, en todo caso, se observa que no fue dictada en un procedimiento expropiatorio, sino en el procedimiento de un juicio de nulidad contencioso administrativo respecto
de un acto administrativo (decreto de expropiación), en la cual en ningún caso se pronunció
la Sala sobre el planteamiento esencial que también formularon los recurrentes sobre necesaria aplicación del artículo 56 de la Ley de Expropiación para que se pudiera decretar la ocupación previa de los bienes a expropiar, y por tanto, la improcedencia de que en un procedimiento expropiatorio se pretendiera ocupar los bienes, con base en el artículo 6 de la Ley de
Defensa y Acceso.

III. LA DECLARATORIA SIN LUGAR DE LA ACCIÓN DE NULIDAD EJERCIDA
CONTRA EL DECRETO DE EXPROPIACIÓN DE LAS INDUSTRIAS VENOCO

La acción principal de nulidad ejercida contra del Decreto N° 7712 de afectación de expropiación de Industrias Venoco, que sus representantes habían intentado en 2011, fue decidida
finalmente en el fondo mediante sentencia N° 1269 de 17 de septiembre de 2014[8], en la cual, la

---

[7]   Véase en http://www.tsj.gov.ve/decisiones/spa/febrero/00081-6213-2013-2011-0328.HTML

[8]   Véase en http://historico.tsj.gob.ve/decisiones/spa/septiembre/168815-01269-18914-2014-2011-
0328.HTML.

Sala Político Administrativa, en relación con la solicitud de desaplicación del artículo 6 de la Ley de Defensa y Acceso por violación del artículo 115 de la Constitución, se refirió únicamente a dicha norma en lo que concierne a la declaratoria de utilidad pública y social que contenía, destacando que con el mismo "lo que pretendió el legislador fue prever que no era necesaria una declaratoria de utilidad pública e interés social posterior a la ya –general y previa– por el instaurada," y que la misma no se "limita a una categoría de bienes y servicios sino que, en general, comprende aquellos dirigidos a la **satisfacción de las necesidades del colectivo**" (p. 25/44; 26/44), considerando que la adquisición forzosa se aplicaba a los bienes indicados en el decreto, es decir, lubricantes, grasas, aceite de motor y liga de frenos.

Para ello, la Sala destacó que entre los motivos del Decreto de expropiación, a los efectos de vincular los bienes producidos por industrias Venoco con los regulados en la Ley de Defensa y Acceso, la Sala destacó que el "considerando" del Decreto había dispuesto:

*"Que la disposición oportuna y eficiente de bases lubricantes, lubricantes terminados, aceites dieléctricos, grasas y liga para frenos, **es de importancia medular en el mercado interno, en tanto que dicha disposición impacta directamente sobre actividades de distribución de insumos básicos, para la población, transporte público y funcionamiento de buena parte del sector industrial, por lo que es fundamental para el Estado, garantizar en todo momento, una disposición adecuada y con precios justos de estos productos** (p. 6/44)*

A esos efectos, la Sala Político Administrativa en su sentencia, fue reiterativa en circunscribir el ámbito de aplicación de la Ley **única y exclusivamente a bienes y servicios que tienen relación con la satisfacción de necesidades colectivas o de la colectividad**, tal como también lo destacó en el juicio, el abogado de la República al analizar el Decreto N° 7712 de expropiación y argumentar, como lo resumió la Sala en la sentencia:

"que los bienes afectados por el Decreto impugnado fueron considerados por el Ejecutivo Nacional de importancia medular para el mercado interno *"en virtud de que los mismos impactan de manera directa sobre actividades de distribución de insumos básicos para la población, transporte público y funcionamiento del sector industrial (…). Resulta imperioso (…) hacer hincapié en lo **sensible que son todos los productos a los cuales hace referencia el Decreto, para el bienestar social de la población venezolana en general**. Garantizar el abastecimiento normal de dichos productos, es un compromiso del Estado venezolano; ya que en el escenario negado de ausencia de ligas de freno, aceites y/o lubricantes, la **repercusión directa sería sobre la colectividad**, que vería **afectado desde el abastecimiento de productos básicos que son transportados por vehículos** que utilizan estos lubricantes, aceites y ligas de frenos, hasta el **transporte público y privado**"* (p. 15/44)

La Sala también hizo referencia en su sentencia, a la apreciación final que hizo en juicio el abogado de la República, en el sentido de que:

"el Ejecutivo Nacional persigue la ejecución de la obra *"Soberanía en la Elaboración y Suministros de Bases Lubricantes, Lubricantes Terminados, Aceites Dieléctricos, Grasas y Liga para Frenos"*, con el fin de *"garantizar a todos los venezolanos el oportuno y eficiente suministro y abastecimiento de estos productos, **en virtud que los mismos representan 'la sangre' de muchos de los procesos que movilizan a un país, léase, transporte público y privado, transporte de alimentos a lo largo y ancho del territorio nacional, industrias, fábricas**, etc. La negada ausencia de este tipo de productos, resultaría **gravísimo para el normal desenvolvimiento del país**, y allí la pertinencia de este Decreto de Afectación de Bienes"*. (p. 17/44)

En la sentencia, en todo caso, la Sala Político Administrativa siguió la misma línea de razonamiento de circunscribir el ámbito de aplicación de la Ley de Defensa y Acceso por las personas a bienes y servicios **que tienen relación con la satisfacción de necesidades colectivas o "necesidades del colectivo,"** argumentando sucesivamente en cuanto al motivo del Decreto de expropiación de industrias Venoco, estimando que con el mismo:

"el Presidente de la República consideró –en pro del interés general– que la disposición oportuna y eficiente de bases lubricantes, lubricantes terminados, aceites dieléctricos, grasas y liga para frenos **era de suma importancia en el mercado interno debido a que impacta directamente sobre la distribución de insumos básicos para la población, transporte público y funcionamiento de parte importante del sector industrial, resultando esencial para el Estado la garantía de una disponibilidad adecuada y con precios justos de los referidos productos, los cuales –a criterio de la Sala– permiten que la población vea satisfecha sus necesidades básicas**" (p. 25/44).

La Sala Político Administrativa, en su sentencia, siguió reiterando el ámbito de aplicación de la Ley de Defensa y Acceso al ámbito de dichos y servicios **destinados a la satisfacción de necesidades colectivas**, al analizar los fundamentos del Decreto de expropiación en el caso de las industrias Venoco, indicando que dicho Decreto consideró que:

1)*"la disposición oportuna y eficiente de bases lubricantes, lubricantes terminados, aceites dieléctricos, grasas y liga para frenos, **es de importancia medular en el mercado interno, en tanto que dicha disposición impacta directamente sobre actividades de distribución de insumos básicos, para la población, transporte público y funcionamiento de buena parte del sector industrial, por lo que es fundamental para el Estado, garantizar en todo momento, una disposición adecuada y con precios justos de estos productos"* (p. 31/44. También en pp. 33/44 y 37/44)

Por todo lo anterior, terminó la Sala Político Administrativa su sentencia N° 1269, coincidiendo:

"con el argumento formulado por la sustituta del Procurador General de la República al afirmar, en la oportunidad de la audiencia de juicio, que los bienes objeto de adquisición forzosa *"representan 'la sangre' de muchos de los procesos que movilizan a un país, léase, transporte público y privado, transporte de alimentos a lo largo y ancho del territorio nacional, industrias, fábricas*, etc. La negada ausencia de este tipo de productos, resultaría gravísimo para el normal desenvolvimiento del país, y allí la pertinencia de este Decreto de Afectación de Bienes". (p. 37/44).

En esta forma, los bienes y servicios producidos por las Plantas Venoco (lubricantes, grasas, motor de vehículos y ligas de freno) objeto del Decreto de expropiación, a juicio del Tribunal Supremo, sin ser de los declarados como bienes de "primera necesidad," sin embargo sí podían considerarse como bienes necesarios para la satisfacción de necesidades colectivas por estar esencialmente vinculados al transporte de personas y de insumos para la producción de bienes de esa naturaleza.

Además, en la sentencia, refiriéndose en especial al caso de Industrias Venoco, la Sala analizó como fundamento fático del Decreto de expropiación, el "Punto de Cuenta" presentado por el Ministro respectivo al Presidente de la República en el cual se hizo referencia a que la empresa tenía "una posición de dominio que la convierte en un Monopolio," y en el hecho de que a pesar del carácter de esenciales de los productos producidos por la misma, quedaba en manos de una empresa privada "el mando de los precios, así como la realización de prácticas de acaparamiento y especulación, a expendas del suministro de materia prima por parte de Estado a través de PDVSA," por lo que se recomendaba tomar el control de la empresa (p. 33/44), sugiriéndose sin duda, en el caso, la comisión de ilícitos administrativos.

Solo basado en esto último es que puede entenderse que al declarar sin lugar la acción de nulidad intentada, la Sala haya expresado que al quedar firme el decreto impugnado, entonces "PDVSA "puede tomar posesión inmediata de los bienes objeto de adquisición forzosa de acuerdo con lo previsto en el artículo 6 de la Ley de defensa y Acceso, aplicable *ratione temporis*, como lo ordenó el aludido Decreto" (p. 43/44).

Para lo cual, a lo largo de su decisión, la Sala dejó bien precisado que el caso sometido a su consideración y decidido en la sentencia, "no era un caso de expropiación o de procedimiento de expropiación," sino de "adquisición forzosa y ocupación temporal."

Así, la Sala dijo en su sentencia, *primero*, que en relación con el alegato del recurrente respecto del procedimiento expropiatorio y el artículo 6 de la Ley de defensa y Acceso, que "en el caso de autos no se está en presencia de una expropiación sino frente a una adquisición forzosa y una orden de ocupación de bienes afectados"(p. 25/44); *segundo*, sobre la afectación de los bienes de las empresas Venoco para la producción de lubricanes, grasas, aceites de motor y liga de frenos, la Sala Político Administrativa expresó que "insiste en que la controversia sometida a su conocimiento es una adquisición forzosa y no una expropiación" (p. 26/44); y *tercero*, al considerar que el Decreto de afectación N° 7712 de los bienes de industrias Venoco "de conformidad con lo previsto en el artículo 5 de la ley de Expropiación, en sí no se traduce en el traslado inmediato del derecho de propiedad, sino que es el inicio de un procedimiento complejo regulado por el aludido instrumento legal y –en todo caso- no constituye objeto de la controversia sometida a conocimiento de esta Sala, pues lo que se pretende es la declaratoria de nulidad del decreto que ordenó la adquisición forzosa de los bienes propiedad o en posesión de las sociedades recurrentes" (p. 43/43 y 43/44).

Con todo ello, -y a pesar de lo difuso de la distinción entre "expropiación" y "adquisición forzosa" que esgrimió la Sala Político Administrativa para explicar que no estaba decidiendo en un juicio expropiatorio- lo que resultó claro fue por tanto que la Sala Político Administrativa no tomó decisión alguna en relación con algún supuesto procedimiento expropiatorio, no resolviendo aspecto alguno en relación con la necesidad o no de aplicar en los mismos el artículo 56 de la Ley de Expropiación para la ocupación previa de los bienes expropiados.

Y en cuanto a la referencia que la sentencia contiene sobre el artículo 6 de la Ley de Defensa y Acceso, sólo tiene relación con la declaratoria de utilidad pública e interés social que se establece en la misma, y tácitamente, en cuanto a la ocupación temporal de bienes que regula dicha norma, que solo podía encontrar justificación con la motivación fáctica del decreto vinculada con ilícitos administrativos y fiscales, sin considerar ni decidir, por supuesto, sobre si dicha ocupación podía sustituir a la ocupación previa regulada en materia de expropiación; y ello, porque como se ha visto, la Sala decidió que no estaba conociendo de un procedimiento expropiatorio.

LA IMPOPULARIDAD DE LA ACCIÓN POPULAR DE INCONSTITUCIONALIDAD EN LA JURISPRUDENCIA DE LA SALA CONSTITUCIONAL DEL TRIBUNAL SUPREMO DE JUSTICIA

Gabriel Sira Santana[*]

Resumen: *La acción popular de inconstitucionalidad forma parte de la llamada justicia constitucional (o jurisdicción constitucional conforme al título VIII de nuestra Carga Magna) y es el medio a través del cual un sujeto de derecho cualquiera, sea natural o jurídico y de derecho público o privado, solicita al máximo garante de la Constitución (en nuestro caso, la Sala Constitucional del Tribunal Supremo de Justicia) que suprima del ordenamiento jurídico un acto con rango de ley por considerar que su disposición o contenido es contrario a la intención del Constituyente pues se materializó un vicio de forma o fondo. En tal sentido, por medio de esta colaboración reseñaremos el trato que la Sala Constitucional ha dado a las diferentes acciones populares intentadas, diferenciando entre las ejercidas por los poderes públicos y el sector privado, a fin de conocer qué tan popular es en realidad esta acción de nulidad.*

Abstract: *The popular action of unconstitutionality is part of the so-called constitutional justice (or constitutional jurisdiction according to title VIII of our Constitution) and is the form through which a legal person, whether natural or juridical and public or private, requests to the ultimate guarantor of the Constitution (in our case, the Constitutional Chamber of the Supreme Tribunal of Justice) to abolish a law on the ground that its provision or content contradicts the intention of the Constituent because a defect in the form or substance has occurred. In this sense, through this collaboration we will review the treatment that the Constitutional Chamber has attempted to different popular actions, differentiating between those exercised by the public authorities and the private sector, in order to know how popular this action actually is.*

Palabras Clave: *Justicia constitucional, control judicial de constitucionalidad, acción popular de inconstitucionalidad, nulidad de actos con rango de ley, Sala Constitucional.*

Key words: *Constitutional justice, judicial review, action of unconstitutionality, invalidity of legislation, Constitutional Chamber.*

I. INTRODUCCIÓN A LA ACCIÓN POPULAR DE INCONSTITUCIONALIDAD

Independientemente de las opiniones a favor –o en contra– que se puedan tener sobre la llamada jurisdicción constitucional, es una realidad que la Constitución de la República Boli-

---

[*] Universidad Central de Venezuela. Abogado Summa Cum Laude. Cursante de la Especialización en Derecho Administrativo.

variana de Venezuela[1] propició este sistema al concebir en su título VIII (de la protección de esta Constitución) tres artículos que vienen a desarrollar la atribución conferida al Tribunal Supremo de Justicia (en lo sucesivo, TSJ) en el artículo 266 numeral 1 *ejusdem* ("Son atribuciones del Tribunal Supremo de Justicia: 1. Ejercer la jurisdicción constitucional conforme al Título VIII de esta Constitución").

Así, el artículo 334 de la Constitución de la República establece lo que la doctrina ha denominado el régimen mixto o integral de constitucionalidad[2], en contraposición a los sistemas de justicia constitucional de otros Estados que disponen la competencia exclusiva para pronunciarse sobre la inconstitucionalidad de las leyes a quien haga las veces de máxima autoridad en materia constitucional[3].

En este sentido, en Venezuela, la declaratoria de inconstitucionalidad de una norma podrá provenir de cualquier juez de la República o de la Sala Constitucional del Tribunal Supremo de Justicia.

En el primer caso estaremos frente al denominado control difuso –entendido como la obligación de todos los jueces de asegurar la integridad de la Carta Magna– que tiene como nota particular el hecho que los efectos de la desaplicación de la norma conflictiva se encontrarán circunscritos a la causa respectiva. Ello debido a que el texto aparentemente incompatible seguirá siendo parte del ordenamiento jurídico y regirá al universo de casos restantes pues no operará su anulación sino la "suspensión" del mismo[4].

Por su parte, cuando esta declaratoria proviene de la Sala Constitucional, estamos frente al llamado control concentrado caracterizado por poseer efectos *erga omnes*. Es decir, que al declararse la nulidad del acto con rango de ley, el mismo será extraído del ordenamiento jurídico y sus disposiciones no serán aplicables a ningún caso en el futuro (efecto *ex nunc*), pudiendo incluso en algunas ocasiones extenderse la decisión al pasado (efecto *ex tunc*). Todo ello, producto del deber de esta Sala de velar por la uniforme interpretación y aplicación de la Carta Magna (artículo 335 *ejusdem*).

Hecha esta precisión hemos de referirnos a la acción popular de inconstitucionalidad como una manifestación del sistema de justicia venezolano a través de la cual, la Sala Constitucional del TSJ como máxima y última intérprete de la Constitución –y ejecutando el control concentrado de constitucionalidad–, procede a declarar la nulidad de un acto con rango de ley

---

[1]   *Gaceta Oficial* N° 36.860 del 30 de diciembre de 1999. Reimpresa en *Gaceta Oficial* N° 5.453 Extraordinario del 24 de marzo de 2000. Enmendada en *Gaceta Oficial* N° 5.908 Extraordinario del 19 de febrero de 2009.

[2]   Véase Brewer-Carías, Allan R. *El sistema de justicia constitucional en la Constitución de 1999*. Editorial Jurídica Venezolana. Caracas 2000. Disponible en: http://acienpol.msinfo.info/bases/biblo/texto/Brewer/L-0925.pdf [consultado: 2 de octubre de 2014].

[3]   Véase por ejemplo el sistema uruguayo en el que la Suprema Corte de Justicia conoce de forma exclusiva y originaria sobre la constitucionalidad de las leyes y otros actos del Estado que tengan fuerza de ley (artículo 257 de la Constitución de 1967) o el sistema colombiano en el que dicha función es ejercida por la Corte Constitucional (artículo 241 de la Constitución de 1991).

[4]   La consecuencia inmediata de esta situación, conforme al artículo 33 de la Ley Orgánica del Tribunal Supremo de Justicia, es que el juez que haya desaplicado la norma (con inclusión de las Salas del Tribunal Supremo de Justicia) deberá informar a la Sala Constitucional sobre los fundamentos y alcance de la desaplicación que sea adoptada para que esta última proceda a efectuar un examen abstracto sobre la constitucionalidad de la norma en cuestión. A tal efecto, el juez deberá remitir copia certificada de la sentencia definitivamente firme.

–bien sea este de carácter nacional, estadal o municipal– por considerar que sus disposiciones o normas vulneran lo previsto por el Constituyente al constatarse la materialización de un vicio de forma o de fondo.

Así, si bien es cierto que la Constitución de la República en ninguno de sus 350 artículos y 20 disposiciones hace mención a la "acción popular de inconstitucionalidad", esta facultad de acceder a la jurisdicción se encuentra reconocida, con este nombre, en la Exposición de Motivos de la Carta Magna cuando reafirma "la coexistencia de los métodos de control concentrado, difuso y extraordinario de la constitucionalidad, los cuales se ejercen a través de la **acción popular de inconstitucionalidad**" (Destacado agregado).

Reconocimiento este que es reiterado unos párrafos más adelantes cuando se indica que:

La Asamblea Nacional Constituyente consideró inconveniente extender la legitimación para activar el mecanismo de control preventivo a otras personas con determinado interés u órganos del Poder Público distintos al Presidente de la República. Al respecto, se tuvo en cuenta que **con posterioridad a la promulgación de una ley, todas las personas tienen a su alcance la acción popular clásica del sistema de justicia constitucional venezolano.** (Destacado agregado).

De este modo, aunque la jurisprudencia ha reiterado en diversas ocasiones que la Exposición de Motivos de la Constitución de la República carece de carácter normativo por ser solo la "expresión de la intención subjetiva del Constituyente" que debe ser consultada "a título referencial e ilustrativo para el análisis de la norma constitucional, ya que [ella] constituye un documento independiente al Texto Constitucional propiamente dicho"[5], resulta correcto sostener que la acción popular de inconstitucionalidad se encuentra abierta a todas las personas que quieran ejercer el control concentrado de constitucionalidad, independientemente de si estas actúan o no en su carácter de funcionarios públicos.

El razonamiento anterior encuentra pleno fundamento jurídico cuando el Constituyente, en el artículo 336, fijó como atribuciones de la Sala Constitucional, entre otras:

1. Declarar la nulidad total o parcial de las leyes nacionales y demás actos con rango de ley de la Asamblea Nacional, que colidan con esta Constitución.

2. Declarar la nulidad total o parcial de las Constituciones y leyes estadales, de las ordenanzas municipales y demás actos de los cuerpos deliberantes de los Estados y Municipios dictados en ejecución directa e inmediata de esta Constitución y que colidan con ella.

3. Declarar la nulidad total o parcial de los actos con rango de ley dictados por el Ejecutivo Nacional, que colidan con esta Constitución.

4. Declarar la nulidad total o parcial de los actos en ejecución directa e inmediata de esta Constitución, dictados por cualquier otro órgano estatal en ejercicio del Poder Público, cuando colidan con ésta.

Así, estas atribuciones, que han de ser interpretadas conjuntamente con los artículos 7 y 266 numeral 1 de la Constitución de la República –relativos a la primacía de ella sobre otras regulaciones por ser "la norma suprema y el fundamento del ordenamiento jurídico", y el ejercicio de la jurisdicción constitucional por parte del TSJ, respectivamente– asientan el

---

[5]   Sentencia de Sala Constitucional N° 0093 del 6 de febrero de 2001 (caso *CORPOTURISMO*). Disponible en: http://www.tsj.gov.ve/decisiones/scon/febrero/93-060201-00-1529%20.HTM [consultado: 2 de octubre de 2014].

llamado control concentrado de constitucionalidad que podrá ser ejercido contra cualquier acto con rango de ley, sin importar si este emanó del Poder Público Nacional, Estadal o Municipal.

Esta norma es complementada por el artículo 32 de la Ley Orgánica del Tribunal Supremo de Justicia[6] (en lo sucesivo, LOTSJ) según el cual:

> Artículo 32. De conformidad con la Constitución de la República, **el control concentrado de la constitucionalidad sólo corresponderá a la Sala Constitucional en los términos previstos en esta Ley, mediante demanda popular de inconstitucionalidad,** en cuyo caso, no privará el principio dispositivo, pudiendo la Sala suplir, de oficio, las deficiencias o técnicas del demandante por tratarse de un asunto de orden público. Los efectos de dicha sentencia serán de aplicación general, y se publicará en la *Gaceta Oficial de la República Bolivariana de Venezuela*, y en la *Gaceta Oficial del Estado* o *Municipio* según corresponda. (Destacado agregado).

De este modo, la acción popular de inconstitucionalidad –denominada generalmente por la Sala Constitucional demanda de nulidad por inconstitucionalidad– se constituye en el medio típico a través del cual quien esté interesado, podrá solicitar que se determine si una norma con rango de ley es contraria a la Constitución de la República.

Vale acotar que la amplitud de legitimados para actuar responde al hecho que esta demanda es catalogada por la doctrina, y cierta jurisprudencia de la propia Sala, como una *actio popularis* que se caracteriza por no requerir "un interés personal específico para incoarla, ni de la afirmación por parte del accionante, de la titularidad sobre un derecho subjetivo material, bastando que afirme que la ley le reconoce el derecho a la actividad jurisdiccional" por ser, quien ejerce la acción, un "tutor de la constitucionalidad y esa tutela le da el interés para actuar, haya sufrido o no un daño proveniente de la inconstitucionalidad de una ley"[7].

Finalmente, sobre el fundamento jurídico de la acción popular de inconstitucionalidad, podemos precisar que su procedimiento se regirá por lo previsto en el capítulo II (los procesos ante la Sala Constitucional) del título XI (disposiciones transitorias) de la LOTSJ ya que, como bien indica el artículo 128 de esta norma, "hasta tanto se dicte la Ley que regula la Competencia Constitucional las demandas a que se refieren los numerales 1, 2, 3, 4, 7, 8, 9 y 17 del artículo 25 de esta ley se tramitarán conforme a lo que dispone este capítulo"[8].

En relación con lo anterior, se hace constar que al ser competencia de la Sala Constitucional garantizar "la supremacía y efectividad de las normas y principios constitucionales", nada impide que, sin que se haya iniciado este proceso, se declare que un acto con rango de ley es inconstitucional[9].

---

[6]   *Gaceta Oficial* N° 5.991 Extraordinario del 29 de julio de 2010. Primera reimpresión en *Gaceta Oficial* N° 39.483 del 9 de agosto 2010. Segunda reimpresión en *Gaceta Oficial* N° 39.522 del 1 de octubre de 2010.

[7]   Sentencia de Sala Constitucional N° 1387 del 21 de noviembre de 2000 (caso *José Hernández Larreal*). Disponible en: http://www.tsj.gov.ve/decisiones/scon/noviembre/1387-211100-00-1276% 20. htm [consultado: 2 de octubre de 2014].

[8]   Los numerales 1 al 4 del artículo indicado reiteran lo establecido por el Constituyente en el artículo 336, transcrito *ut supra*, en cuanto a la competencia de la Sala Constitucional para ejercer el control concentrado de constitucionalidad.

[9]   Sirva como ejemplo del planteamiento anterior la sentencia de Sala Constitucional N° 624 del 30 de mayo de 2013 en la que la se declaró, de oficio, la nulidad del artículo 171 de la Ordenanza de

Realizadas estas consideraciones sobre el sistema de justicia constitucional en nuestro país, necesarias para conocer en dónde se acopla la llamada acción popular de inconstitucionalidad, nos dedicaremos a reseñar cuál ha sido el trato que la Sala Constitucional ha dado a las diferentes demandas de nulidad por inconstitucionalidad intentadas, diferenciando entre aquellas introducidas por los poderes públicos y las del sector privado.

Ello con el fin de conocer si, efectivamente, la acción popular de inconstitucionalidad se constituye en Venezuela como una herramienta que garantiza la supremacía de la Constitución de la República, a través del control concentrado de constitucionalidad, a la que puede acceder cualquier persona con posibilidades ciertas de obtener un pronunciamiento favorable a su pretensión, o si, por el contrario, esta acción no es más que un espejismo creado y avalado por el sistema a través del cual se invita a los ciudadanos a participar en la defensa de la Carta Magna frente a aquellos actos con rango de ley que pretenden –dolosa o culposamente– violarla, a sabiendas que su pretensión no prosperará por carecer de *poder público*.

II.   PUNTO PREVIO: EL ALCANCE DE LA ACCIÓN POPULAR DE INCONSTITUCIONALIDAD

Antes de adentrarnos en el actuar de la Sala Constitucional al momento de conocer las diversas acciones populares de inconstitucionalidad que son ejercidas anualmente, hemos de precisar, brevemente, cuál es el alcance de esta acción que, a su vez, ha ayudado a concebir a la Sala como un legislador negativo[10] dada su *autoritas* para anular leyes y demás actos con rango legal cuando estos contrarían la letra de la Constitución. En tal sentido, hemos de tener presentes dos características fundamentales de esta acción:

III.   LA NULIDAD PUEDE RECAER SOBRE UNA NORMA JURÍDICA EN SENTIDO ESTRICTO O SOBRE LA DISPOSICIÓN NORMATIVA

Como es conocido por el foro, la disposición normativa es "cualquier enunciado que forma parte de un documento normativo" mientras que la norma se refiere a "cualquier enunciado que constituya el sentido o significado adscrito de una o varias disposiciones o fragmentos de disposiciones".

Impuestos sobre Actividades Económicas de Industria, Comercio, Servicios de Índole Similar del Municipio Jesús Enrique Lossada del estado Zulia (relativo al lapso de presentación de la declaración definitiva de ingresos o ventas brutas). En este caso, la Sala Constitucional dio cumplimiento al artículo 34 de la LOTSJ según el cual "[…] cuando se declare la conformidad a derecho de la desaplicación por control difuso, la Sala Constitucional podrá ordenar el inicio del procedimiento de nulidad que dispone esta Ley […]".

[10]   Este rol de la Sala Constitucional no es más que otra manifestación del fenómeno conocido como jurisdicción normativa, producto de la interpretación que ha efectuado la Sala del artículo 335 de la Constitución de la República, según la cual "en los casos concretos donde surge alguna infracción constitucional, la Sala ha ejercido la jurisdicción en forma normativa, dándole vigencia inmediata a la norma constitucional, y señalando sus alcances o formas de ejercicio, así no existan leyes que la desarrollen directamente". Sentencia de la Sala Constitucional N° 1571 del 22 de agosto de 2001 (caso ASODEVIPRILARA), disponible en http://www.tsj.gov.ve/decisiones/scon/agosto/1571-220801-01-1274%20.htm) [consultado: 2 de octubre de 2014].

Es decir que "la disposición sería por tanto el texto, el conjunto de palabras que forman una oración, mientras que la norma sería su significado, esto es, el resultado de su interpretación"[11].

En este sentido, las sentencias emitidas por la Sala Constitucional que declaran con lugar –o parcialmente con lugar– una demanda de nulidad por inconstitucionalidad de un acto con rango de ley se encuentran referidas a ambos términos, ya que, por medio de esta *actio popularis,* la Sala puede eliminar disposiciones normativas (al no haberse cumplido las formalidades que previó el Constituyente para su sanción o promulgación, independientemente de la norma que se desprende de ellas) o normas jurídicas (si su contenido material contradice la Carta Magna) del ordenamiento. Como se verá en el apartado siguiente, en nuestra jurisprudencia impera el segundo caso.

IV. LA SENTENCIA QUE DECLARA CON LUGAR LA PRETENSIÓN DE NULIDAD SUPRIME DEL ORDENAMIENTO JURÍDICO A LA DISPOSICIÓN O NORMA CONFLICTIVA

El efecto general de una acción popular de inconstitucionalidad (declarada con lugar) es la supresión de la disposición o norma del ordenamiento jurídico, siendo que la sentencia pasaría a formar parte del mismo pues modifica la voluntad del legislador sin necesidad de recurrir a este o aplicar el principio según el cual solo una ley puede derogar a otra[12].

Vale acotar que este criterio no es compartido por algunos autores –entre ellos Canova– que consideran que es una "consecuencia negativa" la costumbre de "relacionar directamente la inconstitucionalidad de la ley con su anulación o supresión definitiva, lo cual se eleva como un obstáculo para que la Sala Constitucional emita, cuando conoce de la acción popular, sentencias interpretativas de inconstitucionalidad"[13].

Dicha consideración responde al hecho que el autor, luego de formular ciertos comentarios sobre la inconstitucionalidad de la ley en el derecho comparado, llega a la conclusión que una sentencia interpretativa –entendida como aquella a través de la cual el Magistrado procede a dar una lectura compatible con la Constitución a la norma cuya nulidad es solicitada bien sea manteniendo, manipulando o incluso sustituyendo la disposición normativa– es la mejor opción con la que cuenta el tribunal constitucional "para, sin afectar el ordenamiento jurídico de modo irreversible, excluir una o algunas 'normas' (o interpretaciones) inconstitucionales"[14].

En este orden de ideas se considera oportuno indicar que esta sentencia interpretativa no resulta completamente ajena al actuar de la Sala Constitucional pues, al revisar sus decisio-

[11] Díaz Revorio, Francisco. "Las sentencias interpretativas del Tribunal Constitucional. Significado, tipología, efectos y legitimidad. Análisis especial de las sentencias aditivas". Valladolid: Editorial Lex Nova. 2001. p. 35-36.

[12] Téngase en consideración el artículo 218 de la Constitución de la República según el cual "las leyes se derogan por otras leyes y se abrogan por referendo, salvo las excepciones establecidas en esta Constitución [...]". La abrogación legislativa se encuentra desarrollada en el artículo 74 *ejusdem* pero no nos detendremos en su estudio pues escapa del objeto de la presente colaboración.

[13] Canova González, Antonio (2006). La inconstitucionalidad de la Ley. *Revista de la Facultad de Derecho de la Universidad Católica Andrés Bello, 61-61.* p. 31. Disponible en: http://www.ulpiano. org.ve/revistas/bases/artic/texto/RDUCAB/60-61/UCAB_2005-2006_60-61_11-38.pdf [consultado: 2 de octubre de 2014].

[14] Canova González, Antonio. *Ob. cit.* p. 32.

nes, podemos encontrar casos en los que, cuando la demanda de nulidad por inconstituciona-lidad es presentada por un particular, la Sala decide que al ser posible efectuar una interpreta-ción constitucional de la disposición normativa la misma no está viciada de nulidad y lo que corresponde a ella, como último intérprete de la Carta Magna, es "completar su sentido" eliminando del sistema la interpretación que causa el aparente conflicto; incluso si este senti-do difiere del que originalmente pretendía el legislador. Seguidamente, se declara sin lugar la demanda planteada.

Esta situación puede verse, entre otras, al intentarse la *actio popularis* contra ordenanzas sobre actividades económicas de industria, comercio, servicios o de índole similar en las que se pretende exigir esta licencia para la prestación de servicios profesionales. En estos casos, la Sala "interpreta" que cuando la ordenanza "utiliza el vocablo 'servicios', se refiere a los servicios conexos a actividades industriales y comerciales, por lo que no tiene cabida su aplicación a las profesiones liberales"[15].

No obstante lo anterior, lo común es que la Sala no proceda a realizar una interpretación armónica de la norma sino que efectúe consideraciones –si se quiere materiales– sobre su constitucionalidad o inconstitucionalidad a la luz de la Carta Magna. Estas consideraciones tenderán a la constitucionalidad de la norma, como podría resultar lógico, con la particulari-dad que las demandas presentadas por el Poder Público tendrán más éxito que aquellas inten-tadas por la colectividad. Aspecto al que nos referiremos de seguida.

V. EL ACTUAR DE LA SALA CONSTITUCIONAL ANTE LAS ACCIONES POPU-LARES DE INCONSTITUCIONALIDAD EJERCIDAS POR EL PODER PÚBLICO Y EL SECTOR PRIVADO

Como nota metodológica hacemos constar que las consideraciones que de seguida se realizan parten de la recopilación de los fallos publicados en la sección dedicada a la Sala Constitucional dentro del sitio web del Tribunal Supremo de Justicia[16], conforme a su reporte cronológico de decisiones.

A efectos de esta colaboración, se estudiaron únicamente las sentencias cuyo procedi-miento fue identificado por el administrador del sitio como "recurso de nulidad por inconsti-tucionalidad", "acción de nulidad por inconstitucionalidad" o equivalentes; motivo por el cual, si dicho sujeto incurrió en error al clasificar el fallo (por ejemplo, en vez de uno de los nombres indicados identificó al procedimiento como un amparo constitucional), el mismo no formará parte de las estadísticas aquí presentadas.

Hecha la precisión anterior se tiene que desde el año 2000 hasta el año 2013 –período que cubre la actividad de la Sala Constitucional desde su conformación hasta la fecha de corte de este trabajo– la Sala declaró la nulidad por inconstitucionalidad de 129 actos norma-tivos entre los cuales se pueden encontrar leyes y decretos leyes; constituciones, códigos y leyes estadales; y ordenanzas municipales.

---

[15]   Véanse en tal sentido los fallos emitidos por la Sala Constitucional en los casos de las orde-nanzas sobre actividades económicas de industria, comercio, servicios o de índole similar de los munici-pios Baruta del estado Miranda, Iribarren del estado Lara y Valencia del estado Carabobo. Los datos de consulta de estas decisiones pueden ser encontrados en las notas al pie 42, 44 y 45, respectivamente.

[16]   http://www.tsj.gov.ve/decisiones/sala.asp?sala=005

Si bien el número parece amplio hemos de tener en cuenta que la Sala ha dictado un total de 1628 fallos en esta materia por lo que estaríamos hablando que las declaratorias que acuerdan con lugar –o parcialmente con lugar– una acción popular de inconstitucionalidad rondan el 8%. Porcentaje que no nos detendremos a analizar en esta oportunidad pero permite poseer una mejor visión de conjunto sobre este tema.

Como quedó asentado al inicio de esta colaboración, la demanda por nulidad de inconstitucionalidad de un acto con rango de ley es catalogada en nuestro ordenamiento jurídico como una *actio popularis* en el sentido que cualquier persona –sea esta natural o jurídica, de derecho público o derecho privado– se encuentra habilitada para acudir a la Sala Constitucional y plantear las razones por las que considera que la norma es violatoria del texto constitucional.

En este sentido, e independientemente de las interrogantes que nos generé este mecanismo –entre ellas, si existe una legitimación de la Sala Constitucional, más allá de lo formal, para decidir por sí sola cuándo una norma es violatoria de la Constitución y, en consecuencia, debe ser suprimida imponiendo así su voluntad sobre la del pueblo expresada en la ley[17]– el planteamiento es claro: cualquiera puede acudir y demandar la nulidad de la ley.

Lo que no dice la Constitución de la República ni la LOTSJ es que cuando la acción popular de inconstitucionalidad es intentada por una persona u asociación ajena a los Poderes Públicos (al menos conforme a su identificación en el fallo) las posibilidades de que su pretensión sea declarada con lugar son ampliamente inferiores a cuando esta acción *popular* es ejercida por una persona actuando en su carácter, por ejemplo, de Fiscal General de la República o Defensor del Pueblo.

Esta afirmación no es hecha a la ligera y se encuentra respaldada por las cifras que se indican a continuación según lo precisado al inicio de este aparte. Por razones de caracteres, hemos limitado la data al período 2009-2013 y excluimos todos los fallos que implican meros pronunciamientos procedimentales quedándonos solo con aquellos que pusieron fin al procedimiento.

AÑO 2009

En el año 2009 la Sala Constitucional conoció 103 expedientes en los que se demandó la nulidad de 122 actos, en su mayoría con rango de ley aunque se pueden hallar algunas demandas en contra de reglamentos y resoluciones.

Del total de demandas indicado, en 52 oportunidades hubo un pronunciamiento de fondo siendo que en 47 de ellos la decisión fue en contra de la *actio popularis* por haberse consumado la perención, decaído el objeto, ser improponible o inadmisible, o, sencillamente, sin lugar. Así se tiene que en este año se declaró la nulidad de 5 actos con rango de ley, todas ellas producto de acciones intentadas por el Poder Público.

Estos actos fueron el Código de Policía del Estado Falcón[18], la Ley de Seguridad y Orden Público del Estado Táchira[19] y la Ordenanza de Policía del Territorio Federal Amazonas[20]

---

17   Este tema puede ser revisado a profundidad en la obra *Derecho y Desacuerdos* de Jeremy Waldron. Marcial Pons. Madrid 2005. p. 337-372.

18   Sentencia de Sala Constitucional N° 1053 del 28 de julio de 2009. Disponible en: http://www.tsj.gov.ve/decisiones/scon/julio/1053-28709-2009-04-2909.HTML [consultado: 2 de octubre de 2014]. Se anularon los artículos 12.2.3, 16.6, 22, 35, 36, 53, 54, 56, 72.1, 74, 75, 76, 78, 79, 80, 81, 84, 89, 98, 159, 178, 183 y 191; y, solo en lo que respecta a la imposición de medidas privativas de

–las 3 demandadas por la Defensoría del Pueblo–, y la Ley de División Político Territorial del Estado Delta Amacuro[21] y la Ley de Pensiones y Jubilaciones del Estado Mérida[22], intentadas por los Procuradores Generales de Bolívar y Mérida, respectivamente. En los primeros casos se declaró la nulidad de varios artículos mientras que en los dos últimos se hizo lo propio con la ley en su conjunto.

Sin entrar de lleno en los motivos que llevaron a la Sala a declarar la nulidad en estos casos –pues ello escaparía de nuestro objeto de estudio– podemos revelar que las sentencias versan sobre la usurpación de funciones del legislador nacional por parte del legislador estadal en relación al principio de legalidad de las penas (artículo 49 numeral 6 de la Constitución de la República) y el estatuto de la función pública (artículos 144 y 147 *ejusdem*).

Comentario especial podemos realizar sobre la Ley de División Político Territorial del Estado Delta Amacuro ya que no solo se anuló la ley que se encontraba vigente al momento de la sentencia (la de diciembre de 1997) sino que, también, se anularon las de febrero de 1995 y octubre de 1994, quedando vigente la de julio del mismo año por ser la única que respetó los linderos de ese estado según el artículo 17 numeral 2 de la Constitución de 1961 y la Ley Especial del Congreso que elevó a la categoría de estado al territorio federal Delta Amacuro en 1991.

De este modo se constata que durante el primer año del período analizado, y tomando en cuenta solo los fallos que pusieron fin al procedimiento, existe una relación de 5:11 (o 45%) a favor de las *actio popularis* intentadas por el sector público frente al 0:41 del sector privado.

Vale acotar que las 6 demandas de nulidad intentadas por el sector público que no obtuvieron un pronunciamiento favorable corresponden a pretensiones del Poder Público Municipal sobre leyes nacionales y ordenanzas municipales.

AÑO 2010

Siguiendo con el orden cronológico planteado, en el año 2010 la Sala Constitucional conoció 63 expedientes contentivos de las demandas de nulidad por inconstitucionalidad de

---

libertad, los artículos 20, 21, 31, 32, 33, 38, 39, 40, 42, 43, 50, 52, 55, 58, 60, 61, 62, 64, 69, 70, 86, 99, 134, 138, 143, 145, 150, 189, 190, 192 y 195.

[19]   Sentencia de Sala Constitucional N° 1296 del 7 de octubre de 2009. Disponible en: http://www.tsj.gov.ve/decisiones/scon/octubre/1296-71009-2009-04-2974.HTML [consultado: 2 de octubre de 2014]. Se anularon los artículos 6, 8, 9, 32, 97.3, 101, 102, 113 y 116.1 y, solo en lo que respecta a la imposición de medidas privativas de libertad, los artículos 5, 14, 15, 16, 23, 25, 28, 30, 31, 36, 37, 38, 43, 44, 45, 55, 59, 78, 79, 81, 83 y 91.

[20]   Sentencia de Sala Constitucional N° 0493 del 30 de abril de 2009. Disponible en: http://www.tsj.gov.ve/decisiones/scon/abril/493-30409-2009-04-2148.HTML [consultado: 2 de octubre de 2014]. Se anularon los artículos 21, 40, 43, 56, 60, 64, 81, 84, 85, 86 y 91 y, solo en lo que respecta a la imposición de medidas privativas de libertad, los artículos 39, 45, 46, 47, 48, 51, 53, 56, 67, 68, 72, 73, 77, 82, 88, 90 y 92.

[21]   Sentencia de Sala Constitucional N° 0617 del 19 de mayo de 2009. Disponible en: http://www.tsj.gov.ve/decisiones/scon/mayo/617-19509-2009-06-0504.HTML [consultado: 2 de octubre de 2014]. Se anuló la norma en su totalidad.

[22]   Sentencia de Sala Constitucional N° 0950 del 14 de julio de 2009. Disponible en: http://www.tsj.gov.ve/decisiones/scon/julio/950-14709-2009-04-0198.HTML [consultado: 2 de octubre e de 2014]. Se anuló la norma en su totalidad.

79 actos, nuevamente con la presencia de algunos que no tenían rango de ley por lo que la Sala declaró su incompetencia.

En este orden de ideas la Sala dictó sentencia definitiva sobre 38 demandas y solo 3 contaron con una decisión favorable a la nulidad del acto: el Código de Policía del Estado Mérida[23], el Código de Policía del Estado Monagas[24] y la Ordenanza sobre Actividades Económicas de Industria, Comercio, Servicios y de Índole Similar del Municipio El Morro del Estado Anzoátegui[25]. Todas ellas referidas a artículos determinados de estos actos.

De estas acciones, las dos primeras fueron intentadas por el Defensor del Pueblo –alegando violaciones al derecho a la libertad personal, debido proceso, entre otros– mientras que la última fue presentada por una persona jurídica de carácter privado invocando el principio de legalidad tributaria y la regulación de las profesiones liberales por medio de ley.

Al igual que en el año anterior, la decisión de la Sala Constitucional giró en torno a la noción de las competencias del Poder Público Nacional como límite al Poder Legislativo Estadal y Municipal. Particularmente, en cuanto a las materias cuya regulación solo puede ser desarrollada por la Asamblea Nacional dada la necesidad de "legislación uniforme de aquellos asuntos que, por su importancia para la vida institucional y social del país deben tener carácter nacional"[26].

Así, si bien la brecha entre las *actio popularis* ejercidas por el sector público y el sector privado no parece mayor, al tomarse en consideración que solo 7 de las demandas con sentencia definitiva se encontraban referidos al primero –es decir, una relación 2:7 (o 29%)– y 31 al segundo –relación 1:31 (o 3%)–, se aprecia que continúa la tendencia de favorecer las pretensiones del Poder Público.

Finalmente sobre este año acotamos que en las 5 demandas del sector público en las que no hubo un pronunciamiento favorable para la nulidad del acto, operó la homologación del desistimiento, el decaimiento del objeto y la consumación de la perención; mientras que en las 31 demandas del sector privado imperan las decisiones de no ha lugar, inadmisibles e improponibles.

---

[23]   Sentencia de Sala Constitucional N° 191 del 8 de abril de 2010. Disponible en: http://www.tsj.gov.ve/decisiones/scon/abril/191-8410-2010-04-2498.HTML [consultado: 2 de octubre de 2014]. Se anularon los artículos 9.4.16, 10.6, 14, 26, 27, 29, 35, 80, 179, 208, 224, 225, 226, 227, 228, 231, 233, 236 y 239; y, solo en lo que respecta a la facultad de órgano policial de restringir la libertad personal, los artículos 12, 17, 20, 21, 22, 23, 28, 34, 38, 40, 45, 50, 53, 57, 63, 64, 67, 82, 126, 150 único aparte, 166, 178, 222, 223, 230 y 235.

[24]   Sentencia de Sala Constitucional N° 845 del 11 de agosto de 2010. Disponible en: http://www.tsj.gov.ve/decisiones/scon/agosto/845-11810-2010-04-2913.HTML [consultado: 2 de octubre de 2014]. Se anularon los artículos 10, 16, 17, 31, 37 y 40; y, solo en lo que respecta a la imposición de medidas privativas de libertad, los artículos 12, 13, 21, 23, 25, 26, 30, 46, 47, 48, 49, 51, 52, 54 y 57.

[25]   Sentencia de Sala Constitucional N° 1034 del 26 de octubre de 2010. Disponible en: http://www.tsj.gov.ve/decisiones/scon/octubre/1034-261010-2010-06-0342.HTML [consultado: 2 de octubre de 2014]. Se anularon los grupos 22 y 23 del clasificador de actividades económicas.

[26]   Véase nota al pie 23.

AÑO 2011

La situación anterior se repite de modo bastante similar en el año 2011 en el que la Sala Constitucional dictó 117 fallos sobre 114 expedientes[27] contentivos de 142 demandas de nulidad, ya que en más de una ocasión en un mismo escrito se solicitaba un pronunciamiento sobre distintos actos.

Al decidir, la Sala se pronunció en contra de la nulidad en 72 ocasiones y a favor de 3, declarando la nulidad de varios artículos de la Constitución del Estado Zulia[28], la Constitución del Estado Yaracuy[29] y la Constitución del Estado Miranda[30].

Todas estas acciones populares fueron intentadas por el sector público –la primera por el municipio Maracaibo del estado Zulia y las restantes por el Fiscal General de la República– y tuvieron como fundamento los artículos de la Constitución de la República relativos a las competencias del Poder Público Nacional y Municipal y los estados de excepción, siendo que la Sala decidió que los Consejos Legislativos incurrieron en extralimitación de atribuciones ya que, si bien eran competentes para organizar los Poderes Públicos de su entidad federal a la luz de la Constitución de la República, tal organización debió ser realizada de conformidad con lo dispuesto en la Carta Magna y la ley respetando así los límites y las competencias de los distintos órganos del Poder Público Nacional.

Así se tiene que durante este año la Sala Constitucional emitió 92 fallos relacionados con acciones populares de inconstitucionalidad intentadas por personas naturales o jurídicas ajenas al sector público y, de las 61 que dieron fin al procedimiento, ninguna declaró con lugar o parcialmente con lugar la pretensión del accionante sino que, en su mayoría, versaron sobre declaraciones de no ha lugar o la consumación de la perención y extinción de la instancia por inactivad procesal. Supuesto de por sí interesante al recordar que la propia LOTSJ califica a la *actio popularis* como de orden público y permite que la Sala supla las deficiencias del demandante.

De este modo, en año 2011 también se constata una preferencia de la Sala por las acciones populares de inconstitucionalidad intentadas por el sector público viendo que su relación sería de 3:14 (21%) mientras que en caso del sector privado esta es de 0:61 demandas de nulidad.

Sobre las 11 demandas del sector público que no contaron con una decisión favorable podemos indicar que la Sala advirtió la consumación de la perención y el decaimiento del objeto y, en su mayoría, fueron *actio popularis* ejercidas por municipios frente a ordenanzas.

---

[27]   Ello se debe a que en tres oportunidades se publicó más de una decisión sobre el mismo caso, dándose las siguientes combinaciones: despacho saneador y admisión; solicitud de información y perención; admisión y solicitud de información.

[28]   Sentencia de Sala Constitucional N° 0597 del 26 de abril de 2011. Disponible en: http://www.tsj.gov.ve/decisiones/scon/abril/597-26411-2011-03-2594.HTML [consultado: 2 de octubre de 2014]. Se anularon los artículos 5, 15, 24 y 52.

[29]   Sentencia de Sala Constitucional N° 780 del 24 de mayo de 2011. Disponible en: http://www.tsj.gov.ve/decisiones/scon/mayo/780-24511-2011-05-0153.HTML [consultado: 2 de octubre de 2014]. Se anularon los artículos 156.24 y 222.

[30]   Sentencia de Sala Constitucional N° 781 del 24 de mayo de 2011. Disponible en: http://www.tsj.gov.ve/decisiones/scon/mayo/781-24511-2011-05-0151.HTML [consultado: 2 de octubre de 2014]. Se anuló el artículo 70.18.

AÑO 2012

La situación vista en los años reseñados varió un poco en el 2012 que, hasta la fecha, es el segundo período en el que se han declarado con lugar –o parcialmente con lugar– más acciones populares de nulidad por inconstitucionalidad con un total de 15 actos registrados[31].

En este sentido, la Sala Constitucional se pronunció en 120 expedientes sobre 139 demandas de nulidad. De estas demandas, 80 contaron con pronunciamientos en contra, y, como ya indicamos, solo 15 contaron con una decisión favorable.

Producto de las demandas de nulidad por inconstitucionalidad intentadas por el sector público se anularon artículos de: las Constituciones de los estados Apure[32], Amazonas[33], Nueva Esparta[34] y Cojedes[35] –las dos primeras por demandas intentadas por el Fiscal General de la República y las restantes por el Poder Ejecutivo de los respectivos estados– los Códigos de Policía de los estados Sucre[36], Miranda[37] y Cojedes[38] –todos por acciones interpuestas por el Defensor del Pueblo– y la Ordenanza sobre Conservación y Riesgo Ambiental del Distrito Metropolitano de Caracas[39] –intentada por el Síndico Procurador del municipio Chacao del estado Miranda–.

---

[31] El año con un mayor registro de demandas declaradas con lugar es el 2003 con 16 nulidades.

[32] Sentencia de Sala Constitucional N° 0973 del 10 de julio de 2012. Disponible en: http://www.tsj.gov.ve/decisiones/scon/julio/973-10712-2012-05-0986.HTML [consultado: 2 de octubre de 2014]. Se anularon los artículos 52, 94, 111.21, 144 y 145.

[33] Sentencia de Sala Constitucional N° 0974 del 10 de julio de 2012. Disponible en: http://www.tsj.gov.ve/decisiones/scon/julio/974-10712-2012-05-0989.HTML [consultado: 2 de octubre de 2014]. Se anularon los artículos 155.25. 26, 194, 195 y 196.

[34] Sentencia de Sala Constitucional N° 1391 del 23 de octubre de 2012. Disponible en: http://www.tsj.gov.ve/decisiones/scon/octubre/1391-231012-2012-02-2285.HTML [consultado: 2 de octubre de 2014]. Se anuló la norma en su totalidad.

[35] Sentencia de Sala Constitucional N° 1551 del 27 de noviembre de 2012. Disponible en: http://www.tsj.gov.ve/decisiones/scon/noviembre/1551-271112-2012-03-0437.HTML [consultado: 2 de octubre de 2014]. Se anuló la norma en su totalidad.

[36] Sentencia de Sala Constitucional N° 0727 del 5 de junio de 2012. Disponible en: http://www.tsj.gov.ve/decisiones/scon/junio/727-5612-2012-04-2973.HTML [consultado: 2 de octubre de 2014]. Se anularon los artículos 20, 34, 49, 50, 52, 88, 89, 92, 97, 185 y 190; y, solo en lo que respecta a la imposición de medidas privativas de libertad, los artículos 11.2.3, 15.6, 18, 19, 23, 29, 30, 31, 33, 36, 37, 38, 40, 41, 46, 48, 51, 54, 56, 57, 58, 60, 66, 69, 74, 75, 77, 78, 79, 80, 82.1, 84, 85, 86, 94, 107, 141, 150, 152, 157, 166, 195, 196 y 199.

[37] Sentencia de Sala Constitucional N° 0877 del 26 de junio de 2012. Disponible en: http://www.tsj.gov.ve/decisiones/scon/junio/877-26612-2012-04-2849.HTML [consultado: 2 de octubre de 2014]. Se anularon los artículos 11.6, 15, 16, 29, 35, 218, 220, 235, 236, 237, 239, 240, 242, 245, 248 y 251; y solo en lo que respecta a la imposición de medidas privativas de libertad, los artículos 10.4, 13, 14, 21, 22, 23, 24, 28, 30, 31, 34, 38, 40, 49, 52, 56, 62, 63, 66, 80, 125, 150, 167, 179, 180, 213, 217, 223, 231.1, 232, 233, 234 y 244.

[38] Sentencia de Sala Constitucional N° 1031 del 12 de julio de 2012. Disponible en: http://www.tsj.gov.ve/decisiones/scon/julio/1031-12712-2012-04-0142.HTML [consultado: 2 de octubre de 2014]. Se anularon los artículos 12, 14, 18, 19, 26, 34, 41, 44, 45, 57, 58 y 64; y, solo en lo que respecta a la imposición de medidas privativas de libertad, los artículos 20, 24, 28, 32, 33, 38, 46, 47, 53, 54, 55, 56, 59 y 61.

[39] Sentencia de Sala Constitucional N° 1074 del 25 de julio de 2012. Disponible en: http://www.tsj.gov.ve/decisiones/scon/julio/1074-25712-2012-07-0407.HTML [consultado: 2 de octubre

Por su parte, gracias a las demandas intentadas por el sector privado, se declaró la nulidad de diversos artículos contenidos en seis ordenanzas municipales de carácter tributario –a saber: patente de industria y comercio del municipio Pedro María Freites del estado Anzoátegui[40]; actividades económicas de industria, comercio, servicios o de índole similar del municipio Baruta del estado Miranda[41]; administración tributaria municipal e impuesto sobre actividades económicas del municipio San Francisco del estado Zulia[42]; actividades económicas de industria, comercio, servicio o de índole similar del municipio Iribarren del estado Lara[43]; y actividades económicas del municipio Valencia del estado Carabobo[44]– y, la que podría ser considerada como una de las nulidades más relevantes por tener la norma un ámbito de aplicación nacional, el artículo 845 del Código Civil relativo a la disposición de bienes por testamento[45].

En este último caso la Sala, luego de indicar que el artículo 845 no violaba la Constitución de la República en base a lo expuesto por la demandante (discriminación respecto a los cónyuges de segundas o ulteriores nupcias), precisó que la disposición sí contrariaba la voluntad del Constituyente por excluir no solo a los hijos del matrimonio existente al momento de la muerte del causante, sino a aquellos hijos no habidos dentro de un matrimonio. Situación que viola el derecho a la igualdad y, por ende, procedió a anular la parte *in fine* del artículo comentado, quedando este redactado de la forma siguiente: "el cónyuge en segundas o ulteriores nupcias no puede dejar al cónyuge sobreviviente una parte mayor de la que le deje al menos favorecido de los hijos".

Esta demanda nos permite constatar dos circunstancias de interés respecto al poder que tiene la Sala al momento de conocer de esta *actio popularis*.

En primer lugar, ella no se encuentra atada a los vicios denunciados por el demandante ya que puede decretar la nulidad por motivos diferentes a los alegados –en parte– por su rol de garante de la Constitución. Si bien esta facultad parece cónsona con las atribuciones que

---

de 2014]. Se anularon los artículos 33, 34, 37, 38, 39, 40, 41, 42, 43, 44, 45, 46, 47, 48, 49, 50, 51, 52, 53 y 54.

[40]   Sentencia de Sala Constitucional N° 0436 del 25 de abril de 2012. Disponible en: http://www.tsj.gov.ve/decisiones/scon/abril/436-25412-2012-05-2451.HTML [consultado: 2 de octubre de 2014]. Se anuló el artículo 129.

[41]   Sentencia de Sala Constitucional N° 0420 del 10 de abril de 2012. Disponible en: http://www.tsj.gov.ve/decisiones/scon/abril/420-10412-2012-06-0137.HTML [consultado: 2 de octubre de 2014]. Se anuló el grupo 20 del clasificador de actividades económicas.

[42]   Sentencia de Sala Constitucional N° 1007 del 11 de julio de 2012. Disponible en: http://www.tsj.gov.ve/decisiones/scon/julio/1007-11712-2012-10-0657.HTML [consultado: 2 de octubre de 2014]. Se anularon los artículos 171 y 172 de la ordenanza sobre administración tributaria y los artículos 9, 68 y 113 de la ordenanza que crea y regula el impuesto sobre actividades económicas

[43]   Sentencia de Sala Constitucional N° 0835 del 19 de junio de 2012. Disponible en: http://www.tsj.gov.ve/decisiones/scon/junio/835-19612-2012-06-0337.HTML [consultado: 2 de octubre de 2014]. Se anularon los códigos 457 y 459 del grupo 8322 del clasificador de actividades económicas.

[44]   Sentencia de Sala Constitucional N° 1426 del 31 de octubre de 2012. Disponible en: http://www.tsj.gov.ve/decisiones/scon/octubre/1426-311012-2012-06-0348.HTML [consultado: 2 de octubre de 2014]. Se anuló el grupo 8322 del clasificador de actividades económicas.

[45]   Sentencia de Sala Constitucional N° 1342 del 9 de octubre de 2012. Disponible en: http://www.tsj.gov.ve/decisiones/scon/octubre/1342-91012-2012-10-1295.HTML [consultado: 2 de octubre de 2014].

desarrolla la Sala en virtud de la llamada jurisdicción constitucional, no podemos dejar pasar la oportunidad para indicar que la forma en cómo se hace uso de esta *potestas* está signada por un alto grado de discrecionalidad que puede observarse en infinidad de casos en los que la norma impugnada –aun cuando de la demanda planteada se desprenden razonamientos lógicos que, en nuestro criterio, merecerían un pronunciamiento de fondo– la Sala opta por inadmitir la demanda, o declara la perención, obviando por completo estas denuncias que ayudarían en muchos casos a garantizar la supremacía y efectividad de las normas y principios constitucionales que dice proteger[46].

Nótese que con la reflexión anterior no defendemos la idea que la Sala Constitucional prescinda del procedimiento para conocer de las demandas de nulidad y admita pretensiones que no cumplen con los parámetros dados por el legislador –situación que constituiría de por sí una violación al texto que le está encomendado salvaguardar– solo deseamos dejar constancia que no se aprecia un parámetro lógico jurídico que ayude a determinar por qué en casos como este se procedió a declarar la nulidad –aun cuando se estableció que el vicio alegado era inexistente– y, en otros casos, se evita un pronunciamiento de fondo o, en el mismo, se declara sin lugar la pretensión efectuando consideraciones un tanto generales que no responden a la verdadera controversia[47].

Finalmente, respecto a este fallo, podemos observar que la labor del juez constitucional parece no estar limitada a declarar la constitucionalidad o inconstitucionalidad de una disposición normativa como un todo sino que, también, podrá modificar –o mejor dicho, sustituir– la voluntad del legislador suprimiendo frases de la disposición que, claro está, presentaban un contenido y sentido que debía ser interpretado con el resto de la norma.

En cualquier caso, el año 2012 puede resumirse indicando que existe una relación de fallos de 8:26 (o 31%) para nulidades solicitadas por el sector público y de 7:69 (o 10%) para el sector privado. Hecho que ratifica la preferencia por las demandas del Poder Público.

En este año se repite el hecho que la mayoría de las *actio popularis* del sector público que no contaron con un pronunciamiento favorable fueron intentadas por el Poder Público Estadal y Municipal, aun cuando se encuentran demandas presentadas por el Procurador General de la República, el Fiscal General de la República y el Defensor del Pueblo en las que operó el decaimiento del objeto por la reforma del texto impugnado.

Circunstancia esta que sirve como indicio del retardo procesal existente en un asunto de tal relevancia como lo es el pronunciamiento del máximo garante de la Carta Magna sobre si un acto normativo de efectos generales –a cuya letra se está sometiendo a la sociedad venezolana– es o no conforme al llamado contrato social.

---

[46]   Véase, por ejemplo, lo ocurrido con la demanda de nulidad por inconstitucionalidad intentada por el municipio Baruta del estado Miranda contra la Ley Orgánica de las Comunas que se admitió por fallo de Sala Constitucional N° 149 del 28 de febrero de 2012 y en fecha 29 de octubre de 2013, mediante fallo N° 1483 de la misma Sala, se declaró el abandono del trámite estando la causa en estado de sentencia.

[47]   Véase en tal sentido la sentencia de Sala Constitucional N° 1567 del 4 de diciembre de 2012 sobre la Ley Contra los Ilícitos Cambiarios. Disponible en: http://www.tsj.gov.ve/decisiones/scon/diciembre/1567-41212-2012-05-2089.HTML [consultado: 2 de octubre de 2014].

AÑO 2013

Finalmente, y ya para concluir con esta reseña, encontramos los fallos dictados por la Sala Constitucional durante el año 2013 en el que se declaró la nulidad de 6 actos con rango de ley vistos los 87 expedientes contentivos de las 96 demandas sobre las que se pronunció la Sala.

En este año hubo 56 pronunciamientos contrarios a la nulidad y se manifiesta, por primera vez en el período bajo estudio, un predominio de las acciones populares ejercidas por el sector privado sobre el público siendo que 2 nulidades se deben a este último mientras que 3 al primero. La nulidad restante responde a la facultad que otorga la LOTSJ a la Sala Constitucional para proceder, de oficio, a declarar la nulidad de un acto normativo previo control difuso.

De este modo se tiene que la Sala acordó la nulidad de disposiciones normativas previstas en la Constitución del Estado Guárico[48] y del artículo 57 del Código Civil[49] –por petición del Fiscal General de la República y la Defensoría del Pueblo, respectivamente–, disposiciones de la Ley Orgánica del Poder Público Municipal[50], la Ley Orgánica Procesal del Trabajo[51] y la Ordenanza de Impuesto sobre Vehículos del Municipio Barinas del Estado Barinas[52]–todas ellas intentadas por el sector privado con la particularidad que respecto a la Ley Orgánica Procesal del Trabajo la Sala declaró la perención de la instancia pero por orden público constitucional decidió ejercer el control concentrado– y la Ordenanza de Impuestos sobre Actividades Económicas de Industria, Comercio, Servicios de Índole Similar del Municipio Jesús Enrique Lossada del Estado Zulia[53], como consecuencia del control difuso ya comentado.

Este año puede resumirse con una relación de 2:13 (o 15%) para el sector público y de 3:49 (o 6%) para el sector privado, lo que demuestra que el aparente predominio de este último sobre el primero no es tal en comparación.

---

[48] Sentencia de Sala Constitucional N° 1729 del 10 de diciembre de 2013. Disponible en: http://www.tsj.gov.ve/decisiones/scon/diciembre/159490-1729-101213-2013-05-0152.HTML [consultado: 2 de octubre de 2014]. Se anuló el artículo 136.29.

[49] Sentencia de Sala Constitucional N° 0953 del 16 de julio de 2013. Disponible en: http://www.tsj.gov.ve/decisiones/scon/julio/953-16713-2013-10-0238.HTML [consultado: 2 de octubre de 2014].

[50] Sentencia de Sala Constitucional N° 0007 del 29 de enero de 2013. Disponible en: http://www.tsj.gov.ve/decisiones/scon/enero/07-29113-2013-05-1315.HTML [consultado: 2 de octubre de 2014]. Se anularon los artículos 56.h, 95.12 y 78.

[51] Sentencia de Sala Constitucional N° 1264 del 1 de octubre de 2013. Disponible en: http://www.tsj.gov.ve/decisiones/scon/octubre/156995-1264-11013-2013-10-0093.HTML [consultado: 2 de octubre de 2014]. Se anuló el artículo 177.

[52] Sentencia de Sala Constitucional N° 0952 del 16 de julio de 2013. Disponible en: http://www.tsj.gov.ve/decisiones/scon/julio/952-16713-2013-09-1029.HTML [consultado: 2 de octubre de 2014]. Se anuló el artículo 44.

[53] Sentencia de Sala Constitucional N° 0624 del 30 de mayo de 2013. Disponible en: http://www.tsj.gov.ve/decisiones/scon/mayo/624-30513-2013-10-0164.HTML [consultado: 2 de octubre de 2014]. Se anuló el artículo 171.

COMENTARIO FINAL

En páginas anteriores quedó demostrado el amplio predominio –¿o preferencia?– de las nulidades de inconstitucionalidad de actos con rango de ley derivadas de demandas impulsadas por el Poder Público –particularmente, el Nacional– sobre las nulidades solicitadas por personas naturales y jurídicas ajenas a la Administración Pública.

Los porcentajes presentados no mienten. Cuando la nulidad es solicitada por el sector público, la probabilidad de obtener un pronunciamiento favorable oscila entre el 15 y 45%; mientras que en el caso del sector privado este se encuentra entre el 0 y 10%. Es decir, ni el *mejor* año para las pretensions planteadas por los administrados puede equipararse con el *peor* año de aquellas formuladas por el Poder Público.

Cierto es que podríamos decir que la Sala Constitucional no tiene ningún relación –más allá de ser quien decide– con esta situación y que estos porcentajes y probabilidades responden al hecho que el sector público demanda la nulidad de un acto con rango de ley solo cuando está efectivamente viciado mientras que los particulares usan esta herramienta jurídica persiguiendo intereses personales, aun cuando la norma no presente vicio alguno. Pero cierto es, también, que la práctica y la realidad parecen indicar otra cosa.

Queremos resaltar que, en el año 2013, se publicó la primera sentencia del período recopilado en el que se declaró sin lugar la *actio popularis* intentada por la Defensoría del Pueblo[54]; siendo que en el pasado estas decisiones, cuando la nulidad era demandada por el sector público, se encontraba limitada a municipios[55] y estados[56].

En este caso, la Defensoría del Pueblo demandó la nulidad del tercer aparte del artículo 185-A del Código Civil –sobre la necesidad del extranjero que hubiere contraído matrimonio en el exterior de acreditar una constancia de residencias de diez años en el país– por atentar, en criterio de la Defensoría, contra el derecho a la igualdad y a la no discriminación ya que ello no es exigido al cónyuge venezolano que pretenda hacer uso del divorcio no contencioso.

Ante este planteamiento la Sala respondió que:

La igualdad ante la ley, no prohíbe que se le dispense un trato diferente a un ciudadano o grupo de ciudadanos, siempre y cuando dichos ciudadanos o grupos colectivos se encuentren evidentemente en disímiles situaciones de hecho; que el trato desigual persiga una finalidad concreta; que la finalidad buscada sea aceptable desde la perspectiva de los derechos y principios constitucionales; y que la consecuencia jurídica que constituye el trato desigual no guarde una absoluta desproporción con las circunstancias de hecho y la finalidad que la justifica. Así, reitera esta Sala, que si concurren las condiciones antes señaladas, el trato desigual será admisible y en ningún modo podrá ser considerado inconstitucional.

---

[54]   Sentencia de Sala Constitucional N° 0781 del 20 de junio de 2013. Disponible en: http://www.tsj.gov.ve/decisiones/scon/junio/781-20613-2013-12-0255.HTML [consultado: 2 de octubre de 2014].

[55]   Sentencia de Sala Constitucional N° 1230 del 14 de agosto de 2012. Disponible en: http://www.tsj.gov.ve/decisiones/scon/agosto/1230-14812-2012-06-0025.HTML [consultado: 2 de octubre de 2014].

[56]   Sentencia de Sala Constitucional N° 0883 del 10 de julio de 2013. Disponible en: http://www.tsj.gov.ve/decisiones/scon/julio/883-10713-2013-02-0302.HTML [consultado: 2 de octubre de 2014].

Leyendo la motivación que da la Sala, casualmente frente a una acción popular de inconstitucionalidad, nos preguntamos: ¿Estamos los particulares en una situación de igualdad frente al Poder Público al momento de interponer una demanda de nulidad por inconstitucionalidad de un acto con rango de ley? ¿Existe una situación de hecho que nos diferencia para ejercer esta *actio popularis*? ¿Persigue la Sala Constitucional una finalidad concreta cuando suele declarar las nulidades demandadas por los Poderes Públicos y no hace lo propio cuando la solicitud proviene de los particulares? ¿Qué tan popular es una acción popular que al ser intentada por un ciudadano ajeno a la Administración Pública posee, estadísticamente hablando, menos probabilidad de obtener un pronunciamiento favorable a que si la acción fuese ejercida por un funcionario público? ¿Es esta la materialización de la "intención subjetiva del Constituyente" recogida en la Exposición de Motivos de la Carta Magna según la cual "todas las personas tienen a su alcance la acción popular clásica"?

Son dudas que requieren respuestas, para las cuales, esperamos que los datos aquí compartidos brinden alguna luz sobre la realidad de esta acción popular que cada día parece ser menos popular y tiende, exclusivamente, a la protección de las competencias que la Constitución de la República confirió al Poder Público Nacional como límite a la actuación de los estados y municipios en esta, de por sí, curiosa federación.

La inconstitucionalidad de la ley es un tema que debe ser sometido a estudio, análisis y debate, como bien lo indicó Canova González en el año 2006. Somos de la opinión que el aceptar la acción popular por inconstitucionalidad sin detenernos a reflexionar en sus consecuencias y aplicación práctica, no solo nos coloca frente a una institución que conforme a su fundamento teórico normativo es capaz de adulterar el ordenamiento jurídico a voluntad, sino que, adicionalmente, la decisión que determinará si la norma es o no conforme a este ordenamiento va a depender, en gran medida, de quién sea el que solicite la nulidad. No hace falta señalar el peligro que esconde esta afirmación.

Podría sostenerse que la acción popular por inconstitucionalidad no genera inseguridad jurídica porque el fallo que decide la nulidad debe ser publicado en la Gaceta Oficial, al igual que como ocurre con el texto original –aunque en el caso de esta acción la doctrina señala que la inseguridad deriva es de la inestabilidad del sistema al poder modificarse un acto con rango de ley por vía judicial y no legislativa–, sin embargo, lo que no puede sostenerse bajo ningún concepto, es que una acción pensada para que cualquier sujeto pueda ayudar a defender y garantizar la supremacía de la norma suprema, en la práctica, se constituya en una vía para defender las competencias del Poder Público, dejando a un lado el resto de las normas y derechos constitucionales. Situación que, curiosamente, resulta contraria al texto que le sirve de base y que pretende proteger.

UNA NUEVA CREACIÓN DE LA SALA CONSTITUCIONAL: EL AMPARO CONTRA ESTADOS EXTRANJEROS Y EL FUERO PRIVILEGIADO DE SU COMPETENCIA A FAVOR DE LOS ALTOS FUNCIONARIOS PÚBLICOS

Allan R. Brewer-Carías
Profesor Emérito, Universidad Central de Venezuela

Resumen: *El comentario se refiere a una sentencia dictada por la Sala Constitucional con ocasión de una acción de amparo intentada contra actuaciones de un Estado Extranjero.*

Abstract: *This comment refers to a judicial decision issued in an Amparo judicial proceeding files before the Constitutional Chamber of the Supreme Tribunal against activities of a foreign State.*

Palabras Clave: *Acción de amparo. Agraviante. Estados extranjeros.*

Key words: *Amparo Proceeding. Defendant. Foreign States.*

La Sala Constitucional del Tribunal Supremo de Justicia de Venezuela mediante sentencia N° 973 del 25 de julio de 2014 (Caso: *Hugo Carvajal*),[1] declaró con lugar una acción de amparo constitucional intentada contra el Estado de Aruba, que forma parte del Reino de los Países Bajos, en protección a la libertad personal de un ciudadano venezolano (Hugo Carvajal), quien según la Sala no era un "ciudadano común," y quien había sido detenido por las autoridades de Aruba el día 23 de julio de 2014, al llegar la Isla.

Aun cuando el ciudadano Carvajal fue liberado por el gobierno del Reino de los Países Bajos tres días después, el día 27 de julio de 2014, declarándolo *persona non grata*, e independiente de las razones policiales por las cuales se lo detuvo y de las razones políticas y económicas por las cuales se lo habría liberado, lo que no es objeto de nuestro análisis, en este caso es importante analizar el contenido de la sentencia de la Sala Constitucional desde el punto de vista del Derecho Constitucional, pues además de estar seguro de que la liberación del detenido no se produjo porque así se lo hubiese "ordenado" un tribunal venezolano al gobierno del Reino de los Países Bajos, se trata de una sentencia única, en la cual se pueden encontrar todos los vicios procesales y sustantivos imaginables juntos.

Con esta sentencia, dictada además con una celeridad nunca antes vista, de horas, que transcurrieron desde que se presentó la acción hasta cuando se publicó la decisión, la Sala Constitucional violó todos los principios más elementales de cualquier jurisdicción y proceso:

---

[1]   Véase el texto de la sentencia en http://www.tsj.gov.ve/decisiones/scon/julio/167284-937-25714-2014-14-0770.HTML

Primero, y quizás sin darse cuenta, que es lo más grave, violó el principio de la inmunidad jurisdiccional de los Estados que invoco en el propio texto de la sentencia, pues en definitiva, en ella condenó a un Estado extranjero, como es Aruba, que es un país o entidad política independiente dentro del Reino de los Países Bajos.

Segundo, dictó la sentencia violando el debido proceso, sin haber citado ni oído al presunto agraviante, que era el Estado de Aruba, violando el derecho a la defensa que la Constitución que la rige, que es la venezolana, considera como un derecho absoluto en todo estado y grado de un proceso.

Tercero, al asumir la competencia para conocer y decidir un amparo a la libertad personal o *habeas corpus,* violó las normas sobre competencia que en esa materia está reservada a los tribunales de primera instancia en lo penal, cercenando el derecho de los justiciables a la doble instancia y a la defensa, y creando un fuero privilegiado para los "altos funcionarios públicos" en violación del principio de igualdad.

Cuarto, dictó la sentencia sin actividad probatoria alguna, basándose en supuestos hechos públicos, notorios y comunicacionales que ni siquiera habían sido "publicados" en la prensa, porque simplemente no pudo haber tiempo para su generación, al haber ocurrido los hechos unas horas antes de la emisión del fallo.

Quinto, estableció en su sentencia una nueva clase de ciudadanos privilegiados, distintos a los "ciudadanos comunes," en abierta violación al derecho constitucional a la igualdad y no discriminación.

Con todas estas violaciones, lo que sin duda hubiera sido más complicado en el futuro para la Sala Constitucional, habría sido la respuesta a la situación que se pudiera haberse originado si el Estado de Aruba no hubiese liberado por orden del gobierno de La Haya al Sr. Carvajal, y el amparo decretado hubiese sido "desacatado," pues ello hubiera exigido determinar qué hubiera tenido que hacer la Sala Constitucional para asegurar la ejecución de su fallo. Como una decisión como la adoptada por la Sala contra el Estado de Aruba debía tramitarse por vía diplomática, y como las relaciones exteriores de Aruba las lleva el Gobierno del Reino de los Países Bajos en La Haya, si el detenido no hubiese sido liberado, en caso de desacato del mandamiento de amparo, quedó para la ciencia ficción poder haber determinado a quién la Sala Constitucional iba a mandar a arrestar: al Primer Ministro de Aruba en Oranjestad, al Primer Ministro de los Países Bajos en La Haya o al propio Rey de los Países Bajos, mediante condena y órdenes de detención en un cuartel en Caracas, como lo hizo recientemente en el caso de los Alcaldes de los Municipios San Cristóbal y San Diego, encarcelados por desacato de un mandamiento de amparo.[2]

Pero este capítulo ya no habrá forma de verlo, dado que el gobierno del Reino de los Países Bajos decidió liberar al detenido, y no precisamente porque la Sala Constitucional de Venezuela se lo hubiese "ordenado."

Ahora bien, independientemente de la liberación del presunto agraviado dejó sin efectos la sentencia dictada por la Sala Constitucional, la misma quedó en los anales de la jurisprudencia constitucional, por las violaciones en las cuales incurrió la Sala, que deben analizarse.

---

[2] Véase las sentencias de abril de 2014 en http://www.tsj.gov.ve/decisiones/scon/abril/162860-245-9414-2014-14-0205.HTML (también en *Gaceta Oficial* N° 40.391 de 10 de abril de 2014) y en http://www.tsj.gov.ve/decisiones/scon/abril/162992-263-10414-2014-14-0194.HTML

I.　UN AMPARO CONTRA UN ESTADO EXTRANJERO

La solicitud de amparo constitucional a la libertad personal (*habeas corpus*) a favor del ciudadano Hugo Carvajal, detenido por las autoridades de Aruba el 23 de julio de 2014, y que originó la sentencia, fue presentada ante la Sala Constitucional el 25 de julio de 2014, por el ciudadano Hugo Armando Carvajal Segovia, "contra la detención ilegal y arbitraria por parte de Aruba (país autónomo insular del Reino de los Países Bajos), del ciudadano Hugo Armando Carvajal Barrios, quien arribó a dicho país como funcionario diplomático del Estado Venezolano," con el petitorio específico de que "se ordene la inmediata libertad del sujeto en razón al artículo 44 de la Constitución de la República Bolivariana de Venezuela."

Sobre esa detención, el Ministerio de Relaciones Exteriores de Venezuela había publicado con fecha del día anterior, 24 de julio de 2014, un Comunicado informando que el Gobierno había rechazado **"enérgicamente la detención ilegal y arbitraria del funcionario diplomático venezolano, portador de pasaporte que lo acredita como tal; Hugo Armando Carvajal Barrios, llevada a cabo en la isla de Aruba por parte de autoridades holandesas, que han actuado en violación de la normativa internacional vigente, en particular, de la Convención de Viena sobre Relaciones Diplomáticas de 1961, reconocida por ambos Estados".[3] Lo cierto, en todo caso, es que no se trataba de un funcionario diplomático, sino de un funcionario consular, y por tanto la Convención que se le podía aplicar era la Convención de Viena sobre Relaciones Consulares y no la que regula las Convenciones Diplomáticas como erradamente indicó la Cancillería.[4]**

En todo caso, en cuanto al petitorio de la acción de amparo intentada en protección del presunto agraviado detenido, el mismo fue precisado y ampliado en el texto de la demanda, solicitándose de la Sala Constitucional que:

"1.- Determine y declare la titularidad de la inmunidad y privilegios inherentes a su condición de Cónsul, de conformidad con la Constitución de la República Bolivariana de Venezuela, la Convención de Viena y demás Tratados internacionales.

2.- Se ordene sea puesto en libertad de inmediato y enviado de retorno a su país de origen.

3.- Se requiera en virtud del principio de Cooperación Judicial Internacional entre Órganos Jurisdiccionales de los Estados y en ejecución de los Tratados aplicables a los Tribunales, Cortes y demás Órganos Jurisdiccionales de Aruba y el Reino de los Países Bajos, la debida cooperación para que se materialice el mandamiento de Habeas Corpus.

4.- Se ordene al Ejecutivo Nacional por órgano del Ministerio del Poder Popular para las Relaciones Exteriores, a los fines que realice las gestiones y rogatorias pertinentes para lograr por vía diplomática el cumplimiento de las obligaciones inherentes a las Convenciones y Acuerdos válidamente suscritos entre la República Bolivariana de Venezuela y el Gobierno de Aruba y el Reino de los Países Bajos."

La Sala Constitucional, en su sentencia, concluyó declarando "procedente *in limine Litis* la solicitud de amparo," lo que repitió en la parte "dispositiva" del fallo al declarar "PROCEDENTE IN *LIMINE LITIS* la presente solicitud." Declarar "procedente" una solicitud, en el lenguaje procesal significa declarar "con lugar" "la solicitud de amparo" o "la presente

---

[3]　Véase en http://www.mre.gov.ve/index.php?option=comcontent&view= article&id=36946: 2014-07-24-16-16-50&catid=3:comunicados&Itemid=108

[4]　Véase lo expuesto por José Ignacio Hernández "Hugo Carvajal había sido nombrado Cónsul. ¿Es legal su detención?", en *Prodavinci*, 24 de Julio de 2014 en http://prodavinci.com/blogs/hugo-carvajal-habia-sido-nombrado-consul-es-legal-su-detencion-por-jose-ignacio-hernandez/

JURISPRUDENCIA   165

solicitud," que no es otra que la que formuló el solicitante de amparo. Conforme a su propio texto, antes transcrito, la Sala Constitucional no hizo entonces otra cosa que, en definitiva, *acordar en todas sus partes lo que le había sido solicitado*, con lo cual "administrando justicia en nombre de la República por autoridad de la Ley", *primero*, determinó y declaró, sin actividad probatoria alguna, "la titularidad de la inmunidad y privilegios inherentes a su condición de Cónsul," del detenido y amparado; *segundo,* ordenó al Estado de Aruba que el detenido y amparado fuera "puesto en libertad de inmediato y enviado de retorno a su país de origen," *tercero*, requirió de "los Tribunales, Cortes y demás Órganos Jurisdiccionales de Aruba y el Reino de los Países Bajos, la debida cooperación para que se materialice el mandamiento de *Habeas Corpus*"; y *cuarto*, ordenó al Ejecutivo Nacional por órgano del Ministerio del Poder Popular para las Relaciones Exteriores de Venezuela, que "realice las gestiones y rogatorias pertinentes para lograr por vía diplomática el cumplimiento de las obligaciones" establecidas en las Convenciones y Acuerdos suscritos "con el Gobierno de Aruba y el Reino de los Países Bajos."

Además de este contenido del mandamiento de amparo que la Sala Constitucional expidió tan diligentemente, adicionalmente incluyó como parte del amparo otorgado, y que fue pronunciado como *"consecuencia"* de las ordenes anteriores, una "exhortación" al Ejecutivo Nacional, a través del Ministerio del Poder Popular para Relaciones Exteriores de la República, "a continuar las acciones tendentes a exigir a las autoridades de Aruba que procedan a la inmediata observancia y aplicación de la Convención de Viena sobre Relaciones Consulares, demás Tratados e Instrumentos Internacionales aplicables al servicio exterior".

De este contenido del mandamiento de amparo antes indicado, lo que destaca de bulto es que se dictó en un "proceso" que fue instaurado en Venezuela, ante un tribunal venezolano como es la Sala Constitucional del Tribunal Supremo de Justicia que es el máximo intérprete y garante de la Constitución, contra actos ocurridos en el extranjero, en Aruba específicamente, cometidos por las autoridades de dicha Isla, que es un Estado independiente que forma parte del Reino de los Países Bajos. Como lo observó José Ignacio Hernández, en la demanda de amparo intentada, "Aun cuando la Sala Constitucional no quiso reconocerlo expresamente el único que podía ser demandado en este caso era el Reino de Holanda, cuyas autoridades acordaron la privación de libertad de Carvajal".[5] Sobre ello, el profesor Héctor Faúndez fue concluyente en indicar que el Tribunal Supremo "solo tiene competencias dentro del territorio nacional" y no puede "emitir un amparo contra una decisión adoptada por autoridades extranjeras en el extranjero," al igual que el profesor Carlos Ayala Corao quien expresó que "Los tribunales venezolanos tienen facultad para conocer de abusos contra venezolanos cometidos en el territorio, pero no pueden ejercer jurisdicción sobre otro Estado, porque no son tribunales internacionales ni ejercen jurisdicción universal porque Venezuela no la ha reconocido".[6]

Con su sentencia, por tanto, la Sala se le olvidó, o no advirtió, que estaba violando el principio universal de la inmunidad de jurisdicción de los Estados, conforme al cual un Esta-

---

[5]   Véase José Ignacio Hernández, "¿Y porqué la Sala Constitucional protegió al general Carvajal?", en *Prodavinci*, 26 de julio de 2014, en http://prodavinci.com/blogs/y-por-que-la-sala-constitucional-protegio-al-general-carvajal-por-jose-ignacio-hernandez/

[6]   Véase en el reportaje "Juristas: TSJ no tiene facultad para juzgar actos de otros países. Faúndez y Ayala afirman que la Sala Constitucional erró en el caso Carvajal," de Juan Francisco Alonso, *El Universal*, 27 de julio de 2014, en http://www.eluniversal.com/nacional-y-politica/140727/juristas-tsj-no-tiene-facultad-para-juzgar-actos-de-otros-paises

do no puede ser juzgado por los tribunales de otro Estado, salvo en los casos en los cuales dicho Estado haya aceptado y consentido someterse a la jurisdicción de dichos tribunales de otro Estado, el cual está regulado en el artículo 5 de la Convención de las Naciones Unidas sobre las inmunidades jurisdiccionales de los Estados y de sus bienes[7], al precisar que, "todo Estado goza, para sí y sus bienes, de inmunidad de jurisdicción ante los tribunales de otro Estado, según lo dispuesto en la presente Convención",[8] salvo cuando haya consentimiento expreso del Estado.[9] Principio que, por lo demás, paradójicamente, fue invocado por la propia Sala en los fundamentos de su sentencia al indicar que ella, la Sala Constitucional, "ha reconocido que la inmunidad de jurisdicción de los Estados constituye un principio universal de Derecho Internacional Público". En este caso, sin embargo, a lo que se refirió la sentencia de la Sala Constitucional fue la inmunidad jurisdiccional de un funcionario consular, la cual conforme al artículo 43.1 de la Convención de Viena sobre Relaciones Consulares implica que "los funcionarios consulares y los empleados consulares no estarán sometidos a la jurisdicción de las autoridades judiciales y administrativas del Estado receptor," pero exclusivamente "por los actos ejecutados en el ejercicio de las funciones consulares;" y que conforme al artículo 41.1 de la misma Convención garantiza que "los funcionarios consulares no podrán ser detenidos o puestos en prisión preventiva sino cuando se trate de un delito grave y por decisión de la autoridad judicial competente."

Sin embargo, fue precisamente ese principio el que primero violó la Sala Constitucional al condenar mediante una sentencia de amparo al Estado de Aruba, país que es parte del Reino de los Países Bajos, ordenando a dicho Estado a cumplir una serie de mandamientos de amparo que sólo los tribunales de ese Estado podrían emitir contra dicho Estado.

La falta de claridad de la sentencia, o la ambigüedad de su dispositivo de declarar con lugar o "procedente" la solicitud de amparo formulada por el solicitante en la cual se pide que se ordene al Estado de Aruba la liberación del presunto agraviado detenido, pero sólo exhortando al Estado Venezolano que gestione la liberación, llevó a José Ignacio Hernández a

---

[7]   Véase sobre esto, Mariano T. se Alba Uribe, "Hugo Carvajal y el derecho internacional: Explicación sencilla" en *Juris Novus, Análisis del Acontecer Mundial,* July, 24, 2014, en http://jurisnovus. blogspot.com/2014/07/hugo-carvajal-y-el-derecho.html

[8]   El artículo 6 de la Convención dispone entre los modos de hacer efectiva la inmunidad del Estado, los siguientes "1. Un Estado hará efectiva la inmunidad a que se refiere el artículo 5 absteniéndose de ejercer jurisdicción en un proceso incoado ante sus tribunales contra otro Estado y, a estos efectos, velará porque sus tribunales resuelvan de oficio la cuestión del respeto de la inmunidad de ese otro Estado a que se refiere el artículo. 2. Un proceso ante un tribunal de un Estado se entenderá incoado contra otro Estado si éste: a) es mencionado como parte en el proceso; o b) no es mencionado como parte en el proceso, pero este proceso tiende efectivamente a menoscabar los bienes, derechos, intereses o actividades de ese otro Estado."

[9]   El artículo 7 de la Convención sobre el tema del "consentimiento expreso al ejercicio de jurisdicción" establece que: "1. Ningún Estado podrá hacer valer la inmunidad de jurisdicción en un proceso ante un tribunal de otro Estado en relación con una cuestión o un asunto si ha consentido expresamente en que ese tribunal ejerza jurisdicción en relación con esa cuestión o ese asunto: a) por acuerdo internacional; b) en un contrato escrito; o c) por una declaración ante el tribunal o por una comunicación escrita en un proceso determinado."

expresar que "Quizás la Sala Constitucional no dictó una sentencia contra los Tribunales y autoridades del Reino de Holanda pues sabía que no podía hacerlo."[10]

II. UN AMPARO EMITIDO (*IN LIMENE LITIS*) EN VIOLACIÓN AL DERECHO A LA DEFENSA

El mandamiento de amparo emitido por la Sala Constitucional, además, se dictó en flagrante violación al derecho al debido proceso y a la defensa garantizados en la Constitución de 1999 (art. 49) y en el *Pacto Internacional de Derecho Civiles y Políticos* (art. 8.b), el cual también invocó la Sala Constitucional en su sentencia (no invocó la *Convención Americana sobre Derechos Humanos* porque a requerimiento de la propia Sala Constitucional formulado en 2003 y 2008, fue denunciada en 2012)[11], al haberse emitido, como lo dijo la Sala, *in limene litis*, es decir, de entrada al iniciarse el procedimiento luego de formulada la solicitud de amparo, sin citar ni oír a la parte contra quien se dirigió la solicitud, específicamente, el Estado de Aruba, como entidad independiente dentro del Reino de los Países Bajos, el cual resultó condenado por un tribunal venezolano sin siquiera haber sido citado ni oído.

El derecho al debido proceso, al decir de la propia Sala Constitucional, es una "garantía suprema dentro de un Estado de Derecho",[12] que implica que todo proceso debe reunir "las garantías indispensables para que exista una tutela judicial efectiva",[13] entre las cuales están: "el ser oído, la presunción de inocencia, el acceso a la justicia y a los recursos legalmente establecidos, la articulación de un proceso debido, la de obtener una resolución de fondo con fundamento en derecho, la de ser juzgado por un tribunal competente, imparcial e independiente, la de un proceso sin dilaciones indebidas y por supuesto, la de ejecución de las sentencias que se dicten en tales procesos".[14]

Pero en particular, en relación con la garantía del derecho a la defensa (art. 49.1, Constitución), la misma Sala Constitucional lo ha considerado como un derecho constitucional "absoluto", e "inviolable" en todo estado y grado de la causa, "que no puede ser suspendido en el ámbito de un Estado de derecho, por cuanto configura una de las bases sobre las cuales tal concepto se erige".[15] Por ello, la Sala de Casación Civil, lo ha calificado como "el sagrado

[10] Véase José Ignacio Hernández, "/Porqué la Sala Constitucional protegió al general Carvajal?", en *Prodavinci*, 26 de julio de 2014, http://prodavinci.com/blogs/y-por-que-la-sala-constitucional-protegio-al-general-carvajal-por-jose-ignacio-hernandez/

[11] Véase la sentencia de la Sala Constitucional del Tribunal Supremo N° 1.939 de 18 de diciembre de 2008 en el caso Caso *Abogados Gustavo Álvarez Arias y otros*, que más bien debió denominarse *Estado de Venezuela vs. Corte Interamericana de Derechos Humanos*, en Véase en http://www.tsj.gov.ve/decisiones/scon/Diciembre/1939-181208-2008-08-1572.html; y sentencia N° 1547 de fecha 17 de octubre de 2011 (Caso *Estado Venezolano vs. Corte Interamericana de Derechos Humanos*), en en http://www.tsj.gov.ve/decisiones/scon/Octubre/1547-171011-2011-11-1130.html

[12] Véase sentencia N° 123 de la Sala Constitucional (Caso: *Sergio J. Meléndez*) de 17 de marzo de 2000, en *Revista de Derecho Público*, N° 81, (enero-marzo), Editorial Jurídica Venezolana, Editorial Jurídica Venezolana, Caracas 2000, p. 143.

[13] Véase sentencia N° 97 de 15 de marzo de 2000 (Caso: *Agropecuaria Los Tres Rebeldes*), en *Revista de Derecho Público*, N° 81, (enero-marzo), Editorial Jurídica Venezolana, Caracas, 2000, p. 148

[14] Véase sentencia N° 80 de 1 de febrero de 2001 (Caso: *Impugnación de los artículos 197 del Código de Procedimiento Civil y 18 de la Ley Orgánica del Poder Judicial)*, en *Revista de Derecho Público*, N° 85-86/87-88 (Enero-Diciembre), Editorial Jurídica Venezolana, Caracas, 2001, p. 90.

[15] Así lo estableció la Sala Político Administrativa de la antigua Corte Suprema de Justicia, en sentencia N° 572 de 18-8-97. (Caso: *Aerolíneas Venezolanas, S.A. (AVENSA) vs. República (Ministerio*

derecho a la defensa" y como "principio absoluto de nuestro sistema en cualquier procedimiento o proceso y en cualquier estado y grado de la causa".[16] Por todo lo anterior, también, la propia Sala Constitucional del Tribunal Supremo de Justicia ha reafirmado que:

> "cualquiera sea la vía procesal escogida para la defensa de los derechos o intereses legítimos, las leyes procesales deben garantizar la existencia de un procedimiento que asegure el derecho de defensa de la parte y la posibilidad de una tutela judicial efectiva.

> De la existencia de un proceso debido se desprende la posibilidad de que las partes puedan hacer uso de los medios o recursos previstos en el ordenamiento para la defensa de sus derechos e intereses. En consecuencia, *siempre que de la inobservancia de las reglas procesales surja la imposibilidad para las partes de hacer uso de los mecanismos que garantizan el derecho a ser oído en el juicio, se producirá indefensión y la violación de la garantía de un debido proceso y el derecho de defensa de las partes.*[17]

Estos principios rigen, por supuesto en materia de amparo, al punto de que específicamente en relación con los procesos de amparo, la Jurisdicción Constitucional en Venezuela anuló la previsión que se había incluido en el artículo 22 de la Ley Orgánica de Amparo sobre Derechos y Garantías Constitucionales de 1988, que autorizaba precisamente al juez de amparo para adoptar mandamientos de amparo *in limene lítis*. La nulidad de dicha norma fue pronunciada por sentencia dictada por la antigua Corte Suprema el 21 de mayo de 1996[18], precisamente por considerar que violaba la garantía del derecho a la defensa establecida en la Constitución, que ahora, la Sala Constitucional ha violado abiertamente, condenando al Estado de Aruba en un proceso, sin haber citarlo ni oído a sus representantes.

III. UN AMPARO DICTADO POR UN TRIBUNAL INCOMPETENTE, CERCENANDO EL DERECHO A LA DOBLE INSTANCIA Y CREANDO UN FUERO PRIVILEGIADO PARA CIERTA CATEGORÍA DE PERSONAS

Si algún tribunal venezolano hubiese sido competente para conocer de un amparo ejercido contra un Estado extranjero, lo que en ningún caso es admisible, dicho tribunal solo hubiera podido haber sido el tribunal competente de acuerdo con el artículo 40 de la Ley Orgánica de Amparo sobre Derechos y Garantías Constitucionales, que atribuye la competencia para conocer de las acciones de amparo en protección de la libertad personal, o *hábeas corpus*, en forma exclusiva, a los Juzgados de Primera Instancia en lo Penal.

La Sala Constitucional en el supuesto negado que algún juez en Venezuela hubiese podido tener competencia para conocer de una acción de amparo interpuesta contra un Estado extranjero, en ningún caso podía arrogarse una competencia que no tiene, usurpando las de los tribunales penales; y que no derivaba de la condición de Cónsul General que se atribuía al supuesto agraviado.

---

de Transporte y Comunicaciones), en *Revista de Derecho Público*, N° 71-72 (Julio-Diciembre) Editorial Jurídica Venezolana, Caracas 1977, p. 158.

[16]   Véase sentencia N° 39 de 26 de abril de 1995 (*Caso: A.C. Expresos Nas vs. Otros)*, en Jurisprudencia Pierre Tapia, N° 4, Caracas, abril 1995, pp. 9-12

[17]   Véase en sentencia N° 97 de 15 de marzo de 2000 (Caso: *Agropecuaria Los Tres Rebeldes, C.A. vs. Juzgado de Primera Instancia en lo Civil, Mercantil, Tránsito, Trabajo, Agrario, Penal, de Salvaguarda del Patrimonio Público de la Circunscripción Judicial del Estado Barinas*), en *Revista de Derecho Público,* N° 82, EJV, Caracas, 2000.

[18]   Véase en *Gaceta Oficial Extra* N° 5071 de 29-5-1996.

En el régimen venezolano del proceso de amparo, en efecto, la condición del presunto agraviado en ningún caso modifica la competencia de los tribunales para conocer de las acciones de amparo, siendo en cambio la condición del presunto agraviante la única que podría modificar dicha competencia como resulta del artículo 8° de la Ley Orgánica de Amparo sobre Derechos y Garantías Constitucionales, que le asigna competencia a las salas del Tribunal Supremo para conocer en única instancia de procesos de amparo intentados "contra los hechos, actos u omisiones emanados del Presidente de la República, de los Ministros, del Consejo Supremo Electoral y demás organismos electorales, del Fiscal General de la República, del Procurador General de la República o del Contralor General de la República."

Por tanto, la Sala Constitucional además de carecer de competencia para conocer de acciones de amparo contra Estados Extranjeros, en este caso, además, carecía de competencia por razón de la materia para resolver una acción de amparo a la libertad personal, pues de acuerdo con la ley que regula el amparo, sólo los tribunales de primera instancia penal pueden ejercer esa competencia.

Sin embargo, la Sala Constitucional se arrogó ilegalmente la competencia para conocer de este caso, argumentando simplemente que ella resultaba competente por tratarse de un amparo intentado "*a favor de un alto funcionario de la República*, por violación de sus derechos fundamentales, por parte de un Estado integrante de la Comunidad Internacional, dada la alta investidura y función que ostenta el sujeto agraviado que requiere la tutela constitucional por parte de esta máxima instancia judicial, y atendiendo al sujeto señalado como agraviante".

Con esta decisión, ilegal desde su médula, la Sala además sentó un precedente inadmisible pues creó a favor de ciertas personas un "privilegio" que ninguna ley contempla de ser juzgados en su carácter de presunto agraviado por el máximo tribunal de la República, en única instancia.

Con ello, además, la Sala Constitucional cercenó el derecho constitucional a la doble instancia, que la misma Sala ha reconocido como derecho constitucional derivado del derecho a la defensa, violando además el principio de la igualdad en franca discriminación respecto de los "ciudadanos comunes."

IV. UN AMPARO EMITIDO SIN ACTIVIDAD PROBATORIA ALGUNA

La fundamentación básica contenida en la acción de amparo que se intentó y que es la motivación de la decisión de amparo contra el Estado de Aruba, fue que el presunto agraviado tenía la condición de Cónsul General de Venezuela en Aruba, y por tanto, tenía derecho a la inmunidad y prerrogativas diplomáticas establecidas en la Convención de Viena sobre Relaciones Consulares.

El solicitante alegó que el señor Hugo Carvajal había sido nombrado como tal Cónsul en enero de 2014, indicando que el nombramiento había sido informado al mes siguiente por el Consulado de Venezuela al gobierno de Aruba, y que este "no había negado el exequátur, por lo cual el ciudadano Hugo Carvajal se encontraba provisionalmente en uso de sus funciones, y consecuentemente amparado por la Convención de Viena sobre Relaciones Consulares", porque según el solicitante "es posible admitir provisionalmente a funcionarios consulares de manera tácita," lo cual sería entonces el caso del presunto agraviado.

La Sala para decidir, no realizó actividad probatoria alguna, y sólo indicó que se basaba en un "hecho público, notorio y comunicacional, tanto nacional como internacional, acreditado en autos con ejemplares de prensa por la parte solicitante," destacando entre otros hechos que la detención del Sr. Carvajal efectuada en Aruba se había producido "en la persona de un funcionario consular venezolano activo, no solo con posterioridad a su designación, sino incluso estando el Gobierno de Aruba en conocimiento de que el Cónsul General, jefe titular de la misión, Hugo Armando Carvajal Barrios, inició sus funciones consulares en fecha 07 de febrero de 2014, en virtud de la notificación que le efectuó el 10 de febrero de 2014, el Consulado General de Venezuela en Aruba al departamento de relaciones exteriores de Aruba."

La Sala Constitucional, entonces, sin prueba alguna, y sólo con base en el supuesto "hecho público y notorio comunicacional",[19] pasó a "condenar del modo más enérgico la restricción de la libertad de la cual ha sido víctima el funcionario del servicio exterior de más alto rango que cumple funciones en Aruba". Luego pasó la Sala a transcribir *in extenso* varios artículos de la *Convención de Viena Sobre Relaciones Consulares*, relativos a los derechos y prerrogativas de los cónsules, pero sin referirse al artículo 12 de la Convención que establece que: "El jefe de oficina consular será admitido al ejercicio de sus funciones por una autorización del Estado receptor llamada exequátur, cualquiera que sea la forma de esa autorización;" ni al artículo 13 que establece que "Hasta que se le conceda el exequátur, el jefe de oficina consular podrá ser admitido provisionalmente al ejercicio de sus funciones. En este caso le serán aplicables las disposiciones de la presente Convención", aun cuando en este último caso, "el jefe de oficina consular no podrá iniciar sus funciones antes de haber recibido el exequátur" (art. 12.3).

---

[19]   Debe recordarse que de acuerdo con la propia decisión de la Sala Constitucional del Tribunal Supremo en sentencia N° 98 de 15 de marzo de 2000 (Caso: *Coronel Oscar Silva Hernández*) tales hechos públicos, notorios y comunicacionales, que no requieren prueba, deben ser sólo aquellos que "ocupan un espacio reiterado en los medios de comunicación social," admitiéndose que "puede ser acreditado por el juez o por las partes con los instrumentos contentivos de lo publicado, o por grabaciones o videos, por ejemplo, de las emisiones radiofónicas o de las audiovisuales, que demuestren la difusión del hecho, su uniformidad en los distintos medios y su consolidación; es decir, lo que constituye la noticia." Debe tratarse de la publicación coetánea por varios medios para que "*el colectivo adquiere conocimiento, al menos en lo esencial, de determinados hechos y al todo el mundo conocer el hecho o tener acceso a tal conocimiento,*" por lo cual la Sala Constitucional precisó las características que individualizan al hecho público, notorio y comunicacional que "crean una sensación de veracidad que debe ser tomada en cuenta por el sentenciador," cuando aparecen los siguientes "caracteres confluentes": "1. *Se trata de un hecho, no de una opinión o un testimonio, sino de un evento reseñado por el medio como noticia;* 2) Su difusión es simultánea por varios medios de comunicación social escritos, audiovisuales, o radiales, lo cual puede venir acompañado de imágenes; 3) Es necesario que *el hecho no resulte sujeto a rectificaciones, a dudas sobre su existencia, a presunciones sobre la falsedad del mismo, que surjan de los mismos medios que lo comunican, o de otros y, es lo que esta Sala ha llamado antes la consolidación del hecho, lo cual ocurre en un tiempo prudencialmente calculado por el juez, a raíz de su comunicación*; y 4) Que los hechos sean contemporáneos para la fecha del juicio o de la sentencia que los tomará en cuenta" (destacado añadido). Conforme a esto, un suceso como un terremoto, genera de inmediato un hecho público, notorio y comunicacional, pero no las opiniones sobre su causa. La detención de un alto funcionario público, como la del Sr. Carvajal también puede originar un hecho público, notorio y comunicacional, pero no los elementos que provocaron la detención que al contrario, requerirían prueba. Véase la sentencia en *Revista de Derecho Público*, N° 101, enero-marzo 2005, Editorial Jurídica Venezolana, Caracas 2005. Véase sobre esa sentencia: Allan R. Brewer-Carías, Consideraciones sobre el 'hecho comunicacional' como especie del 'hecho notorio' en la doctrina de la Sala Constitucional del Tribunal Supremo," en *Revista de Derecho Público*, N° 101, enero-marzo 2005, Editorial Jurídica Venezolana, Caracas 2005, pp. 225-232; y "Sobre el llamado 'hecho comunicacional' como fundamento de una acusación penal", en *Temas de Derecho Penal Económico, Homenaje a Alberto Arteaga Sánchez* (Compiladora Carmen Luisa Borges Vegas), Fondo Editorial AVDT, Obras colectivas OC, N° 2, Caracas 2007, pp. 787-816.

Al margen de dichas normas, que no fueron consideradas ni citadas en la sentencia, y que fueron las determinantes para la liberación final del presunto agraviado por parte del gobierno de los Países Bajos, la Sala Constitucional afirmó que el "sistema de privilegios e inmunidades" que establece la Convención, *"rige desde el momento en que los funcionarios del servicio exterior entren en el territorio del Estado receptor*, para tomar posesión de su cargo, o si se encuentran ya en ese territorio, desde el momento en que asuman sus funciones en la oficina consular, tal como ocurrió con el Cónsul General de la República Bolivariana de Venezuela en Aruba."

Esta posición no fue compartida por el juez que conoció el asunto en Aruba, quien el mismo día de la sentencia de la Sala Constitucional, decidió que en el caso "no había inmunidad diplomática,"[20] pues en el caso, el Reino de los Países Bajos que maneja las relaciones exteriores de Aruba no había otorgado el exequátur. Sin embargo, dos días después, el 27 de julio de 2014, el gobierno del Reino de los Países Bajos tomó la decisión de liberar al detenido reconociendo, en contrario, que sí gozaba de inmunidad diplomática, ordenando a la vez su expulsión de Aruba, al declararlo *"persona non grata."*[21] La decisión del Gobierno del Reino de los Países Bajos, según se indicó en el Comunicado del Ministerio de Relaciones Exteriores del mismo que fue leído por el Canciller de Venezuela el domingo 27 de julio de 2014, motivó el cambio de criterio en el contenido del antes mencionado artículo 13 de la Convención de Viena sobre Relaciones Consulares, que no había sido considerado hasta ese momento, que se refiere a la "Admisión Provisional del Jefe de Oficina Consular" y establece que "Hasta que se le conceda el exequátur, el jefe de oficina consular podrá ser admitido provisionalmente al ejercicio de sus funciones. En este caso le serán aplicables las disposiciones de la presente Convención." Con base en esa norma, el Comunicado leído indicó que:

"En virtud del artículo 13 del convenio consular y en espera de la concepción de la acreditación, el jefe de una misión consular puede ser admitido provisionalmente para ejercer sus funciones. En ese caso son aplicadas las disposiciones del Convenio consular. Con base en este artículo el reino reconoce que las disposiciones del convenio consular se aplican a señor Carvajal Barrios. Esto significa que la detención del 23 de julio fue una violación de la inmunidad".[22]

---

[20]   Véase el reportaje: "The judge said our arrest of Mr. Carvajal was legal, that there is no diplomatic immunity in this case," Aruba's chief prosecutor, Peter Blanken, said late Friday, after the ruling was made. "Mr. Carvajal will remain behind bars here until he is extradited to the U.S." Véase en "Immunity Denied for Venezuelan Official Arrested in Drug Case. Hugo Carvajal, Former Chief of Venezuela's Military Intelligence, Was Detained in Aruba at Request of U.S,".by Dan Molonski, Wall Street Journal, July 25, 2014; en http://online.wsj.com/articles/venezuelan-arrested-in-drug-trafficking-case-to-claim-diplomatic-immunity-1406315275.

[21]   Véase el reportaje: "Aruba Releases Venezuelan Diplomat Sought by US," By Joshua Goodman and David McFadden Associated, ABC News, Bogotá Jul 27, 2014, donde se informa que: "at a hastily called news conference in Aruba's capital, the island's justice minister said Carvajal was being let go because Dutch Foreign Minister Frans Timmermans decided Carvajal did have immunity, but also declared him "persona non grata" — a term used by governments to remove foreign diplomats. "The fact is that Mr. Carvajal was granted diplomatic immunity, but he is also considered persona non grata," Dowers told reporters at the news conference in Oranjestad that was streamed live on the Internet." Véase en: http://abcnews.go.com/International/wireStory/venezuela-aruba-free-diplomat-sought-us-2473 4460

[22]   Véase"Reino de los Países Bajos anunció liberación del general Hugo Carvajal," en panorama, 27 de julio de 2014, en http://panorama.com.ve/portal/app/push/noticia121404.php

En la Isla de Aruba por su parte Fiscal Jefe, Peter Blanken, si bien unos días antes había indicado que el Sr. Carvajal no tenía inmunidad diplomática, y que permanecería detenido mientras Estados Unidos adelantaba el procedimiento de extradición; expresó que las autoridades del Reino de los Países Bajos, del cual Aruba forma parte, decidieron en contra de lo resuelto por las autoridades judiciales de la Isla, como fue explicado por el Ministro de Relaciones Exteriores en La Haya. Agregó el Sr. Blanken que: "Hay un nuevo punto de vista de Relaciones Exteriores de Holanda. Relaciones Exteriores no es una competencia de Aruba, sino de Holanda. Ellos cambiaron su criterio," agregando que "al Sr. Carvajal no le será permitido volver a Aruba. Él es *persona non grata*."[23]

V. UN AMPARO EMITIDO CREANDO UNA NUEVA CLASE DE CIUDADANO DISTINTO AL "CIUDADANO COMÚN"

Por último, debe destacarse de la sentencia, su carácter discriminatorio, no sólo al crear, como antes se dijo, una nueva categoría de ciudadanos privilegiados en materia de juicios de amparo, que son los llamados "altos funcionarios del Estado" a quienes la Sala Constitucional les reconoció el privilegio o derecho exclusivo de intentar acciones de amparo ante el Tribunal Supremo, como un fuero especial, cercenándole en esta forma a los demandados, como presuntos agraviantes, el derecho a la doble instancia y a la defensa; sino otra categoría nueva de ciudadanos, los mismos "altos funcionarios públicos," que habrían pasado a ser ciudadanos "de primera," distintos a los "ciudadanos comunes."

En la motiva de la sentencia, en efecto, al referirse al caso del Sr. Carvajal, la Sala Constitucional observó "que en el caso de autos, se ha planteado que el aludido Cónsul General se encuentra *siendo tratado por parte de las autoridades de Aruba, como un ciudadano común*, desconociéndole el carácter conferido por el Estado Venezolano, debidamente designado como parte del cuerpo del servicio exterior de la República."

La Sala Constitucional, al establecer esta nueva clase social, de ciudadanos privilegiados distintos a los "ciudadanos comunes," simplemente desconoció que el artículo 21 de la Constitución establece el principio absoluto de la igualdad y no discriminación que no admite tratos de favor, ni distinción de categorías de ciudadanos por más funciones públicas que ejerzan. Al contrario, hay que recordarle a la Sala que todos los ciudadanos son iguales ante la ley, sin distinción.

***

---

[23]   Véase el reportaje: "Netherlands Says Venezuelan Detained in Aruba Has Immunity. Aruban Authorities Free Former General Wanted by U.S. for Drug Trafficking," by Juan Forero and Dan Molonski, *The Wall Street Journal*, New York, July 28, 2014, p. A14. Allí se informó lo siguiente: "Ann Angela, a spokeswoman for the prosecutor's office, said the Netherlands, of which Aruba is a part, ruled that Mr. Carvajal had diplomatic immunity. Mr. Carvajal's release was announced at a news conference on the island by Arthur Dowers, the justice minister, and the chief prosecutor, Peter Blanken./ Mr. Blanken last week said Mr. Carvajal didn't have diplomatic immunity, and that he would remain jailed while the U.S. worked on extraditing him to face charges./ But he said officials in the Netherlands overruled judicial authorities on the island, with the foreign minister in The Hague explaining in a letter delivered on Sunday./ "There's a new point of view from foreign affairs in Holland", Mr. Blanken said. "Foreign affairs is not an Aruba matter, but a Dutch matter. They changed their mind" / Mr. Blanken added that Mr. Carvajal wouldn't be allowed back to Aruba. "He's a persona non grata". Véase también en: http://online.wsj.com/articles/netherlands-rules-venezuelan-detained-in-aruba-has-diplomatic-immunity-1406505987?mod=_newsreel_1

En todo caso, e independiente de quién pudo ser la persona detenida en este caso, y del porqué se la detuvo y del porqué se la liberó, que no fue ciertamente por la "orden" dada por la Sala Constitucional, el alto Tribunal de la República dictó una sentencia en la cual dictó un mandamiento de amparo contra un Estado extranjero, por hechos ocurridos en el extranjero, violando el principio de la inmunidad jurisdiccional de los Estados. Para ello, además, violó el debido proceso y el derecho a la defensa de dicho Estado, al no haberlo citado ni oído previamente como presunto agraviante; asumió una competencia que es exclusiva de los tribunales de primera instancia en lo penal, violando las normas sobre competencia judicial y el derecho de los justiciables a la doble instancia, creando a favor de los "altos funcionarios públicos" un fuero judicial privilegiado cuando sean accionantes en amparo, en franca violación al derecho a la igualdad; dictó la sentencia sin actividad probatoria alguna, basándose en supuestos hechos públicos, notorios y comunicacionales que no habían podido adquirir siquiera dicho carácter por haber acaecido unas horas antes; y finalmente, estableció en su sentencia una nueva clase de ciudadanos privilegiados, distintos a los "ciudadanos comunes," en abierta violación al derecho constitucional a la igualdad y no discriminación.

Pero aparte de su contenido con todas estas violaciones, sin embargo, la verdad es que la sentencia no tuvo efecto alguno, y como bien lo apreció el periodista Juan Francisco Alonso al consultar sobre el tema a los profesores Carlos Ayala Corao y Héctor Faúndez, que la misma "no vale más que el papel donde fue impreso;"[24] a lo que se agrega lo expresado por el profesor José Ignacio Hernández, en el sentido de que "al final, la sentencia no pasa de ser algo anecdótico que los profesores tendremos en cuenta cuando expliquemos, en clase, el principio de inmunidad de jurisdicción de los Estados." [25]

Y nada más. Ese mismo interés académico es el que ha motivado estos comentarios.

---

[24]   Véase "Juristas: TSJ no tiene facultad para juzgar actos de otros países. Faúndez y Ayala afirman que la Sala Constitucional erró en el caso Carvajal," reportaje de Juan Francisco Alonso, *El Universal*, 27 de julio de 2014, en http://www.eluniversal.com/nacional-y-politica/140727/juristas-tsj-no-tiene-facultad-para-juzgar-actos-de-otros-paises

[25]   Véase José Ignacio Hernández, "/Porqué la Sala Constitucional protegió al general Carvajal?", en *Prodavinci*, 26 de julio de 2014, http://prodavinci.com/blogs/y-por-que-la-sala-constitucional-protegio-al-general-carvajal-por-jose-ignacio-hernandez/

Jurisprudencia Interamericana

Corte Interamericana de Derechos Humanos: Voto Conjunto Negativo

SOBRE EL TEMA DEL AGOTAMIENTO DE LOS RECURSOS INTERNOS EN LOS CASOS ANTE LA CORTE INTERAMERICANA DE DERECHOS HUMANOS

Voto Conjunto Negativo de los Jueces Manuel E. Ventura Robles y Eduardo Ferrer Mac-Gregor Poisot.

Caso *Brewer-Carías Vs. Venezuela*, Sentencia de 26 de Mayo de 2014 (Excepciones Preliminares)

1. Se emite el presente voto disidente en el caso *Brewer-Carías Vs. Venezuela*, de acuerdo con las razones que se expondrán a continuación y por las cuales se discrepa de los puntos resolutivos de la Sentencia adoptada por mayoría de cuatro votos (en adelante "la Sentencia" o "el criterio mayoritario"), mediante los cuales la Corte Interamericana de Derechos Humanos (en adelante "la Corte" o "el Tribunal Interamericano") acoge la excepción preliminar interpuesta por el Estado relativa a la falta de agotamiento de los recursos internos y, por tanto, dispone archivar el expediente del presente caso.

2. Observamos con preocupación como por primera vez en su historia, la Corte no entra a conocer el fondo del litigio por estimar procedente una excepción preliminar por falta de agotamiento de los recursos internos,[1] relacionado en este caso con los artículos 8 y 25 de la Convención Americana sobre Derechos Humanos (en adelante "la Convención Americana" o

---

[1] Sólo en tres ocasiones anteriores en los más de veintiséis años de jurisdicción contenciosa, la Corte Interamericana no entró al fondo de la controversia planteada por diversos motivos: la primera por la caducidad del plazo para la presentación de la demanda por la Comisión Interamericana (*Caso Cayara vs. Perú. Excepciones Preliminares*. Sentencia de 3 de febrero de 1993. Serie C N° 14); la segunda ocasión por el desistimiento de la acción deducida por la Comisión Interamericana de Derechos Humanos (*Caso Maqueda Vs. Argentina. Excepciones Preliminares*. Resolución de 17 de enero de 1995. Serie C N° 18); y la tercera por la falta de competencia *ratione temporis* del Tribunal Interamericano (*Caso Alfonso Martín del Campo Dodd Vs. México. Excepciones Preliminares*. Sentencia de 3 de septiembre de 2004. Serie C N° 113).

"Pacto de San José de Costa Rica" o "CADH"). Asimismo, tal y como se analizará más adelante, existen algunas consideraciones de la Sentencia que consideramos no solo contrarias a la línea jurisprudencial del Tribunal Interamericano, sino que además constituye un peligroso precedente para el sistema interamericano de protección de los derechos humanos en su integralidad en detrimento del derecho de acceso a la justicia y la persona humana.[2]

3.   Cabe resaltar, también, el especial interés que este caso ha despertado en la sociedad civil, al haberse recibido 33 escritos en calidad de *amicus curiae,* provenientes de reconocidos juristas internacionales, así como de instituciones, asociaciones no gubernamentales, jurídicas y profesionales de América y Europa, relacionados con diversos temas atinentes al litigio;[3] por ejemplo, al Estado de derecho, a las garantías judiciales, al debido proceso, a la independencia judicial, a la provisionalidad de los jueces y al ejercicio de la abogacía. Todos los *amici curiae* resultan coincidentes en señalar distintas violaciones a los derechos convencionales del señor Brewer-Carías.

4.   Para una mayor claridad dividiremos el presente voto en los siguientes apartados: (1) Objeto del debate (párrs. 5 a 32); (2) Disidencia (párrs. 33-119); y (3) Defensa del Estado de derecho y el ejercicio de la abogacía (párrs. 120-125).

1.   Objeto del debate

5.   Respecto a la excepción preliminar interpuesta por el Estado, tal y como se ha señalado en la Sentencia, la principal controversia entre las partes se deriva de las diversas actuaciones judiciales realizadas por los representantes de las víctimas en la tramitación de los procesos penales internos, en especial la presentación de dos solicitudes de nulidad absoluta de actuaciones, en contra de la averiguación previa y el proceso incoado en contra del abogado Allan Brewer-Carías.

6.   Esta controversia radica en: i) si las solicitudes de nulidad eran recursos idóneos y efectivos para agotar la jurisdicción interna; ii) el momento procesal en que debían ser resueltas las solicitudes de nulidad; iii) si hubo impedimento a la presunta víctima de agotar los recursos internos; y iv) si el retardo en la resolución de dichos recursos era imputable a la presunta víctima.

7.   La primera controversia se centró sobre el hecho de si las dos solicitudes de nulidad presentadas por los representantes del señor Brewer-Carías pueden ser consideradas como recursos idóneos y efectivos para cumplir con el requisito de agotamiento de los recursos de la jurisdicción interna.

8.   Respecto a la segunda controversia, las partes han presentado un debate sobre si las solicitudes de nulidad debían ser resueltas por el Juez a cargo de la causa en un término de tres días de presentadas o si, por el contrario, dicha solicitud debía ser examinada y decidida en el transcurso de la audiencia preliminar.

---

[2]   No debe olvidarse que el sistema internacional debe ser entendido como una integralidad, principio esencial que se desprende del artículo 29 del Pacto de San José, que impone un marco de protección que siempre da preferencia a la interpretación que más favorezca, al constituir el "objeto angular de protección de todo el sistema interamericano". *Cfr. Caso Radilla Pacheco Vs. México. Excepciones Preliminares, Fondo, Reparaciones y Costas.* Sentencia de 23 de noviembre de 2009. Serie C N° 209, párr. 24.

[3]   Los nombres de las personas, instituciones y asociaciones que presentaron *amici curiae,* aparecen en el párr. 9 de la Sentencia.

9. En cuanto a la tercera controversia, la discusión giró en torno a si se dio algún impedimento para que el señor Allan Brewer-Carías pudiera agotar los recursos de la jurisdicción interna, tema relacionado con la provisionalidad de los jueces en Venezuela, así como la imparcialidad e independencia de los jueces y fiscales en ese país.

10. En relación con la cuarta controversia, el debate giró en torno a si dichas solicitudes de nulidad debieron o pudieron ser resueltas aún con la ausencia del imputado. Respecto a si es necesario que el acusado se encuentre presente en la audiencia preliminar para que ésta pueda ser llevada a cabo existe un consenso entre las partes sobre este punto. En efecto, los representantes han indicado que "la audiencia preliminar no puede realizarse en ausencia del imputado, por ser un acto de juzgamiento" y que "es imprescindible la presencia del acusado". Teniendo como base que era necesaria la presencia del señor Brewer-Carías para la realización de la audiencia preliminar, las partes debatieron sobre si el recurso de nulidad interpuesto debió ser resuelto antes de la audiencia preliminar o, por el contrario, al finalizar esta etapa procesal.

1.1   Posición del Estado

11. Al respecto, el Estado alegó la existencia de "[l]os recursos correspondientes a la fase intermedia establecida en el código orgánico procesal penal; asimismo, el agotamiento de la fase de juicio, de ser el caso, así como [la existencia de] recursos efectivos, [como] el de Apelación de Autos, de Sentencias Definitivas, de Reconsideración, de Casación, [y] de Revisión". Como posibles recursos, el Estado mencionó los recursos mencionados en el artículo 328 del vigente Código Orgánico Procesal Penal (en adelante COPP) de 4 de septiembre de 2009, el recurso de apelación (artículo 453 del Código Orgánico Procesal Penal), el recurso de casación (artículo 459 del Código Orgánico Procesal Penal), y el recurso de revisión (artículo 470 del Código Orgánico Procesal Penal).

12. Asimismo, el Estado argumentó que "la ausencia del [señor] Allan Brewer-Carías ha imposibilitado la realización de la audiencia preliminar, [lo cual] ha impedido el ejercicio de las acciones que establece el Código Orgánico Procesal Penal para que las partes intervinientes en el proceso puedan hacer valer sus derechos". Alegó que esta "es la oportunidad que tiene el imputado para negar, contradecir, argumentar los hechos y el derecho, replicar, contrarreplicar, recusar, hablar en todo momento con su defensor, sin que por ello implique la suspensión de la audiencia". Asimismo, consideró "insólito pretender que el Juez pueda resolver la solicitud de nulidad sin presencia del imputado y que luego se podría realizar la audiencia preliminar [dado que] esto conllevaría a la violación del debido proceso en su máxima expresión y de los propios derechos del [señor] Allan Brewer-Carías".

13. El Estado alegó que el proceso penal no había avanzado por la ausencia del señor Brewer-Carías, y que sin su presencia tampoco podía resolverse el recurso de nulidad. Por tanto, argumentó que la terminación del proceso penal y la presentación de recursos como la apelación, casación o revisión constituían los recursos idóneos para la presunta víctima.

14. Además, el Estado alegó que "no hay violación de derechos humanos en un juicio que nunca se inició, pues el peticionario se ausentó del país" y que "el COPP y la jurisprudencia de nuestro máximo Tribunal Supremo de Justicia ha determinado que la solicitud de nulidad interpuesta por los abogados del Doctor Brewer-Carías tiene que ser decidido en la Audiencia Preliminar".

1.2   Posición de los representantes

15. Por su parte, los representantes de la presunta víctima arguyeron que "el único recurso judicial disponible contra la masiva violación del derecho al debido proceso" era el de

nulidad absoluta por inconstitucionalidad de las actuaciones judiciales, con fundamento en el artículo 191 del Código Orgánico Procesal Penal. Además, controvirtieron el alegato del Estado según el cual el recurso no se ha resuelto debido a que debe decidirse en la audiencia preliminar, transcurriendo más de tres años sin que se hubiere celebrado la misma por causas que presuntamente no estarían relacionadas con la ausencia de la presunta víctima, lapso que consideraron que "demora injustificadamente" la decisión del recurso.

16. Los representantes consideraron que si bien el recurso de nulidad absoluta se cumple teóricamente con los requisitos establecidos en el artículo 25 de la Convención Americana (sencillo, rápido y efectivo), en el caso concreto "y dentro del marco de un Poder Judicial que carece de la imparcialidad para decidir", se ha configurado una "denegación de justicia", ya que han transcurrido siete años (al momento de presentación del Escrito de Solicitudes, Argumentos y Pruebas ante el Tribunal Interamericano) desde su interposición sin que siquiera se haya iniciado su tramitación.

17. Los representantes alegaron además, que dicho recurso constituye "el amparo en materia procesal penal" razón por la cual "si el recurso de amparo debe esperar, para su resolución a la celebración de una audiencia preliminar que puede diferirse indefinidamente [...] el recurso no sería en modo alguno sencillo y rápido; y si su decisión estuviera condicionada a que el [señor] Brewer-Carías se entregue a sus perseguidores y sea privado de su libertad, el derecho internacional de los derechos humanos y la Convención en particular no permitirían considerarlo un recurso efectivo".

18. Asimismo, los representantes alegaron acerca de la ausencia de la presunta víctima en la audiencia preliminar, que ello no impide la resolución del recurso de nulidad, considerando que el derecho del acusado a no ser enjuiciado en ausencia constituye "una garantía procesal que debe ser entendida siempre a favor del imputado o acusado y nunca en su contra". Agregaron que "los actos procesales que no se pueden realizar sin la presencia [de la presunta víctima] son aquellos que impliquen su juzgamiento, entre los cuales se encuentran la audiencia preliminar y el juicio oral y público [lo que] no obsta a que sí puedan cumplirse otras numerosas actuaciones judiciales que no implican su juzgamiento en ausencia [como] la solicitud de nulidad de todo lo actuado". Fundamentados en los artículos 327 y siguientes del Código Orgánico Procesal Penal reiteraron que la solicitud de nulidad por violación de las garantías procesales debe ser resuelta sin necesidad de que se celebre dicha audiencia y sin que se requiera la presencia del acusado.

19. Alegaron también que en el expediente no hay "decisión o auto judicial alguno mediante el cual el Juez de Control haya expresado la imposibilidad de realizar la audiencia preliminar por la ausencia del [señor] Brewer Car[í]as".

20. Los representantes concluyeron que: i) en el marco de la alegada situación estructural de provisionalidad de los jueces y fiscales en Venezuela, así como "[l]a reiterada y persistente violación del derecho a un juez independiente e imparcial en el proceso contra el profesor Brewer-Carías, no controvertida tampoco por el Estado, comprueba que se negó a la [presunta] víctima el debido proceso legal, con lo que se configura la primera excepción a la exigencia del agotamiento de los recursos internos antes de acudir a la protección internacional de los derechos humanos (art. 46(2)(a) [de la Convención])", ii) "[l]a persistente y arbitraria negativa del Ministerio Público y de los diversos jueces que han conocido de una causa criminal incoada contra el [señor] Brewer-Carías, de admitir y dar curso a los medios de prueba y recursos promovidos por los abogados de la víctima para proveer a su adecuada defensa en los términos del artículo 8 de la Convención, configura la segunda excepción a la exigencia del agotamiento de los recursos internos antes de acudir a la protección internacional de los derechos huma-

nos (art. 46(2)(b) [de la Convención])", y iii) "[l]a circunstancia de que el recurso de nulidad de todo lo actuado en el proceso, introducida el 8 de noviembre de 2005, no se haya resuelto para esta fecha, configura el supuesto de retardo indebido y configura la tercera excepción a la exigencia del agotamiento de los recursos internos antes de acudir a la protección internacional de los derechos humanos (art. 46(2)(c)".

21. Asimismo, en el expediente ante la justicia venezolana en el presente caso se constata que la defensa presentó dos escritos, mediante los cuales se solicitó la nulidad de lo actuado.[4] El primero de 4 de octubre de 2005, que se fundamenta en que: "el Fiscal General publicó un libro cuyo título es 'Abril comienza en octubre'", en el cual hace referencia a ciertas versiones de una persona según las cuales el señor Brewer sería el autor del "Decreto Carmona". En virtud de lo anterior, los representantes del señor Brewer-Carías, consideraron en dicho escrito que "la investigación del presente caso ha sido adelantada por un ente cuyo máximo jerarca está absolutamente parcializado" y que por ende, habrían sido vulnerados "el derecho a la defensa, [a la] presunción de inocencia y el [...] proceso debido, todos de rango constitucional, lo que produce como consecuencia la nulidad de todos los actos adelantados por el Ministerio Público", solicitando al juez "a ejercer un verdadero control del proceso", ya que "las violaciones en que ha incurrido el Ministerio Público acarrean la nulidad absoluta de todas las actuaciones pues se trata de infracciones a los derechos y garantías constitucionales de nuestro representado, tal y como lo prevé el artículo 191 del COPP".

1.3   *Posición de la Comisión Interamericana de Derechos Humanos*

22. Por su parte, la Comisión Interamericana de Derechos Humanos (en adelante "la Comisión" o "la Comisión Interamericana") otorgó "especial relevancia en el análisis a la problemática de la provisionalidad de los jueces y fiscales, así como al riesgo que esta problemática implica para la satisfacción de las garantías de independencia e imparcialidad de que son titulares los y las justiciables y que, evidentemente, constituye el presupuesto institucional para que las personas cuenten con recursos idóneos y efectivos que les sea exigible agotar". Añadió que la problemática planteada en este caso tiene un carácter estructural y obedece a una situación de hecho del Poder Judicial que va mucho más allá de la regulación abstracta del proceso penal.

23. Al respecto, la Comisión destacó que "en la etapa de admisibilidad [...] el Estado no aportó una explicación satisfactoria sobre las razones de orden interno que impedían a las autoridades judiciales pronunciarse sobre los alegatos que sustentaban el recurso de nulidad ante la ausencia del señor Brewer-Carías".

24. La Comisión también señaló que la falta de resolución del recurso de nulidad es un indicio de demora atribuible al Estado en cuanto a la resolución de los reclamos relativos al

---

4   Las nulidades en el Código Orgánico Procesal Penal se encuentran establecidas en el capítulo II, artículos 190 y 191 (expediente de anexos a la contestación, folio 20631). Artículo 190 –Principio– no podrán ser apreciados para fundar una decisión judicial, al utilizar como presupuestos de ella, los actos cumplidos en contravención o con inobservancia de las formas y condiciones previstas en este Código, la Constitución de la República Bolivariana de Venezuela, las leyes, tratados, convenios y acuerdos internacionales suscritos por la República, salvo que el defecto haya sido subsanado o convalidado.

Artículo 191 – Nulidades absolutas – serán consideradas nulidades absolutas aquellas concernientes a la intervención, asistencia y representación del imputado en los casos y formas que este Código establezca, o las que impliquen inobservancia o violación de derechos y garantías fundamentales previstos en este Código, la Constitución de la República Bolivariana de Venezuela, las leyes y tratados, convenios o acuerdos internacionales suscritos por la República.

debido proceso que estuvieron presentados en el mismo y que los reclamos presentados en la jurisdicción interna con el recurso de nulidad deben ser analizados en el contexto del mismo y bajo el artículo 46.2.c. dado que había habido un retardo en la decisión respectiva, y que el lapso de más de tres años en la resolución del recurso era un factor que se encuadraba en la excepción prevista en razón de un retardo injustificado.[5] De esta forma, la Comisión consideró que "conforme al derecho interno de Venezuela no sería obligatorio esperar a la audiencia preliminar para resolver la solicitud de nulidad".

1.4   Criterio mayoritario respecto a la excepción preliminar de agotamiento de los recursos internos

25. En vista del debate anteriormente descrito, en la Sentencia se consideró que en este caso en el cual todavía se encuentra pendiente la audiencia preliminar y una decisión al menos de primera instancia, no era posible entrar a pronunciarse sobre la presunta vulneración de las garantías judiciales, debido a que todavía no habría certeza sobre cómo continuaría el proceso y si muchos de los alegatos presentados podrían ser subsanados a nivel interno.[6]

26. En relación con la controversia de si las solicitudes de nulidad presentadas por la defensa del señor Brewer-Carías eran recursos idóneos y efectivos, el criterio mayoritario consideró que el proceso en contra del señor Brewer-Carías se encuentra todavía en la etapa intermedia, por cuanto la audiencia preliminar no se ha llevado a cabo y no se ha dado, entonces, inicio al juicio oral, por lo que en la Sentencia se constató que el proceso penal se encuentra en una "etapa temprana" (primera vez en su historia que la Corte utiliza este concepto). Dado lo anterior, el criterio mayoritario estimó que no es posible en esas circunstancias analizar el impacto negativo que una decisión pueda tener si ocurre en etapas tempranas del proceso debido a que dichas decisiones pueden ser corregidas por medio de las acciones o recursos internos.[7]

27. El criterio mayoritario consideró además que de un alegado contexto estructural de provisionalidad del poder judicial no se puede derivar la aplicación directa de la excepción contenida en el artículo 46.2.a de la Convención Americana, pues ello implicaría que a partir de una argumentación de tipo general sobre la falta de independencia o imparcialidad del poder judicial no fuera necesario cumplir con el requisito del previo agotamiento de los recursos internos.[8]

28. Asimismo, en la Sentencia se señaló que debido a que el momento procesal en el que se encuentra el presente caso impedía una conclusión *prima facie* respecto al impacto de la provisionalidad en la garantía de independencia judicial en orden a establecer como procedente una excepción al agotamiento de los recursos internos basada en el artículo 46.2.b de la Convención Americana, por lo que en este caso no era aplicable dicha excepción[9].

29. Teniendo en consideración la discusión anteriormente señalada, respecto del momento en que debían ser resueltas las solicitudes de nulidad, en la Sentencia se constató que existen dos interpretaciones sobre el momento procesal en que se debería resolver las solicitudes

---

5   Informe de Admisibilidad N° 97/09, Petición 84-07, Allan R. Brewer-Carías, Venezuela, 8 de septiembre de 2009, párr. 89 (expediente de anexos al informe, apéndice, tomo IV, folio 3629).

6   *Cfr.* párr. 89 de la Sentencia.

7   *Cfr.* párr. 97 de la Sentencia.

8   *Cfr.* párr. 105 de la Sentencia.

9   *Cfr.* párrs. 111 y 112 de la Sentencia.

de nulidad presentadas. La afirmación de que la nulidad debía ser decidida en un plazo de tres días fue sustentada por los representantes al considerar aplicable el artículo 177 del Código Orgánico Procesal Penal, mientras que el alegato del Estado según el cual era necesario esperar hasta la realización de la audiencia preliminar para decidir sobre las mencionadas solicitudes se fundamenta en el artículo 330 del mismo Código. En defensa y como sustento de sus posiciones al respecto, las partes presentaron varios testigos y peritos sobre este punto, así como jurisprudencia que validaba ambas posiciones.[10]

30. Sin embargo, la Corte se decantó por la tesis del Estado al considerar que teniendo en cuenta el contenido, las características, complejidad y extensión del escrito presentado el 8 de noviembre de 2005, las solicitudes de nulidad no son de las que deban resolverse en el plazo de tres días señalado en el artículo 177 del referido Código Orgánico Procesal Penal.[11]

31. Asimismo, el criterio mayoritario concluyó que la ausencia de la presunta víctima ha conllevado que la audiencia preliminar no se haya realizado, por lo que es posible afirmar que el retardo en la resolución de las nulidades sería imputable a su decisión de no someterse al proceso y conlleva un impacto en el análisis del retardo injustificado o plazo razonable.

32. De esta manera, en la Sentencia se acogió la excepción preliminar presentada por el Estado venezolano, dado que consideró que en el presente caso no fueron agotados los recursos idóneos y efectivos y que no procedían las excepciones al requisito de previo agotamiento de dichos recursos. En consecuencia, decidió que no procedía continuar con el análisis de fondo.

2. Disidencia

33. Nuestra disidencia radica concretamente en las consideraciones realizadas en la Sentencia acerca de: (1) la presentación de los recursos idóneos y efectivos para agotar la jurisdicción interna (art. 46.1.a, de la CADH); y (2) las excepciones a la regla del previo agotamiento de los recursos internos (art. 46.2de la CADH). A continuación procederemos a exponer nuestras consideraciones al respecto.

2.1 Presentación de los recursos idóneos y efectivos para agotar la jurisdicción interna

34. El criterio mayoritario ha considerado que las dos solicitudes de nulidad absoluta presentadas en el proceso penal por los representantes del señor Brewer-Carías, no constituyen un recurso idóneo para agotar la jurisdicción interna ya que no se interpusieron los recursos que el Estado señaló como adecuados, a saber, el recurso de apelación establecido en el artículo 453 del Código Orgánico Procesal Penal, el recurso de casación señalado en el artículo 459 del mismo ordenamiento, y el recurso de revisión indicado en el artículo 470 del citado Código, entre otros.

35. Asimismo, en la Sentencia se ha señalado que el proceso penal seguido en contra del señor Brewer-Carías se encuentra en una "etapa temprana", al encontrarse pendiente la audiencia preliminar y una decisión al menos de primera instancia. Lo anterior conlleva, según el criterio mayoritario, que no es posible analizar el impacto negativo que una decisión pueda tener si ocurre en etapas tempranas del proceso, cuando estas decisiones pueden ser subsanadas o corregidas por medio de los recursos o acciones que se estipulen en el ordenamiento interno.

---

[10]   Cfr. párrs. 118 a 127 de la Sentencia.

[11]   Cfr. párrs. 130 a 133 de la Sentencia.

2.1.a   La presentación de la excepción en el momento procesal oportuno

36. En primer lugar, debemos señalar que no pasa inadvertido que en el procedimiento ante la Comisión Interamericana, en su etapa de admisibilidad, el Estado en realidad no precisó cuáles eran los recursos efectivos e idóneos y se limitó a señalar, de manera genérica, que no hay todavía una sentencia de primera instancia que posibilitara la presentación de los recursos de apelación de autos, apelación de sentencia definitiva, revocación, casación, revisión en materia penal, amparo y revisión constitucional. Lo que en realidad hace el Estado es simplemente mencionar todos los recursos disponibles en las distintas etapas del proceso, pero no se refiere, específicamente, a los recursos de nulidad y de si eran éstos los recursos idóneos y efectivos.[12]

37. Recordemos que la carga procesal la tiene el Estado demandando. En efecto, ha sido jurisprudencia constante de la Corte que una objeción al ejercicio de su jurisdicción basada en la supuesta falta de agotamiento de los recursos internos debe ser presentada en el momento procesal oportuno,[13] esto es, durante las primeras etapas del procedimiento de admisibilidad ante la Comisión;[14] por lo cual se entiende que luego de dicho momento procesal oportuno opera el principio de preclusión procesal.[15] Además de que corresponde al Estado, al alegar la falta de agotamiento de los recursos internos, señalar en esa debida oportunidad los recursos que deben agotarse y su efectividad.[16] El Tribunal Interamericano ha estimado que la interpretación que ha dado al artículo 46.1.a) de la Convención Americana por más de dos décadas es conforme al Derecho Internacional.[17]

38. Como lo ha expresado de manera constante el Tribunal Interamericano "para que proceda una excepción preliminar a la falta de agotamiento de los recursos internos, el Estado que presenta esta excepción debe especificar los recursos internos que aún no se han agotado, y demostrar que estos recursos se encontraban disponibles y eran adecuados, idóneos y efectivos".[18] (Subrayado añadido).

39. En el caso concreto, en la etapa de admisibilidad ante la Comisión Interamericana, el Estado no expresa en modo alguno consideración sobre los recursos de nulidad absoluta de

---

[12]   Escritos de 25 y 31 de agosto de 2009 del Estado ante la Comisión Interamericana.

[13]   Cfr. Caso Velásquez Rodríguez Vs. Honduras. Excepciones Preliminares. Sentencia de 26 de junio de 1987. Serie C N° 1, párr. 88; y Caso Mémoli Vs. Argentina. Excepciones Preliminares, Fondo, Reparaciones y Costas. Sentencia de 22 de agosto de 2013. Serie C N° 265, párr. 47.

[14]   Cfr. Caso Herrera Ulloa Vs. Costa Rica. Excepciones Preliminares, Fondo, Reparaciones y Costas. Sentencia de 2 de julio de 2004. Serie C N° 107, párr. 81; y Caso Mémoli Vs. Argentina. Excepciones Preliminares, Fondo, Reparaciones y Costas. Sentencia de 22 de agosto de 2013. Serie C N° 265, párr. 47.

[15]   Caso Mémoli vs. Argentina. Excepciones Preliminares, Fondo, Reparaciones y Costas. Sentencia de 22 de agosto de 2013. Serie C N° 265, párr. 47.

[16]   Cfr. Caso Velásquez Rodríguez Vs. Honduras. Excepciones Preliminares. Sentencia de 26 de junio de 1987. Serie C N° 1, párrs. 88 y 91; y Caso Mémoli Vs. Argentina. Excepciones Preliminares, Fondo, Reparaciones y Costas. Sentencia de 22 de agosto del 2013. Serie C N° 265, párrs. 46 y 47.

[17]   Caso Masacre de Santo Domingo Vs. Colombia. Excepciones Preliminares, Fondo y Reparaciones. Sentencia de 30 de noviembre de 2012. Serie C N° 259, párr. 34.

[18]   Cfr.Caso Velásquez Rodríguez. Vs. Honduras. Excepciones Preliminares. Sentencia de 26 de junio de 1987. Serie C N° 1, párrs. 88 y 91; y Caso Mémoli, Excepciones Preliminares, Fondo, Reparaciones y Costas. Sentencia de 22 de agosto de 2013. Serie C, N° 265, párrs. 46 y 47.

actuaciones por violación a derechos fundamentales -de fechas 4 y 8 de noviembre de 2005, respectivamente-, ni mucho menos señala el por qué dichos recursos no son los adecuados, idóneos y efectivos, limitándose de manera genérica a señalar todos los recursos existentes en la legislación venezolana en el proceso penal.

Ante esta situación, consideramos que es claro que debió seguirse la jurisprudencia constante de la Corte en la materia, ya que "al alegar la falta de agotamiento de los recursos internos corresponde al Estado señalar en esa debida oportunidad los recursos que deben agotarse y su efectividad.[19] De esta forma, no es tarea de la Corte, ni de la Comisión, identificar *ex officio* cuáles son los recursos internos pendientes de agotamiento. El Tribunal resalta que no compete a los órganos internacionales subsanar la falta de precisión de los alegatos del Estado".[20]

2.1.b   La idoneidad de los recursos en el presente caso

40. En segundo lugar, respecto al criterio mayoritario relativo a que las solicitudes de nulidad no son recursos idóneos, observamos, primeramente, que fueron presentados, por parte de los representantes del señor Allan Brewer-Carías, dos recursos de nulidad absoluta de actuaciones.

El primero de ellos, de 4 de octubre de 2005[21] -en la "etapa preparatoria"- ni siquiera fue tramitado y menos aún resuelto. El segundo recurso de nulidad, de 8 de noviembre de 2005,[22] como respuesta a la acusación de la Fiscal (momento en que da inicio la "etapa intermedia" del proceso) impugnaba, entre otras cosas, la no tramitación y respuesta del primer recurso de nulidad. Este segundo recurso de nulidad tampoco fue tramitado ni resuelto según se advierte de autos.[23]

41. Es evidente que no hubo tramitación ni respuesta a estos recursos de nulidad, que en ese momento procesal representaban el recurso idóneo y efectivo a la luz de la jurisprudencia histórica del Tribunal Interamericano. El pretender esperar a que se lleve a cabo la audiencia preliminar y todo el proceso, para luego impugnar la sentencia de primera instancia constituye,

---

[19]   Cfr. *Caso Velásquez Rodríguez. Excepciones Preliminares*. Sentencia de 26 de junio de 1987. Serie C N° 1, párr. 88; y *Caso Mémoli Vs. Argentina, Excepciones Preliminares, Fondo, Reparaciones y Costas*. Sentencia de 22 de agosto de 2013. Serie C N° 1, párr. 47.

[20]   Cfr. *Caso Reverón Trujillo Vs. Venezuela. Excepción Preliminar, Fondo, Reparaciones y Costas.* Sentencia de 30 de junio de 2009. Serie C N° 197, párr. 23, y *Caso Artavia Murillo y otros (Fecundación in vitro) Vs. Costa Rica. Excepciones Preliminares, Fondo, Reparaciones y Costas*. Sentencia de 28 noviembre de 2012 Serie C N° 257, párr. 23.

[21]   La solicitud de nulidad absoluta de todo lo actuado de la investigación, está suscrito el 4 de octubre 2005 y según aparece en autos "consignado ayer (6) seis de octubre ante el Juez 25 de Control", apareciendo la leyenda "recibido" el día 7 del mismo mes y año. *Cfr.* Expediente de anexos a la contestación del Estado, folio 1407.

[22]   Según consta en autos, el segundo recurso de nulidad fue suscrito el 8 de noviembre de 2005, acordándose "abrir una nueva pieza la cual se denominará TRIGÉSIMA (30°) PIEZA" de "DOSCIENTOS SETENTA Y DOS (272) FOLIOS ÚTILES, incluyendo el presente auto", mediante decisión del JUZGADO VIGÉSIMO QUINTO DE PRIMERA INSTANCIA EN FUNCIÓN DE CONTROL DEL CIRCUITO JUDICIAL PENAL DEL ÁREA METROPOLITANA DE CARACAS. *Cfr.* expediente de anexos a la contestación del Estado, folio 14675.

[23]   El Estado aportó copia de todo el expediente del proceso penal interno ante la Corte Interamericana. Según se advierte no existe providencia o decisión alguna que siquiera haya admitido a trámite los escritos de nulidad absoluta de actuaciones presentados por los representantes de las presuntas víctimas.

en definitiva, un retardo injustificado desde la perspectiva del derecho internacional, si se tiene en cuenta que han pasado más de siete años.

42. Conforme lo han señalado los representantes -criterio que compartimos-, el recurso de nulidad constituye, por su naturaleza, "el amparo en materia procesal penal" razón por la cual "si el recurso de amparo debe esperar, para su resolución a la celebración de una audiencia preliminar que puede diferirse indefinidamente [...] el recurso no sería en modo alguno sencillo y rápido". En este sentido, tal y como consta en el expediente, una sentencia de la Sala Constitucional venezolana de 6 de febrero de 2003, señala que:[24]

> [... E]l accionante contaba con un medio procesal preexistente, tanto o más idóneo, expedito, abreviado y desembarazado que la misma acción de amparo, como era, conforme al artículo 212 del antedicho Código, la solicitud de nulidad de la misma decisión contra la cual ha ejercido la presente acción tutelar; pretensión esta que debía ser decidida, incluso, como una cuestión de mero derecho, mediante auto que debía ser dictado dentro del lapso de tres días que establecía el artículo 194 (ahora, 177) de la ley adjetiva; vale decir, en términos temporales, esta incidencia de nulidad absoluta tendría que haber sido sustanciada y decidida en un lapso ostensiblemente menor que el que prevé la ley, en relación con el procedimiento de amparo.*(Subrayado añadido)*.

43. En otras palabras, el recurso de nulidad absoluta de todo lo actuado, cuando se trata de vulneración del debido proceso que involucra derechos fundamentales, como amparo en materia penal, debería ser, conforme el artículo 25 de la Convención Americana, un recurso efectivo, sencillo y rápido ante los jueces o tribunales competentes, que ampare contra actos que violen sus derechos fundamentales reconocidos por la Constitución, la ley o la Convención.

44. Con base en las anteriores consideraciones, queda claro, a nuestro parecer, que los recursos de nulidad interpuestos por los representantes del señor Brewer en el proceso penal interno, se constituyen en recursos idóneos y efectivos, incluso más efectivos que un recurso de amparo en el caso concreto -conforme a la propia jurisprudencia de la Sala Constitucional transcrita-.[25] Esto, independientemente que en el caso concreto se pudiera advertir, al analizar el fondo, que estos recursos de nulidad ni siquiera fueron sustanciados por el Estado.

Asimismo, las argumentaciones y consideraciones en este aspecto, debieron ser interpretadas por la Corte de acuerdo con el artículo 29 de la Convención Americana, el cual establece una interpretación preferentemente *pro homine*. En efecto, tal y como lo ha establecido el Tribunal Interamericano:[26]

> "es necesario recalcar que el sistema de protección internacional debe ser entendido como una integralidad, principio recogido en el artículo 29 de la Convención Americana, el cual impone un marco de protección que siempre da preferencia a la interpretación o a la norma que más favorezca los derechos de la persona humana, objetivo angular de protección de todo el Sistema Interamericano. En este sentido, la adopción de una interpretación restrictiva en cuanto al alcance de la competencia de este Tribunal no sólo iría contra el objeto y fin de la Convención, sino que además afectaría el efecto útil del tratado mismo y de la garantía de protección que establece, con consecuencias negativas para la presunta víctima en el ejercicio de su derecho de acceso a la justicia". *(Subrayado añadido)*.

---

[24]   Transcrita, en la parte conducente, en el párr. 125 de la Sentencia.

[25]   Véase *supra*, párr. 42 del presente voto conjunto disidente.

[26]   *Cfr. Caso Radilla Pacheco Vs. México. Excepciones Preliminares, Fondo, Reparaciones y Costas.* Sentencia de 23 de noviembre de 2009. Serie C N° 209, párr. 24.

45. De esta forma, al no demostrarse cuál recurso específicamente era el idóneo, ni acreditarse plenamente el dicho del Estado respecto a la falta de idoneidad del recurso interpuesto, la excepción preliminar de falta de agotamiento de los recursos internos no debió ni siquiera ser analizada.

2.1.c Sobre la denominada "etapa temprana" como pretendido nuevo elemento en la regla del agotamiento de los recursos internos

46. En tercer lugar, no consideramos procedente el criterio mayoritario respecto a que el proceso penal se encuentra aún en una "etapa temprana" (nuevo concepto acuñado en la Sentencia y en la jurisprudencia) y que ello conlleva a que no es posible analizar el impacto negativo que una decisión pueda tener, cuando éstas pueden ser subsanadas o corregidas por medio de los recursos o acciones que se estipulen en el ordenamiento interno en etapas posteriores.

47. Esta consideración contradice la línea jurisprudencial del propio Tribunal Interamericano en sus más de veintiséis años de jurisdicción contenciosa, desde su primera resolución en la temática de agotamiento de los recursos internos como es el caso *Velásquez Rodríguez Vs. Honduras,*[27] creando así un preocupante precedente contrario a su misma jurisprudencia y al derecho de acceso a la justicia en el sistema interamericano.

48. En efecto, en su primer caso contencioso en el año 1987, el caso *Velásquez Rodríguez*, la Corte consideró lo siguiente:

> 91. La regla del precio agotamiento de los recursos internos en la esfera del derecho internacional de los derechos humanos, tiene ciertas implicaciones que están presentes en la Convención. En efecto, según ella, los Estados Partes se obligan a suministrar recursos judiciales efectivos a las víctimas de violación de los derechos humanos (art. 25), recursos que deben ser sustanciados de conformidad con las reglas del debido proceso legal (art. 8.1), todo ello dentro de la obligación general a cargo de los mismos Estados, de garantizar el libre y pleno ejercicio de los derechos reconocidos por la Convención a toda persona que se encuentre bajo su jurisdicción (art. 1). Por eso, cuando se invocan ciertas excepciones a la regla de no agotamiento de los recursos internos, como son la inefectividad de tales recursos o la inexistencia del debido proceso legal, no sólo se está alegando que el agraviado no está obligado a interponer tales recursos, sino que indirectamente se está imputando al Estado involucrado una nueva violación a las obligaciones contraídas por la Convención. **En tales circunstancias la cuestión de los recursos internos se aproxima sensiblemente a la materia de fondo.** (*El subrayado y resaltado añadidos*).

49. En la Sentencia se hace referencia al *caso Velázquez Rodríguez* en donde cabe resaltar que si bien la Corte reconoció que "el mero hecho de que un recurso interno no produzca un resultado favorable al reclamante no demuestra, por sí solo, la inexistencia o el agotamiento de todos los recursos internos eficaces, pues podría ocurrir, por ejemplo, que el reclamante no hubiera acudido oportunamente al procedimiento apropiado";[28] también en el referido precedente se agregó que:

---

[27]   *Caso Velásquez Rodríguez Vs. Honduras*. Excepciones Preliminares. Sentencia de 26 de junio de 1987. Serie C N° 1.

[28]   *Caso Velásquez Rodríguez Vs. Honduras*. *Excepciones Preliminares*. Sentencia de 26 de junio de 1987. Serie C N° 1, párr. 67.

"68. El asunto toma otro cariz [...] cuando se demuestra que los recursos son rechazados sin llegar al examen de la validez de los mismos, o por razones fútiles, o si se comprueba la existencia de una práctica o política ordenada o tolerada por el poder público, cuyo efecto es el de impedir a ciertos demandantes la utilización de los recursos internos que, normalmente, estarían al alcance de los demás. En tales casos el acudir a esos recursos se convierte en una formalidad que carece de sentido. Las excepciones del artículo 46.2 serían plenamente aplicables en estas situaciones y eximirían de la necesidad de agotar recursos internos que, en la práctica, no pueden alcanzar su objeto"[29].*(Subrayado añadido).*

50. En el presente caso, los representantes del señor Brewer utilizaron los medios de impugnación previstos en la legislación venezolana -recursos de nulidad absoluta- para poder garantizar sus derechos fundamentales en el procedimiento penal; en la Sentenciase sostiene que el procedimiento en el proceso penal venezolano llevado contra el señor Brewer Carías se encuentra en una "etapa temprana" por lo que quedaban pendientes otros recursos internos en etapas posteriores que podrían haber garantizado sus derechos. En palabras del criterio mayoritario:

"[E]n este caso en el cual todavía se encuentra pendiente la audiencia preliminar y una decisión al menos de primera instancia, no es posible entrar a pronunciarse sobre la presunta vulneración de las garantías judiciales, debido a que todavía no habría certeza sobre como continuaría el proceso y si muchos de los alegatos presentados podrían ser subsanados a nivel interno. Lo anterior, sin perjuicio del posible análisis que se pueda hacer respecto al alegado retardo injustificado o plazo razonable", tomando en consideración que "el proceso en contra del señor Brewer-Carías se encuentra todavía en la fase intermedia, por cuanto la audiencia preliminar no se ha llevado a cabo y no se ha dado, entonces, inicio al juicio oral, por lo que el Tribunal constata que el proceso penal se encuentra en una etapa temprana. Lo anterior conlleva que no es posible analizar el impacto negativo que una decisión pueda tener si ocurre en etapas tempranas, cuando estas decisiones pueden ser subsanadas o corregidas por medio de los recursos o acciones que se estipulen en el ordenamiento interno"[30]. *(Subrayado añadido).*

51. Además, en lo tocante a los recursos de la fase intermedia y juicio oral el criterio mayoritario sostuvo que:

"Debido a la etapa temprana en que se encuentra el proceso, fueron interpuestas por la defensa del señor Brewer-Carías las diversas solicitudes de nulidad [...]. Sin embargo, no se interpusieron los recursos que el Estado señaló como adecuados, a saber el recurso de apelación establecido en los artículos 451 a 158 del COPP, el recurso de casación señalado en los artículos 459 a 469 del COPP, y el recurso de revisión indicado en los artículos 470 a 477 del COPP.

En efecto, el Estado alegó sobre este punto la existencia de "[l]os recursos correspondientes a la fase intermedia establecida en el código orgánico procesal penal; asimismo, el agotamiento de la fase de juicio, de ser el caso, así como [la existencia de] recursos efectivos, [como] el de Apelación de Autos, de Sentencias Definitivas, de Reconsideración, de Casación, [y] de Revisión".[31] *(Subrayado añadido).*

52. En el *Caso Díaz Peña Vs. Venezuela* -que se utiliza en la Sentencia-[32] la Corte señaló que "solicitudes interpuestas por la defensa como las solicitudes de nulidad por incumplimien-

---

[29] *Caso Velásquez Rodríguez Vs. Honduras. Excepciones Preliminares.* Sentencia de 26 de junio de 1987. Serie C N° 1, párr. 68.

[30] Párrs. 88 y 96 de la Sentencia.

[31] Párr. 97 de la Sentencia.

[32] Párr. 89 de la Sentencia.

to de formas y condiciones legales o la nulidad de una experticia ofrecida por el Ministerio Público tampoco podrían implicar que haya operado el agotamiento de los recursos internos"[33] y "el recurso adecuado a su respecto era la apelación de la sentencia que se dictase al término del proceso[,]sin perjuicio de la posibilidad de impugnación por excesiva duración del proceso". En primer lugar, el precedente sentado en el *Caso Díaz Peña* constituye un precedente aislado que no se había utilizado con posterioridad; en segundo lugar, a diferencia de dicho precedente en donde se había interpuesto el recurso de amparo y, por lo tanto, se estimó que el recurso de apelación hubiera agotado los recursos internos, en el caso *sub judice* debido a la etapa procesal en la que se encontraba el procedimiento penal contra el señor Allan Brewer Carías los recursos de nulidad interpuestos eran los que debían agotarse para poder subsanar las violaciones que se habían producido durante la etapa preliminar de investigación. Evidentemente al no ser tramitados y mucho menos existir pronunciamiento sobre los recursos de nulidad absoluta presentados, no se podía acceder a los recursos previstos en las etapa intermedia y de juicio oral que contempla la legislación venezolana.

53. Por otra parte, no debe pasar inadvertido que en realidad el Estado no cuestionó la efectividad de los recursos de nulidad pues solo se limitó a señalar que aún quedaban pendientes "[l]os recursos correspondientes a la fase intermedia establecida en el código orgánico procesal penal; asimismo, el agotamiento de la fase de juicio, de ser el caso, así como [la existencia de] recursos efectivos, [como] el de Apelación de Autos, de Sentencias Definitivas, de Reconsideración, de Casación, [y] de Revisión".[34] Es decir, sobre los recursos de nulidad absoluta interpuestos el Estado no refirió que no fueran los recursos adecuados y efectivos que debían de agotarse, sino que, por el contrario, se limitó a señalar los recursos pendientes que debían agotarse en etapas posteriores.

54. Consideramos que los dos recursos de nulidad absoluta interpuestos por la defensa del señor Brewer-Carías, como lo hemos mencionado -véase *supra* párrs. 40 a 44 del presente voto- claramente eran los recursos idóneos, adecuados y efectivos que debían agotarse en el momento procedimental en el que se encontraba el proceso penal, pues tenían como finalidad remediar los derechos fundamentales que hubieran sido vulnerados en la etapa de investigación; y, por lo tanto, al no ser ni siquiera tramitados ninguno de los dos recursos de nulidad interpuestos desde el 2005 se configura de manera indudable, a nuestro entender, la excepción aplicable en el artículo 46.2.c de la Convención Americana desde la perspectiva del Derecho internacional.

55. Al respecto, la jurisprudencia de este Tribunal Interamericano ha sido constante al analizar la aplicación de las excepciones previstas en el artículo 42.6 de la Convención. En algunos casos ha desestimado la excepción preliminar o bien ha determinado que las cuestiones relativas al agotamiento y efectividad de los recursos internos aplicables deberían ser resueltas junto con las cuestiones de fondo. Así, la aplicación de las excepciones al agotamiento de los recursos internos han sido consideradas *en su conjunto*,[35] por el retardo injustificado

---

[33] *Cfr. Caso Díaz Peña Vs. Venezuela. Excepciones preliminares, Fondo, Reparaciones y Costas.* Sentencia de 26 de junio de 2012, Serie C N° 244, párr. 90 y 124.

[34] Párr. 17 de la Sentencia.

[35] *Caso Velásquez Rodríguez vs. Honduras. Excepciones Preliminares.* Sentencia de 26 de junio de 1987. Serie C N° 1, párr. 95; *Caso Fairén Garbi y Solís Corrales Vs. Honduras. Excepciones Preliminares.* Sentencia de 26 de junio de 1987. Serie C N° 2, párr. 94 y *Caso Godínez Cruz Vs. Honduras. Excepciones Preliminares.* Sentencia de 26 de junio de 1987. Serie C N° 3, párr. 97.

durante las investigaciones o procedimientos[36] y la ausencia de recursos adecuados y efectivos.[37] Incluso, la Corte señaló en el *Caso Gomes Lund y otros (Guerrilha do Araguaia) Vs. Brasil* que "[a]lmomento en que la Comisión emitió su Informe [de Admisibilidad], [habían] pasados más de 19 años del inicio de [la Acción Ordinaria y] no había una decisión definitiva del fondo en el ámbito interno. Por ello, la Comisión concluyó que el retardo del proceso no podía ser considerado razonable", de este modo "el Tribunal no [encontró] elementos para modificar [...] lo resuelto por la Comisión Interamericana. Aunado a ello, [...] la Corte observ[ó] que los alegatos del Estado relativos a la eficacia del recurso y a la inexistencia de un retardo injustificado en la Acción Ordinaria versa[ban] sobre cuestiones relacionadas con el fondo del caso, puesto que controvierten los alegatos relacionados con la presunta violación de los artículos 8, 13 y 25 de la Convención Americana".*(Subrayado añadido).* En consecuencia [tanto la Comisión y la Corte] consideraron que no se podía exigir el requisito del agotamiento de los recursos internos y aplicó al caso el artículo 46.2.c de la Convención[38].

56. La nueva teoría de la "etapa temprana" utilizada en la presente Sentencia representa un retroceso que afecta al sistema interamericano en su integralidad, en cuanto a los asuntos ante la Comisión Interamericana y casos pendientes por resolver por la Corte, toda vez que tiene consecuencias negativas para las presuntas víctimas en el ejercicio del derecho de acceso a la justicia. Aceptar que en las "etapas tempranas" del procedimiento no puede determinarse alguna violación(porque eventualmente puedan ser remediadas en etapas posteriores) crea un precedente que implicaría graduar la gravedad de las violaciones atendiendo a la etapa del procedimiento en la que se encuentre; más aún, cuando es el propio Estado el que ha causado que no se hayan agotado los recursos internos en el presente caso, dado que ni siquiera dio trámite a los recursos de nulidad de actuaciones -de 4 y 8 de noviembre de 2005- por violación a derechos fundamentales. De esta forma, acoger la excepción preliminar es ir en contra de los criterios señalados por este Tribunal Interamericano desde el *Caso Velásquez Rodríguez* en donde se consideró que:

"[S]i la Corte acogiera la excepción opuesta por el Gobierno y declarara que quedan recursos internos efectivos por oponer, se estaría adelantando sobre la cuestión de fondo, sin haber recibido las pruebas y argumentos que la Comisión ha ofrecido, así como los que el Gobierno

---

[36] *Caso Genie Lacayo Vs. Nicaragua. Excepciones Preliminares.* Sentencia de 27 de enero de 1995. Serie C N° 21, párrs. 29, 30 y 31; *Caso Las Palmeras Vs. Colombia. Excepciones Preliminares.* Sentencia de 4 de febrero de 2000. Serie C N° 67, párrs. 38 y 39; *Caso Juan Humberto Sánchez Vs. Honduras.* Sentencia de 7 de junio de 2003. Serie C N° 99, párr. 68 y 69; *Caso Heliodoro Portugal Vs. Panamá.* Excepciones Preliminares, Fondo, Reparaciones y Costas. Sentencia de 12 de agosto de 2008. Serie C N° 186, párr. 19 y 20; *Caso Ríos y otros Vs. Venezuela. Excepciones Preliminares, Fondo, Reparaciones y Costas.* Sentencia de 28 de enero de 2009. Serie C N° 194, párr. 39; *Caso Anzualdo Castro Vs. Perú.* Excepción Preliminar, Fondo, Reparaciones y Costas. Sentencia de 22 de Septiembre de 2009. Serie C N° 202, párr. 19; *Caso Gomes Lund y otros (Guerrilha do Araguaia) Vs. Brasil. Excepciones Preliminares, Fondo, Reparaciones y Costas.* Sentencia de 24 de noviembre de 2010. Serie C N° 219, párr. 42 y *Caso Osorio Rivera Vs. Perú. Excepciones Preliminares, Fondo, Reparaciones y Costas.* Sentencia de 26 de noviembre de 2013, Serie C N° 275, párr. 23.

[37] *Caso Díaz Peña Vs. Venezuela. Excepciones preliminares, Fondo, Reparaciones y Costas.* Sentencia de 26 de junio de 2012, Serie C N° 244, párr. 126.

[38] *Caso Gomes Lund y otros (Guerrilha do Araguaia) Vs. Brasil. Excepciones Preliminares, Fondo, Reparaciones y Costas.* Sentencia de 24 de noviembre de 2010. Serie C N° 219, párr. 42.

pudiere proponer. Si, en cambio, declarara que los recursos internos efectivos se han agotado o que no existieron, estaría prejuzgando sobre el fondo en contra del Estado involucrado".[39]

57. Por otra parte, sobre la expresión utilizada en la presente Sentencia sobre el análisis de "cuestiones de pura admisibilidad",[40] la Corte en su jurisprudencia constante ha entendido que:

[e]n primer lugar, la Corte ha señalado que la falta de agotamiento de recursos es una cuestión de pura admisibilidad y que el Estado que la alega debe indicar los recursos internos que es preciso agotar, así como acreditar que esos recursos son efectivos[41]. En segundo término, a fin de que sea oportuna la excepción sobre el no agotamiento de los recursos internos debe alegarse en la primera actuación del Estado durante el procedimiento ante la Comisión; de lo contrario, se presume que el Estado ha renunciado tácitamente a presentar dicho argumento. En tercer lugar, el Estado demandado puede renunciar en forma expresa o tácita a la invocación de la falta de agotamiento de los recursos internos[42]. *(Subrayado añadido)*.

58. En el presente caso, las cuestiones de "pura admisibilidad", tal como se han entendido por la jurisprudencia de esta Corte, se refieren a la interposición y señalamiento en el momento procesal oportuno del procedimiento ante la Comisión Interamericana; sin embargo, el análisis de estas cuestiones no pueden ser analizadas de manera autónoma de las cuestiones de fondo, especialmente cuando se involucran alegatos de presuntas violaciones al debido proceso y garantías judiciales, pues como la Comisión señaló "las excepciones a la regla del agotamiento de los recursos internos previstas en el artículo 46.2 de la Convención se encuentra estrechamente ligada a la determinación de posibles violaciones a ciertos derechos allí consagrados, tales como las garantías de acceso a la justicia".[43]

59. Separar los aspectos estrictamente de admisibilidad con los de fondo, como se pretende en la Sentencia, resulta una cuestión por demás artificiosa en el presente caso, porque para determinar si operan las excepciones a la regla del agotamiento de los recursos internos, indefectiblemente implica el análisis de aspectos sustantivos relacionados con el "debido proceso legal", "acceso a los recursos de jurisdicción interna" o al "retardo injustificado" de los mismos, excepciones previstas en el artículo 46.2, incisos a), b) y c), íntimamente relacionadas con los derechos previstos con los artículos 8 y 25 del Pacto de San José, que fueron motivo de alegatos específicos y de controversia por las partes.

60. En este sentido, como lo ha señalado en muchos casos este Tribunal Interamericano, en el *Caso Salvador Chiriboga Vs. Ecuador,* debido a que la interposición de recursos por la Comisión en el procedimiento ante el sistema interamericano tenía relación directa con el fondo, decidió que "[e]l alegato relacionado con el retardo injustificado en algunos de los

---

[39] *Caso Velásquez Rodríguez Vs. Honduras. Excepciones Preliminares.* Sentencia de 26 de junio de 1987. Serie C N° 1, párr. 95.

[40] *Cfr.* párr. 101 de la Sentencia.

[41] *Caso Velásquez Rodríguez Vs. Honduras. Excepciones Preliminares.* Sentencia de 26 de junio de 1987. Serie C N° 1, párr. 88; *Caso Nogueira Carvalho y otro Vs. Brasil. Excepciones Preliminares y Fondo.* Sentencia de 28 de noviembre de 2006. Serie C N° 161, párr. 51; y *Caso Almonacid Arellano y otros Vs. Chile. Excepciones Preliminares, Fondo, Reparaciones y Costas.* Sentencia de 26 de septiembre de 2006. Serie C N° 154, párr. 64.

[42] *Caso Velásquez Rodríguez Vs. Honduras. Excepciones Preliminares.* Sentencia de 26 de junio de 1987. Serie C N° 1, párr. 88; *Caso Nogueira Carvalho y otro Vs. Brasil. Excepciones Preliminares y Fondo.* Sentencia de 28 de noviembre de 2006. Serie C N° 161, párr. 51; y *Caso Almonacid Arellano y otros Vs. Chile.* Sentencia de 26 de septiembre de 2006. Serie C N° 154, párr. 64.

[43] Párr. 101 de la Sentencia.

procesos judiciales presentados por los hermanos Salvador Chiriboga y el Estado, ést[os] ser[ían] analizado[s] por el Tribunal al examinar la presunta violación de los artículos 8 y 25 de la Convención".[44]

61. En el mismo sentido, por ejemplo, en el caso *Heliodoro Portugal Vs. Panamá,*[45] la Corte consideró que:

"19. De acuerdo con lo señalado anteriormente, los argumentos de las partes y la prueba allegada en este proceso, el Tribunal observa que los argumentos del Estado relativos a la supuesta inexistencia de un retardo injustificado en las investigaciones y procesos abiertos en la jurisdicción interna versan sobre cuestiones relacionadas al fondo del caso, puesto que controvierten los alegatos relacionados con la presunta violación de los artículos 8 y 25 de la Convención Americana. Asimismo, la Corte no encuentra motivo para reexaminar el razonamiento de la Comisión Interamericana al decidir sobre la admisibilidad del presente caso."[46] *(Subrayado añadido).*

62. Si bien la regla de la falta de agotamiento de los recursos internos es en interés del Estado, también representa un derecho de los individuos para que existan recursos que *amparen sus derechos fundamentales* de manera rápida y sencilla, como lo establece el artículo 25 de la Convención Americana, de tal manera que estos recursos tengan realmente efectividad para subsanar violaciones en sede nacional y evitar que se activen los órganos del sistema interamericano.[47]

63. Al respecto, debe recordarse, como lo ha establecido el Tribunal Interamericano que, el Estado "es el principal garante de los derechos humanos de la personas, de manera que, si se produce un acto violatorio de dichos derechos, es el propio Estado quien tiene el deber de resolver el asunto a nivel interno […], antes de tener que responder ante instancias internacionales como el Sistema Interamericano, lo cual deriva del carácter subsidiario que reviste el proceso internacional frente a los sistemas nacionales de garantías de los derechos humanos".[48] Esas ideas también han adquirido forma en la jurisprudencia reciente bajo la concepción de que todas las autoridades y órganos de un Estado Parte en la Convención tienen la obligación de ejercer un "control de convencionalidad".[49]

64. En definitiva, de tomarse de forma literal el precedente que se está creando a través de lo que en la Sentencia se denomina "etapa temprana" del proceso, podría llegar a tener un efecto negativo en el sistema interamericano de protección de los derechos humanos, ya que

---

[44]   *Caso Salvador Chiriboga Vs. Ecuador. Excepción Preliminar y Fondo.* Sentencia de 6 de mayo de 2008. Serie C N° 179, Párr. 44.

[45]   *Caso Heliodoro Portugal Vs. Panamá. Excepciones Preliminares, Fondo, Reparaciones y Costas.* Sentencia de 12 de agosto de 2008. Serie C N° 186

[46]   *Cfr. Caso de las Hermanas Serrano Cruz Vs. El Salvador.* Excepciones Preliminares. Sentencia de 23 de noviembre de 2004. Serie C N° 118, párr. 141; y *Caso Salvador Chiriboga Vs. Ecuador. Excepción Preliminar y Fondo.* Sentencia de 6 de mayo de 2008. Serie C N° 179, párr. 44.

[47]   En el mismo sentido, véase el voto concurrente del juez Eduardo Ferrer Mac-Gregor Poisot a la sentencia de la Corte Interamericana en el *Caso Liakat Ali Alibux Vs. Suriname*, de 30 de enero de 2014, especialmente párrs. 24 a 26; y en relación a las dimensiones del artículo 25 del Pacto de San José, párrs. 30 a 125 de dicho voto.

[48]   *Caso Acevedo Jaramillo y otros Vs. Perú. Interpretación de la Sentencia de Excepciones Preliminares, Fondo, Reparaciones y Costas.* Sentencia de 24 de noviembre de 2006. Serie C N° 157, párr. 66.

[49]   *Caso Masacre de Santo Domingo Vs. Colombia. Excepciones Preliminares, Fondo y Reparaciones.* Sentencia de 30 de noviembre de 2012. Serie C N° 259, párr. 142.

en muchos asuntos en trámite ante la Comisión, o incluso en casos ante la Corte, implicaría acoger la excepción preliminar de falta de agotamiento de los recursos internos, sin entrar a conocer el fondo del caso; lo que contradice la línea jurisprudencial del Tribunal Interamericano en la materia que ha mantenido desde su jurisprudencia más temprana, en detrimento del derecho de acceso a la justicia.

2.2   Excepciones a la regla del previo agotamiento de los recursos internos

65. A continuación procederemos al análisis de cada una de las excepciones previstas a la regla del previo agotamiento de los recursos internos, establecida en el artículo 46.2 de la Convención Americana sobre Derechos Humanos.

2.2.a.   Que no exista en la legislación interna del Estado de que se trata el debido proceso legal para la protección del derecho o derechos que se alega han sido violados (art. 46.2.a de la Convención Americana)

66. Como se ha señalado anteriormente, los representantes han alegado que existe una problemática estructural que afecta la independencia e imparcialidad del poder judicial y que se sintetiza en la sujeción del poder judicial a los intereses del poder ejecutivo.

67. Por su parte la Comisión Interamericana ha insistido en que "la problemática planteada en este caso tiene un carácter estructural y obedece a una situación de hecho del Poder Judicial que va mucho más allá de la regulación abstracta del proceso penal".

68. Sin embargo, en la Sentencia se ha considerado que de un alegado contexto estructural de provisionalidad del poder judicial no se puede derivar la aplicación directa de la excepción contenida en el artículo 46.2.a de la Convención Americana, pues ello implicaría que a partir de una argumentación de tipo general sobre la falta de independencia o imparcialidad del poder judicial no fuera necesario cumplir con el requisito del previo agotamiento de los recursos internos.

69. En primer lugar, es importante señalar que en la Sentencia se omite por completo en el capítulo de la "determinación de los hechos pertinentes" el tema de la situación de provisionalidad de los fiscales y jueces en Venezuela, siendo que es un elemento central y particularmente debatido entre las partes, existiendo abundante material en el expediente sobre los hechos concretos en esta temática.[50] En segundo término, no cabe duda que esta problemática acerca de la provisionalidad de jueces y fiscales en este país, que ya ha sido abordada por la Corte en los casos *Apitz Barbera y otros*,[51] *Reverón Trujillo*[52] y *Chocrón Chocrón*[53] contra

---

[50]   En los tres casos anteriores en la historia de la Corte que no se entra al fondo del caso (véase *supra* nota 1 del presente voto), no existe una narración o determinación especial de hechos. Este es, curiosamente, el primer caso donde acogiendo una excepción preliminar se incorpora un epígrafe en la Sentencia denominado "Determinación de los hechos pertinentes para resolver la excepción preliminar sobre la falta de agotamiento de recursos internos", omitiéndose por completo los hechos relativos a la situación de provisionalidad de fiscales y jueces.

[51]   *Caso Apitz Barbera y otros ("Corte Primera de lo Contencioso Administrativo") Vs. Venezuela. Excepción Preliminar, Fondo, Reparaciones y Costas.* Sentencia de 5 de agosto de 2008. Serie C Nº 182.

[52]   Corte IDH. *Caso Reverón Trujillo Vs. Venezuela. Excepción Preliminar, Fondo, Reparaciones y Costas.* Sentencia de 30 de junio de 2009. Serie C Nº 197.

Venezuela, se encuentra íntimamente ligada al tema de los recursos judiciales en la jurisdicción interna; incluso la Corte determinó una serie de hechos probados en dichos casos en relación con los principales aspectos del proceso de reestructuración judicial en dicho país. En ese sentido, lo correcto hubiera sido, unir el estudio de la excepción preliminar de falta de agotamiento de los recursos internos al análisis de los argumentos de fondo en el presente caso, tal y como lo ha hecho la Corte en otras oportunidades.

70. Respecto a esta situación, y específicamente sobre Venezuela, ya se ha pronunciado la Comisión Interamericana al constatar que en "las listas de designaciones y traslados hechos por la Comisión Judicial del Tribunal Supremo de Justicia durante el año 2012, la totalidad de jueces y juezas corresponde a cargos temporales (en mayor número), accidentales y provisorios". Asimismo, en cuanto a la provisionalidad de fiscales en Venezuela, la Comisión observó que la Fiscal General de la República en octubre de 2008 reconoció que:

[l]a provisionalidad en el ejercicio de los cargos de fiscales, coloca a estos funcionarios en situación de vulnerabilidad ante la influencia que, sobre su actuación, podrían tener factores de poder, en detrimento de la constitucionalidad y de la legalidad de la justicia. La provisionalidad en el ejercicio de los cargos de la función pública es contraria a lo establecido en el artículo 146 de la Constitución de la República Bolivariana de Venezuela, en la que se señala que los cargos de la administración pública son de carrera, a los que se accederá por concurso público."[54]

71. Precisamente, en su Informe sobre el caso *Allan R. Brewer-Carías (Venezuela),*[55] la Comisión se pronunció en su sistema de peticiones y casos sobre el impacto que pueden tener varios cambios de operadores de justicia en una investigación penal derivado de su condición de provisionalidad. Así, la Comisión Interamericana ha indicado que múltiples asignaciones de fiscales provisionales diferentes en un mismo caso tiene efectos negativos en el impulso de las investigaciones si se tiene en cuenta la importancia, por ejemplo, que tiene la constitución y evaluación del acervo probatorio de una manera continua. La Comisión ha considerado que una situación como la señalada tiene consecuencias negativas frente a los derechos de las víctimas en el marco de procesos penales relacionados con violaciones a derechos humanos.

72. Al valorar la situación de la provisionalidad de los jueces en Venezuela, en el caso *Reverón Trujillo*[56] la Corte señaló que en la época de los hechos de dicho caso (ocurridos entre 2002 y 2004), "el porcentaje de jueces provisorios en el país alcanzaba aproximadamente el 80%". Además, "[e]n los años 2005 y 2006 se llevó a cabo un programa por medio del cual los mismos jueces provisorios nombrados discrecionalmente lograron su titularización. La cifra de jueces provisorios se redujo a aproximadamente 44% a finales del año 2008".[57] En agosto de

---

[53]   Caso Chocrón Chocrón Vs. Venezuela. Excepción Preliminar, Fondo, Reparaciones y Costas. Sentencia de 1 de julio de 2011. Serie C N° 227.

[54]   CIDH. *Garantías para la Independencia de las y los Operadores de Justicia. Hacia el Fortalecimiento del Acceso a la Justicia y el Estado de Derecho en las Américas.* OEA/Ser.L/5/II. Doc. 44. 5 de diciembre 2013.

[55]   CIDH. *Informe N° 171/11* Caso *12.724 Allan R. Brewer-Carías (Venezuela),* 3 de noviembre de 2011, párr. 130. Ver también, CIDH. informe *Democracia y derechos humanos en Venezuela,* OEA/Ser.L/V/II. Doc. 54, 30 de diciembre de 2009, párr. 229.

[56]   Caso Reverón Trujillo Vs. Venezuela. Excepción Preliminar, Fondo, Reparaciones y Costas. Sentencia de 30 de junio de 2009. Serie C N° 197.

[57]   Caso Reverón Trujillo Vs. Venezuela. Excepción Preliminar, Fondo, Reparaciones y Costas. Sentencia de 30 de junio de 2009. Serie C N° 197, Párr. 106.

2013, según un testigo presentado por el Estado, la situación del poder judicial era la siguiente: 1095 jueces provisorios, 50 jueces suplentes especiales, 183 jueces temporales, 657 jueces titulares y 12 puestos vacantes para jueces".[58] Para el 2013 solo el 33% de los jueces eran titulares y el 67% era designado o removido por la Comisión Judicial dado que no gozan de estabilidad.[59]

73. Asimismo, sobre la provisionalidad de los fiscales adscritos al Ministerio Público hasta 2005 se habían designado 307 Fiscales provisorios, interinos y suplentes, de tal forma que aproximadamente el noventa por ciento (90%) de los fiscales se encontraban en provisionalidad, sin estabilidad en el cargo y en condición de libre nombramiento y remoción por parte del Fiscal General de la República.[60] En 2008 se designaron 638 fiscales sin que medie un concurso público, sin titularidad, y por tanto de libre nombramiento y remoción.[61] En 2011, 230 fiscales fueron libremente escogidos y designados en resoluciones "sin motivación".[62] En 2011 y 2013 se realizaron actividades en relación con los Concursos Públicos de Credenciales y de Oposición para el Ingreso a la Carrera Fiscal, lo cual incluyó el nombramiento *de los primeros cuatro fiscales no provisorios.*[63]

Una testigo presentada por el Estado precisó que, en cuanto al Programa de Formación para el Ingreso a la Carrera Fiscal, durante 2011-2012 egresaron 88 alumnos y durante 2012-2013 se esperaba el egreso de 102 más.[64]

74. Por su parte, la Comisión observó que las autoridades que han adoptado decisiones que podrían ser interpretadas como favorables al acusado han sido removidas por la Comisión Judicial. Además, la secuela de provisionalidad ha afectado significativamente tanto a los jueces como fiscales que han atendido el presente caso, ya que la totalidad de autoridades del Ministerio Público y judiciales que han tenido conocimiento del mismo han sido provisorias. La Comisión enfatizó que los riesgos de esta provisionalidad se han visto materializado en al menos dos situaciones, a saber, "i) después de que una Sala declaró la nulidad de la prohibición de salida del país por considerarla inmotivada, dos de sus miembros fueron separados de sus cargos" y "ii) el juez de control de garantías que solicitó a la Fiscalía el expediente, y que ante la negativa de la Fiscalía ofició a su superior jerárquico, fue removido del cargo sin proceso disciplinario ni motivación alguna por la Comisión Judicial." De acuerdo con la Comisión, esto habría enviado un mensaje que "ha logrado el efecto de disuadir cualquier actuación

---

[58] Declaración testimonial de Luis Fernando Damiani Bustillos, testigo presentado por el Estado. En 2013, según se ha publicado en la página web del TSJ, se han nombrado a más de 71 jueces provisorios, 408 jueces temporales y 356 jueces accidentales en las diferentes circunscripciones judiciales del país. Ver asimismo la Declaración pericial de Antonio Canova González de 29 de agosto de 2013.

[59] Declaración de Octavio José Sisco Ricciardi en la audiencia pública celebrada en el presente caso. Ver además, los anexos 24 y 25 al escrito de contestación presentado por el Estado donde se alude a un total de 1949 jueces de los cuales el 34 % son titulares y el 65 % estaría sin estabilidad.

[60] CIDH, Informe Anual 2005, OEA/Ser.L/V/II.124 Doc. 7, 27 febrero 2006, párr. 294.

[61] CIDH. Informe Democracia y Derechos Humanos en Venezuela, OEA/Ser.L/V/II. Doc. 54, 30 de diciembre de 2009, párr. 264.

[62] *Cfr.* CIDH, Informe Anual 2011, OEA/Ser.L/V/II, Doc. 5 corr. 1, 7 marzo 2011, párr. 459.

[63] Boletín divulgativo de la Escuela Nacional de Fiscales del Ministerio Público, "Desde la Escuela Nacional de Fiscales", Año 1, Numero 2, Enero – 15 de Abril de 2012; Boletín divulgativo de la Escuela Nacional de Fiscales del Ministerio Público, "Desde la Escuela Nacional de Fiscales", Año 2, Numero 5, Enero - 15 Abril 2013; Boletín divulgativo de la Escuela Nacional de Fiscales del Ministerio Público, "Desde la Escuela Nacional de Fiscales", Año 2, Numero 6, 15 Abril – Junio 2013. Ver asimismo la declaración de la testigo Santa Palella Stracuzzi, presentada por el Estado.

[64] Declaración de la testigo Santa Palella Stracuzzi, presentada por el Estado.

objetiva e independiente de las autoridades judiciales que continuarían conociendo el proceso en situación de provisionalidad".

75. Las consideraciones anteriores demuestran claramente que el estudio de la controversia presentada respecto al agotamiento de los recursos internos, específicamente lo relacionado con la excepción contenida en el artículo 46.2.a, se encuentra íntimamente ligada a la problemática de la provisionalidad de los jueces y fiscales en Venezuela, lo que indudablemente se relaciona con el artículo 8.1 de la Convención Americana —derecho a un juez o tribunal competente, independiente e imparcial— tomando en cuenta que los alegatos son verosímiles y que de demostrarse podrían constituir violaciones al Pacto de San José. Por lo cual consideramos que el estudio del tema no puede ser desligado del análisis del fondo del caso y, por lo tanto, la Corte debió analizar la excepción preliminar presentada por el Estado de forma conjunta con los argumentos de fondo presentados por las partes en el presente caso, como lo había realizado el Tribunal Interamericano conforme a su jurisprudencia histórica en la materia.

2.2.b   *Que no se haya permitido al presunto lesionado en sus derechos el acceso a los recursos de la jurisdicción interna, o haya sido impedido de agotarlos (art. 46.2.b de la Convención Americana)*

76. Al respecto en la Sentencia se ha considerado que el momento procesal, a saber "la etapa temprana", en el que se encuentra el presente caso impide una conclusión *prima facie,* respecto al impacto de la provisionalidad en la garantía de independencia judicial en orden a establecer como procedente una excepción al agotamiento de los recursos internos basada en el artículo 46.2.b de la Convención. El criterio mayoritario sustenta la anterior consideración, en que no hay al menos una decisión de primera instancia mediante la cual se pueda llegar a valorar el impacto real que la provisionalidad de los jueces hubiera podido tener en el proceso.

77. Por su parte, los representantes han alegado que "al condicionar arbitraria e ilegalmente el trámite de la solicitud de nulidad a la comparecencia de la presunta víctima en virtud de una orden judicial contraria a la Convención, se le impide al señor Brewer-Carías el acceso a los recursos internos, a lo cual se suma "un fundado temor" de que el ejercicio de los recursos le someta a un mayor agravamiento de la persecución de la cual es objeto". Además, han señalado "que los jueces de control de garantías que resolvieron mociones a favor de la defensa o buscaron rectificar violaciones al debido proceso presuntamente cometidas en la fase de investigación fueron sustituidos".

78. Asimismo, la Comisión ha observado que, en respuesta a los alegatos de los peticionarios, el Estado no ha indicado los recursos idóneos para cuestionar la asignación o remoción de jueces. Señala que recursos normalmente disponibles a la defensa, tales como la recusación, no resultan idóneos para cuestionar la provisionalidad de jueces adscritos al proceso o su remoción por causa de su actuación. La Comisión encuentra que la remoción de varios jueces provisionales en el presente caso, tras la adopción de decisiones relativas a la situación de la presunta víctima, puede haber afectado su acceso a los recursos de la jurisdicción interna y, por lo tanto, corresponde eximir este aspecto del reclamo del requisito bajo estudio.

79. Sobre el tema del contexto de provisionalidad de jueces en Venezuela ya nos hemos referido anteriormente (véase *supra* párrs. 66 a 74 del presente voto); sin embargo, cabe señalar que si bien el criterio mayoritario considera que en virtud del momento procesal en el que se encuentra el proceso interno no es posible medir el impacto que ésta haya tenido en el proceso, en el expediente se encuentran elementos que podrían, de evaluarse en el fondo, llevarnos a otra conclusión.

80. En primer lugar, el Tribunal Interamericano pudo haber estudiado si la secuela de provisionalidad de fiscales y jueces en un caso concreto, por sí mismo, representa una violación al derecho a un juez o tribunal independiente e imparcial, que prevé el artículo 8.1 de la Convención Americana, a la luz del justiciable. En el caso concreto, se advierte que, en efecto, ha existido una secuela de provisionalidad de jueces y fiscales que han actuado en el proceso penal del señor Brewer Carías. Como lo expresa la propia Sentencia "por lo menos cuatro fiscales provisorios investigaron los hechos relacionados con lo acontecido los días 11, 12 y 13 de abril de 2002, entre esos hechos, los relacionados con la redacción del Decreto Carmona. Inicialmente el Fiscal provisorio José Benigno Rojas estuvo a cargo de la investigación, luego fue sustituido por el Fiscal Provisorio Danilo Anderson y, el 28 de agosto de 2002, la investigación fue asumida por Luisa Ortega Díaz como suplente ante la Fiscalía Sexta del Ministerio Público a Nivel Nacional".[65] En 2007 la señora Ortega Díaz asumió como Fiscal General de la Nación, pero desde el año anterior (2006)fue encargada la Fiscal 122 del Ministerio Público del Área Metropolitana de Caracas, María Alejandra Pérez, para "actuar conjunta o separadamente de la Fiscal Sexta".[66]

81. También se advierte que los jueces de control han tenido carácter provisorio o temporal. En efecto, en relación con los hechos del 11, 12 y 13 de abril de 2002, inicialmente intervino la Jueza Temporal Vigésimo Quinta Josefina Gómez Sosa. El 3 de febrero de 2005 dicha jueza fue reemplazada por el Juez Manuel Bognanno.[67] El 29 de junio de 2005 se dejó sin efecto la designación del Juez Vigésimo Quinto Manuel Bognanno,[68] quien fue reemplazado por el Juez José Alonso Dugarte Ramos en el Tribunal de Primera Instancia del Circuito Judicial Penal -Área Metropolitana de Caracas.[69] En 2006 asumió como jueza de control la señora María Lourdes Fragachan[70] y posteriormente intervinieron los jueces José Alonso Dugarte Ramos[71] y Máximo Guevara Rizquez.[72]

82. Varios de los juzgadores han sido removidos de sus cargos por motivo de resoluciones que han emitido en el proceso penal relativo al caso. Por ejemplo, fueron suspendidos de

---

[65]   Párr. 46 de la Sentencia.

[66]   Oficio de la Fiscalía 122 del Ministerio Público del Área Metropolitana de Caracas (expediente de anexos a la contestación, folio 16970).

[67]   Resolución N° 2005-0015 del Tribunal Supremo de Justicia de Caracas, de 3 de febrero de 2005. (expediente de anexos al escrito de solicitudes, argumentos y pruebas, tomo VI, folio 7098).

[68]   Resolución del Tribunal Supremo de Justicia de 29 de junio de 2005 (expediente de anexos al escritos de solicitudes y argumentos, tomo VI, folio 7105). En dicha decisión se indicó: "dejar sin efecto las designaciones de los siguientes profesionales […]: […] El Abogado Manuel Antonio Bognanno […], Juez temporal del Juzgado de Primera Instancia del circuito judicial penal […], en razón a las observaciones que fueron formuladas ante este despacho".

[69]   Cuadro de designaciones y sustituciones jueces y fiscales del poder judicial de Venezuela (expediente de anexos al informe de fondo, tomo III, folio 1142).

[70]   Acta del Juzgado Vigésimo Quinto de 20 de junio de 2006 (expediente de anexos a la contestación, folio 17435).

[71]   Acta del Juzgado Vigésimo Quinto de 27 de julio de 2006 (expediente de anexos a la contestación, folio 17580).

[72]   Acta del Juzgado Vigésimo Quinto de 27 de septiembre de 2006 (expediente de anexos a la contestación, folio 17774).

sus cargos sin goce de sueldo dos jueces de Apelaciones, mediante resolución N° 2005-0015, de 3 de febrero de 2005.[73] En dicha resolución se establece lo siguiente:

"Visto el escándalo público que ha ocasionado la decisión, no unánime, de la Sala 10 de la Corte de Apelaciones del Circuito Judicial Penal de la Circunscripción Judicial del Área Metropolitana de Caracas revocando la medida cautelar de prohibición de salida del país, que había dictado en el Juzgado Vigésimo Quinto de Control del mismo Circuito Judicial Penal, en contra de los ciudadanos imputados por el Ministerio Público en el delito de rebelión civil, esta Comisión Judicial observa que la referida Sala fundó su decisión en la falta de motivación de la decisión apelada, y en vez de regresar los autos al tribunal de origen para que corrigiera tal error, el cual resulta inexcusable, lo tomó como motivo para anular la referida medida cautelar".

83. En la misma resolución N° 2005-0015, la Comisión Judicial resolvió suspender de su cargo sin goce de sueldo a la jueza Josefina Gómez Sosa y en su sustitución se designa al abogado Manuel Bognanno.[74] Posteriormente, el juez temporal Manuel Bognanno fue removido de su cargo[75] tras denunciar al Fiscal Superior la irregularidad en la que estaba incurriendo la Fiscal Provisoria Sexta al no remitir el expediente solicitado,[76] siendo sustituido -unos días después de dicho conflicto- por el juez provisorio José Alonso Dugarte Ramos.[77] En la Sentencia se considera que al referirse la señalada controversia entre el juez y la fiscal con una solicitud de la defensa de otro imputado,[78] no es posible establecer una causalidad directa entre la decisión de dejar sin efecto la designación del Juez Bognanno[79] y la afectación a la hoy presunta víctima; argumento que no compartimos ya que olvida el criterio mayoritario que se trata *del mismo juez que conoce del mismo proceso penal* en el que se encuentra como imputado el señor Brewer-Carías y precisamente uno de los alegatos centrales de los representantes de la presunta víctima es la afectación que produce la situación de provisionalidad de jueces y fiscales que pueden ser removidos libremente.

84. Esta "secuela de fiscales y jueces provisorios o temporales", así como la afectación que ello representó en el proceso concreto seguido en contra del señor Brewer-Carías, guarda especial relación con la presunta violación del artículo 8.2.c de la Convención Americana - derecho a la adecuada defensa-; ya que según consta en el expediente, en la etapa acusatoria del proceso, la Fiscal Provisoria Sexta no había permitido el suministrar copias fotostáticas de las actuaciones al señor Brewer-Carías,[80] lo que implicó que el acusado tuviera que acudir

[73]   Resolución que obra en autos, en el folio 7097.

[74]   Resolutivo primero de la Resolución de la Comisión Judicial de 3 de febrero de 2005 (folio 7097 del expediente).

[75]   En la resolución 2005-1045 de la Comisión Judicial, de 29 de junio de 2005 (que obra en folio 7105 del expediente), se deja sin efecto la designación del juez Manuel Antonio Bognanno Palmares.

[76]   Sobre el conflicto entre el Juez Vigésimo Quinto de Primera Instancia en Funciones de Control del Circuito Judicial Penal del Área Metropolitana de Caracas, Juez Manuel Bognanno y la Fiscal Provisoria Sexta, véase el párr. 58 de la Resolución.

[77]   *Cfr.* Cuadro de designaciones efectuadas por la Dirección Ejecutiva de la Magistratura de 29 de junio de 2005 (expediente de anexos al informe de fondo, tomo III, folio 1142).

[78]   *Cfr.* párr. 56 de la Sentencia.

[79]   *Cfr.* párr. 110 de la Sentencia.

[80]   En la audiencia pública se hizo referencia a una circular que prohibía las fotocopias. En el expediente obra la Circular emitida por el despacho del Fiscal General de la República el 10 de julio de 2001, que ordenó "absten[erse] de expedir copias simples o certificadas de las actas de la investigación, lo cual no debe entenderse como una restricción al derecho de examinar las actas que conforman la investi-

personalmente en reiteradas ocasiones durante nueves meses para copiar a mano las actuaciones cuya fotocopia se le denegó sistemáticamente.[81] Además, la misma Fiscal Provisoria negó al acusado el pleno acceso al expediente, en particular en lo que toca al cotejo y transcripción de los videos que eran invocados como pruebas contra el señor Brewer-Carías.[82]

85. Sobre el particular, resulta relevante la jurisprudencia de este Tribunal Interamericano sobre el derecho de contar con el tiempo y los medios adecuados para preparar la defensa previsto en el articulo 8.2.c de la Convención Americana, que implica la obligación al Estado a permitir el acceso al inculpado al conocimiento del expediente llevado en su contra.[83] En tal sentido, la Corte ha determinado que la ley interna debe organizar el proceso respectivo de conformidad con el Pacto de San José.[84]

Además, el Tribunal Interamericano ha precisado que [l]a obligación estatal de adecuar la legislación interna a las disposiciones convencionales comprende el texto constitucional y todas las disposiciones jurídicas de carácter secundario o reglamentario, de tal forma que pueda traducirse en la efectiva aplicación práctica de los estándares de protección de los derechos humanos.[85]

86. Asimismo, el Tribunal Interamericano ha estimado que el acceso al expediente es requisito *sine qua non* de la intervención procesal de la víctima en la causa en la que se constituye como parte coadyuvante o querellante, según la legislación interna. Si bien la Corte ha considerado admisible que en ciertos casos exista reserva de las diligencias adelantadas durante la investigación preliminar en el proceso penal,[86] para garantizar la eficacia de la administración de justicia, en ningún caso la reserva puede invocarse para impedir a la víctima el acceso al expediente de una causa penal. La potestad del Estado de evitar la difusión del contenido del proceso, de ser el caso, debe ser garantizada adoptando las medidas necesarias compatibles con el ejercicio de los derechos procesales de las víctimas.

87. Si bien en el caso se dio acceso al expediente al señor Brewer y a sus representantes, no se permitió que la defensa pudiera obtener copias fotostáticas. Precisamente en el

---

gación, que tienen los imputados, los defensores y las demás personas a quienes se les haya acordado la intervención en el proceso" (tomo VII, folio 3152 del expediente).

[81]   Según lo establecido por el propio Estado, el señor Brewer Carías firmó "diecisiete actas donde se hace constar el acceso y la revisión del expediente" (tomo I, folio 731 del expediente).

[82]   Decisión de la Fiscal de 21 de abril de 2005 (expediente de anexo 1 al escrito de contestación, pieza 9, folio 1236).

[83]   *Caso Palamara Iribarne Vs. Chile. Fondo, Reparaciones y Costas.* Sentencia de 22 de noviembre de 2005. Serie C N° 135, párr. 170.

[84]   Cfr. *Caso Valle Jaramillo y otros Vs. Colombia.* Fondo, Reparaciones y Costas. Sentencia de 27 de noviembre de 2008. Serie C N° 192, párr. 233; *Caso Heliodoro Portugal Vs. Panamá. Excepciones Preliminares, Fondo, Reparaciones y Costas.* Sentencia de 12 de agosto de 2008. Serie C N° 186, párr. 247; *Caso Kawas Fernández Vs. Honduras. Fondo, Reparaciones y Costas.* Sentencia de 3 de abril de 2009 Serie C N° 196, párr. 188; y *Caso Radilla Pacheco Vs. México. Excepciones Preliminares, Fondo, Reparaciones y Costas.* Sentencia de 23 de Noviembre de 2009. Serie C N° 209, párr. 247

[85]   Cfr. *Caso Zambrano Vélez y otros Vs. Ecuador. Supervisión de Cumplimiento de Sentencia.* Resolución de la Corte Interamericana de Derechos Humanos de 21 de septiembre de 2009, Considerando cuadragésimo noveno y *Caso Radilla Pacheco Vs. México.* Excepciones Preliminares, Fondo, Reparaciones y Costas. Sentencia de 23 de Noviembre de 2009. Serie C N° 209, párr. 247.

[86]   Cfr. *Caso Barreto Leiva Vs. Venezuela. Fondo, Reparaciones y Costas.* Sentencia de 17 de noviembre de 2009. Serie C N° 206, párrs. 54 y 55.

Caso Radilla Pacheco Vs. México, el Tribunal Interamericano consideró que "la negativa de expedir copias del expediente de la investigación a las víctimas constitu[ía] una carga desproporcionada en su perjuicio, incompatible con el derecho a su participación en la averiguación previa" y que "los Estados deben contar con mecanismos menos lesivos al derecho de acceso a la justicia para proteger la difusión del contenido de las investigaciones en curso y la integridad de los expedientes".[87]

88. Por otro lado, la referida secuela de fiscales y jueces provisorios, y su posible afectación en el caso concreto, guarda también relación con la presunta violación al artículo 8.2.f de la Convención Americana, por la imposibilidad de presentar prueba anticipada respecto de Pedro Carmona Estanga y estar presente en el interrogatorio de la señora Patricia Polea. En efecto, dicha disposición convencional dispone que una de las garantías mínimas de toda persona inculpada de un delito, consiste en "el derecho de la defensa de interrogar a los testigos presentes en el Tribunal y de obtener la comparecencia, como testigos o peritos de otras personas que puedan arrojar "luz sobre los hechos".[88] Así, este derecho como garantía mínima queda protegido dentro del contexto de las distintas etapas del proceso penal.[89]

89. En este punto habría que distinguir dos cuestiones concretas en el caso. En primer lugar lo relativo a la prueba anticipada consistente en el testimonio de Pedro Carmona Estanga, prueba no aceptada por la fiscal con el argumento de ser co-imputado en el proceso penal, lo que evidentemente resultaba fundamental para arrojar luz sobre los hechos.

Los representantes del señor Brewer sostienen que no admitir esa prueba anticipada fue una decisión "arbitraria porque según el derecho venezolano, la condición de imputado no representa ningún impedimento legal para prestar testimonio".[90]

90. En segundo lugar, los representantes alegaron que "no pudieron estar presentes en las declaraciones de ninguno de los testigos, ni pudieren interrogarlos, sino, en algunos casos"; en particular alegaron no poder estar presentes en el interrogatorio de la señora Patricia Poleo, el cual fue negado verbalmente por la Fiscal el día que se realizó la entrevista.[91] Sobre el particular, resulta relevante la jurisprudencia establecida en el caso *Barreto Leyva*, en el sentido de que el derecho de la defensa debe necesariamente poder ejercerse desde que se señala a una persona como posible autor o participe de un hecho punible y solo culmina cuando se finaliza el proceso, incluyendo en su caso la etapa de ejecución de la pena. Sostener lo opuesto implicaría supeditar las garantías convencionales que protegen el derecho a la defensa a que el investigado se encuentre en determinada etapa procesal, dejando abierta la posibilidad de que con anterioridad se afecte un ámbito de derechos a través de actos de autoridad que desconoce o a los que no puede controlar u oponerse con eficacia, lo

---

[87] *Caso Radilla Pacheco Vs. México. Excepciones Preliminares, Fondo, Reparaciones y Costas.* Sentencia de 23 de Noviembre de 2009. Serie C N° 209, párr. 256.

[88] En el mismo sentido *Caso Ricardo Canese vs. Paraguay. Fondo, Reparaciones y Costas.* Sentencia de 31 de agosto de 2004. Serie C N° 111, párr. 164.

[89] *Caso Mohamed vs. Argentina. Excepción Preliminar, Fondo, Reparaciones y Costas.* Sentencia de 23 noviembre de 2012. Serie C N° 255, párr. 91.

[90] Folio 161 (Tomo I) del expediente de fondo.

[91] Dicha negación tuvo como fundamento el artículo 306 del Código Orgánico Procesal Penal el cual disponía que: *"El Ministerio Público podrá permitir la asistencia del imputado, la víctima o de sus representantes a los actos que se deban practicar [en la fase preliminar], cuando su presencia fuera útil para el esclarecimiento de los hechos y no perjudique el éxito de la investigación o impida una pronta y regular actuación".*

cual es evidentemente contrario a la Convención Americana. Impedir que la persona ejerza su derecho de defensa desde que se inicia la investigación en su contra y la autoridad dispone o ejecuta actos que implican afectación de derechos es potenciar los poderes investigativos del Estado en desmedro de derechos fundamentales de la persona investigada. El derecho a la defensa obliga al Estado a tratar al individuo en todo momento como un verdadero sujeto del mismo proceso, en el más amplio sentido de este concepto, y no simplemente como objeto del mismo[92].

91. De todo lo anteriormente expuesto, nuevamente llegamos a la conclusión de que el Tribunal Interamericano debió diferir el estudio de la excepción preliminar sobre falta de agotamiento de los recursos internos, al conocimiento del fondo del caso, ya que evidentemente la controversia abarca tanto aspectos de admisibilidad como aspectos propios del fondo relacionados con las garantías judiciales previstas en el artículo 8 de la Convención Americana, específicamente relativas al derecho a un juez o tribunal independiente e imparcial (8.1 CADH), el derecho a una adecuada defensa (8.2.c CADH) y el derecho a interrogar los testigos y de obtener la comparecencia de personas que puedan arrojar luz sobre los hechos (8.2.f CADH). Y no utilizar el artificioso argumento de la "etapa temprana" del proceso -como se realiza en la Sentencia-, para evitar entrar al fondo del caso.

2.2.c   *Que haya retardo injustificado en la decisión sobre los mencionados recursos (art. 46.2.c de la Convención Americana)*

92. Para determinar la procedencia de esta excepción al agotamiento de recursos internos, la Sentencia analizó la controversia entre las partes sobre el (i) el término y el momento procesal establecidos en el derecho interno para resolver los recursos de nulidad; y (ii) la necesidad de la presencia del acusado en la audiencia preliminar y las razones por las cuales se difirió la audiencia.

93. Precisamente, nuestra posición disidente radica en el razonamiento de que controversias tales como: si el recurso de nulidad podía o no ser resuelto sin la presencia del señor Brewer, como parte de la audiencia preliminar o independientemente de esta; si dicho recurso debió ser resuelto en el plazo de tres días, o por el contrario en el transcurso la audiencia preliminar, y si la omisión del Estado de pronunciarse sobre el recurso constituye una demora injustificada del proceso penal, *se relacionan directamente con el fondo del caso*, pues existen alegatos de ambas partes en torno al plazo razonable, a las garantías judiciales y a la protección judicial que se encuentran estrechamente ligados con esta determinación. En consecuencia, solo en el fondo se hubiese podido determinar si dicho retardo injustificado realmente existía o no, y si de esa forma se vulneraba o no los derechos de la Convención Americana.

2.2.c.a   *El término y el momento procesal establecidos en el derecho interno para resolver los recursos de nulidad*

94. La Sentencia constató que existen "dos interpretaciones sobre el momento procesal en que se debería resolver las solicitudes de nulidad presentadas";[93] sin embargo, a pesar de la complejidad de los alegatos de ambas partes sobre el momento procesal en que debe resolverse, en la Sentencia se entra posteriormente a definir un aspecto polémico, entre otros argumentos, dejando ver que un recurso de 523 páginas no podía resolverse en 3 días, como si la extensión del recurso sea lo que determina el momento procesal en que se debe resolver.

---

[92]   *Caso Barreto Leiva Vs. Venezuela. Fondo, Reparaciones y Costas.* Sentencia de 17 de noviembre de 2009. Serie C N° 206, párr. 30.

[93]   Párr. 130 de la Sentencia.

95. En su análisis sobre este punto, el criterio mayoritario olvida por completo el primer recurso de nulidad de 4 de octubre de 2005 -presentado en la etapa preliminar de investigación, recurso que no fue ni siquiera tramitado-; y, además, no considera que el segundo recurso de nulidad de 8 de noviembre de 2005, se encuentra claramente dividido en cuestiones que atienden, por un lado, a la nulidad absoluta de actuaciones en la investigación seguida por el Ministerio Público, y por otro, a la nulidad respecto del acto conclusivo de acusación formulada contra el doctor Allan R. Brewer Carías.

96. En efecto, según consta en el expediente,[94] en el recurso de nulidad de 8 de noviembre de 2005, claramente aparece el epígrafe "II. SOLICITUD DE NULIDAD DE TODAS LAS ACTUACIONES POR LA VIOLACIÓN SISTEMÁTICA Y MASIVA DE LAS GARANTÍAS CONSTITUCIONALES Y LEGALES DEL DR. ALLAN R. BREWER CARÍAS", que a su vez se divide en seis partes: (1) la nulidad por la negativa de diligencia de defensa: a) la negativa de testimoniales, y b) la negativa de acceder a videos, así como de su transcripción; (2) la nulidad por violación del derecho a la defensa y del principio de presunción de inocencia al invertir la carga de la prueba y al utilizar testimonios referenciales; (3) la nulidad por violación del derecho a la defensa y del principio de contradicción relacionados con la práctica mediatizada de diligencias de investigación; (4) la nulidad por falta de decisión oportuna (referido al primer recurso de nulidad de 4 de noviembre de 2005); (5) la nulidad por violación de la garantía del juez natural; y (6) comentarios y argumentaciones comunes a las solicitudes de nulidad anteriores.

97. En este sentido, consideramos que es clara la distinción que se realiza en el segundo recurso de nulidad de 8 de noviembre de 2005 entre la nulidad de actuaciones en la etapa de investigación y la nulidad del acto conclusivo de acusación en contra el doctor Allan R. Brewer-Carías. En efecto, por una parte la nulidad de todo lo actuado por violaciones a derechos fundamentales en la investigación puede resolverse *antes de la audiencia preliminar* (incluso algunos alegatos se refieren a la no tramitación del primer recurso de nulidad de 4 de noviembre que debió ser resuelto en la etapa preliminar de investigación); en cambio, la nulidad del acto conclusivo de la acusación puede resolverse en cualquier momento, sea antes de abrir la causa a juicio o después de la audiencia preliminar, conforme lo ha establecido la jurisprudencia de la Sala Constitucional del Tribunal Supremo.

En el recurso de nulidad de 8 de noviembre se hacen planteamientos de ambas nulidades de actuaciones por violación de derechos fundamentales, tanto de la etapa de investigación como del acto conclusivo de acusación. En dicho recurso claramente se advierte que, por una parte, se alega la nulidad de actuaciones en la etapa de investigación (epígrafe II del recurso, véase *supra* párr. 96 del presente voto), mientras que a partir del epígrafe III (denominado "OPOSICIÓN DE EXCEPCIONES" se refiere a la nulidad de la acusación (no de la investigación en la fase preliminar de investigación), la cual "preferiblemente" -lo que no significa necesariamente- debía ser resuelta después de la audiencia preliminar. En efecto, según consta en la Sentencia,[95] la Sala Constitucional del Tribunal Supremo en sentencia del 14 de febrero de 2002, señaló, *inter alia*:

---

[94]   Folios 14696 a 14787 del expediente de anexos a la contestación, que corresponden a las páginas 21 a 111 del escrito de solicitud de nulidad de 8 de noviembre de 2005.

[95]   Párr. 124 de la Sentencia.

De ocurrir tal petición de nulidad, el juez de control –conforme a la urgencia debido a la calidad de la lesión y ante el silencio de la ley– **podrá antes de abrir la causa a juicio y en cualquier momento antes de dicho acto de apertura resolverla**, aunque **lo preferible** es que sea en la audiencia preliminar [...] *(Resaltado añadido).*

98. Como puede apreciarse no es concluyente la jurisprudencia sobre el momento en que puede resolverse el recurso de nulidad de actuaciones. El primer recurso de nulidad de 4 de noviembre debió ser tramitado y resuelto en la etapa de investigación, en el que se alegaba esencialmente violado el derecho a la presunción de inocencia por las implicaciones del libro publicado por el Fiscal General; el segundo recurso de nulidad de 8 de noviembre -que tampoco fue ni siquiera tramitado- puede ser resuelto antes o después de la audiencia preliminar, teniendo en cuenta la clara división que se hace en el recurso respecto de la nulidad de actuaciones en la etapa de investigación, y respecto de la nulidad de actuaciones del acto conclusivo de acusación. El criterio mayoritario acoge la posición del Estado, es decir, la interpretación más restrictiva para el derecho de acceso a la justicia de la hoy presunta víctima, lo que evidentemente prohíbe el artículo 29 de la Convención Americana y contradice el principio *pro homine*. Precisamente, la demostrada complejidad de la discusión entre las partes respecto a los recursos de nulidad y el hecho de que el objeto principal del caso se centra en las presuntas vulneraciones a diversas *garantías judiciales (debido proceso) y protección judicial*, ameritaba que el Tribunal Interamericano entrara a conocer el fondo y que la excepción preliminar de falta de agotamiento de los recursos internos sea analizada a la luz de los argumentos de las partes respecto al fondo del presente caso.

99. Las consideraciones anteriores demuestran con mucha más razón que el estudio de la controversia presentada respecto al agotamiento de los recursos internos, no se puede desligar del análisis de fondo del caso, ya que precisamente el recurso de nulidad en cuestión, el momento procesal en que debió ser resuelto, así como su plazo razonable, se encuentran intrínsecamente vinculados a la presunta violación de los derechos a las garantías judiciales y la protección judicial a que se refieren los artículos 8 y 25 de la Convención Americana, como lo había hecho en muchos casos la Corte Interamericana conforme a su jurisprudencia histórica en la materia.

100. Ante tal situación, la Corte ha afirmado con anterioridad, que las excepciones preliminares son actos que buscan impedir el análisis de fondo de un asunto cuestionado, mediante la objeción de la admisibilidad de un caso o de alguno de sus aspectos, ya sea en razón de la persona, materia, tiempo o lugar, *siempre y cuando dichos planteamientos tengan el carácter de preliminares.*[96]

101. Dado que la cuestión sobre la procedencia de resolver el recurso de nulidad en ausencia del señor Brewer Carías no puede ser revisada sin entrar a estudiar previamente el fondo del caso, ésta no podía ser analizada en el marco de esta excepción preliminar.[97] En virtud

---

[96]   *Cfr. Caso Las Palmeras vs. Colombia. Excepciones Preliminares.* Sentencia de 4 de febrero de 2000. Serie C N° 67, párr. 34; *Caso Vélez Restrepo y Familiares Vs. Colombia. Excepción Preliminar, Fondo, Reparaciones y Costas.* Sentencia de 3 de septiembre de 2012 Serie C N° 248, párr. 30; *Caso Artavia Murillo y otros (Fecundación in vitro) Vs. Costa Rica. Excepciones Preliminares, Fondo, Reparaciones y Costas.* Sentencia de 28 noviembre de 2012 Serie C N° 257, párr. 40; y *Caso Mohamed Vs. Argentina. Excepción Preliminar, Fondo, Reparaciones y Costas.* Sentencia de 23 noviembre de 2012 Serie C N° 255, párr. 23.

[97]   *Cfr. Caso Castañeda Gutman Vs. México. Excepciones Preliminares, Fondo, Reparaciones y Costas.* Sentencia de 6 de agosto de 2008. Serie C N° 184, párr. 39; y *Caso Vélez Restrepo y Familiares*

de lo anterior, el Tribunal Interamericano debió desestimar la alegada excepción preliminar de falta de agotamiento de los recursos internos interpuesta por el Estado y, consecuentemente, continuar con el análisis de fondo en el presente caso.

2.2.c.b   La necesidad de la presencia del acusado en la audiencia preliminar y las razones por las cuales se difirió la audiencia

102. Sobre este tema, en la Sentencia se ha considerado que la ausencia del señor Brewer-Carías "ha conllevado que la audiencia preliminar en su contra no haya podido ser llevada a cabo, por lo que es posible afirmar que el retardo en la resolución de las nulidades sería imputable a su decisión de no someterse al proceso y conlleva un impacto en el análisis del retardo injustificado o plazo razonable."[98]

103. El criterio mayoritario fundamenta su razonamiento en una interpretación del artículo 7.5 de la Convención Americana. Al respecto, la Sentencia señala que la presencia del acusado es un requisito esencial para el desarrollo legal y regular del proceso y que el artículo 7.5 de la Convención establece que la "libertad podrá estar condicionada a garantías que aseguren su comparecencia ante el juicio", de manera que los Estados se encuentran facultados a establecer leyes internas para garantizar la comparecencia del acusado.

104. Disentimos también del criterio mayoritario en este sentido, ya que la determinación sobre si el procedimiento llevado en contra del señor Brewer cumplía con los requisitos del artículo 7.5 de la Convención Americana es, sin duda, una cuestión de fondo. En todo caso, habría que considerar que, como se desprende del expediente, el señor Brewer-Carías ha sido citado en varias ocasiones para la audiencia preliminar; sin embargo, ninguna de ellas el diferimiento de la audiencia fue propiamente por ausencia de la presunta víctima, sino por otras razones.[99] Al respecto, los representantes han alegado a lo largo del proceso que el Estado no "ha podido presentar [...] prueba alguna de tan siquiera un caso en que la audiencia preliminar haya sido diferida a causa de la incomparecencia del profesor Brewer-Carías".

---

vs. *Colombia. Excepción Preliminar, Fondo, Reparaciones y Costas*. Sentencia de 3 de septiembre de 2012 Serie C N° 248, párr. 30.

[98]   Párr. 143 de la Sentencia.

[99]   En el párr. 138 de la Sentencia se afirma que en tres ocasiones la audiencia preliminar fue diferida o aplazada debido a "la relación directa con las actuaciones del señor Brewer o su defensa". Lo anterior no es del todo exacto ya que en la primera oportunidad (17 de noviembre de 2005) el diferimiento se debió a que se recusó al Juez Vigésimo Quinto, lo que evidentemente el ejercer un derecho no puede usarse en contra de la hoy presunta víctima como se pretende en la Sentencia; la segunda ocasión no se llevó a cabo la audiencia, entre otras cosas, porque "el Juez Vigésimo Quinto se encontraba de reposo, siendo encargada la Juez Vigésimo Cuarta de Control"; y en la tercera ocasión se advierte que en realidad se presumió que no comparecería el señor Brewer Carías por encontrarse fuera del país (párr. 139 de la Sentencia), lo que no necesariamente implicaba su no comparecencia. Posteriormente a la orden de aprehensión contra el señor Brewer Carías, la audiencia volvió a ser diferida en trece ocasiones y en "sólo una oportunidad se hizo mención expresa al señor Brewer, específicamente, el 25 de octubre de 2007 se difirió la audiencia, ya que se estaba a la espera de la "apelación interpuesta por el representante legal del [señor Brewer Carías] a la aclaratoria que fue enviada a la INTERPOL" (párr. 142 de la Sentencia). Como se puede apreciar, no se advierte de ningún modo que puede atribuirse los diferimientos de la audiencia preliminar directa y exclusivamente por la ausencia de la hoy presunta víctima, como se pretende ver por el criterio mayoritario.

105. Aunado a lo anterior, en la decisión judicial del Juzgado Vigésimo Quinto de 20 de julio de 2007, mediante la cual se daba respuesta a la solicitud de separar al señor Brewer de la causa ante la "la imposibilidad de ejecutar dicha medida por encontrarse en el extranjero" presentada por otro de los acusados en el proceso, que también se encontraba a la espera de la realización de la audiencia preliminar, el Juez de Control motivó su decisión basado en que:

"en el caso de marras, el acto de la audiencia preliminar no ha sido diferido por incomparecencia del [señor] Brewer Carías, al contrario los diversos diferimientos que cursan e[n] las actas del presente expediente han sido en virtud de las numerosas solicitudes interpuestas por los distintos defensores de los imputados.[100]

106. De acuerdo con las pruebas que constan en el expediente, la no comparecencia del señor Brewer Carías se da *cuando ya se ha presentado la acusación en su co*ntra, momento en el cual la defensa del señor Brewer Carías informó al Juez Vigésimo Quinto que éste no regresaría al país por cuanto estimó que: i) "la actuación del Ministerio Público en el presente caso no ha sido otra cosa que una clara persecución política oficial en su contra"; ii) "el propio Fiscal General [...] hab[ía] violentado directamente su garantía a la presunción de inocencia, al haberlo condenado públicamente de antemano, al publicar su libro 'Abril comienza en octubre'"; iii) "ante el reclamo oportuno hecho en sede jurisdiccional, sólo ha[bía] obtenido respuestas negativas [y q]ue esas respuestas negativas y muchas veces tardías del órgano jurisdiccional ha[bía]n constituido a su vez nuevas violaciones a sus garantías constitucionales"; iv) "se le cercenó el derecho de obtener el sobreseimiento en la fase intermedia del proceso"; v) "todo ello constituye la negación de una justicia accesible, imparcial, idónea, transparente, autónoma, independiente, responsable, equitativa y expedita", y vi) "la acusación en si misma ya es una condena, cuyo objeto es castigar su crítica política e ideológica al proyecto con el que se pretende sojuzgar a Venezuela".

107. Lo señalado anteriormente, en especial el hecho de la publicación de un libro del Fiscal General titulado "Abril comienza en octubre" en el cual se refiere a ciertas versiones de una persona según las cuales el señor Brewer sería el autor del "Decreto Carmona" y en el cual afirma que el señor Brewer Carías supuestamente habría estado en una reunión donde se redactó dicho decreto, se relaciona directamente con el derecho a las garantías judiciales, específicamente, el derecho de presunción de inocencia.

108. En este sentido, cabe recordar la reciente jurisprudencia de la Corte en el caso *J Vs. Perú,*[101] donde establece claramente que:

233. En el ámbito penal, la Corte Interamericana ha señalado que el principio de presunción de inocencia constituye un fundamento de las garantías judiciales[102]. La presunción de inocencia implica que el acusado no debe demostrar que no ha cometido el delito que se le atribuye,

---

[100] Resolución del Juzgado Vigésimo Quinto del Circuito Judicial del Área Metropolitana de Caracas de 20 de julio de 2007 al escrito presentado por la defensa de José Gregorio Vásquez (expediente de anexos al escrito de solicitudes y argumentos, tomo v, folios 6832 a 6838).

[101] *Caso J. Vs. Perú. Excepción Preliminar, Fondo, Reparaciones y Costas.* Sentencia de 27 de noviembre de 2013. Serie C N° 275.

[102] Cfr. *Caso Suárez Rosero Vs. Ecuador. Fondo.* Sentencia de 12 de noviembre de 1997. Serie C N° 35. párr. 77; y *Caso López Mendoza Vs. Venezuela. Fondo, Reparaciones y Costas.* Sentencia de 1 de septiembre de 2001. Serie C N° 233, párr. 128.

ya que el *onus probandi* corresponde a quien acusa[103] y cualquier duda debe ser usada en beneficio del acusado. Así, la demostración fehaciente de la culpabilidad constituye un requisito indispensable para la sanción penal, de modo que la carga de la prueba recae en la parte acusadora y no en el acusado[104]. **Por otro lado, el principio de presunción de inocencia implica que los juzgadores no inicien el proceso con una idea preconcebida de que el acusado ha cometido el delito que se le imputa[105].** *(Resaltado añadido).*

109. En este sentido, el Tribunal Interamericano, siguiendo lo establecido por el Tribunal Europeo ha resaltado que la presunción de inocencia puede ser violada no sólo por los jueces o tribunales a cargo del proceso, sino también por otras autoridades públicas,[106] por lo cual las autoridades estatales deben elegir cuidadosamente sus palabras al declarar sobre un proceso penal, antes de que una persona o personas haya sido juzgada y condenada por el delito respectivo.[107] Si bien en el marco del proceso penal en sí mismo, los señalamientos de culpabilidad por parte de funcionarios tales como fiscales y procuradores no constituyen una violación a la presunción de inocencia, las declaraciones de estos funcionarios a la prensa, sin calificaciones o reservas, infringen la presunción de inocencia en la medida en que fomenta que el público crea en la culpabilidad de la persona y prejuzga la evaluación de los hechos por una autoridad judicial competente.[108] La Corte ha coincidido con este criterio y ha advertido que la presunción de inocencia exige que las autoridades estatales sean discretas y prudentes al realizar declaraciones públicas sobre un proceso penal.[109]

110. La Corte ha reiterado en su jurisprudencia que las autoridades estatales deben tener en cuenta que los funcionarios públicos tienen una posición de garante de los derechos fundamenta-

---

[103]   Cfr. *Caso Ricardo Canese Vs. Paraguay.* Fondo, Reparaciones y Costas. Sentencia de 31 de agosto de 2004. Serie C N° 111, párr. 154; y *Caso López Mendoza Vs. Venezuela.* Fondo, Reparaciones y Costas. Sentencia de 1 de septiembre de 2011. Serie C N° 233, párr. 128.

[104]   En igual sentido se ha pronunciado el Comité de Derechos Humanos del Pacto de Derechos Civiles y Políticos. Comité de Derechos Humanos. Observación general N° 32, El derecho a un juicio imparcial y a la igualdad ante los tribunales y cortes de justicia (HRI/GEN/1/Rev.9 (vol. I)), párr. 30.

[105]   Cfr. *Caso Cabrera García y Montiel Flores Vs. México.* Excepción preliminar, Fondo, Reparaciones y Costas. Sentencia de 26 de noviembre de 2010. Serie C N° 220, párr. 184; y *Caso López Mendoza Vs. Venezuela. Fondo, Reparaciones y Costas.* Sentencia de 1 de septiembre de 2011. Serie C N° 233, párr. 128.

[106]   De esta forma, el Tribunal Europeo de Derechos Humanos ha considerado que declaraciones por parte del Ministerio del Interior y altas autoridades policiales, del Presidente del Parlamento, del Fiscal General u otras autoridades fiscales a cargo de la investigación e inclusive de parte de un conocido General retirado, que a la vez era candidato a gobernador, pero que no era un funcionario público al momento de sus declaraciones, generaron violaciones a la presunción de inocencia en cada caso. *Cfr. Allenet de Ribemont Vs. Francia,* 10 de febrero de 1995, Serie A N° 308; *Butkevicius Vs. Lituania,* N° 48297/99, § 49, TEDH 2002-II (extractos); *Daktaras vs. Lituania,* N° 42095/98, § 42, TEDH 2000-X; *Fatullayev Vs. Azerbaiyán,* N° 40984/07, § 160 y 161, 22 de abril de 2010; *Khuzhin y otros Vs. Rusia,* N° 13470/02, § 95, 23 de octubre de 2008, y *Kuzmin Vs. Rusia,* N° 58939/00, § 59 a 69, 18 de marzo de 2010.

[107]   Cfr. *Daktaras Vs. Lithuania,* N° 42095/98, § 41, TEDH 2000-X; *Butkevicius Vs. Lituania,* N° 48297/99, § 49, TEDH 2002-II (extractos); *Ismoilov y otros Vs. Rusia,* N° 2947/06, § 166, 24 de abril de 2008; *Böhmer Vs. Alemania,* N° 37568/97, §56, 3 de octubre de 2002, y *Khuzhin y otros Vs. Rusia,* N° 13470/02, § 94, 23 de octubre de 2008.

[108]   TEDH, *Allenet de Ribemont Vs. Francia,* 10 de febrero de 1995, § 41, Serie A N° 308. En este mismo sentido, *Ismoilov and Others Vs. Rusia,* N° 2947/06, § 161, 24 de abril de 2008.

[109]   Caso *J. Vs. Perú. Excepción Preliminar, Fondo, Reparaciones y Costas.* Sentencia de 27 de noviembre de 2013. Serie C N° 275, párr. 244.

les de las personas y, por tanto, sus declaraciones no pueden desconocer éstos.[110] Este deber de especial cuidado se ve particularmente acentuado en situaciones de mayor conflictividad social, alteraciones del orden público o polarización social o política precisamente por el conjunto de riesgos que pueden implicar para determinadas personas o grupos en un momento dado.[111] La presunción de inocencia no impide que las autoridades mantengan debidamente informada a la sociedad sobre investigaciones penales, pero requiere que cuando lo hagan, guarden la debida discreción y circunspección necesaria para garantizar la presunción de inocencia de los posibles involucrados.[112]

111. Ahora bien, en el presente caso, el hecho de que el libro del Fiscal General, titulado "Abril comienza en octubre", saliera publicado en septiembre de 2005, podría haber llevado a presumir la culpabilidad del señor Brewer Carías en la redacción del llamado "Decreto Carmona", toda vez que la imputación formal en contra de la hoy presunta víctima por la fiscal a cargo se realizó en menos de un mes después, en octubre de ese mismo año, cuestión que precisamente fue motivo de impugnación en el primer recurso de nulidad de 4 de octubre de 2005 cuando se realizaba la etapa preliminar de investigación.

112. No pasa inadvertido que según obra en autos, el Fiscal General de la República designó, el 28 de agosto de 2002, directamente, como "suplente especial" a la fiscal que precisamente realizara en octubre de 2005 la imputación formal del señor Brewer Carías.[113] La

---

[110]   Cfr. Caso Apitz Barbera y otros ("Corte Primera de lo Contencioso Administrativo") Vs. Venezuela. Excepción Preliminar, Fondo, Reparaciones y Costas. Sentencia de 5 de agosto de 2008. Serie C N° 182, párr. 131; Caso Ríos y otros Vs. Venezuela. Excepciones Preliminares, Fondo, Reparaciones y Costas. Sentencia de 28 de enero de 2009. Serie C N° 194, párr. 139; Caso Perozo y otros vs. Venezuela. Excepciones Preliminares, Fondo, Reparaciones y Costas. Sentencia de 28 de enero de 2009. Serie C N° 195, párr. 151; y Caso J Vs. Perú. Excepción Preliminar, Fondo, Reparaciones y Costas. Sentencia del 27 de noviembre de 2013. Serie C N° 262, párr. 247.

[111]   Cfr. Caso Ríos y otros Vs. Venezuela. Excepciones Preliminares, Fondo, Reparaciones y Costas. Sentencia de 28 de enero de 2009. Serie C N° 194, párr. 139; y Caso Perozo y otros Vs. Venezuela. Excepciones Preliminares, Fondo, Reparaciones y Costas. Sentencia de 28 de enero de 2009. Serie C N° 195, párr. 151.

[112]   Al respecto, el Tribunal Europeo de Derechos Humanos ha indicado que: "The freedom of expression, guaranteed by Article 10 of the Convention, includes the freedom to receive and impart information. Article 6 § 2 cannot therefore prevent the authorities from informing the public about criminal investigations in progress, but it requires that they do so with all the discretion and circumspection necessary if the presumption of innocence is to be respected". TEDH, Allenet de Ribemont Vs. Francia, 10 de febrero de 1995, § 38, Serie A N° 308. Ver asimismo, Caso J. Vs. Perú. Excepción Preliminar, Fondo, Reparaciones y Costas. Sentencia de 27 de noviembre de 2013. Serie C N° 275, párr. 247.

[113]   A folios 979 del expediente principal consta el nombramiento respectivo, que a la letra dispone: "REPÚBLICA BOLIVARIANA DE VENEZUELA. MINISTERIO PÚBLICO. Despacho del Fiscal General de la República. Caracas, 28 de agosto de 2002. Años 192° y 143°. RESOLUCIÓN N° 539: JULIÁN ISAÍAS RODRÍGUEZ DÍAZ, Fiscal General de la República, de conformidad con lo dispuesto en los artículos 1 y 49 de la Ley Orgánica del Ministerio Público, y en virtud de que han resultado infructuosas las diligencias realizadas para la localización y posterior convocatoria del Primer y Segundo Suplentes de la Fiscalía Sexta del Ministerio Público a Nivel Nacional con competencia plena, quedando así agotada la lista de suplentes respectiva, designo SUPLENTE ESPECIAL a la ciudadana abogada LUISA ORTEGA DÍAZ, titular de la cédula de identificación N° 4.555.631, quien se viene desempeñando como Suplente Especial de la Fiscalía Séptima del Ministerio Público de la Circunscripción Judicial del Área Metropolitana de Caracas, para que se encargue del referido Despacho, actualmente vacante, dese el 01-09-2002 y hasta nuevas instrucciones de esta Superioridad. Regístrese, Comuníquese y Publíquese. JULIÁN ISAÍAS RODRÍGUEZ DÍAZ. Fiscal General de la República".

posible violación al derecho de presunción de inocencia se hace más evidente en un régimen de provisionalidad de fiscales -en el que existe libre designación y remoción-, por lo que resultaba indispensable en el caso analizar esta situación estructural al poder dicha provisionalidad irradiar de manera negativa en la autonomía de los fiscales y en el proceso penal correspondiente, lo que estimamos no puede pasar desapercibido para los jueces interamericanos.

113. Resulta también relevante hacer mención que dicho señalamiento del Fiscal General sobre la redacción del "Decreto Carmona" en su libro publicado en septiembre de 2005 pudo haber contribuido -aunado al hecho de que proviene de una autoridad relevante del Estado-, a fomentar la culpabilidad de la presunta víctima, por lo que conforme a la jurisprudencia anteriormente señalada del Tribunal Interamericano, los fiscales a cargo de una investigación, y más aun los fiscales generales, deben abstenerse de escribir, así sea literariamente, respecto de los casos que están bajo el conocimiento de los demás fiscales, considerando que este deber de cuidado se ve acentuado en las situaciones de mayor conflictividad social, alteraciones de orden público o polarización social o política como lo sería la situación ocurrida los días 11, 12 y 13 de abril de 2002.

114. Asimismo, consideramos que en la Sentencia se realiza una interpretación restrictiva del artículo 7.5 de la Convención Americana, contraria al artículo 29 de la misma, al hacer ver que la presunta víctima se encuentra prófugo de la justicia, cuando esto no es así. Consta en autos que desde el primer momento en que fue citado por el fiscal del ministerio público que inició el proceso de investigación por los hechos de abril de 2002, el señor Brewer-Carías compareció para declarar el 3 de junio de ese mismo año.[114] Y obran en autos abundantes constancias relativas a que la hoy presunta víctima estuvo defendiéndose constantemente, incluso asistiendo personalmente a copiar a mano el expediente por cerca de nueve meses cuando se le acusa formalmente en el año 2005.[115]

---

[114] La declaración del señor Brewer Carías de 3 de junio de 2002 ante la Fiscal Sexta, obra en el expediente de anexos a la contestación, pieza 2, folios 8986 a 8998.

[115] Ver la declaración rendida en la audiencia pública del presente caso por León Henrique Cottin, abogado venezolano defensor del señor Brewer Carías en el proceso penal interno, así como las siguientes actas que obran en la copia del proceso judicial remitido a la Corte: Acta de revisión de expediente N° C43 de 27 de enero de 2005 (expediente de escrito a la contestación, anexo 1, pieza 7, folio 11164); acta de revisión de expediente N° C43 de 28 enero de 2005 (expediente de anexos al escrito de contestación, anexo 1, pieza 7, folio 11168); acta de revisión de expediente N° C43 de 31 de enero de 2005 (expediente de anexos al escrito de contestación, anexo 1, pieza 7, folio 11182); acta de revisión de expediente N° C43 de 1 de febrero de 2005 (expediente de anexos al escrito de contestación, anexo 1, pieza 7, folio 11196); acta de revisión de expediente N° C43 de 3 de febrero de 2005 (expediente de anexos al escrito de contestación, anexo 1, pieza 7, folio 11214); acta de revisión de expediente N° C43 de 9 de febrero de 2005 (expediente de anexos al escrito de contestación, anexo 1, pieza 7, folio 11268); acta de revisión de expediente N° C43 de 11 de febrero de 2005 (expediente de anexos al escrito de contestación, anexo 1, pieza 7, folio 11273) acta de revisión de expediente N° C43 de 15 de febrero de 2005 (expediente de anexos al escrito de contestación, anexo 1, pieza 7, folio 11321); acta de revisión de expediente N° C43 de 16 de febrero de 2005 (expediente de anexos al escrito de contestación, anexo 1, pieza 7, folio 11337); acta de revisión de expediente N° C43 18 de febrero de 2005 (expediente de anexos al escrito de contestación, anexo 1, pieza 7, folio 11383); acta de revisión de expediente N° C43 de 18 de febrero de 2005 (expediente de anexos al escrito de contestación, anexo 1, pieza 7, folio 11386); acta de revisión de expediente N° C43 de 21 de febrero de 2005 (expediente de anexos al escrito de contestación, anexo 1, pieza 7, folio 11398); acta de revisión de expediente N° C43 22 de febrero de 2005 (expediente de anexos al escrito de contestación, anexo 1, pieza 7, folio 11399); acta de revisión de expediente N° C43 de 22 de febrero de 2005 (expediente de anexos al escrito de contestación, anexo 1, pieza 8, folio 11412); acta de revisión de expediente N° C43 de 24 de febrero de 2005 (expediente de anexos al escrito de contestación,

anexo 1, pieza 8, folio 11505); acta de revisión de expediente N° C43 de 25 de febrero de 2005 (expediente de anexos al escrito de contestación, anexo 1, pieza 8, folio 11508); acta de revisión de expediente N° C43 de 28 de febrero de 2005 (expediente de anexos al escrito de contestación, anexo 1, pieza 8, folio 11546); acta de revisión de expediente N° C43 de 1 de marzo de 2005 (expediente de anexos al escrito de contestación, anexo 1, pieza 8, folio 11572); acta de revisión de expediente N° C43 de 2 de marzo de 2005 (expediente de anexos al escrito de contestación, anexo 1, pieza 8, folio 11579); acta de revisión de expediente N° C43 de 3 de marzo (expediente de anexos al escrito de contestación, anexo 1, pieza 8, folio 11601); acta de revisión de expediente N° C43 de 4 de marzo de 2005 (expediente de anexos al escrito de contestación, anexo 1, pieza 8, folio 11619); acta de revisión de expediente N° C43 de 7 de marzo de 2005 (expediente de anexos al escrito de contestación, anexo 1, pieza 8, folio 11641); acta de revisión de expediente N° C43 de 10 de marzo de 2005 (expediente de anexos al escrito de contestación, anexo 1, pieza 8, folio 11740); acta de revisión de expediente N° C43 de 15 de marzo de 2005 (expediente de anexos al escrito de contestación, anexo 1, pieza 8, folio 11792 y 11793); acta de revisión de expediente N° C43 de 15 de marzo de 2005 (expediente de anexos al escrito de contestación, anexo 1, pieza 8, folio 11784); acta de revisión de expediente N° C43 de 16 de marzo de 2005 (expediente de anexos al escrito de contestación, anexo 1, pieza 8, folio 11836); acta de revisión de expediente N° C43 de 19 de marzo de 2005 (expediente de anexos al escrito de contestación, anexo 1, pieza 9, folio 11950); acta de revisión de expediente N° C43 de 21 de marzo de 2005 (expediente de anexos al escrito de contestación, anexo 1, pieza 9, folio 11970); acta de revisión de expediente N° C43 de 22 de marzo de 2005 (expediente de anexos al escrito de contestación, anexo 1, pieza 9, folio 11972 y 11973); acta de revisión de expediente N° C43 de 28 de marzo de 2005 (expediente de anexos al escrito de contestación, anexo 1, pieza 9, folio 12004 y 12005); acta de revisión de expediente N° C43 de 31 de marzo de 2005 (expediente de anexos al escrito de contestación, anexo 1, pieza 9, folio 12081); acta de revisión de expediente N° C43 de 7 de abril de 2005 (expediente de anexos al escrito de contestación, anexo 1, pieza 9, folios 12162 y 12163); acta de revisión de expediente N° C43 de 8 de abril de 2005 (expediente de anexos al escrito de contestación, anexo 1, pieza 9, folio 12165); acta de revisión de expediente N° C43 de 12 de abril de 2005 (expediente de anexos al escrito de contestación, anexo 1, pieza 9, folio 12191); acta de revisión de expediente N° C43 de 18 de abril de 2005 (expediente de anexos al escrito de contestación, anexo 1, pieza 9, folio 12310); acta de revisión de expediente N° C43 de 25 de abril de 2005 (expediente de anexos al escrito de contestación, anexo 1, pieza 9, folio 12354); acta de revisión de expediente N° C43 de 26 de abril de 2005 (expediente de anexos al escrito de contestación, anexo 1, pieza 9, folio 12355) Acta de revisión de expediente N° C43 de 2 de mayo de 2005 (expediente de anexos al escrito de contestación, anexo 1, pieza 10, folio 12401); acta de revisión de expediente N° C43 de 10 de mayo de 2005 (expediente de anexos al escrito de contestación, anexo 1, pieza 10, folio 12609); acta de revisión de expediente N° C43 de 1 de junio de 2005 (expediente de anexos al escrito de contestación, anexo 1, pieza 11, folio 12887); acta de revisión de expediente N° C43 de 7 de junio de 2005 (expediente de anexos al escrito de contestación, anexo 1, pieza 11, folio 12928); acta de revisión de expediente N° C43 de 9 de junio de 2005 (expediente de anexos al escrito de contestación, anexo 1, pieza 11, folio 12954); acta de revisión de expediente N° C43 de 15 de junio de 2005 (expediente de anexos al escrito de contestación, anexo 1, pieza 11, folio 12970); acta de revisión de expediente N° C43 de 29 de junio de 2005 (expediente de anexos al escrito de contestación, anexo 1, pieza 11, folio 12992); acta de revisión de expediente N° C43 de 4 de julio de 2005 (expediente de anexos al escrito de contestación, anexo 1, pieza 11, folio 13014); acta de revisión de expediente N° C43 de 4 de julio de 2005 (expediente de anexos al escrito de contestación, anexo 1, pieza 13, folio 13052); acta de revisión de expediente N° C43 de 11 de julio de 2005 (expediente de anexos al escrito de contestación, anexo 1, pieza 13, folio 13095); acta de revisión de expediente N° C43 de 22 de septiembre de 2005 (expediente de anexos al escrito de contestación, anexo 1, pieza 13, folio 13980); acta de revisión de expediente N° C43 de 27 de septiembre de 2005 (expediente de anexos al escrito de contestación, anexo 1, pieza 13, folio 13997); acta de revisión de expediente N° C43 de 28 de septiembre de 2005 (expediente de anexos al escrito de contestación, anexo 1, pieza 13, folio 14008); acta de revisión de expediente N° C43 de 30 de septiembre de 2005 (expediente de anexos al escrito de contestación, anexo 1, pieza 13, folio 14022); acta de revisión de expediente N° C43 de 7 de octubre de 2005 (expediente de anexos al escrito de contestación, anexo 1, pieza 13, folio 14100); entre otras.

115. El hecho de que el señor Brewer-Carías saliera del país en septiembre de 2005 (de manera libre ya que no había ninguna orden de captura en su contra) y coincidente, además, con la publicación del libro del Fiscal General, no significa que estuviera prófugo de la justicia. Como se ha señalado con anterioridad (véase *supra* párr. 106 del presente voto), la defensa del señor Brewer-Carías informa al juez que no regresaría al país debido a la serie de violaciones procesales que señala como una "clara persecución política oficial en su contra"; de tal manera que, según los representantes, existe un "fundado temor" de que el ejercicio de los recursos le someta a un mayor agravamiento de la persecución de la cual es objeto, además, señalan "que permanece fuera del país como exiliado para resguardar su libertad y su integridad física y moral".[116] Así, en el presente caso las razones de la no comparecencia de la hoy presunta víctima, debieron analizarse a la luz de los planteamientos de fondo planteados, ya que si fueran fundados sería contrario a la Convención Americana obligar a una persona a seguir un proceso en su contra privado de su libertad, cuando se acreditaran violaciones a los *derechos a la presunción de inocencia, a ser juzgado por un juez o tribunal independiente e imparcial, al debido proceso y a las garantías judiciales* previstos en los artículos 8 y 25 de la Convención Americana, planteamientos expresamente invocados como violados por la hoy presunta víctima y no analizados en el caso.

116. La interpretación que se realiza en la Sentencia del artículo 7.5 de la Convención Americana se aleja de lo estipulado en el artículo 29 del Pacto de San José, que establece que ninguna disposición de la Convención puede ser interpretada en el sentido de permitir a alguno de los Estados Partes, *suprimir o limitar el goce y ejercicio de los derechos y libertades reconocidos en la Convención*. El criterio mayoritario no realiza su análisis del artículo 7.5 de la Convención a la luz del artículo 29 de la misma, sino que decide, por el contrario, realizar una interpretación restrictiva y limitante de dicho artículo, dejando de lado el carácter *pro homine* que ha de llevar dicha interpretación, de acuerdo con el mencionado artículo 29 de la Convención y la jurisprudencia constante de la Corte, en el entendido que está de por medio el derecho a la libertad personal. Pretender que el señor Brewer-Carías regrese a su país para perder su libertad y, en esas condiciones, defenderse personalmente en juicio, constituye un argumento incongruente y restrictivo del derecho de acceso a la justicia, al no haberse analizado en el caso precisamente los aspectos de fondo invocados por la hoy presunta víctima relacionados con diversas violaciones a los artículos 8 y 25 de la Convención Americana, que de manera consustancial condicionan los alcances interpretativos del artículo 7.5 del Pacto de San José respecto al derecho a la libertad personal.[117]

117. Nuevamente, el tema de presuntas violaciones a los artículos 8.1. (derecho a un juez o tribunal independiente e imparcial, 8.2 (derechos mínimos del inculpado de un delito, como lo son, *inter alia* la presunción de inocencia, la adecuada defensa, el presentar o interrogar testigos), 25 (derecho a la protección judicial), así como la misma interpretación restrictiva del artículo 7.5 de la Convención Americana que realiza el criterio mayoritario en el presente caso, conduce a afirmar de manera indudable, que el Tribunal Interamericano debió estudiar la controversia respecto a la necesidad de la presencia del acusado en la audiencia preliminar y las razones por las cuales se difirió la audiencia, a la luz de las consideraciones de fondo de

---

[116]   Escrito de alegatos y observaciones finales de los representantes del señor Brewer Carías, párr. 133.

[117]   No pasa inadvertido, según obra en autos, que los abogados defensores del señor Brewer Carías solicitaron expresamente que se garantizara su derecho a ser juzgado en libertad, solicitud de 26 de octubre de 2005 que ni siquiera fue tramitada. *Cfr.* Apelación de la defensa ante el Juez Vigésimo Quinto de Control recibida el 28 de octubre de 2005 (expediente de anexos al informe de fondo, tomo IV, folios 1636 a 1700).

estos artículos, para así tener un contexto más amplio en su estudio de esta y otras controversias del caso.

118. En definitiva, los suscritos disentimos del criterio mayoritario porque consideramos se actualizan las tres excepciones a que se refiere el artículo 46.2 de la Convención Americana, puesto que el caso involucra cuestiones de fondo, especialmente las referidas a las supuestas violaciones al derecho a un juez y tribunal imparcial (art. 8.1 CADH), al debido proceso (8.2 CADH), y al derecho a la protección judicial (art. 25 CADH). Al aceptar la excepción preliminar de agotamiento de los recursos internos se está condenando al señor Brewer a afrontar un proceso en donde existe la posibilidad de que se hayan cometido violaciones a la Convención Americana.

119. En consecuencia, el Tribunal Interamericano debió desestimar la excepción preliminar de falta de agotamiento de los recursos internos y entrar a resolver el fondo del caso, conforme a la línea jurisprudencial sobre la materia que ha establecido la propia Corte. El utilizar como uno de los argumentos centrales en la Sentencia la artificiosa teoría de la "etapa temprana" del proceso, para no entrar al análisis de las presuntas violaciones a los derechos humanos protegidos por el Pacto de San José, constituye un claro retroceso en la jurisprudencia histórica de esta Corte, pudiendo producir el precedente que se está creando consecuencias negativas para las presuntas víctimas en el ejercicio del derecho de acceso a la justicia; derecho fundamental de gran trascendencia para el sistema interamericano en su integralidad, al constituir en si mismo una garantía de los demás derechos de la Convención Americana en detrimento del efecto útil de dicho instrumento.

3. Defensa del Estado de derecho y el ejercicio de la abogacía

120. Como se ha advertido a lo largo del presente voto, estimamos que la Corte debió entrar al fondo del caso al estar íntimamente ligadas las cuestiones de admisibilidad con las de fondo; entre las cuales se encuentran la secuela de provisionalidad de fiscales y jueces, y su impacto concreto en el proceso penal; el análisis de la presunción de inocencia, la adecuada defensa y, en general, aspectos relacionados con los artículos 8 y 25 de la Convención Americana.

121. Por otra parte, consideramos que el análisis de fondo era indispensable, además, para analizar el hecho de que se haya acusado penalmente a un jurista reconocido internacionalmente, como Allan Brewer-Carías, por atender una consulta profesional. De los hechos se desprende que el acusado Brewer-Carías hizo uso de su derecho de ejercer la profesión de abogado.

122. Ya en una ocasión anterior el Tribunal Interamericano analizó una condena penal a causa del ejercicio profesional. En este sentido, en el caso *De la Cruz Flores Vs. Perú*[118]la víctima había sido condenada penalmente por atender en su calidad de médico a miembros de Sendero Luminoso, lo que para la Corte "no solo es un acto esencialmente lícito, sino que es un deber de un médico prestarlo".[119]

---

[118] Cfr. *Caso De la Cruz Flores Vs. Perú. Fondo, Reparaciones y Costas.* Sentencia de 18 de noviembre de 2004. Serie C N° 115.

[119] *Caso De la Cruz Flores Vs. Perú. Fondo, Reparaciones y Costas.* Sentencia de 18 de noviembre de 2004. Serie C N° 115, párr. 102.

123. A lo anterior se suma la reflexión de la Corte al emitir la *Opinión Consultiva OC-5/85 sobre la Colegiación Obligatoria de Periodistas.*[120] En dicha Opinión, el Tribunal Interamericano afirmó que no se podía sancionar penalmente a un periodista no colegiado, por la imbricación que existe entre el derecho a la libertad de expresión y el ejercicio del periodismo. Es decir, el periodista no colegiado estaba haciendo uso legítimo de un derecho, por lo cual la Corte declaró incompatible con la Convención Americana la legislación costarricense que sancionaba penalmente el ejercicio del periodismo sin estar debidamente colegiado.

124. En el caso *Brewer Carías Vs. Venezuela* estamos también ante el hecho de que se pretende penalizar un acto propio del ejercicio de la profesión de abogado, que por su naturaleza es lícito. Si bien se trata de profesiones distintas, debiera prevalecer el criterio de la Corte de proteger el ejercicio profesional que, como en el caso del Profesor Brewer, busca ejercer su profesión y defender el Estado de Derecho. No haber analizado en el fondo del caso el enjuiciamiento penal del Profesor Brewer Carías limitó lo que debiera ser el principal quehacer de un tribunal internacional de derechos humanos: la defensa del ser humano frente a la prepotencia del Estado.

125. Un tribunal internacional de derechos humanos debe proceder, antes que nada, a la defensa del Estado de Derecho -y en el caso concreto también del ejercicio de la abogacía-, lo cual es consustancial con un régimen democrático, con los valores que inspiran al sistema interamericano en su integralidad y particularmente con los principios que rigen la Carta Democrática Interamericana.

Manuel E. Ventura Robles Juez;   Eduardo Ferrer Mac-Gregor Poisot Juez

Pablo Saavedra Alessandri, Secretario

---

[120] Cfr. *La Colegiación Obligatoria de Periodistas (Arts. 13 y 29 Convención Americana sobre Derechos Humanos).* Opinión Consultiva OC-5/85 del 13 de noviembre de 1985. Serie A N° 5.

Comentario

EL AGOTAMIENTO DE LOS RECURSOS DE LA JURISDICCIÓN INTERNA Y LA SENTENCIA DE LA CORTE INTERAMERICANA DE DERECHOS HUMANOS EN EL CASO BREWER-CARÍAS (SENTENCIA N° 277 DE 26 DE MAYO DE 2014)

Héctor Faúndez Ledesma
Profesor de la Universidad Central de Venezuela

Resumen: *En este comentario el autor estudia la condición de admisibilidad de las denuncias de violaciones de derechos humanos ante el Sistema Interamericano consistente en el previo agotamiento de los recursos internos, y su errada aplicación en el caso Allan R. Brewer-Carías vs. Venezuela decidido por la Corte Interamericana de Derechos Humanos en mayo de 2014.*

Palabras Clave: *Corte Interamericana de Derechos Humanos. Demandas. Condiciones de Admisibilidad. Agotamiento de recursos internos*

Abstract: *This article analyzes the condition of the exhaustion of the internal remedies for the admissibility of the petitions seeking the protection of the Inter American System of Human Rights in cases of violations of human rights, and its erroneous application by the Inter-American Court of Human Rights in the decision of the case Allan R. Brewer-Carías, on May 2014.*

Key words: *Inter-American Court of Human Rights. Petitions. Admissibility Conditions. Exhaustion of Internal Remedies.*

Hace 45 años, cuando se adoptó la Convención Americana sobre Derechos Humanos, se hizo con el firme compromiso de proporcionar a las víctimas del ejercicio arbitrario del poder público, que no podían obtener justicia de los tribunales nacionales, la posibilidad de recurrir a una instancia internacional, independiente e imparcial, con competencia para disponer las reparaciones a que hubiera lugar. El sistema así diseñado no tenía (ni tiene) el propósito de sustituir a las jurisdicciones de los propios Estados, que tienen la responsabilidad primordial de respetar y garantizar los derechos consagrados en la Convención. Por consiguiente, según los términos del artículo 46.1, literal a), de la Convención, cualquier reclamación internacional dirigida en contra del Estado debe estar precedida del agotamiento de los recursos de la jurisdicción interna, "conforme a los principios del Derecho Internacional generalmente reconocidos".

En el sistema interamericano de protección de los derechos humanos, la regla del agotamiento de los recursos de la jurisdicción interna ha sido frecuentemente por los Estados. Esta circunstancia ha permitido que, desde un comienzo, la Corte Interamericana de Derechos Humanos haya podido producir un valioso acervo jurisprudencial que, de manera coherente con el propósito de la Convención y con "los principios del Derecho Internacional generalmente reconocidos" a que ésta hace referencia, han señalado cuáles son las características de esta regla, las condiciones que deben reunir los recursos a agotar, el momento y la forma en que ella se debe hacer valer, y las excepciones a la misma. Sin embargo, toda esa jurisprudencia se ha tirado por la borda con la sentencia dictada en el caso Brewer-Carías,[1] como muy bien se explica en el voto disidente de los jueces Manuel Ventura Robles y Eduardo Ferrer Mac-Gregor Poisot.

La regla del agotamiento de los recursos de la jurisdicción interna ha sido ampliamente desarrollada por el Derecho Internacional general, por la doctrina[2] y por la jurisprudencia de otros tribunales internacionales[3]. Citando el artículo 26 del texto original de la Convención Europea de Derechos Humanos (recogido en el artículo 35.1 de su versión actual), que también se remite a la regla del agotamiento de los recursos de la jurisdicción interna "según los principios generalmente reconocidos del Derecho Internacional", la Corte Europea de Derechos Humanos ha entendido que, obviamente, la Convención Europea no ha pretendido derogar la práctica internacional a este respecto.[4] Del mismo modo, hasta su sentencia en el caso Brewer-Carías, la Corte Interamericana también había entendido que esta regla debía interpretarse "conforme a los principios del Derecho Internacional generalmente reconocidos", por lo que indagó sobre el alcance de los mismos, nutriéndose de la doctrina y la jurisprudencia internacionales. De allí es que se deriva que esta regla impone al Estado la obligación correlativa de proporcionar recursos adecuados y efectivos, que es un derecho del Estado y que su aplicación no es automática, haciendo ilusoria la protección internacional.

Desde un comienzo, la práctica internacional ha dejado claramente establecido que ésta no es una regla rígida e inflexible, que deba ser aplicada mecánicamente en todo caso en el que ella sea invocada. En particular, su aplicación debe tener en cuenta el objeto y fin de aquellos tratados que tienen como propósito la protección de los derechos humanos, particu-

---

[1]   Corte Interamericana de Derechos Humanos, Caso *Brewer-Carías vs. Venezuela*, sentencia del 26 de mayo de 2014 (Excepciones preliminares).

[2]   *Cfr.* por ejemplo, Ian Brownlie, *The Rule of Law in International Affairs*, Martinus Nijhoff Publishers, The Hague/London/Boston, 1998, p. 103; Lassa Oppenheim, *Tratado de Derecho Internacional Público*, octava edición inglesa a cargo de Hersch Lauterpacht, traducción al español por J. López Olivan y J. M. Castro-Rial, Casa Editorial Bosch, Barcelona, 1961, tomo I, vol. I, pág. 382; Charles Rousseau, *Droit International Public*, SIREY, Paris, 1983, Tome V, pp. 153 y ss.; Denis Alland, Droit International Public, Presses Universitaires de France, Paris, 2000, pp. 417 y ss.; John Collier and Vaughan Lowe, *The settlement of disputes in International Law*, Oxford University Press, Oxford, 1999, pp. 195 y ss.; Anthony D'Amato, *Internacional Law Anthology*, Anderson Publishing Co., Cincinnati, 1994, p. 312; Antonio Cassese, *International Law*, second edition, Oxford University Press, Oxford, 2005, p. 122; Michael Akehurst, *Introducción al Derecho Internacional*, título original, *A Modern Introduction to International Law*, George Allen & Unwin Ltd., segunda edición, Londres, 1971, traducción de Manuel Medina Ortega, Alianza Editorial, Madrid, 1972, pp. 159 y ss., Antônio A. Cançado Trindade, *The application of the rule of exhaustion of local remedies in International Law*, Cambridge University Press, Cambridge, 1983, y Eloy Ruiloba Santana, *El agotamiento de los recursos internos como requisito de la protección internacional del individuo*, Universidad de Valencia, Secretariado de Publicaciones, Valencia, 1978.

[3]   A título meramente ilustrativo, en el caso *Interhandel*, la Corte Internacional de Justicia manifestó que éste era "un principio bien establecido del Derecho Internacional consuetudinario", y en el caso *Elettronica Sicula (ELSI)* lo calificó como un "importante principio de derecho internacional consuetudinario". *Cfr.* International Court of Justice, *Interhandel case, Switzerland c. United States of America*, Preliminary objections, sentencia del 21 de marzo de 1959, en Reports of Judgments, Advisory Opinions and Orders, 1959, p. 27, y *Case concerning Elettronica Sicula S.p.A. (ELSI), United States of America c. Italy*, sentencia del 20 de Julio de 1989, Reports of Judgments, Advisory Opinions and Orders, 1989, p. 42, párrafo 50.

[4]   *Cfr.* Corte Europea de Derechos Humanos, Casos De Wilde, Ooms y Versyp ("Vagrancy" Cases), sentencia del 18 de junio de 1971, párrafo 55.

larmente en situaciones en que se denuncia el ejercicio arbitrario del poder público. En consecuencia, la jurisprudencia anterior de la Corte Interamericana había indicado, reiteradamente, que "la salvaguarda de la persona frente al ejercicio arbitrario del poder público es el objetivo primordial de la protección internacional de los derechos humanos [y que], en este sentido, la inexistencia de recursos internos efectivos coloca a la víctima en estado de indefensión."[5] Es precisamente esta circunstancia, el ejercicio arbitrario del poder público y la inexistencia de recursos efectivos para ponerle remedio, la que explica y justifica la protección internacional de los derechos humanos. Por ende, tradicionalmente la Corte había interpretado la regla del agotamiento de los recursos de la jurisdicción interna teniendo en cuenta ese fin último de la Convención Americana sobre Derechos Humanos, que no puede dejar en la indefensión a quien es víctima del ejercicio arbitrario del poder público. Lo anterior es congruente con lo previsto por el artículo 29, literal a), de la Convención, en cuanto dispone que ninguna de sus disposiciones podrá interpretarse en el sentido de permitir a alguno de los Estados suprimir el goce y ejercicio de los derechos y libertades reconocidos en la Convención, o limitarlos en mayor medida que la prevista en ella. Curiosamente, la sentencia de la Corte Interamericana, apartándose de su práctica anterior, omitió examinar esta excepción preliminar junto con el fondo de la controversia, a fin de determinar si, en efecto, la presunta víctima había sido objeto del ejercicio arbitrario del poder público, sin que hubiera recursos efectivos disponibles para subsanar esa situación, o sin que la víctima tuviera acceso a esos recursos. Como muy bien observan los jueces disidentes, esta es la primera vez en la historia de la Corte que ésta no entra a conocer el fondo del litigio para decidir si es procedente una excepción preliminar por falta de agotamiento de los recursos internos.

Citando jurisprudencia de la Corte Europea de Derechos Humanos, desde un comienzo, la Corte ha entendido que, según los principios del Derecho Internacional generalmente reconocidos y la práctica internacional, la regla que exige el previo agotamiento de los recursos internos está concebida en interés del Estado, pues busca dispensarlo de responder ante un órgano internacional por actos que se le imputen, antes de haber tenido la ocasión de remediarlos con sus propios medios, por lo que se le ha considerado un medio de defensa del Estado y, como tal, renunciable, aun de modo tácito.[6] La obligación de agotar los recursos internos es una oportunidad para que el Estado rectifique, por sus propios medios, el hecho ilícito que se le imputa; pero, según la anterior jurisprudencia de la Corte Interamericana, ella tiene que ser alegada por el Estado, en la primera oportunidad posible, debiendo indicar precisamente cuáles eran los recursos a agotar. En este sentido, ya en los primeros casos de que le tocó conocer, la Corte sostuvo que "el Estado que alega el no agotamiento tiene a su cargo *el señalamiento de los recursos internos que deben agotarse y de su efectividad.*"[7] (Énfasis

---

[5] Corte Interamericana de Derechos Humanos, *Caso del Tribunal Constitucional vs. Perú*. Fondo, Reparaciones y Costas, sentencia del 31 de enero de 2001, párrafo 89. También, Caso *"Instituto de Reeducación del Menor" vs. Paraguay*. Excepciones Preliminares, Fondo, Reparaciones y Costas, sentencia del 2 de septiembre de 2004, párrafo 239; Caso *García Asto y Ramírez Rojas vs. Perú*. Excepción Preliminar, Fondo, Reparaciones y Costas, sentencia del 25 de noviembre de 2005, párrafo 114; *Caso Claude Reyes y otros vs. Chile*. Fondo, Reparaciones y Costas, sentencia del 19 de septiembre de 2006, párrafo 129.

[6] *Cfr*. Asunto Viviana Gallardo y otras, decisión del 13 de noviembre de 1981, párrafo 26. La referencia es a la sentencia de la Corte Europea de Derechos Humanos en De Wilde, Ooms and Versyp Cases ("Vagrancy" Cases), judgment of 18th June 1971. Aunque la Corte Interamericana no lo indica, el párrafo pertinente de la sentencia antes citada es el párrafo 55.

[7] Caso *Velásquez Rodríguez, Excepciones Preliminares, sentencia del 26 de junio de 1987, párrafo 88*, Caso *Fairén Garbi y Solís Corrales, Excepciones Preliminares, sentencia del 26 de junio de*

añadido) En el presente caso, en el procedimiento ante la Comisión y en su escrito de contestación a la petición, el Estado se había limitado a alegar la falta de agotamiento de los recursos internos, sin precisar de qué recursos se trataba y por qué esos eran los recursos idóneos que la presunta víctima debía haber intentado; esa circunstancia tampoco fue enmendada en el procedimiento ante la Corte, en el que el Estado se limitó a reproducir disposiciones de su derecho interno relativas a recursos jurisdiccionales. Sin embargo, en la sentencia que comentamos, la mayoría de los jueces de la Corte se contentaron con un mero enunciado genérico de los recursos existentes en el Derecho interno venezolano, sin especificar cuáles de esos recursos estaban disponibles en el caso particular, y sin explicar por qué esos recursos resultaban adecuados y efectivos para subsanar la situación jurídica infringida. Según esta nueva jurisprudencia, la Corte entendió que ella podía suplir ese vacío en los alegatos del Estado y, sin considerar los méritos del caso como hacía previamente, evaluar cuál de los recursos citados por éste podía haber sido un recurso adecuado y efectivo. Es interesante observar que, en su escrito de contestación a la demanda, el propio Estado había citado, e invocado la aplicación de lo decidido en la sentencia dictada en el caso Velásquez Rodríguez, indicando que: *"el Estado que alega el no agotamiento tiene a su cargo el señalamiento de los recursos internos que deben agotarse y de su efectividad."* Razones habría para que, precisamente en este caso, la Corte se apartara de ese importante criterio jurisprudencial.

Aunque el Estado no señaló de manera concreta cuáles eran los recursos adecuados a agotar, limitándose a indicar que todavía no había una sentencia de primera instancia y a mencionar los recursos disponibles en el ordenamiento jurídico venezolano, la Corte señala que, en el presente caso, no se interpusieron los recursos que el Estado señaló como adecuados, a saber el recurso de apelación, el recurso de casación y el recurso de revisión.[8] Pero sería ingenuo asumir que la Corte no se percató de cuál era el objeto de la controversia. Si se hubiera alegado que el Estado había cometido una violación de los derechos consagrados en la Convención al condenar injustamente al profesor Brewer-Carías, obviamente que los recursos adecuados abrían sido los previamente indicados; pero el objeto de la controversia era la averiguación previa y la imputación penal del delito de rebelión en contra de la víctima en este caso, sin posibilidad de acceder al expediente fiscal y sin posibilidad de impugnar esa imputación.

No obstante que, de acuerdo con la jurisprudencia anterior de la Corte, la carga de la prueba en cuanto a los recursos idóneos que debían haberse agotado correspondía al Estado, los defensores del profesor Brewer-Carías demostraron que impugnaron, por todos los medios legales a su alcance, la imputación penal del delito de rebelión formulada en su contra sobre la base de meros comentarios de prensa. Con ese propósito, se solicitó ante la Fiscalía se citara a declarar a varios testigos que podrían haber esclarecido la situación; se solicitó otras diligencias probatorias que, igualmente, podrían haber desvirtuado la imputación fiscal; se solicitó diligencias probatorias para demostrar que, en los días en que se le atribuía haber estado conspirando, se encontraba de vacaciones en el estado de Colorado, en Estados Unidos; se solicitó la exhibición de videos mencionados en la acusación fiscal, a fin de poder demostrar inexactitudes entre lo afirmado por la fiscal y lo efectivamente contenido en esos videos. Todo eso fue negado, por lo que la víctima interpuso un recurso de nulidad por inconstitucionalidad, que era el único recurso efectivo ante tales arbitrariedades que debía ser

---

1987, párrafo 87, y Caso *Godínez Cruz, Excepciones Preliminares, sentencia del 26 de junio de 1987, párrafo 90.*

[8]　　*Cfr.* párrafo 97 de la sentencia.

resuelto en tres días y que, hasta la fecha, no ha sido decidido. Todo eso fue objeto de un recurso de nulidad por inconstitucionalidad. El Estado pudo remediar esta situación, resolviendo el recurso de nulidad antes referido; sin embargo, prefirió dictar una orden de detención preventiva en contra del profesor Brewer-Carías.

Entre otras irregularidades cometidas en el procedimiento en contra del profesor Brewer-Carías, se recibió el testimonio del General Lucas Rincón en forma clandestina y sin la presencia de sus defensores; se violó el principio de presunción de inocencia, invirtiendo la carga de la prueba y exigiendo a la víctima probar que no había redactado el documento que se le atribuía, pero sin que se le permitiera evacuar las pruebas promovidas por sus abogados; en fin, los jueces que intervinieron en el caso y que pudieron mostrar algún grado de independencia e imparcialidad fueron destituidos. Todo ello fue objeto de un recurso de nulidad por inconstitucionalidad, que era el único recurso efectivo para subsanar esas irregularidades y que, en violación de la jurisprudencia de la Sala Constitucional del Tribunal Supremo de Justicia de Venezuela, aún no ha sido decidido. Como quiera que sea, estos hechos tenían que ver con la existencia de recursos judiciales efectivos y, por lo tanto, según la práctica anterior de la Corte, debieron ser examinados junto con la excepción de no agotamiento de los recursos de la jurisdicción interna. En un tribunal cuya función es la protección de los derechos humanos, llama la atención que la Corte no haya explicado qué razones la llevaron a apartarse de su jurisprudencia anterior.

Según la jurisprudencia anterior de la Corte, como contrapartida del requisito del agotamiento de los recursos de la jurisdicción interna, "los Estados Partes se obligan a *suministrar recursos judiciales efectivos* a las víctimas de violación de los derechos humanos (art. 25), *recursos que deben ser sustanciados de conformidad con las reglas del debido proceso legal* (art. 8.1), *todo ello dentro de la obligación general* a cargo de los mismos Estados, *de garantizar el libre y pleno ejercicio de los derechos reconocidos por la Convención* a toda persona que se encuentre bajo su jurisdicción (art. 1)".[9] (Cursivas añadidas). En el presente caso, si había algún recurso idóneo para subsanar las arbitrariedades cometidas en la instrucción del procedimiento penal iniciado en contra del profesor Brewer-Carías era el recurso de nulidad por inconstitucionalidad, que debía ser resuelto dentro de los tres días siguientes. Pero debe observarse que ni el procedimiento que se impugnaba ni el trámite del recurso de nulidad por inconstitucionalidad se ajustaron a las reglas del debido proceso legal a que se refiere la jurisprudencia anterior de la Corte. En esta ocasión, la Corte encontró que el proceso se encontraba en "una etapa intermedia", o "en una etapa temprana", estando pendiente una audiencia preliminar y una decisión de primera instancia, por lo que no era posible entrar a pronunciarse sobre la presunta vulneración de las garantías judiciales.[10] Huelga decir que esa distinción entre "etapas tempranas" y fases posteriores del proceso no se encuentra recogida en la Convención, no tiene ninguna base normativa, y es primera vez que es invocada en la jurisprudencia de la Corte. Esta extraña explicación, que justifica la vulneración de las garantías judiciales en la primeras etapas del proceso, ignora que muchas de esas garantías surgen desde el primer momento en que una persona se enfrenta a una acusación penal. ¿Habrá que asumir que, a partir de esta sentencia, tal requisito no es indispensable? Si las reglas del debido proceso son una herramienta fundamental para evitar la arbitrariedad, ¿por qué, en este caso, la Corte acepta la existencia meramente formal de un recurso judicial?

---

[9]   Caso *Velásquez Rodríguez*, Excepciones Preliminares, *sentencia del 26 de junio de 1987*, párrafo 91.

[10]   *Cfr.* párrafos 88 y 96 de la sentencia.

Si la renuncia al trámite de los recursos judiciales "de conformidad con las reglas del debido proceso legal"[11] es de por sí grave e inexplicable en una sentencia de un tribunal de derechos humanos es aún más grave el que, para agotar los recursos disponibles, tampoco se requiera, como lo hacía la jurisprudencia anterior, *"garantizar el libre y pleno ejercicio de los derechos reconocidos por la Convención"*. En efecto, la Corte ha dado por bueno el argumento del Estado según el cual los recursos internos no se habrían agotado por encontrarse el profesor Brewer-Carías "prófugo de la justicia" y no haber comparecido personalmente ante los tribunales venezolanos. Según la sentencia, el artículo 7.5 de la Convención establece que la "libertad podrá estar condicionada a garantías que aseguren su comparecencia ante el juicio", de manera que los Estados se encuentran facultados a establecer leyes internas para garantizar la comparecencia del acusado y que la misma prisión preventiva (que sólo puede ser admitida excepcionalmente) tiene, entre sus fines, el de asegurar la comparecencia del imputado en juicio.[12] Pero ni la Convención ni la jurisprudencia de la Corte indican que, para agotar los recursos de la jurisdicción interna, especialmente cuando se trata de un recurso de mero derecho, el acusado deba estar presente en el juicio. La sentencia pretende que una persona que es perseguida por razones políticas, acusada de un delito político, como es el delito de rebelión, para poder agotar los recursos disponibles, deba someterse a la persecución de que es objeto, y a los agravios y violaciones de derechos humanos que está denunciando e intenta evitar, como es la privación de su libertad personal por tribunales que carecen de independencia e imparcialidad, sometiéndolo al escarnio público, y a tratos inhumanos y degradantes. De nuevo, es difícil encontrar argumentos jurídicos para explicar esta decisión que se aparta radicalmente de lo sostenido previamente en el sentido de que "los Estados Partes se obligan a suministrar recursos judiciales efectivos a las víctimas de violación de los derechos humanos (art. 25), recursos que deben ser sustanciados de conformidad con las reglas del debido proceso legal (art. 8.1), *todo ello dentro de la obligación general a cargo de los mismos Estados, de garantizar el libre y pleno ejercicio de los derechos reconocidos por la Convención* a toda persona que se encuentre bajo su jurisdicción (art. 1)".[13]

Para ser efectivos, los recursos de la jurisdicción interna deben subsanar la situación jurídica infringida; no agravarla, exponiendo a la víctima a una situación mucho más severa, obligándolo a renunciar al ejercicio de sus derechos como condición para poder agotar los recursos internos. Un recurso que, para agotarlo, obliga a la víctima a renunciar a la garantía de los derechos que le confiere la Convención Americana sobre Derechos Humanos no es un recurso efectivo; un recurso que, para agotarlo, obliga a la víctima a someterse a una detención ilegal y arbitraria no es un recurso efectivo. Pero, por alguna razón, la actual mayoría de los jueces de la Corte piensa lo contrario.

No obstante que el profesor Brewer-Carías agotó el único recurso disponible adecuado y efectivo para subsanar la infracción de los derechos alegados, en su caso particular, estaba eximido de hacerlo. Al no ser una regla absoluta, en los términos del artículo 46.2, literal b), de la Convención, la regla del agotamiento de los recursos internos está sujeta a tres excepciones, una de las cuales se desdobla en dos. La primera de dichas excepciones se refiere a la ausencia del debido proceso legal para la protección de los derechos que se alega han sido

[11] Caso *Velásquez Rodríguez*, Excepciones Preliminares, *sentencia del 26 de junio de 1987*, párrafo 91.

[12] *Cfr.* párrafo 134 de la sentencia.

[13] Caso *Velásquez Rodríguez*, Excepciones Preliminares, *sentencia del 26 de junio de 1987*, párrafo 91.

vulnerados. Según la sentencia, "de un alegado contexto estructural de provisionalidad del poder judicial no se puede derivar la aplicación directa de la excepción contenida en el artículo 46.2.a de la Convención, pues ello implicaría que a partir de una argumentación de tipo general sobre la falta de independencia o imparcialidad del poder judicial no fuera necesario cumplir con el requisito del previo agotamiento de los recursos internos."[14] Sin embargo, aquí se alegaron hechos muy concretos que tuvieron aplicación inmediata y directa en el caso del profesor Brewer-Carías; la Corte no consideró relevante que el Ministerio Público se hubiera negado a citar a los testigos propuestos por la defensa, que se negara a la víctima acceder a los videos y otros medios probatorios invocados en su contra, que se practicara el interrogatorio de un testigo en forma clandestina, sin permitir el acceso y el contrainterrogatorio de los abogados del profesor Brewer-Carías, que se transcribiera en forma adulterada, tergiversando lo expresado por algunos periodistas en entrevistas de televisión, que se ejercieran presiones indebidas sobre los jueces de la causa, o que se diera por establecida la culpabilidad del profesor Brewer-Carías tanto por parte del entonces Fiscal General de la República como de magistrados del Tribunal Supremo de Justicia; nada de eso fue relevante para la mayoría de los jueces de la Corte, en cuanto pudiera configurar la ausencia del debido proceso legal en este caso concreto. Por supuesto, tampoco resultó relevante la provisionalidad de los jueces y fiscales que intervinieron en el proceso seguido en contra del profesor Brewer-Carías.

El profesor Brewer-Carías también estaba eximido de agotar los recursos de la jurisdicción interna por falta de acceso a los mismos. En efecto, al condicionar arbitraria e ilegalmente el trámite de un recurso de nulidad a la comparecencia personal de la víctima a una audiencia preliminar, en la cual sería detenido en virtud de una orden judicial incompatible con disposiciones constitucionales y convencionales (que señalan que la prisión preventiva es la excepción y no la regla), y que viola la presunción de inocencia, se le impidió el acceso físico a los recursos jurisdiccionales. En su Opinión Consultiva sobre Excepciones al Agotamiento de los Recursos Internos,[15] la Corte había señalado que no puede exigirse el agotamiento de los recursos internos a quien, como en este caso, siente un fundado temor de que el ejercicio de ese recurso pueda poner en peligro el ejercicio de sus derechos humanos. Sin embargo, esta jurisprudencia también fue ignorada, dando paso a una decisión menos sensible a los derechos de la víctima.

Pero la alegada falta de agotamiento de los recursos de la jurisdicción interna también debió haber sido desestimada por el retardo injustificado en la decisión del recurso de nulidad planteado por el profesor Brewer-Carías que, ocho años después de haber sido intentado ante los tribunales venezolanos aún no había sido resuelto. Esta circunstancia resulta aún más sorprendente si se tiene en cuenta que, de acuerdo con el artículo 177 del Código Orgánico de Procedimiento Penal venezolano, dicho recurso debía ser decidido dentro de los tres días siguientes. Sin embargo, en el razonamiento de la Corte, teniendo en cuenta el contenido, las características y extensión del escrito presentado por la defensa del profesor Brewer-Carías, ésta consideró que su solicitud de nulidad no era "de las que deban resolverse en el plazo de tres días señalado en el artículo 177 del COPP"[16] venezolano. No importa que ese haya sido el plazo estipulado por la legislación interna.

---

[14] Párrafo 105 de la sentencia.

[15] *Cfr.* Corte Interamericana de Derechos Humanos, Excepciones al Agotamiento de los Recursos Internos, OC-11/90, del 10 de agosto de 1990, párrafos 32 y 33.

[16] *Cfr.* párrafo 133 de la sentencia.

En consecuencia, en lo futuro, ¡quien intente un recurso deberá hacerlo en forma breve y sumaria o exponerse a que el mismo sea resuelto después de ocho años!

Incluso si no se hubieran agotado los recursos de la jurisdicción interna, concurrían todas las excepciones previstas en el artículo 46.2, literal b), de la Convención.

Como dice un viejo refrán español, "tres cosas se necesitan para justicia alcanzar: tener la razón, saberla pedir, y que la quieran dar." En el caso del profesor Brewer-Carías, perseguido por sus ideas, víctima del ejercicio arbitrario del poder público, que agotó todos los recursos jurisdiccionales a su disposición, es muy difícil negar que tenía la razón; sus abogados expusieron claramente el caso, invocando toda la jurisprudencia anterior de la Corte Interamericana de Derechos Humanos. Como muy bien apuntaba Couture, "El derecho puede crear un sistema perfecto en cuanto a su justicia; pero si ese sistema ha de ser aplicado en última instancia por hombres, el derecho valdrá lo que valgan esos hombres (…) y las sentencias valdrán lo que valgan los hombres que las dicten."[17]

[17] Eduardo J. Couture, "Tutela Constitucional del Proceso", en *Fundamentos del Derecho Procesal Civil*, Editorial Depalma, Buenos Aires, 1958, pp. 75 y 77.

RESEÑA BIBLIOGRÁFICA

LA PROTECCIÓN DE LOS DERECHOS FRENTE AL PODER DE LA ADMINISTRACIÓN. LIBRO HOMENAJE AL PROFESOR EDUARDO GARCÍA DE ENTERRÍA

Víctor Rafael Hernández-Mendible
Profesor de Derecho Administrativo
en la Universidad Monteávila

Resumen: *Esta crónica describe un importante libro publicado recientemente, que rinde tributo in memoriam al profesor Eduardo García de Enterría.*

Abstract: *This chronicle outlines an important book published recently, which tribute in memory of professor Eduardo García de Enterría.*

Palabras Clave: *Profesor; Homenaje; Eduardo García de Enterría.*

Key words: *Professor; Tribute; Eduardo García de Enterría.*

I. TRES HOMENAJES Y UN SOLO MAESTRO

Don Eduardo García de Enterría y Martínez-Carande nació en Ramales de la Victoria, Cantabria el 27 de abril de 1923 y murió en Madrid el 16 de septiembre de 2013, a la edad de 90 años.

Durante su prolongada y fecunda vida natural y académica, recibió toda clase de reconocimientos y la satisfacción de haber construido y dejado como legado una de las escuelas –cabe mencionar que no es la única– más reconocidas del Derecho Administrativo español.

El ascendiente intelectual de García de Enterría no se circunscribe a España, sino que se proyecta entre sus vecinos de Europa, abarcando una dimensión transfronteriza, que igualmente se extiende a Iberoamérica, logrando así un alcance intercontinental, tal como lo reflejan tanto una medición efectuada hace un par de años atrás por una prestigiosa fundación europea –no española, por lo que queda libre de cualquier suspicacia–, que permitió constatar que el jurista más leído y citado en el continente americano en el área del Derecho Público - para ese momento- era Eduardo García de Enterría, como las colaboraciones contenidas en la obra objeto de esta recensión.

Para muchos de los juristas de América, quizás el testimonio más prolongado de su obra -sin caer en la tentación de elegir a capricho algún libro de su vasta producción- y la referencia que tenemos más presente, lo constituye la co-fundación y dirección de la *Revista de Administración Pública* (RAP), una auténtica apuesta de fe en el Derecho, en tiempos donde no había ni democracia, ni constitución, ni Estado de Derecho en su país y una vez restablecida la democracia, expedida la Constitución y en vigor el Estado de Derecho, un verdadero espacio para el encuentro y el debate científico jurídico con altura y pluralismo.

Sirvan estas breves palabras, -que sin duda alguna no pretenden exponer la intensa y completa actividad desarrollada por García de Enterría, tanto en el mundo jurídico como literario, pues ello además de exceder el objeto de esta recensión, fue hecho durante su vida por los apologistas y con motivo de su deceso en las necrologías, por varios de los amigos y discípulos más próximos a él[1]-[2]-[3], para introducir los que quizás sean los tres homenajes colectivos más significativos que se le han tributado desde la comunidad académica al maestro cántabro.

II. EL PRIMER HOMENAJE: EN VIDA

El día 22 de abril de 1991, se realizó en la sede de la Fundación Juan March de Madrid, la presentación del libro titulado *Estudios sobre la Constitución Española, Homenaje al Profesor Eduardo García de Enterría*, coordinado por el catedrático Sebastián Martín-Retortillo Baquer, publicado por la Editorial Civitas, compuesta de 5 tomos, que comprendían un total de 4.345 páginas, en el que participaron 111 autores, integrados por amigos, colegas y discípulos directos, así como los discípulos de éstos y los discípulos de tercera generación.

Esta obra fue quizás la consecuencia directa más afortunada de la prematura jubilación de García de Enterría, -producto de los tiempos que entonces corrían en España-, lo que no impidió que siguiese ejerciendo su magisterio en la Universidad Complutense de Madrid, como Profesor Emérito.

En aquel acto jubilar intervinieron el presidente de la Fundación Juan March, José Luis Yuste Grijalba; el coordinador de la publicación, Sebastián Martín-Retortillo Baquer; el consejero permanente del Consejo de Estado Landelino Lavilla Alsina; el rector de la Universidad Complutense de Madrid, Gustavo Villapalos; y el homenajeado, Eduardo García de Enterría, quien pronunció las palabras que se transcriben completas a continuación[4]:

"Habría más de una buena razón para que yo permaneciera callado en este acto.

Dos de ellas son puramente formales: que mi intervención no está prevista en el orden del día (o al menos en el se recoge en la tarjeta de invitación a este acto) y que el protocolo no permite hablar después de que lo ha hecho el de más rango de los intervinientes.

Otra razón pasaría por encima de esas formalidades e invocaría simplemente este hecho personal –lo diré en italiano–: *io sono colpito*; lo comprenderéis fácilmente. Estoy golpeado, pero a la vez emocionado, por todas las generosas y amistosas intervenciones anteriores, situación de ánimo que no es la mejor para poder decir alguna cosa simplemente razonable.

Y hay aún un motivo de más fondo. En los actos litúrgicos, el único que no interviene activamente es el ídolo a quien pretende honrarse. Tanto más si es un pobre ídolo de barro y de palo, que no sólo sabe muy bien –eso es muy fácil– que no ha hecho el mundo, sino que ni siquiera puede traer el modesto aguacero que le piden. La única posibilidad de que el ídolo subsista, tras los homenajes, las salmodias, las ofrendas, es permanecer mudo, revistiendo así de enigma mágico lo que sólo es una lamentable indigencia.

---

[1] Parejo Alfonso, L., Semblanza del Profesor Eduardo García de Enterría y Martínez-Carande, *La protección de los derechos frente al poder de la administración. Libro homenaje al Profesor Eduardo García de Enterría*, Temis-Editorial Jurídica Venezolana-Tirant lo Blanc, Bogotá, 2014, pp. XI-XIII.

[2] Nieto, A., *Notas para una biografía jurídica de García de Enterría, Ob. cit.*, pp. 77-91.

[3] Parada, J. R, *En recuerdo de Eduardo García de Enterría, Ob. cit.*, pp. 93-113.

[4] García de Enterría, E., Palabras en la presentación del libro "Estudios sobre la Constitución Española. Homenaje al Profesor Eduardo García de Enterría", 5 volúmenes, 1991, *Revista de Administración Pública N° 125*, Centro de Estudios Políticos y Constitucionales, Madrid, 1991, pp. 554-556.

He ahí mi caso. ¿Qué puedo decir yo tras esa serie de elogios desmedidos de los cuatro oradores precedentes; más aún, ante ese impresionante libro que me habéis dedicado, que es el verdadero monumento de la ciencia jurídica que habría que celebrar más que mi obra modesta y aproximativa?. Más bien mi sensación más honda es de apuro, de vergüenza incluso, porque nadie mejor que yo puede saber que no soy el supuesto héroe que pretendéis celebrar.

Por deformación de iuspublicista, tendería a apreciar en este acto, si me permitís la insolencia, una cierta desviación de poder: a quien habría que presentar es a esa impresionante obra colectiva, la más completa, sin duda, hasta la fecha, sobre la Constitución Española, lo cual no es precisamente un pequeño elogio, y he aquí que el acto parece haberse desviado a una presentación, un poco redundante, de quien no es el autor de la obra, sino mero destinatario de la misma.

Pero, en fin, lo que me parece obligado decir es en realidad muy sumario para poder obviar todos esos obstáculos previos. Simplemente esto: gracias, muchas gracias. En el viejo código de honor de los caballeros el pecado que no se perdona es el de la ingratitud, y yo no querría cometerlo.

Recuerdo muy bien el homenaje que se rindió en nuestra Facultad de Derecho de la Universidad Complutense a un gran maestro –éste, verdadero-, don Galo Sánchez. Casi todos los catedráticos españoles de Historia del Derecho golpearon inmisericordemente a don Galo con los elogios más sentidos a su obra y a su persona, bien merecidos, por cierto. Terminó esa lluvia de homenajes y la presidencia del acto invitó a Don Galo a decir algo. Se levantó y dijo exactamente –creo que no olvido una sola letra- esto: "gracias"; ni una palabra más. La gente aplaudió y siguió haciéndolo con reiteración, al modo de los conciertos en que el público espera una "propina" del concertista. Cesaban los aplausos y volvían a encenderse al poco. La propina no vino. Don Galo, imperturbable, ni siquiera repitió una vez más su única palabra.

Yo, que no soy tan sobrio (sin duda, por no ser tan sabio) como don Galo, haré alguna pequeña variante sobre este tema de mi gratitud.

Gracias a los organizadores de este acto (Sebastián Martín-Retortillo, José Luis Yuste, José Muñoz Contreras), aunque no hayan sabido evitar esa desviación notoria de sus fines que he apuntado.

Gracias a las instituciones que han patrocinado esta obra. A la Fundación Juan March, de la que todo elogio sobra y de la que me sorprende sólo y me emociona que haya descendido desde las sublimidades donde suele moverse (Picasso, biología molecular, Mozart) al mundo sublunar del derecho administrativo. Soy también muy sensible a la presencia en este acto de su Presidente, Juan March Delgado.

Gracias también al Consejo de Estado, aquí representado por uno de sus más grandes productos, Landelino Lavilla. Allí ingresé cuando era muy joven y allí aprendí a razonar en Derecho y también la grandeza y la miseria del Estado. Allí tuve maestros y compañeros únicos. Esa ha sido mi escuela verdadera.

A la Universidad Complutense, donde (con un intervalo inolvidable en la Universidad de Valladolid) he hecho toda mi carrera de alumno y de docente, y que es, por tanto, mi verdadero hogar intelectual. Siempre los maestros que allí tuve y con los que luego he tenido el gran honor de convivir seguirán siendo mis mejores guías.

Gracias a los cuatro oradores de este acto, que tan generosamente han estado conmigo. Una vieja amistad, de la que estoy orgulloso, les ha llevado a ello. Han exagerado, sin duda, pero ya dijo don Antonio Machado, por boca de Juan de Mairena: "a las cosas de amor les viene bien su poquito de exageración" –aunque no sé si no habrán excedido aquí esa dosis de "poquito"-.

Gracias especialmente fervientes a los ciento once compañeros y amigos que han escrito ese espléndido estudio sobre la Constitución Española en honor mío. Es una obra asombrosa, sin precedentes, que contará de manera decisiva en la historia de nuestro derecho público. (Me atrevo a profetizar que, no muy tarde, seré recordado sobre todo por haber sido destinatario de obra tan notable; sólo algún erudito oscuro y tenaz podrá identificarme por otras razones). Acredita la obra una madurez insospechada en nuestro iuspublicismo, sustentada, como es imprescindible para toda ciencia, en una verdadera, extensa y matizada comunidad científica. Mi tributo sincero a su coordinador, Sebastián Martín-Retortillo, por el pulso que ha demostrado en su concepción y realización.

Es evidente que el que me hayáis dedicado un libro de tanta calidad ha pasado a ser el primero de todos los honores que he recibido nunca.

Gracias, en fin, a tantos amigos aquí presentes en este acto, muchos de los cuales han hecho largos viajes para testimoniarme su afecto.

Mi gratitud es muy honda y verdadera para todos.

Solo quisiera haceros una última reflexión. No sólo no soy el que pretendéis y que vuestra amistad, sin duda, adorna, evidentemente, sino que tengo que deciros que no creo en la concepción del sabio heroico, que sacrifica su vida a un fin excelso. Mirando hacia atrás en este momento, yo no me reconozco en absoluto en esa imagen convencional. Más bien retengo una impresión bastante distinta a la del sacrificio: me he divertido mucho. Pienso que la ciencia es el más apasionante de los juegos del hombre; es, en efecto, un juego mental, pero para que apasione ha de ser responsable, esto es, jugarse manejando algún valor serio y objetivo y no con bonos de papel o pompas de jabón. Lo que en el científico puede ser encomiable es la disciplina, la ascesis; pero cualquiera sabe, menos los drogadictos y algunos otros, que no hay placer sin ascesis. Don Ramón Carande, que además de ser mi tío fue sobre todo mi maestro, nos dijo en su inolvidable última lección en la Universidad de Sevilla, en 1957 (que coincidió casi día por día como mi primera lección en la de Valladolid), que había procurado seguir el consejo de su abuela, que le decía: "Sobre todo, no te aburras nunca". Él decía que la ciencia, por él practicada excelsamente, le había divertido. Compruebo con alegría que al final de mi vida académica vengo a coincidir con ese juicio autorizado. ¿Hay gente más feliz en este mundo que los científicos? Quizás los santos.

Antes de concluir quisiera pediros permiso para hacer un pequeño artilugio propio del Derecho de Aguas, tan caro al gran especialista que es nuestro coordinador, Sebastián Martín-Retortillo, un pequeño partidor, una atarjea, una derivación para llevar una parte del enorme caudal de afecto que me presentáis a Amparo, mi mujer, sin la cual nada hubiese sido posible.

Es, pues, ésta una celebración de amistad. La amistad es lo más necesario de la vida, decía Aristóteles y le gustaba repetir a Xavier Zubiri. También yo lo pienso y ésta es la experiencia que se obtiene al final del camino. Lo repetiré, para terminar, con el verso de Fray Luis de León, cuyo centenario celebramos este año:

Amigos, a quien amo
sobre todo tesoro.

Muchas gracias".

III.   EL SEGUNDO HOMENAJE: LUCTUOSO

El día miércoles 29 de enero de 2014, se realizó en la Facultad de Derecho de la Universidad Complutense de Madrid, el acto académico en recuerdo del catedrático Eduardo García de Enterría.

Este acto tuvo lugar en el Salón de Grados del que es epónimo, en la misma Facultad de Derecho de la Universidad Complutense de Madrid, oportunidad en que intervinieron varios catedráticos y el presidente del Consejo de Estado, con palabras muy sentidas en recuerdo del homenajeado, que se expusieron en el orden que se mencionan a continuación: El decano de la Facultad de Derecho, Raúl Leopoldo Canosa Usera; el director del Departamento de Derecho Administrativo, José Eugenio Soriano García; el presidente del Consejo de Estado, José Manuel Romay Becaría; y los catedráticos Jesús González Pérez; Ramón Parada Vásquez; Lorenzo Martin-Retortillo Baquer; Alejandro Nieto García; Tomás-Ramón Fernández Rodríguez; Santiago Muñoz Machado y Ricardo Alonso García.

En esa ocasión estuvieron presentes la casi totalidad de los discípulos de la Escuela de García de Enterría que residen en España, siendo que algunos de ellos -como es sabido- estuvieron ausentes porque se han marchado anticipadamente y otros por compromisos personales previos no pudieron estar físicamente, aunque todos incluidos los miembros activos no españoles, que por invitación del propio maestro forman parte de la Escuela estuvieron presentes desde la distancia, como sucedió con los profesores Allan Brewer-Carías, Juan Carlos Cassagne, Luciano Vandelli y Diogo Figueiredo Moreira Neto.

En este homenaje póstumo además estuvimos en representación de los profesores de América, algunos de los que integramos las organizaciones que agrupan al mayor número de académicos que se dedican a las distintas ramas del Derecho Administrativo en Iberoamérica.

Cabe mencionar entre los asistentes al presidente de la Asociación Internacional de Derecho Administrativo (AIDA), Libardo Rodríguez Rodríguez, de Colombia; al presidente de la Asociación Iberoamericana de Estudios de Regulación (ASIER) y vicepresidente del Foro Iberoamericano de Derecho Administrativo (FIDA), Jorge Danós Ordoñez, de Perú; al presidente de la Asociación Dominicana de Derecho Administrativo (ADDA), Olivo Rodríguez Huerta, de República Dominicana; al secretario *pro tempore* de la Red de Investigación en Derecho de los Bienes Públicos, Víctor R. Hernández-Mendible, de Venezuela; a la profesora de la Universidad Central de Venezuela, Aurilivi Linares Martínez; y al profesor de la Universidad de Piura, Orlando Vignolo Cuevas, de Perú. Además cabe recordar y agradecer que la catedrática Carmen Chinchilla Marín, actuó como anfitriona para los asistentes no españoles y tuvo la gentileza de presentarnos a doña Amparo.

IV. EL TERCER HOMENAJE: *LIBER IN MEMORIAM*

En el marco de esa triste reunión el profesor Libardo Rodríguez Rodríguez, nos transmitió la iniciativa que estaba coordinando con el profesor Allan R. Brewer-Carías y con el catedrático Luciano Parejo Alfonso, para promover un libro *in memoriam* del catedrático Eduardo García de Enterría.

Tan afortunada propuesta se ha materializado con notable acierto en la obra colectiva objeto de esta recensión que se titula "*La protección de los derechos frente al Poder de la Administración. Libro Homenaje al Profesor Eduardo García de Enterría*", publicada en un monovolumen de 880 páginas, por la Editorial Temis de Colombia, la Editorial Jurídica Venezolana, conjuntamente con Tirant lo Blanch de España y con el auspicio de la Asociación Internacional de Derecho Administrativo.

En esta obra participaron un total de 39 autores de América y Europa, quienes brindan sus reflexiones teniendo como referencia el pensamiento del maestro cántabro, a través de las siguientes colaboraciones:

El pensamiento de García de Enterría

1. Sobre la influencia de García de Enterría en Venezuela, la noción de acto administrativo y el abuso jurisprudencial en la cita de su obra.

Allan R. Brewer-Carías, Profesor emérito de la Universidad Central de Venezuela.

2. García de Enterría en Iberoamérica. Sus tesis más relevantes.

Germán Cisneros Farías, Profesor de la Universidad Autónoma de Nuevo León, México.

3. Prólogo al libro "Conferencia de Argentina" de Eduardo García de Enterría.

Agustín Gordillo, Catedrático emérito de la Universidad de Buenos Aires.

4. Eduardo García de Enterría y la renovación del Derecho Administrativo.

José Ignacio Hernández G., Profesor de la Universidad Central de Venezuela.

5. Notas para una biografía jurídica de García de Enterría.

Alejandro Nieto, Profesor emérito de la Universidad Complutense de Madrid.

6. En recuerdo de Eduardo García de Enterría.

José Ramón Parada, Colaborador honorífico de la Universidad Nacional de Educación a Distancia (España).

7. Aproximación al acto administrativo en García de Enterría en el derecho comparado.

Efraín Pérez, Profesor de la Universidad Católica del Guayaquil.

8. Los principios generales del derecho en el derecho administrativo (Reflexiones sobre el pensamiento de García de Enterría).

Libardo Rodríguez Rodríguez, Presidente de la Asociación Internacional de Derecho Administrativo.

Teoría General del Derecho Administrativo

9. Reflexiones provisorias sobre retroactividad de las normas jurídicas.

Juan Pablo Cajarville Peluffo, Profesor de la Universidad de la República (Uruguay).

10. Transadministrativismo, una introducción.

Diogo de Figueiredo Moreira Neto, Profesor de la Universidad Cândido Mendes (Brasil).

11. Neoconstitucionalismo. Proyecciones en el derecho administrativo uruguayo.

Augusto Durán Martínez, Catedrático de la Universidad Católica del Uruguay.

12. L'identité du droit administratif français.

Jacqueline Morand-Deviller, Profesora emérita de la Universidad de París (Panteón-Sorbonne).

13. Principios constitucionales que gobiernan la Administración Pública.

Juan Carlos Benalcázar Guerrón, Profesor en la Universidad Andina Simón Bolívar de Quito.

14. Sobre el concepto de interés general.

Jaime Rodríguez-Arana Muñoz, Catedrático de la Universidad de La Coruña.

Organización Administrativa

15. L'accentramento e il Diritto Amministrativo. Due lettere di tocqueville al Nipote Hubert.

Sabino Cassese, Profesor emérito de la Escuela Normal Superior de Pisa.

16. La potestad de organización en Chile (A propósito de la sentencia del Tribunal Constitucional de 16 de enero de 2013, stc 2367-12-cpt).

Claudio Moraga Klener, Profesor de la Universidad de Chile.

17. Il futuro delle specialità regionali.

Giuseppe Franco Ferrari, Profesor de la Universidad Aldo Bocconi de Milán.

18. Nueva administración del estado contemporáneo.

José René Olivos Campos, Profesor de la Universidad Michoana de San Nicolás de Hidalgo (México).

19. Dal "pouvoir municipal" all' autonomia territoriale.

Luciano Vandelli, Profesor de la Universidad de Bologna.

Contratación Administrativa

20. El nuevo ordenamiento de la colaboración público-privada mediante concesiones de obra pública en Chile (Examen de las reformas introducidas por la Ley núm. 20.410).

Gladys Camacho Cépeda, Profesora de la Universidad de Chile.

21. La potestad de interpretación unilateral de la administración pública concedente en la concesión administrativa.

Andry Matilla Correa, Profesor de la Universidad de La Habana.

Responsabilidad del Estado

22. *O principio do enriquecimiento sem causa em Direito Administrativo.*

Celso Antônio Banderia de Mello, Profesor emérito de la Universidad Católica de Sao Paulo.

23. Convencionalidad y responsabilidad del Estado: del individualismo clásico al derecho de víctimas.

Jaime Orlando Santofimio Gamboa, Profesor de la Universidad Externado de Colombia.

Contencioso Administrativo

24. *Reforma do regime contencioso administrativo português.*

Mário Aroso de Almeida, Profesor de la Universidad Católica Portuguesa.

25. *L'exercise du pouvoir judiciaire au Canada et le gouvernement des juges.*

Andre Braën, Profesor de la Universidad de Ottawa.

26. La lucha contra las inmunidades del poder y el principio de tutela jurisdiccional efectiva.

Carlos E. Delpiazzo, Decano de la Universidad Católica del Uruguay.

27. La acción pública electoral en Colombia. Orígenes de una institución centenaria.

Augusto Hernández Becerra, Magistrado del Consejo de Estado de Colombia.

28. El proceso administrativo en la Constitución de República Dominicana.

Víctor Rafael Hernández-Mendible, Director del Centro de Estudios de Regulación Económica de la Universidad Monteávila de Venezuela.

29. Principio general de la justiciabilidad plenaria y universal de la conducta administrativa.

Ernesto Jinesta Lobo, Catedrático de la Universidad Escuela Libre de Derecho (Costa Rica).

30. Los recursos de urgencia en el proceso contencioso-administrativo francés.

François Julien-Laferrière, Profesor emérito de la Universidad de París Sur.

31. El control de la discrecionalidad.

Marco Aníbal Morales Tobar, Profesor de la Universidad Central de Quito.

32. La protección de los derechos humanos en la Ley de la jurisdicción contencioso administrativa en Nicaragua.

Karlos Navarro Medal, Decano de la Universidad Hispanoamericana (Nicaragua).

33. La nueva jurisdicción contencioso-administrativa en Costa Rica.

Enrique Rojas Franco, Presidente de la Asociación Iberoamericana de Derecho Administrativo.

34. *Le Conseil d'Etat français et le politiquement correct.*

Pierre Subra de Bieusses, Profesor emérito de la Universidad de París X-Nanterre.

35. *Per una revisione dei limiti del sindicato giurisdizionale nei confronti dei provvedimenti amministrativi.*

Aldo Travi, Profesor en la Universidad Católica del Sagrado Corazón de Milán.

Otros temas del Derecho Administrativo

36. El servicio público: su metamorfosis y subsistencia como institución jurídica.

Juan Carlos Cassagne, Catedrático de la Universidad de Buenos Aires.

37. Potestades públicas. Reflexiones acerca de las potestades sancionatoria y disciplinaria.

Miriam M. Ivanega, Profesora de la Universidad Austral de Buenos Aires.

38. La presencia de los padres en el derecho de la educación.

Lorenzo Martín-Retortillo Baquer, Catedrático emérito de la Universidad Complutense de Madrid.

39. Reflexiones sobre la necesidad de depurar el estatus de la sanción administrativa.

Luciano Parejo Alfonso, Catedrático de la Universidad Carlos III de Madrid.

Es así como con motivo del primer año del fallecimiento de García de Enterría fue publicada y presentada en Bogotá el 16 de septiembre de 2014, la obra colectiva *in memoriam*. A propósito de esta reciente aparición, -a pesar de la resignación que manifiesta Alejandro Nieto respecto a la pervivencia de la obra escrita del maestro, que aunque pudiera parecer pesimista, resulta totalmente realista dados los tiempos que corren-, todavía conservamos en el recuerdo aquellas palabras -que fueron transcritas anteriormente-, pronunciadas con motivo de la presentación del primer homenaje que le tributaron hace 23 años en Madrid.

De ese recuerdo podemos inferir, que si Eduardo García de Enterría tuviese la oportunidad de hacerlo personalmente, es muy probable que utilizaría similares términos a los empleados en aquel entonces, para expresarles a Allan R. Brewer-Carías, Libardo Rodríguez Rodríguez y Luciano Parejo Alfonso, su renovada amistad y agradecimiento por haber seleccionado y organizado a tantos colaboradores y dedicarle esta nueva publicación colectiva, —más modesta, pero no por ello de menos calidad ni emotividad–, lo que sintetizaría en dos palabras: Muchas gracias.

ÍNDICE

ÍNDICE ALFABÉTICO DE LA JURISPRUDENCIA

www.ingramcontent.com/pod-product-compliance
Lightning Source LLC
Chambersburg PA
CBHW061201220326
41599CB00025B/4559